Tomislav Ivančić / Diagnose der Seele und Hagiotherapie

Herausgeber: Teovizija, Zagreb, Kaptol 13
Für den Herausgeber: Ivica Domaćinović
Schriftleitung: Mirko Tomić
Deutsche Übersetzung: Gertrude Hölbling,
Daniel Kulovits
Lektor: Dr. Andreas Karall

Rezensenten:
Dr. Tomislav Pervan
Prof. Dr. Dubravko Božičević

ZU BEZIEHEN
in Österreich bei:
Buch- und Musikhandlung GRATIA
Kaiser Franz Josef - Kai 14
8010 GRAZ
Tel.: 0316/ 81 02 64 Fax: 0316/ 81 12 61
e-mail: buchhandlung@gratia.at
Webshop: www.gratia.at

in Deutschland bei:
Gerlinde Richardson
Christliche Bücher und Kassetten
Siedlungstr. 65
73072 DONZDORF
Tel.: 07162/ 2879 Fax: 07162/ 25802
e-mail: times.richardson@t-online.de

ISBN: 3-902521-05-8

TOMISLAV IVANČIĆ

Diagnose der Seele und HAGIOTHERAPIE

II. überarbeitete und erweiterte Auflage

Grafocommerce
Salzburg, 2006.

Der Mensch leidet auf verschiedene Weisen, die nicht immer von der Medizin, nicht einmal in ihren fortschrittlichsten Zweigen, berücksichtigt werden. Das Leiden ist etwas noch viel Umfassenderes als die Krankheit; es ist noch vielschichtiger und zugleich noch tiefer im Menschsein verwurzelt. Das moralische Leiden ist ein 'Schmerz der Seele'. Es handelt sich dabei in der Tat um einen Schmerz geistlicher Art. Die Weite und Vielfalt des moralischen Leidens sind gewiss nicht geringer als beim körperlichen Leiden; wohl scheint es weniger klar bestimmt und von der Therapie weniger leicht erreichbar zu sein.

Johannes Paul II., Salvifici doloris Nr. 5

Das Konzept der therapeutischen Theologie ist keine eigene Theologiegattung, wie etwa die dialektische oder die politische Theologie, sondern es handelt sich um einen Versuch, die Theologie wieder in die Grundform zurückzuführen, die ihr entspricht und die sie am Anfang gehabt hat.

Eugen Biser, Theologe

INHALTSVERZEICHNIS

II. TEIL
DIE GEISTLICHE DIMENSION DES MENSCHEN

III. TEIL
GEISTLICHE LEIDEN

IV. TEIL
DIE DIAGNOSE

V. TEIL
DIE GEISTLICHE THERAPIE

VI. TEIL
EINFÜHRUNG IN DIE PRAXIS

BIBLIOGRAPHIE

VORWORT

ZUR ERSTEN DEUTSCHEN AUFLAGE

Dieses Buch stellt einen Versuch dar, über die Hagiotherapie und ihre Inhalte umfassend zu informieren. Es verdankt sein Entstehen der Hilfe zahlreicher Mitarbeiter. Prof. Višnja Bartolović war um die Niederschrift und die Formatierung am Computer bemüht. Dipl. Ing. Lidija Krolo schrieb geduldig die spontanen Diktate nieder. Der Diplomtheologe Petar Barun sah die Texte durch. Dr. Marina Marinović lieferte einen Beitrag mit wichtigen Resultaten aus ihrer zwölfjährigen hagiotherapeutischen Tätigkeit im Zentrum für geistliche Hilfe in Zagreb. Die zahlreichen Teilnehmer an den hagiotherapeutischen Schulungen in Kroatien, Österreich, Bosnien und Herzegowina, in Slowenien, Deutschland, Belgien und Holland waren mir ebenfalls ein Ansporn zu diesem Werk. Die Mitarbeiter in der Hagiotherapie in Kroatien und in anderen Ländern wünschten sich ein komplettes, kompetentes Handbuch für ihre Tätigkeit.

Die Hagiotherapie stellt eine in der Praxis bewährte Methode dar, um Leiden geistlicher Natur zu lindern. Dieses praktische Tun bedarf noch einer theoretischen Untermauerung. Das vorliegende Buch fasst die bisherigen Ergebnisse der Hagiotherapie aus Theorie und Praxis zusammen, was jedoch keine Festlegung dahingehend sein soll, wie und ob sich die Hagiotherapie weiter entwickeln wird. Die Früchte aus der bisherigen praktischen Tätigkeit sprechen aber für sich und begründen hinlänglich die Herausgabe eines solchen Buches. Möge das Werk die vielen Leidenden zur Hoffnung ermutigen und ihnen helfen, die Sinnhaftigkeit im Leiden zu erahnen.

Zagreb, in der Fastenzeit 2002.

Der Autor

VORWORT

ZUR ZWEITEN DEUTSCHEN AUFLAGE

Sie haben nun die überarbeitete und erweiterte Auflage des Buches „Diagnose der Seele und Hagiotherapie" in der Hand. In dieser Neuauflage bin ich gern auf Einwände und Vorschläge von aufmerksamen Lesern eingegangen. Im Besonderen habe ich am Ende des ersten Teiles einen Abschnitt hinzugefügt, der die neuesten psychologischen und neurologischen Untersuchungen über die geistliche Dimension des Menschen, ihre Pathologie und Therapie thematisiert. Im zweiten Teil des Buches habe ich den biblischen Aspekt der geistlichen Dimension des Menschen stärker herausgearbeitet. Darum kann man die Beziehungen, die die geistliche und die psychophysische Dimension des Menschen zueinander haben, jetzt deutlicher erkennen, so dass besser zu sehen ist, welche positiven Wirkungen die geistliche Therapie auch auf psychosomatische Erkrankungen haben kann.

Ich hoffe, dass diese Neuauflage zu einer effizienteren Schulung der Hagiotherapeuten im deutschen Sprachraum führen, die Eröffnung von Zentren für geistliche Hilfe und von hagiotherapeutischen Kliniken beschleunigen und die Organisation von Spezialisten in Krankenhäusern, Altersheimen, Gefängnissen und an Orten, wo immer Menschen leiden, fördern wird. Dieses Buch entstand ja deshalb, weil Papst Johannes Paul II. in der Enzyklika „Salvifici doloris" dazu aufrief, die moralischen Leiden und die Schmerzen geistlicher Natur zu erforschen. Darum können wir erwarten, dass dieser Text dazu anregen wird, in kirchlichen Kreisen die Zahl geistlicher Therapeuten zu vermehren, damit die Kirche mehr und mehr zum Sauerteig einer besseren Gesellschaft und zum Licht der Welt werden kann. Das Heilen geistlicher pathologischer Zustände kann man als karitatives Handeln an der Gesellschaft betrachten und organisieren.

Dass diese Neuauflage herauskommen konnte, dafür möchte ich mich bei den Übersetzern, dem Herausgeber und bei zahlreichen Lesern bedanken, deren Anregungen die Lesbarkeit dieses Textes verbessert haben. Besonders danke ich Herrn Gerhard Sündermann, dem Caritasdirektor in Fulda, der den Text aufmerksam durchgesehen und treffende Bemerkungen und nützliche Vorschläge zur Verbesserung dieser Ausgabe gemacht hat. Dank schulde ich auch den ausgebildeten Hagiotherapeuten, da mich ihre wertvolle Arbeit zum Verfassen dieses Buches angeregt hat. Dankbar bin ich auch den zahlreichen Studenten, die ihre Diplomarbeiten der Hagiotherapie gewidmet haben, ebenso den Autoren, die sich mit der therapeutischen Theologie und der Hagiotherapie befassten, um den Grad des Magisters oder Doktors zu erlangen. Alle diese Arbeiten sind ein Zeichen dafür, wie aktuell die geistliche Therapie ist und wie gut man ihre Dringlichkeit erkannt hat.

Weihnachten 2005
Der Autor

EINLEITUNG

In der Enzyklika über den christlichen Sinn des menschlichen Leidens "Salvifici doloris" (SD) unterscheidet Papst Johannes Paul II. körperliches Leiden, wenn also "der Leib schmerzt", und das moralische Leiden, wenn "die Seele schmerzt", und er sagt: "Es handelt sich dabei in der Tat um einen Schmerz geistlicher Art. Die Weite und Vielfalt des moralischen Leidens sind gewiss nicht geringer als beim körperlichen Leiden; wohl scheint es weniger klar bestimmt und von der Therapie weniger leicht erreichbar zu sein."[2] Das vorliegende Buch möchte den moralischen Leiden nachspüren, in der Absicht, diese Art von Schmerzen zu diagnostizieren und durch eine Therapie zu erreichen. Es handelt sich also nicht um eine psychologische, sondern um eine philosophische und theologische Forschungsarbeit. Darum geht dieses Buch nicht von den bisherigen Ergebnissen der Psychotherapie aus, sondern es stellt auf Grund praktischer Erfahrung und theoretischer Forschung eine Art philosophisch-theologisches Modell vor, wie man Menschen bei moralischen beziehungsweise geistlichen Leiden helfen kann.

Der menschliche Geist durchdringt den ganzen psychophysischen Organismus des Menschen, und das bedeutet, dass über Gesundheit und Krankheit nicht nur psychophysische, sondern auch geistliche Faktoren entscheiden. Daraus können wir schließen, dass man auch die philosophische und die theologische Anthropologie be-

[1] SD Nr. 5.

[2] M. Beck, *Seele und Krankheit. Psychosomatische Medizin und theologische Anthropologie*, Schoeningh, 2001, S. 16-28.

achten muss, will man die Krankheit ganzheitlich verstehen und so viel besser heilen. In diese Richtung gibt es schon Überlegungen. M. Beck, ein Mediziner und Theologe,[3] zeigte, dass der menschliche Organismus und alle seine Krankheiten in die existentielle und geistliche Wirklichkeit "eingewickelt" sind bzw. auch ihre geistliche Komponente und Begründung haben und darum auf Grund der existentiell-geistlichen Forschung objektiver und ganzheitlicher erkannt und geheilt werden können. A. Jores kommt zum Schluss, dass über 60% der Krankheiten spezifisch menschliche Krankheiten sind, was bedeutet, dass sie nicht durch Parasiten, Viren und Bakterien, sondern durch psychische Traumen und existentiell-geistliche Konflikte im Menschen verursacht sind.[4] Das bedeutet, dass es psychophysische Krankheiten gibt, die sich nur auf geistlicher Ebene heilen lassen. Meine Forschung befasst sich primär mit der dritten Art von Krankheiten, nämlich den geistlichen und moralischen Leiden. Doch während ich mich mit ihnen direkt befasse, trage ich indirekt und sekundär auch zum Verständnis psychophysischer Krankheiten - vom geistlichen Standpunkt aus betrachtet - bei.

Die Initiative für dieses Buch kam von der Praxis her. Denn schon lange gibt es den Wunsch nach einer umfassenden Darstellung sowohl der praktischen Arbeit als auch der theoretischen Forschung in der Hagiotherapie. Dieses Werk sollte einerseits den in der Hagiotherapie Tätigen als Handbuch zur Verfügung stehen, andererseits eine Information sein für all jene, die nicht nur die praktische Seite, sondern auch den theoretischen Hintergrund der Hagiotherapie kennen lernen wollen. Dieses Buch ist ein

---

[3] Vgl. A Jores, *Der Mensch und seine Krankheit. Grundlage einer anthropologischen Medizin, Klettverlag, Stuttgart, 1970, S. 167.*
[4] Vgl. GS 14.

erster Versuch einer ganzheitlichen Darstellung dessen, was in den vergangenen zwölf Jahren in der Hagiotherapie praktisch erprobt und in der Theorie erforscht wurde.

Die Inhalte der Hagiotherapie ergaben sich aus der Praxis. Im Religionsunterricht mit Studenten, bei Exerzitien und später in mystagogischen Seminaren, die ich auf der Grundlage des urchristlichen Katechumenats hielt, gestützt auf die Enzyklika Papst Paul VI. *Evangelii nuntiandi* und die pastorale Konstitution über die Kirche in der Welt von heute *Gaudium et spes* - besonders die ersten dreißig Nummern davon - wurde deutlich, was Gebet und geistliche Belehrung bei der Linderung und Beseitigung geistlicher Krankheiten und Leiden der Menschen zu "leisten" vermag. Anfangs wurde mit den leidenden Menschen nur spontan gearbeitet, doch bald musste für dieses Tun ein System und eine Lokalisation gefunden werden. So wurde 1990 das "Zentrum für geistliche Hilfe" in Zagreb begründet. Die Zahl der Hilfesuchenden wurde so groß, dass immer mehr Menschen für die Hagiotherapie ausgebildet werden mussten. Und so gab es bereits 1994 die erste Schulung für solche, die moralische Leiden lindern wollten. Doch gleichzeitig musste auch die theoretische und die kirchliche Begründung für die Wirksamkeit dieser Therapie erbracht werden, was wiederum eine weitere Systemisierung der hagiotherapeutischen Ausbildung erforderte. Dabei kristallisierten sich vier Hauptbereiche heraus: die geistliche Dimension des Menschen, die moralischen Leiden, die Diagnostik geistlicher Schmerzen und schließlich die therapeutischen Möglichkeiten. Zuallererst musste die Realität und die Wirksamkeit des menschlichen Geistes erforscht und der "Ort" eruiert werden, wo man das Wirken des menschlichen Geistes feststellen kann. Dann ging es darum zu erkennen, was "das Leiden geistlicher Natur" sei, das Johannes Paul II. anspricht, was im menschlichen Geist verwundet und krank werden kann, beziehungsweise ob überhaupt von der "Pathologie" der geistlichen Seele des Menschen gesprochen werden kann. Den Begriff "geistliche Seele" verwendeten schon die Konzilstexte.[5] Weiters war es wichtig zu erforschen, wie die moralischen Leiden diagnostiziert und dann systematisch therapiert werden können. Diese vier Bereiche bilden den Hauptinhalt dieses Buches. Zu ihnen kam im ersten Teil des Buches noch ein Abschnitt, in dem es um prinzipielle Fragen der Hagiotherapie geht. Am Ende des Buches finden sich Beispiele der Diagnostik geistlicher Leiden, Muster einer praktischen Durchführung der Therapie, und schließlich einige Beispiele aus der Arbeit des "Zentrums für geistliche Hilfe" in Zagreb und Osijek. - Diese Themen ergaben sich aus der bisherigen Forschung und dem praktischen Wirken im Bereich der geistlichen Therapie.

Zur Forschung und Arbeit auf diesem Gebiet inspirierten mich auch verschiedene Modelle, die es in der Kirche schon seit Jahrzehnten gibt, z.B. der Versuch einer Einbindung psychologischer Erkenntnisse bei der pastoralen Arbeit und die Nutzung geistlicher Erfahrungen in verschiedenen kirchlichen Bewegungen und pastoralen Initiativen. Etliche Theologen fragen, was die Aufgabe der Kirche in der Therapie sei. E. Biser, aber auch andere Theologen wie B. Häring und W. Beinert verweisen auf die Dringlichkeit der Entfaltung der so genannten therapeutischen Theologie. E. Biser erklärt sogar, es sei für Mitteleuropa unumgänglich notwendig, in der Pastoral therapeutische Elemente einzubringen, wenn die Kirche hier überhaupt überleben wolle. Dieses Buch möchte wenigstens ein kleiner Beitrag zu diesem Anliegen der Kirche unserer Zeit sein. M. Beck ist der Ansicht, dass die psychosomatische Me-

[5] M. Beck, *Seele und Krankheit. Psychosomatische Medizin und theologische Anthropologie*, Schoeningh, 2001, S. 16.

dizin mit ihrem Seelenbegriff das Phänomen der Krankheit in der Beziehung Leib-Seele nicht verstehen kann. "Mit einer theologischen Auffassung der Seele als Geistseele sind Krankheiten im Horizont des Seins und der Gegenwart Gottes zu interpretieren und können als konkretes 'Signal' verstanden werden, das es zu deuten gilt."[6]

Die vorliegende Arbeit stellt jedoch keine fertigen und endgültig definierten Erkenntnisse vor. Es geht viel mehr darum, moralische Leiden wissenschaftlich zu definieren und mögliche Therapieformen für sie ausfindig zu machen. Darum verwende ich für gleiche Inhalte mehrere verwandte Begriffe, die die Komplexität eines einzelnen Ausdrucks vor Augen führen sollen. So kann es sich herausstellen, welche der genannten Begriffe das Gemeinte am deutlichsten umreißen. Daraus kann man erkennen, dass es sich hier um eine Pionierarbeit handelt. Vorschläge und zweckdienliche Kritik sind also willkommen. Und doch muss man betonen, dass in diesem komplexen Material gesicherte und durch Theorie und Praxis bestätigte Inhalte zu finden sind.

Es geht um einen Brückenschlag zwischen theoretischen Einsichten der Philosophie und unmittelbaren Resultaten aus der Praxis. Deswegen ließ es sich nicht ganz vermeiden, dass sich unter fachgerechte Formulierungen auch Wörter des praktischen Alltags mischen. So kann man sehen, wie bedeutende Erkenntnisse der Metaphysik - mögen sie noch so abstrakt sein - auf der geistlichen Ebene des Menschen dennoch "greifbar" werden.

Der Begriff "moralische Leiden", der aus der Enzyklika *Salvifici doloris* entnommen ist, wurde durch Begriffe wie "geistliche Wunden", "Leiden der geistlichen Seele",

---

[6] Vgl. *Die Feier der Eingliederung Erwachsener in die Kirche, Nach dem neuen Rituale Romanum,* Herder 1975, Nr. 37-40 u. 235-239.

"geistliche Krankheiten", "geistliche Traumata", "Pathologie der geistlichen Seele" wiedergegeben. Alle diese Ausdrücke sprechen von derselben Wirklichkeit, die man, da sie ja geistlicher Natur ist, kaum durch einen einzigen Begriff umreißen kann. Beim Enträtseln der geistlichen Dimension des Menschen sollten ein paar Prozesse und Funktionen der geistlichen Seele des Menschen aufgezeigt und einigermaßen definiert werden. So entstanden Begriffe wie "geistliche Struktur", "geistlicher Organismus", "geistliche Organe", "Organe der geistlichen Seele", "geistliche Funktionen", "geistliche Befähigungen", "geistliche Prozesse". Weil es für einige von diesen Begriffen auf körperlicher Ebene eine entsprechende Korrelation gibt, muss man sie auf der geistlichen Ebene bildhaft und symbolisch verstehen. Alle diese Begriffe waren wichtig, um überhaupt von "Schmerzen geistlicher Natur" und von "moralischen Leiden" sprechen zu können. Da es auch auf dem geistlichen Sektor Leiden und Erkrankungen gibt, verwenden wir logischerweise auch auf diesem Gebiet die Termini *Patient, Diagnose, Arznei* und *Therapie*, wie man es ja vom somatischen und psychischen Bereich gewohnt ist.

Die Besonderheit der Hagiotherapie liegt darin, dass bei ihr theologisch-fachliches Wissen und praktisches Können nicht ausreichen, weil der Hagiotherapeut vor allem eine Geisterfahrung haben sollte. Er ist in den diagnostisch-therapeutischen Prozess unmittelbar eingebunden und stellt einen wesentlichen Faktor in der Hagiotherapie dar.

Für die hagiotherapeutische Arbeit ist es auch notwendig, über theologisches Wissen zu verfügen, fachspezifisch geschult zu sein und Grundbegriffe der Medizin, Psychologie und Psychiatrie zu verstehen. Beim Erforschen der geistlichen Struktur des Menschen erwies es sich als besonders wertvoll, die scholastische und die existentialistische Philosophie zu kennen. Weiters war es nötig, die Reichweite der Psychologie und der Psychiatrie auszuloten, um die Hagiotherapie von ihnen abzugrenzen bzw. festzustellen, wo es Überschneidungen gibt. Außerdem war es wichtig, einen Weg zu zeigen, auf dem es möglich ist, regelmäßig und systematisch zu geistlicher Erfahrung zu gelangen. Dafür eignet sich in hervorragender Weise das urchristliche Katechumenat, im Besonderen die so genannte Mystagogie.[7] Dazu mussten Grundkatechesen und verschiedene Gebete formuliert und die Erneuerung der von vielen bereits empfangenen Sakramente vorbereitet werden. All das sollte im Stile der Verkündigung und in praxisnaher Form geschehen, was schon im Buch *Begegnung mit dem lebendigen Gott* als wichtiges Prinzip galt. Erste Ergebnisse unserer theoretischen Forschung und so manche Erfahrungen aus der praktischen Tätigkeit finden sich schon in den Büchern *Therapie des Geistes* und *Grundlagen der Hagiotherapie*. In den Büchern *Wer ist der Mensch*, *Abhängigkeit und Freiheit*, *Aggressivität und Vertrauen* kann man über einige Aspekte der scholastischen und der existentialistischen Philosophie nachlesen.

Dieses Tun fand seinen Platz auch in der Kirche. Seine Anfänge liegen ja im Religionsunterricht unter Studenten und in Gebetsgruppen, aus denen sich in der Folge die Gemeinschaft "Wort und Gebet" entwickelt hat. - Es zeigte sich, dass so eine Gruppierung eine geeignete Basis sein kann für den Beginn praktischer hagiotherapeutischer Tätigkeit, für die Ausbildung künftiger Mitarbeiter und auch für wissenschaftliche Forschung im geistlichen Bereich. - Die besagte Gemeinschaft wurde zunächst vom Zagreber Erzbischof, danach auch von anderen Bischöfen und

---

[7] Vgl. *Der Laienrat. Aufgabe des Priesters in Laiengruppierungen, Wesen und Sendung, KS, 1990.*

schließlich von der kroatischen Bischofskonferenz bestätigt, was für die Kirchlichkeit dieser Gemeinschaft spricht. Ihr Charisma ist "das Apostolat der Evangelisierung der Gesellschaft und das Apostolat an Kranken, Abhängigen und geistlich Belasteten". In der Gemeinschaft leben Laien, die sich unter die geistliche Leitung von Priestern stellen, die ihrerseits vom jeweiligen Bischof entsprechend dem Dokument *Die Aufgabe des Priesters in Laiengruppierungen* ernannt wurden.[8] Die Hagiotherapie versteht sich als einen Einsatz der Kirche für die Welt, wie etwa die Caritas. Es soll darauf aufmerksam gemacht werden, dass es Leiden geistlicher Natur gibt, dass sie tieferen Schmerz verursachen als psychophysische Krankheiten und dass in erster Linie die Kirche berufen ist, auf diesem Feld die ersten Schritte zu setzen, was sie in den Anfängen der wissenschaftlichen Entwicklung ja getan hat. Es ist wichtig, den Menschen zu helfen, sie von unerträglichen geistlichen Krankheiten zu befreien, die Welt menschenfreundlicher zu gestalten und so zur Entfaltung einer Kultur des Lebens und einer Zivilisation der Liebe beizutragen.

---

[8] Vgl. T. Ivančić, *Kršćanstvo u traganju za identitetom,* KS 1990, S. 19-20.

I. TEIL

GRUNDFRAGEN DER HAGIOTHERAPIE

1. KAPITEL

DIE HISTORISCHE ENTWICKLUNG

Die Hagiotherapie ist eine Frucht der Glaubenserfahrung. Nachdem ich zahlreiche Exerzitien für Ordensschwestern und Laien gehalten und 1975 zusammen mit Studenten aus Zagreb eine tiefe Gebetserfahrung gemacht hatte, begann ich auf Initiative des damaligen Zagreber Erzbischofs Franjo Kardinal Kuharić gemäß der Enzyklika Pauls VI. *Evangelii nuntiandi* und nach dem Modell des urchristlichen Katechumenats, das im Rituale *Die Feier der Eingliederung Erwachsener in die Kirche* vorliegt, Verkündigungs- bzw. Gebetsseminare abzuhalten. Vom Inhalt her hatten sie vier Hauptteile: das Vorkatechumenat, das Katechumenat, die Phase der Reinigung und Klärung und die Mystagogie. Im Vorkatechumenat ging es um existentielle Fragen des Menschen, im Katechumenat um grundlegende kerygmatische Wahrheiten des Christentums. Im dritten Teil konnten die Umkehr zu Gott praktisch vollzogen, die geistlichen Krankheiten durch Gebet "geheilt" und die Tugenden gestärkt werden. Im vierten, dem so genannten mystagogischen Abschnitt, suchte man durch Belehrung und Gebet nach der Erfahrung der empfangenen Sakramente. Das alles hatte man ja bis zum 6. Jh. in der Kirche regelmäßig vollzogen.

Einen besonders starken Eindruck hinterließen bei den Seminarteilnehmern die Gebete aus dem genannten Rituale, aber auch andere, traditionell oder spontan formulierte Texte, in denen sie zum Ausdruck brachten, wie sie die Erlösung durch Jesus und die Heilung ihrer Wunden erfahren hatten. Wenn sie traumatische Erlebnisse aus ihrer Vergangenheit Jesus als ihrem Erlöser bewusst übergaben, erfuhren sie innere Freiheit, Frieden, Befähigung zur Vergebung und Kraft, das Kreuz ihres Lebens mutig zu tragen.

Ab Mitte der Achtzigerjahre des letzten Jahrhunderts erhielten die Menschen in ihren geistlichen Problemen Hilfe auch außerhalb von den eigentlichen Seminare. Sie suchten Unterstützung in verschiedenen existentiellen, geistlichen, religiösen und privaten Schwierigkeiten. Dabei kamen wir zu der Einsicht, dass es nicht genügte, ihnen bei ihren Problemen erklärend, beratend und den Glauben verkündigend zur Seite zu stehen, sondern dass man das alles weiter durch Gebet unterstützen musste. Die Menschen wurden angehalten, ehrlich ihre Bedrängnisse vor Gott hin zu tragen. Danach fühlten sie sich frei von ihrem Misstrauen und von Ängsten. Sie konnten also erst dann in ihren Lebenssituationen Hilfe erfahren, wenn die Belehrung über den Sinn des Lebens vom meditativen Gebet begleitet wurde. Es kamen Menschen, die verschiedene Süchte hatten und nach Freiheit strebten, diese aber nicht durch eigene Willenskraft erringen konnten. Nach einem geistlichen Prozess, wie er etwa bei Exerzitien stattfindet, erfuhren sie nun die ersehnte Freiheit. Andere, die nicht vergeben und sich nicht versöhnen könnten, erhielten zu ihrer Überraschung durch Gebet die Kraft, ihre Mitmenschen und die eigene Lebenssituation anzunehmen. So erfuhren sie die Konkretheit göttlicher Existenz und Hilfe, die Sinnhaftigkeit ihres Lebensweges, Kraft bei bis dahin unerträglichen Leiden, Glauben an das Gelingen des Lebens, Versöhnung mit Mitmenschen und Vertrauen in die Gerechtigkeit und den Sieg des Guten.

Man muss betonen, dass es sich dabei nicht um Gebete um die Gesundung somatischer oder psychischer

Krankheiten gehandelt hat. Wenn die Menschen jedoch bei geistlichen Traumata Hilfe erfuhren, erhielten etliche auch Heilung von psychischer und physischer Erkrankung. Das Geistliche war primär, das Psychophysische sekundär. So wurde die enge Verbindung zwischen geistlichen Traumata und psychophysischen Leiden deutlich.

Während den Menschen einige Jahre hindurch solche Hilfe geboten wurde, entdeckten wir die Möglichkeit, geistliche Traumata konkreter zu diagnostizieren, und der Fächer unserer Hilfeleistung weitete sich aus. Es wurde deutlich, dass bei manchen geistlichen Leiden bereits ein passender Rat half, um deviante moralische und intellektuelle Haltungen zu korrigieren. Bei anderen bedurfte es starken, langandauernden Gebetes. Für manche Probleme war eine Lebensbeichte vonnöten, für andere menschliche Unterstützung und Sympathie. Beim Großteil der geistlichen Traumata war es wichtig, eine Lebensumkehr zu vollziehen, den Sinn des Lebens zu finden, sich in Vertrauen an Gott zu wenden, zu beten und regelmäßig die Sakramente zu empfangen. So kam es zur Korrektur falscher Lebensmodelle, und als Folge davon, zur Befreiung von geistlichen Leiden, Ängsten und Nöten und zur Besserung der allgemeinen Befindlichkeit der Menschen.

Unsere Erfahrungen reiften so weit heran, dass wir uns mit dem Beginn der demokratischen Veränderungen in Kroatien entschlossen, uns mit der geistlich-therapeutischen Arbeit professionell zu befassen. Im August 1990 gründeten wir in Zagreb das Zentrum für geistliche Hilfe. Nach einem Jahr erwies es sich als nötig, mehrere fachlich ausgebildete Helfer im Zentrum zu beschäftigen. Mitte der Neunzigerjahre begannen wir, neben Zagreb auch in anderen Städten Kroatiens und auch im Ausland - in Österreich, Deutschland und Belgien - Interessenten für diese Tätigkeit zu schulen. All das erforderte eine weitere theologische und philosophische Forschung. Bald stellte sich heraus, dass die Mitarbeiter theologische und vermehrte fachliche Ausbildung benötigen, vor allem aber eine persönliche Glaubenserfahrung.

Unser Bemühen stellte uns vor die Frage, um welche Art von Leiden es sich eigentlich handle und welche Art von Therapie helfe. Menschen, die schon psychotherapeutische oder medizinische Hilfe beansprucht, aber nicht entsprechende Erleichterung gefunden hatten, fanden sie in der geistlichen Therapie. Es war uns klar, dass es nicht Wunderheilungen waren, ebenso wenig Erfolge einer neuen psychotherapeutischen Methode. Patienten, die zu uns kamen, hatten keine Symptome psychischer Erkrankung, und doch waren ihre Leiden manchmal schwerer als die psychischer Natur. Mit unserem Wirken befanden wir uns aber auch nicht direkt im Bereich der pastoralen Arbeit der Kirche. Unsere Arbeit war eher caritativer als pastoraler Natur. Denn es war uns ein Anliegen, die Menschen von ihren geistlichen Leiden, Ängsten, Abhängigkeiten, von Sinnlosigkeit und Hass zu befreien. Wir arbeiteten nicht nur für Christen, sondern auch für Angehörige anderer Religionen und auch für Atheisten. Unser Ziel war es einfach, den Menschen in ihren Schmerzen und Leiden zu helfen.

Diese Forschung ergab, dass der Bereich, in dem wir uns bewegten, geistlicher Natur ist. Der Geist ist nämlich Freiheit, und Freiheit bedeutet Verantwortung, woraus sich dann das Gefühl von Schuld und Sinnlosigkeit beziehungsweise das Gefühl von Sinn und Frieden ergeben kann. Der Geist übersteigt den psychischen und somatischen Bereich des Menschen. Er ist in der Person des Menschen, und ist nicht bloß ein Teil von ihm. Das Leben des Menschen selbst ist geistlich, und darum kann es kein Mensch retten. Der Geist ist die Befähigung zur Autoreflexion, bei der man sich irgendwie selber "von außen" beurteilt. Er gibt der psychophysischen Struktur des Menschen Sinn, Kraft und

Funktionalität. Er ist die Fähigkeit, sich über seine Leiden zu stellen und sogar dem Tod zu trotzen. Der Geist ist in bestimmtem Sinn ein "Restbereich", in den man sich bergen kann, auch wenn man die psychophysische Struktur verliert. Der Mensch kann alles haben, schreibt ein Dichter, nur sich selbst kann er nicht haben. Er ist ein unzerstörbares Wesen, denn er ist geistlicher Natur. Der Mensch transzendiert in seinem Geist alles Materielle und Psychische. Im Geist erkennt er den Schöpfer seiner Person und der ganzen Welt. Weil er geistlich ist, ist er "unheilbar religiös". Der Mensch hat auch dann noch Hoffnung, wenn alles um ihn herum zerstört wird und untergeht. Er glaubt an den Sinn und überlebt sich selbst, auch wenn er das Leben verliert. In einem Ozean von Hass erlebt er die Liebe als eine sichere Klippe, die ihm vollen Halt gibt, auf der ihn niemand zerstören kann. In seiner geistlichen Dimension gehört der Mensch allen Zeiten an, allen Räumen, allen Wesen und dem Ursprung aller Wesen, Gott, dem Schöpfer.

Somit ist klar, dass diese Qualität des Menschen nicht in die somatische bzw. psychische Sphäre hineinfallen kann. In seiner geistlichen Unbegrenztheit ist der Mensch nicht aufzuhalten. Menschlich ist dieses unzerstörbare Ethos nicht zu erklären, die Schuld nicht zu heilen. Mit menschlichen Möglichkeiten kann niemand gerecht, moralisch und ehrbar gemacht werden. Wenn man sich im geistlichen Bereich authentisch bewegt, kann man sagen, ob es einen Schöpfer gibt oder nicht, dann kann man den Sinn eines heroischen Lebensopfers, den Sinn von Leid und Tod, und überhaupt den Sinn des Menschen und der Welt erklären. Bei der Arbeit mit unseren Patienten erwiesen sich gerade diese Bereiche als wichtig, die der Arzt und der Psychiater nicht erreichen können. Ihre Leiden nahmen ab, wenn wir uns im Einklang mit den Gesetzmäßigkeiten des Geistes bewegten.

Unsere Forschung musste sich also auf philosophischem, aber auch auf theologischem Boden bewegen. Damit unsere Patienten gesunden konnten, genügte es nicht, ihnen zu erläutern, was auf philosophischer Ebene erfahrbar ist, mag es sich auch um christliche Philosophie handeln, sondern sie brauchten die christliche Offenbarung, und vor allem brauchten sie die Kraft der Gnade. Die Philosophie bleibt nämlich trotz ihrer humanistischen Höchstleistungen diesseits der menschlichen Existenz. Sie gelangt nur bis zur Schwelle der existentiellen Transzendenz, hat aber keinen Einblick in das, was sich jenseits der Todesgrenze befindet, was sich in den Tiefen des menschlichen Geistes ereignet, was überhaupt die Existenz und wer der Ursprung der Welt sei. Um zum Wissen über den grundsätzlichen Sinn des Menschen, der Moral und der Ethik zu gelangen, um Hoffnung und Vertrauen fundieren zu können, um den Sinn kompromisslosen Eintretens für Gerechtigkeit und Ehre zu erfassen, sind Informationen von der anderen Seite, der Transzendenz vonnöten. Wie man bei einem Menschen nur aus dem von außen Sichtbaren erahnen kann, was sich in seinem Inneren tut, so kann die Philosophie und jede menschliche Forschung nur solche Gebiete betreffen, die auf dieser Seite der Existenz vorliegen. Um zu wissen, was in einem Menschen tatsächlich vorgeht, muss man von ihm selber Informationen erhalten, er muss uns selber sagen, wer er ist und wie er sich fühlt. Um zu erkennen, was sich außerhalb der Reichweite unserer Wissenschaft befindet, brauchen wir die Informationen jemandes, der von außerhalb kommt. Wir sind zwar von Natur aus irgendwie sicher, dass es ein Jenseits gibt, aber wir haben darüber keine Erkenntnisse. Die christliche Offenbarung spricht nun von diesem Kommen Gottes in unser Terrain, von der Begegnung Gottes mit dem Menschen, damit dieser die Wahrheit über Gott und über sich selbst erfahre. Die Theologie als Wissenschaft und

Forschungsmodell befindet sich auf dem Kreuzungspunkt von Diesseits und Jenseits. Sie erforscht Methoden und Möglichkeiten, wie der Mensch in seiner geistlichen Dimension der Gnade und dem Wohlwollen Gottes begegnen kann.

Weil es also um die besagten Bereiche des Glaubens, der Offenbarung und der Theologie geht, konnten wir unsere Arbeit deutlich von der Disziplin der somatischen und der psychiatrischen Medizin abgrenzen, aber auch von der Logotherapie, die mit der Kraft des *menschlichen* Geistes psychische Störungen zu beheben sucht. Man kann ja bei der Heilung psychischer und geistlicher Leiden schon viel erreichen, wenn man die Gesetze des bloß menschlichen Geistes beachtet. Doch zu echten Resultaten bei der Heilung geistlicher Traumen kommt es erst dann, wenn man den Menschen mit Hilfe der Gnade – das heißt des Gebetes, der Sakramente und der Verkündigung – zu heilen beginnt. Es gibt ja eine Struktur des menschlichen Geistes, die ihre eigenen Gesetze kennt. Wenn jemand diese aber nicht beachtet, dann kommt es zum Gefühl von Sinnlosigkeit, Ohnmacht und Angst, zu Abhängigkeit und sogar zur Suizidgefahr. Wenn man die geistlichen Gesetze jedoch zu beachten lernt, verschwinden die Leiden. Geistliche Gesetze gibt es auf intellektueller und auf ethisch-moralischer Ebene. Die Lüge zum Beispiel ist eine intellektuelle Deviation, welche Angst und Beklommenheit verursacht. Unredlichkeit, Hass, Rachsucht, Maßlosigkeit, Diebstahl, Eifersucht, Streit, Feindschaft und Mord vermindern die Funktion geistlicher Organe und führen zu Bedrängnis und Leid, zum Gefühl von Sinnlosigkeit und Bedrohung. Wenn jemand jedoch eine Umkehr vollzieht und so handelt, wie es ihm sein Gewissen sagt, dann verschwinden seine Schmerzen, und er bekommt Sinn, Lebenskraft und Freude. Doch Sünden und Laster haben eine Kraft, die den Menschen versklavt und seine Möglichkeiten übersteigt. Darum braucht es übermenschliche Kraft, damit der Mensch in die Freiheit zurückfinden kann. Nicht umsonst verkündet die Kirche schon 2000 Jahre hindurch die Kraft der Gnade gegen Sünde, Schuld, Laster und Verderben. Umkehr und Reue führen ja nicht zu gänzlicher Freiheit von Schuldgefühlen. Jemandem, den wir verletzt oder sonst irgendwie geschädigt haben, muss man ja den Schaden wieder gut machen. Der Mensch ist aber ein Wesen in Raum und Zeit, und darum kann er den Schaden nicht zur Gänze wieder gutmachen, die Beleidigungen und Leiden nicht gänzlich auslöschen. Das kann nur jemand, der ewig ist, der außerhalb von Raum und Zeit steht, selber frei von Sünde ist und darum Macht über sie hat. Darum ist Gott die Grundkomponente für die Heilung und Befreiung des menschlichen Geistes. Jesus aus Nazareth hat sich als Gott offenbart, der rettet, befreit und heilt - in der Kirche und durch die Kirche.

Gott, der Schöpfer und Erlöser des Menschen, ist die Grundbedingung, um den Menschen verstehen, seine geistliche Pathologie heilen und den Sinn seiner Zukunft erschließen zu können. Gott ist das Schicksal des Menschen, die Urmedizin in der geistlichen Dimension des Menschen. Die Hagiotherapie ist ohne Gott hilflos. Nur in der Gegenwart und Kraft Gottes können geistliche Traumata des Menschen diagnostiziert und geheilt werden. Doch die Wirklichkeit und Wirksamkeit Gottes wurde in der westlichen Gesellschaft von heute übersehen, in Frage gestellt oder neurotisch gemieden.

2. KAPITEL

DAS SCHICKSAL DES GLAUBENS AN GOTT IN DER HEUTIGEN GESELLSCHAFT

Der Glaube an Gott ist den Menschen des Westens seit Jahrhunderten irgendwie aus Herz und Sinn entschwunden. Die Entwicklung zur Autonomie des Menschen habe schon im 13. Jh. begonnen, vermutet D. Bonhoeffer. Doch den Schritt in den eigentlichen Atheismus setzte man in den philosophischen Strömungen der letzten Jahrhunderte. Der Subjektivismus und der Immanentismus brachten die Philosophen Hume und Kant dazu, die Möglichkeit einer Erfahrbarkeit Gottes zu leugnen. Der Materialismus leugnete schließlich die Existenz Gottes selbst. Aus der Philosophie ging der Atheismus über in die Wissenschaft, danach in die Literatur und die Kunst und bewirkte so eine "Atheisierung" der Menschen.

MISSVERSTÄNDNISSE ZWISCHEN GLAUBE UND WISSENSCHAFT

Infolge der naturwissenschaftlichen Forschungen wurde manches Unerklärbare entmythisiert, und so wurde Gott als Erklärung der Welt und der Geschichte überflüssig. Die Hypothese "Gott" hatte für die Deutung und das Verständnis der Natur keinerlei praktische Bedeutung mehr, behauptete J. Huxley[9] . So kam es zur Spaltung von Glaube und Wissenschaft. Die Aufklärer waren überzeugt, dass die Naturwissenschaften alle menschlichen Probleme lösen würden. Diese Fiktion und Hypothese wurde vom Marxismus endgültig entfaltet. So entstand das, was längst davor Nietzsche ausgesprochen hatte, dass nämlich eine Zeit kommen werde, wo die Menschen ohne Gott leben würden. "Gott ist tot", und wir haben ihn getötet, sagte Nietzsche, und brachte damit die geistliche Diagnose seiner Zeit zum Ausdruck. Nach dem Tod Gottes war für Nietzsche der Weg zum Übermenschen offen, denn er dachte - so wie später J.P. Sartre -, dass Gott der menschlichen Freiheit und Selbstverwirklichung im Wege stehe. Der Tod Gottes bedeutet zugleich, dass der Mensch an seine Stelle tritt.

Doch der "Tod" Gottes ereignete sich im Westen nicht nur infolge ideologischer Parolen. Es gab zunehmend auch eine praktische Abwendung des Menschen von Gott. Bei ihr geht es nicht um eine Gegenüberstellung von Immanenz und Transzendenz, sondern um die Immanenz ohne die Transzendenz. - Eine wichtige Ursache für den praktischen Atheismus war auch das Unverständnis zwischen Kirche und Wissenschaft. In neuerer Zeit zeigte sich geradezu eine neurotische Angst der Intellektuellen und Wissenschaftler des Westens vor Glaube und Kirche.

Der Untergang der totalitären Regime, besonders des Kommunismus, brachte eine Ernüchterung in allen Gebieten des menschlichen Lebens und Wirkens. Denn allmählich verschwindet die Angst der Philosophen vor einer religiösen Sprache und der Metaphysik, die Angst der Theologen vor dem metaphysischen Begriff für Gott, die Angst

---

[9] Vgl. R. Spaemann, *La perle precieuse et le nihilisme banal,* in: Catholica 33(1992) 45.

der Wissenschaftler vor biblischen Aussagen und theologischen Überlegungen und zugleich die Skepsis der Staatsmänner gegenüber der Kirche. Man erkennt im Gegenteil, dass Persönlichkeiten der Wissenschaft wie Newton, Leibniz, Maxwell, Einstein, Heisenberg u.a. die philosophischen und naturwissenschaftlichen Fragen nicht lösen konnten ohne Verbindung zum religiösem und theologischen Gedankengut. Die Wissenschaft fragt nämlich nicht nur nach dem "Wie", sondern auch nach dem "Warum", und so öffnen sich immer mehr Forscher in ihren Überlegungen der metaphysischen Ausdrucksweise. Es braucht also einen Dialog zwischen Wissenschaft und Theologie, Gesellschaft und Religion, Kirche und westlicher Gesellschaft. Aber es gibt Probleme auf beiden Seiten. Die Theologen befürchten, die Wissenschaftler könnten das "Buch der Natur" mit dem "Buch der Offenbarung" verwechseln, den "Urknall" mit dem Schöpfungsbericht der Genesis, oder das "Tohuwabohu" (*die Erde war wüst und wirr*) mit einem deterministischen Chaos, den Durchzug des Volkes Israel durch das Rote Meer mit einem meteorologischen oder geologischen Ereignis. Auf der anderen Seite nutzten atheistische Wissenschaftler den Missgriff der Kirche bei Galilei und ihre Positionierung in der Frage der Geologie und der Evolution dazu, sich bloß auf die Mechanik, die Biologie und Kybernetik zu stützen.

LAIZISTISCH-LIBERALE GESELLSCHAFT

Die allgemeine Zunahme atheistischer Lebensführung und der Konflikt zwischen Glaube und Wissenschaft, die Säkularisierung und insbesondere der Säkularismus brachten manche Kreise im Westen auf den Gedanken, unter liberaler Politik eine laizistische Gesellschaft bilden zu können. Auf alle Fälle sollte die Religion und insbesondere die Kirche aus der Gesellschaft verdrängt und der Mensch nur auf die irdische Ebene ohne Gott und geistliche Kraft geschoben werden. So blieb dem Menschen nichts, worauf er sich stützen könnte. Ethische und moralische Normen wurden eine Frage gesellschaftlicher Akzeptanz und der Parlamente. Man dachte, Gesetze würden genügen, um zu bewirken, dass sich die Menschen human verhalten. Man vergaß den großen Unterschied zwischen der äußeren juridischen und der inneren moralischen Norm. Ebenso übersah man, dass es keinerlei gesellschaftliche Mechanismen gibt, die geeignet wären, Versuche von Manipulation und Korruption gänzlich zu unterbinden. Der Mensch kam mit allem zurecht, sagt D. Bonhoeffer, nur nicht mit sich selber.

Das 20. Jahrhundert zeigte, wohin die laizistische Gesellschaft und Staaten ohne den Glauben an Gott führen. Die westliche Welt hat sich vom Schrecken des Zweiten Weltkrieges, den die Nationalsozialisten verursacht hatten, noch nicht erholt, und an den Folgen des Kommunismus werden noch viele Generationen zu leiden haben. Beide Ideologien haben nicht nur selber Gott den Rücken gekehrt, sondern seine Spuren in den Menschen zu verwischen versucht. Daraus resultierten die schlimmsten Leiden, die die Menschheitsgeschichte kennt. R. Spaemann behauptet, dass sich nach den totalitären Utopien in Europa ein banaler Nihilismus ausbreite, der nicht weniger giftige Früchte zeitige.[10] Diesen Nihilismus vertrat der amerikanische Philosoph R. Rorty, indem er als Ideal eine liberale Gesellschaft proklamierte, in der es keine absoluten Kriterien und Werte gibt, wo es nur um möglichst hohen materiellen Wohlstand geht. Schon der

[10] Vgl. J. Ratzinger, *Wahrheit, Werte, Macht. Prüfsteine der pluralistischen Gesellschaft,* Herder 1995, S. 16.

russische Wissenschaftler Sacharow hat auf die Gefahr hingewiesen, die einer solchen Gesellschaft droht. Er sprach von der "Leere des Humanen" und von der "linksliberalen Mode", einer naiven und auch zynischen Haltung, die verhindert, dass der Westen seine moralische Verantwortung wahrnimmt.[11] D. Domazet verweist auf die laizistischen Regierungen, die sich nach den gesellschaftlich-staatlichen Krisen gebildet haben und Zwist unter der Bevölkerung säen. Solche Staaten könnten nicht funktionieren, sie hätten keine Basis und seien Technokraten ausgeliefert. Laizistische Regierungen führen einen Verfall der Werte herbei, sodass sich eine allgemeine Sinnkrise ausbreitet und die Geburtenrate sinkt. In der Politik gebe es viel Korruption, es entstehe ein System, in dem Banken Wucher treiben und die organisierte Kriminalität blühe, gibt Admiral Domazet zu bedenken.[12] Deshalb ist eine geistliche Erneuerung und eine Neuevangelisierung dringend vonnöten.[13]

ES GIBT KEINE PRIVATE RELIGION

Der Gesellschaft Europas wird erst langsam bewusst, dass die schrecklichen Kriege und der Holocaust daraus resultieren, dass sich die Gesellschaft nicht mehr auf Gott, den Schöpfer und Herrn der Welt, stützt. Erst jetzt wird man sich in langsamer Ernüchterung bewusst, dass es keinen privaten Gott und keine private Religion gibt, da ja die Religion die Bedingung für Ethik und Moral in der Gesellschaft darstellt. Das eigentliche Problem, vor dem wir heute

---

[11] Vgl. Interview in: Hrvatsko slovo, 11.1. 2002, S. 3.

[12] Vgl. Der Rat der europäischen Bischofskonferenzen, *Das säkularisierte Europa evangelisieren*.

[13] Vgl. Ratzinger, *Wahrheit, Werte, Macht*, Herder 1995, S. 84.

stehen, betont Kardinal Ratzinger, sei die Blindheit des Verstandes für die ganze nichtmaterielle Dimension der Wirklichkeit.[14] Der amerikanische Politwissenschaftler A. Tocqueville sagt, die an sich zerbrechliche amerikanischen Demokratie sei deswegen in ihrer Struktur einigermaßen stabil, weil dort die moralische Überzeugung noch lebendig sei und durch christliche Gruppierungen aufrecht erhalten werde. So bekämen die demokratischen Institutionen und Mechanismen tragende Grundpfeiler.[15] Darum betont Kardinal Ratzinger, es bedeute den Selbstmord einer Kultur und Nation, wenn in der Geschichte gewachsene moralische und religiöse Werte aufgegeben würden.[16] Die größte Universalität und Rationalität unter den religiösen Kulturen finde sich im christlichen Glauben, der auch heute dem Verstand eine Stütze bei moralischen Einsichten biete, die ihrerseits die Grundlage für den moralisch-rationellen Glauben darstellen, ohne den eine Gesellschaft nicht bestehen könne.[17] Es werde immer klarer, zeigt K. Popper, dass moderne Staaten ohne ein Minimum an jüdisch-christlicher Moral nicht funktionieren können. Die Werte, auf die sich die Demokratie als die beste Verwirklichung einer offenen Gesellschaft stütze, geben sich im moralischen Glauben zu erkennen, sagt er weiter. Sie ließen sich bloß rationell nicht begründen.[18]

---

[14] Vgl. J. Ratzinger, *Wahrheit, Werte, Macht*, Herder 1995, S. 22.
[15] Vgl. J. Ratzinger, *Wahrheit, Werte, Macht*, Herder 1995, S. 23.
[16] Vgl. J. Ratzinger, *Wahrheit, Werte, Macht*, Herder 1995, S. 88.
[17] Vgl. J. Ratzinger, *Wahrheit, Werte, Macht*, Herder 1995, S. 84.
[18] Vgl. Johannes Paul II., *Fides et ratio*. Verlautbarungen des Apostolischen Stuhls. Bonn 1998.

SPUREN GOTTES IN DER WELT

Der Atheismus ist kein Resultat der Erkenntnis und des Beweises, dass es Gott nicht gebe. Rationale Überlegungen beweisen zwar nicht die Existenz Gottes, wohl aber verweisen sie auf sie. Wie man mit dem Ohr nicht nachweisen kann, dass es kein Licht gibt, und mit den Augen, dass es keine Laute und keine Musik gibt, so kann man auch mit rationalen wissenschaftlichen Mitteln nicht beweisen, dass es Gott nicht gibt. Gott erkennt man nämlich mit dem Geist, denn er ist Geist. Um aber an die Existenz Gottes glauben zu können, braucht man glaubwürdige rationale Zeichen seiner Anwesenheit in der Welt. Der Verstand muss ausreichend Gründe haben, damit man sich dem Glauben überlassen kann. Der Glaube ist auch eine Überzeugung des Verstandes.[19] Die Natur ist voll von den Spuren der Anwesenheit Gottes. I. Andric schreibt in *Ex ponto*: "Gott schimmert als Licht aus aller Schöpfung, aus jedem Leben, das sich regt. Der einsame Stein am Strand leuchtet von der Aureole seines Atems. Gott ist die Wärme im Atem von allem, was lebt. Er ist wie ein ruhiger Schimmer und tiefe Stille, in der man die Stimme hört, die ihn leugnet." Darum ist der Glaube an Gott die normale logische Folge vernünftigen Denkens. Der Atheismus hingegen resultiert aus der *Entscheidung* eines Menschen zum Agnostizismus, weil er die Spuren Gottes in der Welt nicht anerkennt. Der Betreffende gibt seine Suche nach Gott auf und erklärt, entweder könne man Gott nicht erkennen oder es gebe ihn einfach nicht. Oder jemand fragt in bestimmten Phasen seines Lebens gar nicht nach Gott

[19] Vgl. H. Schmidinger, *Hat Theologie Zukunft. Ein Plädoyer für ihre Notwendigkeit*, Topos 2000.

und lebt so, als gebe es ihn nicht. Wie man in jedem Fachbereich erst durch Studieren und Forschung zu entsprechender Erkenntnis kommt, so kann man auch Gott erst erkennen, wenn man sich entscheidet, ihn zu suchen.

Gleichzeitig muss man sagen, dass Gott eine Wirklichkeit ist, die auch dann vorhanden ist, wenn sie der Mensch leugnet. Der Mensch würde Gott nicht suchen, hätte er ihn nicht schon gefunden, sagt Augustinus. Ähnlich können wir behaupten: Der Atheist würde Gott nicht leugnen, hätte er ihn nicht schon irgendwie erkannt. Gott ist die Grundwahrheit des Menschen, die Begründung und das Fundament, auf dem er steht, und niemand kommt an ihm vorbei. Gott ist das absolute Sein, er ist für den Menschen, der das Sein in seiner ganzen Breite erfasst, eigentlich das unmittelbarste Objekt der Erkenntnis. Er ist zugleich das Licht, in dem der Mensch alle übrigen Erkenntnisse kritisch einzuordnen vermag. Er ist der Orientierungspunkt bei aller menschlichen Erkenntnis, durch die alles Übrige erst seinen Platz, seine Bedeutung und seinen Namen erhält. Er ist im Grunde von allem, was der Mensch erkennt, er ist die Intelligenz in allem, was in der Welt erkannt werden kann, und der Mensch kann erst in seinem Lichte alles verstehen. Gott ist der Gedanke, den der forschende menschliche Gedanke erkennt. Darum ist er der Sinn des Menschen und der ganzen Welt. Er ist dem Menschen in seinem Inneren fast konaturell. Es gibt nichts, wo es ihn nicht gibt. Der Mensch bewegt sich in seiner Welt, er ist sein Geschöpf, von ihm ging alles aus, und zu ihm geht alles hin. Vielleicht übersieht der Mensch deswegen Gott, weil seine Gegenwart und Wirksamkeit unverkennbar ist. "Gott schweigt so gut", sagt I. Andric, "dass viele denken, es gebe ihn nicht. Und doch ist er das ruhige Herz aller Atome." Der Mensch ist ein Geschöpf, und darum kann er ohne einen Schöpfer nicht verstanden werden. Er erlebt sich als Verwalter der Welt und nicht als ihr Herr. Darum ist er seinem Schöpfer verantwortlich. Er ist ein begrenzter Geist und findet sich erst im absoluten Geist Gottes. Er ist wie ein Fluss, der seine Quelle haben muss. Der Mensch ist sündhaft, von Schuld befleckt und braucht darum den Herrn der Geschichte, dass er ihm die Schuld vergibt. Der Mensch ist sterblich, aber zugleich voller Sehnsucht nach Unsterblichkeit, das heißt logischerweise, voller Sehnsucht nach dem ewigen Gott, der ihn aus dem Grab erretten möge. Er kam aus dem Unbekannten und entschwindet sterbend ins Unbekannte. Er ist ein frustriertes, verlorenes Wesen, wenn er nicht weiß, wer ihn auf die Erde gestellt hat und auf welches Ziel er sich hinbewegt. Der Mensch ist gefährdet durch Kriege und Katastrophen, durch Werke seiner eigenen Technik. Er ist konstitutiv so geschaffen, dass er ohne einen Schöpfergott sinnlos, ohnmächtig und verloren ist. Nur mit Gott kann er frei sein und seine Gedanken und Sehnsüchte verwirklichen. Wenn es Gott nicht gäbe, müsste man ihn erfinden, denn ohne ihn könne der Mensch nicht existieren, behaupteten einige Philosophen.

KONVERGENZ DER EXAKTEN WISSENSCHAFTEN UND DER THEOLOGIE

Ideologische Verirrungen seit der Zeit der Aufklärung, besonders im Kommunismus und anderen totalitären Regimen, spalteten den Menschen in seinem Inneren, vernichteten sein moralisches Ethos und seine Grundhumanität und hinderten ihn, an einer neuen Welt zu bauen in Eintracht zwischen Glaube und Wissen, zwischen technischen und humanistischen Wissenschaften. Darum ist es nicht verwunderlich, wenn heutzutage Naturwissenschaftler die Zusammenarbeit mit Theologen suchen, damit sie weiter forschen und die Resultate ihrer Forschung einordnen können.[20] Es werden gerade im Interesse der Naturwissenschaften theologische Zentren eröffnet, in denen man nach ganzheitlichem Verständnis wissenschaftlicher Entdeckungen und nach dem Einklang zwischen Glaube und Wissen sucht. Beim internationalen Kongress über die Geschichte der Wissenschaften in Mexiko 8. - 14. Juli 2001 war von diesen Zentren für Theologie und Naturwissenschaften die Rede, von denen das bekannteste in Berkeley in Kalifornien ist. Die komplementäre gegenseitige Ergänzung von Wissenschaft und Religion, hieß es beim Kongress, eröffne die beste Perspektive für die globalisierte Welt des einundzwanzigsten Jahrhunderts. Solche Zentren sehen es als ihre Aufgabe an, ein schöpferisches, interdisziplinäres Arbeiten zwischen Theologie und Naturwissenschaften zu forcieren, wobei die Wissenschaft und ihre Methoden mit den Forschungen auf religiösem Sektor verknüpft werden sollten.[21] Es ist offensichtlich, dass die Prosperität und die Gesundheit der Welt vom wissenschaftlichen *und* vom religiösen Fortschritt des Menschen abhängt.

C.G. Jung sagt, es bestehe kein Konflikt zwischen Religion und Naturwissenschaft. Das sei eine alte Vorstellung. Die Naturwissenschaft müsse zur Kenntnis nehmen, was vor uns liegt. Es gebe die Religion, und sie sei eine der wichtigsten Manifestationen des menschlichen Geistes. Sie sei eine Tatsache, und die Naturwissenschaft könne nun einmal nichts dagegen einwenden, sondern bloß bestätigen, dass es sie tatsächlich gebe. Die Naturwissenschaft sei immer im Rückstand hinter diesen Dingen und sie versuche diese Phänomene auch nicht zu erklären. Die Reli-

[20] T. Petković, *Izvještaj s 21. internacionalnog kongresa Povijesti znanosti*, S. 4-5.

[21] Vgl C.G. Jung, *Gesammelte Werke*, Bd. 18, S. 313.

gion sei eine absolute Erfahrung, und über diese könne man nicht diskutieren.[22]

Der kroatische Wissenschaftler V. Paar erklärt, die französischen Aufklärer des achtzehnten Jahrhunderts hätten die Geschichte der Wissenschaften falsifiziert. Die Beziehung zwischen Kirche und Wissenschaft sei manipuliert worden. Die Allmacht der Wissenschaft sei eine aufklärerische Fiktion und eine ganz und gar unhaltbare Hypothese. Die Wissenschaft könne die Natur nie in ihrer Gesamtheit verstehen. Er sei tief überzeugt, dass es einen vollkommenen Begründer naturwissenschaftlicher Gesetze geben muss, denn erst bei dieser Annahme werde alles klarer und bekäme Sinn. Wenn wir die Geschichte der Wissenschaften erforschen, können wir sehen, dass sie sich auf christliche Prinzipien gründe. Zahlreiche Naturwissenschaftler seien gläubig gewesen oder sogar Priester, wie Mendel. Dem Jesuiten Ruđer Bošković seien auf Grund einer rein christlichen Denkmethode bedeutende wissenschaftliche Entdeckungen gelungen, deren Tragweite man erst heute richtig ermessen könne.[23]

ERKENNTNISSE DER PSYCHOLOGIE

Auch in den Bereichen der Psychologie und der Psychotherapie kam es zu einer Wende vom Atheismus zur Religion. Die deterministische Positionierung in Psychologie und Psychiatrie übersah die geistliche Dimension des Menschen. Die Logotherapie ging darum einen Schritt weiter als die Psychoanalyse und die Tiefenpsychologie,

---

[22] Vgl. Interview in : Koraci 3 (2002) 10-13.

[23] V. E. Frankl, *Der unbewußte Gott. Psychotherapie und Religion.* DTV München 1974. S. 42.

indem sie sich die Resultate der existentialistischen Philosophie zunutze machte. V. Frankl entdeckte, dass sich die Frage nach Religiosität oder Nicht-Religiosität eines Menschen sowohl in seinem Bewusstsein als auch in seinem Unterbewusstsein ereignet. Auch wenn jemand ein bewusster Atheist ist, sei er in seinem Unterbewusstsein gläubig. Der Atheismus sei eine Art von Deviation. Der nichtreligiöse Mensch vergesse, dass das Bewusstsein nur die vorletzte Instanz des Menschen sei, die letzte sei Gott. "Vorzeitig hat der irreligiöse Mensch auf seiner Wegsuche zur Sinnfindung Halt gemacht... Warum aber geht er nicht weiter? Weil er den 'festen Boden unter den Füßen' nicht missen will; denn der eigentliche Gipfel - der ist seiner Sicht entzogen, der ist vom Nebel verhüllt, und in diesen Nebel, in dieses Ungewisse, wagt er sich nicht hinein. Dieses Wagnis leistet eben nur der religiöse Mensch."[24] Frankl betont weiter, jemand könne neurotisch werden, wenn seine Beziehung zur Transzendenz gestört sei. "Sein transzendenter Bezug ist verdrängt. Aber aus der Verborgenheit seines 'transzendent Unbewussten' hervor meldet sich diese verdrängte Transzendenz mitunter in einer 'Unruhe des Herzens', die gelegentlich ... unter dem Bild einer Neurose verlaufen kann. In diesem Sinne gilt demnach auch von der unbewussten Religiosität, was von allem Unbewussten gilt: Sie kann patogen sein. Auch die verdrängte Religiosität kann somit eine 'unglücklich verdrängte' sein."[25] . Um gesund werden zu können, sei es notwendig, die unbewusste Religiosität bewusst zu machen. "Wie bei den verdrängten 'Komplexen' nur die spontan erarbeitete Bewusstheit zur Heilung führt, so mag auch bei der unbewussten Religiosität nur ihr spontanes Durchbrechen

[24] V. Frankl, *Der unbewußte Gott.* S. 52.
[25] V. Frankl, *Der unbewußte Gott.* S. 56.

zum Heil gereichen."[26] Eigentlich gipfelt seine Aussage also in der Behauptung, es gebe den "unbewussten Gott". "Die sich so enthüllende unbewusste Gläubigkeit des Menschen - mitgegeben im Begriff seines 'transzendenten Unbewussten' - würde besagen, dass Gott von uns unbewusst immer schon intendiert ist, dass wir eine, wenn auch unbewusste, so doch intentionale Beziehung zu Gott immer schon haben. Und diesen Gott eben nennen wir den unbewussten Gott. Unsere Formel vom unbewussten Gott meint also nicht, dass Gott an sich unbewusst sei; vielmehr meint sie, dass Gott mitunter uns unbewusst ist, dass unsere Relation zu ihm unbewusst sein kann, nämlich verdrängt und so uns selbst verborgen."[27]

MEDIZINISCHE ANTHROPOLOGIE

Arthur Jores kam zur Erkenntnis, dass auf dem Gebiet der medizinischen Anthropologie die Frage nach der Geistlichkeit und dem Glauben an Gott für die Erlangung bzw. Erhaltung der Gesundheit entscheidende Bedeutung hat. Die große Anzahl neurotischer und psychosomatischer Krankheiten, die Menge von Alkoholikern und Selbstmördern seien ein Zeichen für ein Verhalten, das der eigentlichen Aufgabe des Menschen auf Erden nicht entspreche. Wegen des Riesenfortschrittes in der Wissenschaft habe der Mensch gedacht, er sei der Herr der Welt und "ihm sei nichts unmöglich"[28] . Er habe vergessen, dass er Geschöpf ist und über sich nicht verfügt. Nachforschungen ergeben, dass es um die Gesundheit des Menschen in Krieg und

---

[26] V. Frankl, *Der unbewußte Gott.* S. 47.
[27] Vgl. Gen 8.
[28] Vgl. A. Jores, *Der Mensch und seine Krankheit*, S. 174.

Elend besser stehe als in Frieden und Wohlstand.[29] In solchen Situationen muss der Mensch nämlich seine reale Situation wahrhaben. Wenn er hingegen meint, er könne nach eigenem Gutdünken mit sich und den Mitmenschen verfügen, dann entstehen typisch menschliche Krankheiten. Zur Genesung kommt es dann, wenn der Patient in seinem Inneren heranreift.

H. Müller-Eckhard behauptet, das Gewissen sei auf dem Sein begründet. Er spricht vom "Seinsgewissen". M. Buber sagt, das Sein sei etwas, was in die Person gelegt sei und bestimme, was sie werden sollte. Der Mensch sei das, was er werden würde, er übersteige sich selbst und sei berufen, sich in den Sinn des Lebens einzufügen. Wenn er sich dem verweigert, dann verspüre er existentielle Schuld, die nach Buber immer dann erlebt wird, "wenn der Mensch die Ordnung der menschlichen Welt verlasse"[30] . Der menschliche Verstand erkenne die Richtung des menschlichen Lebens, sein Gewissen habe das Wissen um den Kern seines Seins in sich. E. Fromm sagt, das humanistische Gewissen sei die Erkenntnis seiner selbst und das Wissen um das höchste Ziel. Der Mensch gehe dann auf dieses Ziel zu und sei im Einklang mit seinem Wesen, wenn er sich um Tugenden und Werte bemühe. Sie stellten eine Verantwortung gegenüber der Existenz dar, und der Mensch fühle sich in ihnen sicher, ruhig und glücklich. Das Laster hingegen sei ein Zeichen von Unverantwortlichkeit gegenüber der Existenz, und bewirke eine Schwächung des Menschen, Angst, Bedrängnis, Depression, Aggression oder Autoaggression. Das humanistische Gewissen gründe auf dem Sein, es stehe im Einklang mit dem ganzen Wesen des Menschen, seinem Selbstwertgefühl und der Lie-

---

[29] Vgl. A. Jores, *Der Mensch und seine Krankheit*, S. 102f.

[30] Vgl. A. Jores, *Der Mensch und seine Krankheit*, S. 103-105.

be zum Mitmenschen, wodurch er den Sinn seines Lebens erfülle.[31] Wenn jemand sein Sein aber nicht realisieren will oder kann, dann werde er geistlich krank, dann zeigten sich aber auch auf dem psychophysischen Sektor typisch menschliche Krankheiten. In der modernen Gesellschaft seien sechzig bis siebzig Prozent der Krankheiten spezifisch menschlicher Natur, das heißt, es handelt sich um neurotische Störungen und psychosomatische Erkrankungen. Bei solchen melden die Patienten, sie hätten versucht, Heilung zu erlangen, aber niemand könne ihnen helfen, oder man behindere sie am Sterben, ohne ihnen zum Leben zu verhelfen. Die Medizin kuriert bei diesen Krankheiten, aber sie heilt nicht.[32] Mit anderen Worten, die Medizin als angewandte Wissenschaft, deren Aufgabe es ist, Kranke zu heilen, erzielt den größten Erfolg bei Krankheiten, deren Ursache man mit Hilfe naturwissenschaftlicher Untersuchungen lokalisieren kann, und das sei bei dreißig bis vierzig Prozent der Krankheiten der Fall, behauptet Jores. Naturwissenschaften forschen in erster Linie nach unmittelbaren Verursachern, während sie die Sinnfrage außer Acht lassen. Sie kümmern sich um das Wie eines Vorganges, kaum interessiert sie das Warum. Darum ist die naturwissenschaftliche Medizin in der Lage, die Ursache von solchen Krankheiten zu erkennen, die Mensch, Pflanze und Tier in gleicher Weise betreffen können. Spezifisch menschliche Erkrankungen haben ihre Ursache aber im Inneren des Menschen. Sie können durch Medikamente nicht geheilt werden, denn sie haben eine ontologische Funktion, die an die Tatsache gebunden ist, ob jemand den Sinn seines Lebens verwirklicht oder nicht.[33]

[31] Vgl. A. Jores, *Der Mensch und seine Krankheit,* S. 167f.
[32] Vgl. A. Jores, *Der Mensch und seine Krankheit,* S. 16.
[33] Vgl. A. Jores, *Der Mensch und seine Krankheit*, S. 106.

Gewissensbisse treten dann auf, wenn sich jemand um den subjektiven Lebenssinn nicht kümmert. Das kann bei falscher Erziehung, falschen Wertvorstellungen, bei unglücklicher Lebenssituation, bei gestörten Beziehungen in der Gesellschaft, beim Tod einer geliebten Person und bei traumatisierten Eltern die Folge sein. Der Betreffende hat den Eindruck, sein Lebensziel verfehlt zu haben, was ein existentielles Schuldgefühl hervorruft. Dabei geht es nicht um eine juristische Schuld, (wo eine gute Beichte abhelfen kann,) da man bei jener Art von Schuld niemanden zur Verantwortung ziehen kann. Diese Schuld ist tragisch, denn sie ist vom Leidenden nicht verschuldet. Jores betont, dass die Ursachen aller tragischen Schuld im Mangel an echter Liebe gründen. In einer Atmosphäre echter Liebe reift der Mensch zu dem heran, was er werden soll. Man kann also festhalten, dass alle Formen eines falschen Verhaltens durch Mangel an Liebe verursacht sind. Hier trifft sich die medizinische Anthropologie mit dem theologischen Aspekt der Erkrankung.[34] Liebe ermöglicht also Lebenssinn und Gesundheit, Mangel an Liebe führt zu Bosheit, Krankheit und Tod. Nach christlicher Offenbarung ist Gott Liebe, und darum ist es logisch, dass der Mensch als Geschöpf von Liebe abhängig ist. Darum ist die Liebe die Schlüsselmedizin bei geistlichen Krankheiten und ebenso eine Hilfe bei psychophysischen Störungen. Dann erlebt der Patient, dass er ein Fundament bekommt und nicht mehr über dem Abgrund des Nichts schweben muss. Die Erfahrung und die Forschung zeigen, dass Liebe, Zärtlichkeit, Verständnis und Sympathie, die jemand dem Patienten erweist, eine große Hilfe und eine wichtige Arznei sind. Bei schweren geistlichen Traumata ist es unaus-

[34] Vgl. C. G. Jung, *Gesammelte Werke,* Olten 1971, Bd. 11, S. 125.

weichlich notwendig, den Patienten mit der bedingungslosen Liebe, mit dem Ursprung des Seins zu verbinden, und das ist Gott, der die Liebe im absoluten Sinn ist.

RELIGION UND GESUNDHEIT

Der Schweizer Psychologe und Psychiater C.G. Jung war einer der Begründer der modernen Psychologie. Anfangs ein Mitarbeiter Freuds, kam er während seiner langjährigen psychologischen und psychotherapeutischen Tätigkeit zu der Einsicht, dass keiner von seinen Patienten mittleren Alters zur Gesundheit finden konnte, wenn er nicht seine religiöse Positionierung fand, die letzte Verantwortung vor den großen Lebensfragen.

Er sagt, unter seinen Patienten, die die Lebensmitte, also das 35. Lebensjahr überschritten hätten, gebe es keinen einzigen, dem nicht seine fehlende Beziehung zur Religion zum endgültigen Problem würde. Jeder von ihnen leide letztendlich darunter, dass er das verloren hat, was lebendige Religionen ihren Gläubigen bieten. Keinen von denen, die nicht zu einer religiösen Positionierung gefunden haben, sei wirklich gesund geworden. Die Religionen stünden mit dem, was sie sind und was sie aussagen, der menschlichen Seele so nahe, dass die Psychologie sie am allerwenigsten vernachlässigen dürfe.[35] Sie seien psychotherapeutische Systeme im ursprünglichsten Sinn dieses Wortes und in höchstem Ausmaß.[36] Psychologisch betrachtet sei die Religion ein psychisches Phänomen, ebenso ein Faktum der Philosophie oder der Anatomie. Fällt die religiöse Funktion aus, verliert der Mensch

[35] Vgl. Jung, a.a.O. Bd. 10, S. 179.
[36] Vgl. C.G. Jung, *Briefe,* Olten, 1972., Bd. 2, S. 512.

sein Gleichgewicht, weil die religiöse Erfahrung ein Ausdruck der Existenz und der Funktion des Unbewussten ist. Es sei nicht wahr, dass Wille und Verstand genügten. Im Gegenteil: Wir stünden ununterbrochen unter dem Einfluss von Mächten, die quer durch den Verstand und den Willen gingen und stärker seien als diese. Darum würden auch hochintellektuelle Geister unter Störungen leiden, gegen die sie sich trotz Verstand und Willen nicht zur Wehr setzen könnten. Seit jeher ahne der Mensch, dass es etwas gibt, was stärker ist als er, und das sei Gott. Diese Definition Gottes sei aus der Erfahrung erwachsen.[37]

Die religiösen Symbole stammten aus einer Tiefenschicht, deren sich der Mensch nicht bewusst sei. Sie kämen dem Inhalt und der Form nach aus demselben unbewussten Geist, von dem auch die großen Religionen der Menschheit rühren. Die Erfahrung zeige, dass die Religionen keine bewussten gedanklichen Gebilde seien, sondern die Frucht des natürlichen Lebens der unbewussten Seele, und sie brächten diese auch adäquat zum Ausdruck. Darum hätten sie auch eine universelle Verbreitung gefunden und einen ungeheuren historischen Einfluss ausgeübt.[38]

In einer Zeit, in der viele Menschen das Christentum abzulehnen beginnen, lohne es sich, genauer zu überprüfen, warum es die Menschheit überhaupt angenommen habe, nämlich deshalb, um die Grobheit und Gewissenlosigkeit der antiken Welt zu überwinden. Werde das Christentum nunmehr abgelehnt, gleiten wir wieder in die ursprüngliche Wildheit zurück, wofür gerade die neuere Geschichte einen unüberbietbaren Beweis liefere. Denn wir hätten es erlebt, was herauskomme, wenn ein ganzes Volk

---

[37] Vgl. C.G. Jung, *Grundwerk*, Olten, 1984-85., Bd. 9, S. 83.
[38] Vgl C.G. Jung, *Grundwerk*, Bd. 8, S. 76.

alle Hemmung verliert und die ganze Zivilisation im Rausch der Unmoral versinkt.[39] Darum müsse das Christentum vom Anfang an beginnen, wenn es seine hohe erzieherische Aufgabe wahrhaben will. Solange die Religion bloß eine äußere Form ist und solange die religiöse Funktion keine Erfahrung der eigenen Seele ist, werde sich nichts Grundlegendes ereignen. Wir müssten begreifen, dass das "mysterium magnum" nicht bloß als solches besteht, sondern dass es in der menschlichen Seele verwurzelt ist. Wem das nicht aus der eigenen Erfahrung bekannt sei, der könne ein großer Theologe sein, aber er habe keine Ahnung von der Religion und noch weniger von der Erziehung des Menschen. Es habe keinen Sinn, über das Licht zu predigen und es zu loben, wenn es niemand tatsächlich entdecken kann. Zuerst müsse man die Menschen die Kunst des Schauens lehren. Es sei ja bekannt, dass viele Menschen unfähig sind, eine Beziehung herzustellen zwischen Heiligenfiguren und deren eigentlicher Seele. Um diese innere Schau zu ermöglichen, müsse der Weg zur Sehkraft freigelegt werden.[40] Jung betont aber zugleich, dass diesen Weg nicht der Psychologe, sondern der Seelsorger öffnen wird. Er ist überzeugt, die wichtigste Aufgabe des Seelsorgers sei es heute, den Menschen den Weg zu zeigen, wie sie zu einer Urerfahrung kommen könnten, wie sie etwa Paulus auf seinem Weg nach Damaskus deutlich gemacht hat. Dieser Weg öffne sich in einem seelischen Entwicklungsprozess des einzelnen.[41] Jung betont, dass eines der größten Hindernisse für die seelische Entwicklung darin liege, dass wir auf die innere Stimme nicht hören, sondern auf ein konventionelles Ide-

[39] Vgl. C.G. Jung, *Grundwerk*, Bd. 5, S. 17-18.
[40] Vgl. C.G. Jung, *Briefe*, Bd. 1, S. 278.
[41] Vgl. C.G. Jung, *Briefe*, Bd. 2, S. 301.

al, das uns blind für die Schäden im eigenen Haus macht, das uns aber das Recht gibt, dem Nachbarn gute Ratschläge zu erteilen.[42]

Jung sieht sich als Christen, aber er betont, dass ihm das jetzige Christentum unerträglich erscheine und dass es sich daher unter Einbeziehung der Psychologie des Unterbewussten grundlegend weiterentwickeln müsse.[43] In einem Brief schreibt er, er könne den Adressaten in dessen sorgenvoller Frage, ob die Tage des Evangeliums gezählt seien, gänzlich beruhigen. Die Menschen würden das Evangelium immer von neuem lesen, er selbst lese es auch immer neu. Wir lesen es, schreibt er weiter, mit größerem persönlichem Nutzen, wenn wir in die eigene Seele Einblick haben. Wer sein eigenes Herz jedoch nicht kennt, dessen Augen seien blind, und darum empfehle er immer etwas Psychologie, um so etwas wie das Evangelium besser verstehen zu können.[44]

Jung ist weiter der Ansicht, dass bei der Heilung der Seele und in der Sehnsucht nach Heiligkeit eine religiöse Erfahrung unumgänglich notwendig sei. Die christliche Erziehung habe fürwahr alles Menschenmögliche unternommen, aber es sei nicht genug gewesen. Es gebe zu wenige, die aus Erfahrung wissen, dass das Bild Gottes in der Seele ihr innerstes Eigentum sei. Manche hätten Christus nur äußerlich berührt, aber sie seien ihm nicht in der Tiefe der eigenen Seele begegnet. Darum herrsche in ihrer Seele noch das finstere Heidentum, das die so genannte christliche Kultur überflutet, zum Teil unübersehbar, und zum Teil schäbig bemäntelt. Mit den Mitteln, die bisher eingesetzt wurden, sei es nicht gelungen, die Seele so

---

[42] Vgl. C.G. Jung, *Briefe,* Bd. 3, S. 322.
[43] Vgl. C.G. Jung, *Briefe,* Bd. 2, S. 80.
[44] Vgl. C.G. Jung, *Grundwerk,* Bd. 5, S. 17.

weit zu christianisieren, dass bei den Aktivitäten eines christlichen Europäers wenigstens die elementarsten Forderungen der christlichen Ethik berücksichtigt würden.[45]

Der Medizinhistoriker H. Schipperges meint, Gesundheit und Krankheit seien mit dem existentiellen Lebenslauf eng verwoben. Weniger wichtig sei die Frage "Woher die Krankheit", als die Frage "Wozu die Gesundheit". Der Mensch sei keine Maschine, und darum brauche man in der Medizin eine Wende von der Medizintechnik zur ärztlichen Anthropologie.[46] Der Mensch braucht Sicherheit und einen Schutzraum, der auch den Tod umgreift. Mit anderen Worten, gesund ist man dann, wenn man die Struktur seines Sinnes findet. Im Christentum trägt dieser Sinn den Namen "Gott", der sich in Jesus Christus offenbart hat. Die Annahme dieser Struktur des Sinnes nennt man Glaube. Schwächen und Krankheiten können überwunden werden, wenn es gelingt, die Krankheit in die umfassende Frage nach dem Sinn des Lebens einzubinden, und das ist eigentlich Gott.

Eine umfassende medizinische Anthropologie findet sich nach Ansicht der Hildegardforscher in der so genannten Hildegardmedizin.[47] Sie habe erkannt, dass die einzelnen Tugenden über Wirbel und Nerven mit bestimmten Körperorganen verbunden seien. Je stärker die Tugend, umso gesünder sei das Organ, und wenn die Tugend dem Laster weicht, dann beeinflusse das empfindlich das entsprechende Organ. So komme es bei Ungeduld zu einer Erhöhung des Blutdrucks, Hass treffe bestimm-

---

[45] Vgl. H. Wagner, T. Kruse, *Heil und Heilung*, Fulda, S. 95.

[46] Vgl. W. Strehlow-G. Hertzka, *Hl. Hildegard, Rheuma ganzheitlich behandeln,* Pattloch, 1994.

[47] Johannes Paul II., *Salvifici doloris*, KS 1984, Nr.5. Johannes-Verlag 1987.

te Bereiche des Gehirns, Zorn schädige die Nieren und Hormone, Hochmut mindere die Sensibilität des Erkennens. Die Bedeutung der hl. Hildegard und ihrer Medizin liegt darin, dass sie erkannt hat, dass man den Menschen nicht teilen kann und darum erst eine Gesamtbehandlung des Menschen zu Gesundheit, Zufriedenheit und zum Sinn des Lebens führt. Geistliche Lebensführung, diszipliniertes kontemplatives Gebet stärken die Gesundheit von Leib und Psyche. Wo das fehlt, neigt der Mensch dazu, einseitig und in unrealistischer Weise seine Probleme lösen zu wollen.

Die geistliche Hilfe, die durch geistlich-karitatives Wirken in den Zentren für geistliche Hilfe geleistet wird, bewegt sich eigentlich innerhalb dieser geistlichen Koordinaten. Der Mensch ist eine Einheit, und darum ist er erst dann gesund, wenn nicht bloß seine körperliche und psychische, sondern auch die geistliche Dimension geheilt wird. Es genügt nicht, bloß die vegetative und psychische Seele zu heilen, sondern man muss auch die geistliche kurieren. Die pastorale Arbeit der Kirche zielt auf die Rettung und die moralische Erhebung dieser geistlichen Seele. Sie bringt dem Menschen Sinn und Kraft, die Kreuze auf dem Lebensweg tragen zu können. Die geistliche Hilfe hingegen hat die Absicht, geistliche Leiden zu lindern und geistliche Traumata zu heilen. Worin der Sinn geistlicher Hilfe liege, erklärte Papst Johannes Paul II. in seiner Enzyklika *Salvifici doloris*: "Der Mensch leidet auf verschiedene Weisen, die nicht immer von der Medizin, nicht einmal in ihren fortschrittlichsten Zweigen, berücksichtigt werden. Das Leiden ist etwas noch viel Umfassenderes als die Krankheit; es ist noch vielschichtiger und zugleich noch tiefer im Menschsein verwurzelt. Eine gewisse Vorstellung von diesem Problem gewinnen wir aus der Unterscheidung zwischen körperlichem und moralischem Leiden. Diese Unterscheidung hat zur Grundlage die doppelte Dimension des menschlichen Seins und weist auf das körperli-

che und geistliche Element als das unmittelbare oder direkte Subjekt des Leidens hin. Soweit man bis zu einem gewissen Grad 'Leiden' und 'Schmerz' als synonyme Wörter gebrauchen kann, ist körperliches Leiden dann gegeben, wenn der Leib in irgendeiner Weise 'schmerzt', während das moralische Leiden ein 'Schmerz der Seele' ist. Es handelt sich dabei in der Tat um einen Schmerz geistlicher Art, und nicht bloß um die 'psychische' Dimension jenes Schmerzes, der sowohl das moralische wie das körperliche Leiden begleitet. Die Weite und Vielfalt des moralischen Leidens sind gewiss nicht geringer als beim körperlichen Leiden; wohl scheint es weniger klar bestimmt und von der Therapie weniger leicht erreichbar zu sein."[48]
Die entscheidende Anregung zu wissenschaftlicher Erforschung geistlicher Leiden, zur Ausbildung professioneller Mitarbeiter bei der Therapie geistlicher Leiden und zur Gründung von Zentren für geistliche Hilfe kam vor allem von diesen Texten des Papstes. Seine Worte überzeugten uns, dass wir uns auf dem richtigen Weg befinden, wenn wir die Leiden geistlicher Natur "entschlüsseln" wollen, wenn wir uns um die richtige Diagnose und "Therapie" für die Schmerzen und Leiden geistlicher Natur bemühen. Diese Arbeit ist eigentlich eine Antwort auf die Einladung des Papstes, moralische Leiden festzustellen und durch therapeutische Möglichkeiten zu lindern. In diesem Bereich bewegt sich die Hagiotherapie.

Der Mensch ist eine Einheit. Bei ihm unterscheiden wir - aber wir trennen nicht - den somatischen, den psychischen und den pneumatischen Bereich. Auf dem somatischen Gebiet ist die Medizin schon gut entfaltet. Seit dem letzten Jahrhundert gilt das auch für die Psychologie und

[48] Vgl. W. Beinert, *Heilender Glaube*, S. 128-134.

die Psychiatrie. Es fehlt aber noch die Erforschung der "Anatomie der geistlichen Seele des Menschen", sowie ihrer Pathologie und Therapie. Bei der pastoralen Arbeit wurde dieser Bereich von Beginn an miteinbezogen, aber mit der Einführung griechischen Denkens in der theologische Forschung sei es zur Trennung zwischen dem Heilswirken und dem therapeutischen Tun in der Kirche gekommen, behauptet W. Beinert.[49] Er sagt, das Christentum sei immer eine anthropologisch und gesellschaftlich orientierte Religion gewesen. Seit der späteren Antike verlor sich das Interesse für das Konkrete. So wurde auch die Botschaft vom Heil zu einer bloß abstrakten Lehre, als habe es das christliche Leben nicht mit dem Menschen, sondern nur mit seiner Seele zu tun. Die Sorge um den Leib fiel der Caritas zu, während die Pastoral nur Seelsorge betrieb. Im Gegensatz zum Alten und Neuen Testament wurden Askese und Krankheit zum pädagogischen Instrument Gottes, zur Prüfung und Testifizierung des Menschen gemacht. Darum mussten sich um die Schaffung des Paradieses auf Erden, bzw. um die Heilung und um das Wohlbefinden auf Erden andere bemühen. Vielleicht kann man den Schwung der Aufklärung, die Pathetik des Marxismus, und in neuerer Zeit, des Säkularismus daraus erklären. Darum wenden sich heutzutage Menschen, die geistlich-seelischen Schutz suchen, nicht an die Kirche, sondern an den Buddhismus und den Islam. Im Buddhismus finden sie die mentale Heilung durch Anspruchslosigkeit und Zufriedenheit, im Islam eine Lebensform, die den ganzen Menschen in Anspruch nimmt. In Afrika kehren Christen ihrer Kirche den Rücken, da sie in ihr den Blick auf den gesamten Menschen vermissen, was jedoch in ihren Stammesreligio-

---

[49] Vgl. W. Beinert, *Heilender Glaube*, S. 128-134.

nen nicht der Fall war. Sie waren nämlich davon überzeugt, dass die Krankheit Folge einer gestörten Beziehung zu Gott sei. Beinert kommt deshalb zu dem Schluss, dass es notwendig sei, eine "therapeutische Theologie" zu begründen.[50]

Es bestehe kein Zweifel, versichert Beinert, dass jede Krankheit im Grunde das Resultat einer falschen Lebensweise sei. Das manifestiere sich in Tausenden von möglichen Erkrankungen, die psychische oder somatische Phänomene aufweisen, zu denen es aber letztlich darum gekommen ist, weil die gesamte Integrität des Menschen verloren ging. Wie die Gesundheit mit dem Heil, so steht die Krankheit mit dem Unheil in Verbindung. Daraus folgt, dass die Kirche von ihrem Ursprung her eine therapeutische Aufgabe hat. Die Therapie ist ein Heil bringendes Wirken, deren Ziel darin besteht, im Patienten die organische Rehabilitation zu bewirken. Der ursprüngliche Sinn des Wortes "Therapie" ist Heil im umfassenden Sinn. Das griechische Wort *therapeuein* bedeutet eigentlich dienen und ist nahe den Wörtern *diakonein* und *leitourgein*, von denen die Begriffe Diakon und Liturgie herrühren. Auch *therapeuein* hat kultische Bedeutung. Der Diakon war einst ein Heiler. Im Neuen Testament ist *diakonia* die Grundform aller kirchlichen Dienste. Daraus schließt Beinert, dass jeder kirchliche Dienst therapeutisch sein müsste und dass jeder Christ berufen sei, ein Diakon und ein Therapeut zu sein. So wird das, was in Jesus als Ganzes vorhanden war, auch hier sichtbar, dass nämlich der Dienst am Heil und der Heilungsdienst innerlich verbunden sind.[51]

Wenn Beinert vom heilsamen Glauben spricht, dann versteht er darunter die Forderung, dass sich die Kirche

[50] Vgl. W. Beinert, *Heilender Glaube*, S. 130.
[51] Vgl. W. Beinert, *Heilender Glaube*, S. 176-179.

dem ganzen Menschen zuwenden müsse. Da sich in gewisser Weise in jeder Krankheit das Böse manifestiert, ist es nötig, dass sich das Heil bringende Wirken der Kirche ebenfalls überall manifestiert und den Menschen gegen das Böse immun macht. Wo das Böse besiegt ist, kann die Liebe Gottes wirken. Wo immer sich jemand der göttlichen Liebe zuwendet und auf sie mit Liebe antwortet, wird er gerettet und heil. Eine solche Sichtweise kann zur Erneuerung christlicher Spiritualität beitragen und den Hauptteil der dringlich notwendigen Reevangelisation darstellen. Die Früchte des Geistes, die im Gegensatz zu den Früchten des Fleisches stehen, seien identisch mit Faktoren, die psychosomatische Defekte heilen können. So gibt es eine Konvergenz zwischen Gesundheit und geistlichem Leben. So würde die Gesundheit bzw. die Wiedererlangung der Gesundheit zu einer geistlichen Aufgabe. Um gesund leben zu können, brauche man eine gesunde Spiritualität. Damit in unserem Leben auch die Krankheit gute Früchte tragen kann, sei es nötig, in ihr eine Botschaft der Liebe Gottes zu erkennen, die uns auch durch das Tor des Todes hindurchträgt.[52]

V. Pozaić spricht in ähnlichem Kontext vom Arzt, der, wenn er seinen Arbeitsplatz betritt, nicht nur ein Laboratorium oder einen Lehrstuhl betritt, sondern wallfahrend den göttlichen Altar ersteigt, wo er das Ebenbild Gottes im menschlichen Leib ehrt. So wurde seine übliche Therapie zur Hagiotherapie. Er sieht in seinem Patienten seinen Nächsten, ja sogar Christus selbst.[53] Für A. Mateljan ist die Frage nach Gesundheit und Krankheit nicht bloß

---

[52] Vgl. V. Pozaić, *Pogled na dostojanstvo ljudske osobe u medicini*, in: "Glasnik HKLD-a" 3 (2001)54-55.

[53] Vgl. A. Mateljan, *Zdrava bolest i bolesno zdravlje, temelji kršćanskog poimanja zdravlja i bolesti*, in: "Glasnik HKLD-a" 3(2001)19.

eine Frage der Äußerlichkeit, sondern der Innerlichkeit, das heißt, des Geistes, und er zitiert V. Satura: Gerade solche, die fern von der Religion leben, beklagen sich, innerlich ganz leer zu sein. Sie fliehen vor sich selbst, zeitweise ergreife sie Angst vor dem eigenen Inneren, denn sie begreifen, dass sie dort mit Unordnung und echten seelischen Wunden aus der Vergangenheit konfrontiert sind, und darum fühlen sie sich schlecht. Der grundlegende Beitrag, den die Religion zur Gesundheit des Menschen liefern kann, bestehe gerade darin, ihn zum Kern seiner Persönlichkeit zu führen.[54] V. Gruden bedauert, dass die moralische Krankheit nirgends klassifiziert sei und dass nirgends über ihre Heilung debattiert werde. In der zehnten Revision der internationalen Klassifikation von Krankheiten wird die moralische Krankheit als dissoziale Störung der Persönlichkeit bezeichnet. Diese müsse der Mediziner diagnostizieren.[55] Aber es bleibe die Frage, wer die erkrankte Moral und die dissozialen Störungen heilen werde. Denn die Krankheit melde sich laut A. Vuckovic dort als Krankheit zum Tod, wo das Leben auf falsche Fundamente gestellt sei, und die Sünde sei eine Folge davon, dass jemand sein Leben auf eine falsche Basis stelle und Gott den Rücken zukehre.[56] Es ist somit einleuchtend, dass die kirchliche Pastoral die Dimension ihrer Tätigkeit ausweiten muss, von der Rettung der menschlichen Seele hin zur ganzheitlichen Rettung bzw. auch zur Heilung der menschlichen Seele.

---

[54] Vgl. A. Mateljan, *Zdrava bolest i bolesno zdravlje, temelji kršćanskog poimanja zdravlja i bolesti*, in: "Glasnik HKLD-a" 3(2001)17.
[55] Vgl. A. Vučković, *Bolesnik između medicinsko-tehničkog znanja i vjerničkog osmišljenja bolesti*, in: "Glasnik HKLD-a" 3(2001)37.
[56] R. Guardini, *Das Wesen des Christentums*, Würzburg, 19917. A. Harnack, *Das Wesen des Christentums*, Leipzig, 1900.

Die Theologen haben also ernsthaft begonnen nachzuforschen, ob eine therapeutische Theologie berechtigt sei. Nach E. Biser führt der therapeutische Aspekt des Christentums zum wahren Verständnis des Christentums, was sich besonders während der Diskussionen um Drewermann bestätigte. Nach Harnack und Guardini, die sich auf die Suche nach dem *Wesen des Christentums* begaben, bekommt diese Frage eine neue Dringlichkeit.[57] Das Christentum unterscheide sich vom Buddhismus darin, dass es nicht eine asketische, und vom Islam, dass es nicht eine legistische, sondern eine therapeutische und mystische Religion sei. Man kann Jesu rettende Absicht nicht bloß auf den Begriff der Sünde reduzieren, denn er kam, um die Menschen von ihrer Zerbrechlichkeit unter den Lasten des Lebens und von überschweren Lebensaufgaben zu befreien. Nicht umsonst versammelte er gedemütigte und verletzte Menschen um sich, um ihnen nach den Worten Kierkegaards zu helfen aufzuatmen.

E. Biser sagt, es liege im Wesen der Religion, dass sie heilen könne, und deswegen müssten die Theologen vor allem deren theologischen Aspekt reflektieren. Vor ihm erstellte schon Kierkegaard in seinen Werken *Der Begriff Angst* (1844) und *Die Krankheit zum Tode* (1849) eine Diagnose des Menschen, aber er lieferte auch eine entsprechende Therapie. Die Angst, von der Kierkegaard spricht, unterscheide sich von der Furcht, die eine konkrete Gefährdung darstelle, während es bei der Angst um die Vernichtung gehe.[58] K. Jaspers bezeichnet diese Angst als "schrecklichen Begleiter" des modernen Menschen. In die-

[57] Vgl. S. Kierkegaard, Gesammelte Werke, 1963.
[58] Vgl. E. Biser, *Kann Glaube heilen? Zur Frage nach Sinn und Wesen einer therapeutischen Theologie*, in: "Der Deutsche Apotheker", 11/12 (1993).

ser Angst wird sich der Mensch seiner Zerbrechlichkeit bzw. Kontingenz bewusst. Jesus lud alle "Mühseligen und Beladenen" zu sich. Damit heilte er eigentlich die existentielle Krankheit des Menschen. Diese verführt nämlich den Menschen zu Zerstörung und Aggressivität, was im Begriff der Sünde inkludiert sei. So kann man die Sünde anthropologisch verstehen. Worin bestehe dann die Hilfe Jesu, fragt sich Biser. Nicht so sehr in der Erlösung als vielmehr in der Verwandlung der menschlichen Existenz. Denn jedes falsche Verhalten des Menschen, jede Aggressivität und Sündhaftigkeit rühren von der schrecklichen Möglichkeit her, dass der Mensch von sich selber abfallen und seine Urbestimmung ablehnen könne, sich selber anzunehmen. Die zentrale Erlösungsabsicht Jesu liege darin, den Menschen von seiner Selbstentfremdung zu erlösen und zur vollen Selbstverwirklichung zu führen. Wer sich dazu erhebt, seine Gotteskindschaft zu erkennen, Frieden zu stiften, die Feinde zu lieben, habe die Gefahr überwunden, die von den negativen Kräften des Seins oder sogar von der kollektiven Gewalt des Bösen herrührt. Es gehe dabei um eine Art Heilung von Grund auf, die nichts mit einer energetischen Liebe zu tun habe. Vielmehr habe Jesus als Person alle Entehrten und Bedrängten in die Freiheit gerufen, wo sie aufatmen können.[59]

Das Konzept der therapeutischen Theologie sei keine eigene Theologiegattung, wie etwa die dialektische oder die politische Theologie. Es handle sich eher um einen Versuch, die Theologie wieder in die Grundform zurückzuführen, die ihr entspreche und die sie am Anfang gehabt habe, betont Biser. Neuere Forschungen über den

[59] Vgl. E. Biser, *Theologie als Therapie. Zur Wiedergewinnung einer verlorenen Dimension*, Heidelberg, 1985. Auch in: Geist und Leben 3, 1997, S. 199-209.

historischen Jesus brachten ans Licht, dass sich Christus als Arzt vorgestellt habe und dass ihn die Urkirche als den "einzigen Arzt" anrief. Eugen Biser betont weiter, dass die therapeutische Theologie nicht in den Bereich zurückkehren möchte, den die wissenschaftliche Medizin eingenommen hat. Sie möchte auch nicht an die Seite der Gesundbeter und der Geistheiler treten.[60] Biser sieht den Sinn der therapeutischen Theologie eher darin, in der Wüste der Sinnlosigkeit Sinn zu vermitteln. In Jesus bekommt auch der Tod Sinn, und das Christentum wird zur Instanz für die Überwindung der Angst. Jesus sei nämlich eine Wirklichkeit und das Zeichen bedingungsloser Liebe Gottes. Biser wählt den Begriff "Theotherapie", und das Programm der therapeutischen Theologie fasst er mit den Worten zusammen, dass Leiden einen Sinn hat.[61]

UNMITTELBARE FORSCHUNG

Über die Notwendigkeit einer geistlichen Therapie und therapeutischen Theologie hielt ich auf der katholisch-theologischen Fakultät in Zagreb einige Seminare mit Themen wie: "Therapeutische Elemente in der Bibel", "Geistliche Medizin in der modernen christlichen Literatur", "Der leidende Mensch in der modernen kroatischen Dichtung". Darüber wurden zahlreiche Diplomarbeiten verfasst. Dabei ging es um die Suche nach Möglichkeit und Realisierung einer geistlichen Therapie.

Dabei kamen wir zu dem Schluss, dass die Heilige Schrift des Alten und des Neuen Testamentes, die Kirchen-

---

[60] Vgl. E. Biser, *Theologie als Therapie. Zur Wiedergewinnung einer verlorenen Dimension*, Heidelberg, 1985. Auch in: Geist und Leben 3, 1997, S. 199-209.
[61] Ex 15,26.

väter, liturgische Bücher und der Katechismus der katholischen Kirche wie selbstverständlich von der geistlichen Therapie sprechen. So heißt es im Psalm 107: "Sie, die dahinsiechten in ihrem sündhaften Treiben, niedergebeugt wegen ihrer schweren Vergehen, denen vor jeder Speise ekelte, die nahe waren den Pforten des Todes, die dann in ihrer Bedrängnis schrien zum Herrn, die er ihren Ängsten entriss, denen er sein Wort sandte, die er heilte und vom Verderben befreite." Der menschliche Geist ist nicht reiner Geist, sondern in seinem Wesen Geist-Seele. Er ist mit dem Leib verbunden und in der Konstitution des geistlich-seelischen Menschen der Realität der menschlichen Existenz in der Welt unterworfen, und demzufolge auch seinen Krankheiten. Und darum sagt Gott in der Heiligen Schrift: "Ich bin der Herr, dein Arzt."[62] Jesus sagte in seiner Selbstoffenbarung in Nazareth: "Der Geist des Herrn ruht auf mir, denn der Herr hat mich gesalbt. Er hat mich gesandt, damit ich den Armen eine gute Nachricht bringe; damit ich den Gefangenen die Entlassung verkünde und den Blinden das Augenlicht; damit ich die Zerschlagenen in Freiheit setze und ein Gnadenjahr des Herrn ausrufe."[63] Und der hl. Jakobus mahnt: "Bekennt einander eure Sünden und betet füreinander, damit ihr geheilt werdet."[64] Der Katechismus der katholischen Kirche deutet die Beichte als eine geistliche Therapie: "Das regelmäßige Bekenntnis unserer lässlichen Sünden ist für uns eine Hilfe, unser Gewissen zu bilden, gegen unsere bösen Neigungen anzukämpfen, uns von Christus heilen zu lassen und im geistlichen Leben zu wachsen."[65] Der glei-

[62] Lk 4,18f.
[63] Jak 5,16.
[64] *Katechismus der Katholischen Kirche (KKK)*, München, Veritas 1993, Nr. 1458.
[65] Vgl. KKK Nr. 1484.

che Katechismus betont, Jesus sei der Arzt, der sich jedem Kranken, der seiner bedarf, einzeln zuwendet, um ihn zu heilen.[66] Dabei handle es sich nicht bloß um die Heilung des Leibes und der Psyche, sondern um die des ganzen Menschen, denn Jesus hat die Macht, nicht nur zu heilen, sondern auch Sünden zu vergeben. Er ist gekommen, den ganzen Menschen - Seele und Leib - zu heilen[67].

Die Kirchenväter sprechen von geistlicher Krankheit und ihrer Therapie. Theophilus von Antiochien spricht von den Augen der Seele: "Gott wird von denen, die ihn sehen können, erkannt, wenn die Augen ihrer Seele geöffnet sind. Auch die Augen deiner Seele sind getrübt, o Mensch, sie sind es durch deine Sünden und durch deine bösen Taten. Vertrau dich dem Arzt an. Er wird den Augen deiner Seele den Star stechen. Wer ist dieser Arzt? Gott ist es, der durch das Wort der Weisheit heilt und lebendig macht."[68] Der hl. Augustinus erzählt von seinem Erleben der geistlichen Krankheit und ihrer Diagnostizierung: "Ich schrie in der Qual meines Herzens. - Es gibt ein geheimes Seufzen, das kein Mensch hört. Wenn aber ein sehnsüchtiger Gedanke so sehr das Herz erfüllt, dass die Wunde des inneren Menschen nach außen durchbricht, dann fragt man nach der Ursache und spricht zu sich selbst: Vielleicht seufzt er aus diesem Grund, oder vielleicht ist ihm jenes zugestoßen. Wer kann es wissen außer dem, vor dessen Augen und Ohren jener Mensch seufzt. Das Seufzen, das aus der Qual des Herzens kommt, hören Menschen nicht."[69] Ephräm, der Syrer, spricht ebenfalls von Leiden des Geistes: "Wenn tiefer Schlaf unsere Seele über-

[66] KKK Nr. 1503.

[67] Lektionar zum Stundenbuch II/2, Herder 1979, S. 102-103.

[68] Lektionar II/1 S. 91-92.

[69] Lektionar II/1 S. 32.

mannt - etwa Kleinmut oder Traurigkeit -, dann herrscht der böse Feind über unsere Seele und wirkt durch sie, was sie selbst nicht will."[70] Der hl. Hilarius bezeichnet die Angst als eine geistliche Krankheit: "Die Furcht ist das Erzittern menschlicher Schwäche. Sie regt sich in uns im Schuldbewusstsein, sie wird wach gegenüber dem Recht des Mächtigeren und dem Angriff des Stärkeren, gegenüber Krankheitsursachen, gegenüber dem Angriff wilder Tiere und allem Leid und Übel."[71]

Die Menschen brauchten Heilung von ihren Leiden, sagt Petrus v. Blois in einer Predigt zum Advent: "Das Gesetz zeigte die Art der Krankheit, gab aber kein Heilmittel. Seitdem nun die Menschen ihre Wunde kannten, begannen sie zu rufen und nach einer Medizin zu verlangen."[72] Meliton von Sardes spricht von Christus als dem Arzt: "Er ist es, der uns der Knechtschaft entrissen und uns befreit hat, der uns aus der Finsternis zum Licht führte, vom Tod zum Leben, von der Gewaltherrschaft zu ewigem Königtum."[73] Ignatius von Antiochien schreibt in seinem Brief an die Epheser: "Gewisse Menschen tun mit schlimmer Heimtücke Dinge, die Gottes unwürdig sind. Vor ihnen sollt ihr euch hüten, sie sind von schwer zu heilender Krankheit befallen. Einer aber ist der Arzt, Jesus Christus."[74] Ebenso Theodoret von Cyrus in seiner Schrift über die Vorsehung: Die Liebe Gottes "ist so groß, dass er uns seinen eigenen Sohn als Arzt und Erlöser offenbart."[75] In einer Predigt sagte Augustinus: "Ein so großer Arzt kam

[70] Lektionar II/2 S. 75.
[71] Lektionar I/1 S. 19.
[72] Lektionar I/2 S. 191.
[73] Lektionar II/3 S. 153.
[74] Lektionar II/3 S. 79.
[75] Lektionar II/2 S. 192.

zu uns und heilte alle unsere Sünden. Wollten wir wieder krank werden, dann schadeten wir uns selbst und wären überdies undankbar gegen den Arzt."[76] Er sagt von diesem Arzt: "Das Wort ist Fleisch geworden... So sollte in uns das Herz geheilt werden, mit dem wir das Wort zu sehen vermögen."[77]

Bernhard v. Clairvaux ermutigt in einer Predigt zum Advent: "Wir lagen auf der Bahre als Gelähmte und konnten nicht zur Höhe Gottes hinaufgelangen. Darum kam der gütige Heiland und Arzt unserer Seele von seiner Höhe herab."[78] Ähnlich Hippolyt v. Rom: "Er leidet und heilt alle Wunden. Seine Seite wird durchbohrt, er aber heilt die Seite des Adam."[79] Petrus Chrysologus nennt folgende Arzneimittel: "Drei Dinge sind es, die dem Glauben Festigkeit geben, durch welche die Frömmigkeit Bestand hat und die Tugend bleibt: Gebet, Fasten und Werke der Barmherzigkeit. Was das Gebet erbittet, das wird dem Fasten gewährt, und die Barmherzigkeit nimmt es in Empfang. Gebet, Barmherzigkeit und Fasten, die drei Dinge sind eins und sie verleihen sich gegenseitig Leben. Die Seele des Gebetes ist das Fasten, das Leben des Fastens ist die Barmherzigkeit."[80] Pseudochrysostomus sagt: "Durch das Gebet hoch in den Himmel erhoben, umarmt die Seele den Herrn mit unsagbar inniger Hingabe. Wie das Kind unter Tränen nach der Mutter ruft, verlangt die Seele nach der geistigen Milch."[81] Tertullian trifft haargenau das therapeutische Element des Gebets, wenn er sagt: Das

---

[76] Lektionar II/1 S. 264.
[77] Lektionar I/1 S. 52.
[78] Lektionar I/1 S. 168.
[79] Lektionar II/2 S. 97.
[80] Lektionar II/2 S. 20.
[81] Lektionar II/2 S. 107-108.

Gebet "wäscht die Sünden ab, vertreibt die Versuchungen, erstickt Verfolgungen, tröstet Kleinmütige, erfreut Großmütige, geleitet Wanderer, glättet Wogen, schreckt Räuber, nährt Arme, leitet Reiche, richtet Gefallene auf, hebt Gestürzte und stützt die Stehenden."[82]

Vom Geist des Menschen, seiner Verwundung, aber auch seiner Therapie spricht auch die *Liturgie*. Die Kirche fleht in ihren Gebeten und Hymnen: "Herr, du kannst alle Krankheiten heilen. Heile die Wunden unseres Herzens."[83] "Heile uns von aller Krankheit des Leibes und der Seele."[84] In Gebeten im Advent ruft die Kirche: "Stärke uns mit deiner Kraft, damit wir nicht müde werden, sondern die tröstende Ankunft dessen erwarten, der uns Heilung bringt."[85] "Hilf uns, wenn unser Herz bedrückt ist."[86] Weiters heißt es: "Herr, wende deine Augen nicht von uns ab, sondern heile alle Wunden der alten Schuld."[87] Eine immer wiederkehrende Antiphon im Stundengebet lautet: "Heile mich, Herr, denn ich habe gegen dich gesündigt."[88] Ein Hymnus zur Laudes besagt: "Herr, wenn wir fallen, sieh uns an und heile uns durch deinen Blick."[89] Im Hymnus am ersten Adventsonntag singt die Kirche: "Lösch aus die Glut der Leidenschaft und tilge allen Hass und Streit; erhalte Geist und Leib gesund, schenk Frieden uns und Einigkeit."[90] In der Fastenzeit heißt es: Gottes Plan "verlieh

---

[82] Stundenbuch, Freiburg und Basel, Herder 1978, 2. Bd. S. 89.
[83] Lektionar II/2 S. 220.
[84] Stundenbuch, 1. Bd. S. 85.
[85] Stundenbuch, 1. Bd. S. 162.
[86] Lektionar II/1 S. 81.
[87] Stundenbuch, 1. Bd. S. 1124.
[88] Stundenbuch, 1. Bd. S. 391.
[89] Stundenbuch, 1. Bd. S. 34.
[90] Stundenbuch, 2. Bd. S. 177.

barmherzig Heilung, wo der Feind verwundet hat."[91] Ein Gebet während der Fastenzeit nennt geistliche Heilmittel: "Ewiger Gott, zum Heil unserer Seele verlangst du, dass wir den Leib in Zucht nehmen."[92] Auch in der Oration des Zweiten Fastensonntags geht es um ein Heilmittel des Geistes: "Nähre uns mit deinem Wort und reinige die Augen unseres Geistes."[93] - Dass Gott Heilung schenkt, bezeugt eine Antiphon aus der Osterzeit: "Ich rief zu dir, und du hast mich geheilt."[94]

All das zeigt, dass die Kirche bereits in ihren Wurzeln nicht nur soteriologischen, sondern auch therapeutischen Charakter hatte. Man müsste nur noch detaillierter die Liturgie durchgehen, die Lehrdokumente der Kirche, die Kirchenväter und theologische Bücher studieren.

Aus all dem kann man schließen, dass die jetzige therapeutische Hilfestellung, die sich um die geistliche Dimension des Menschen bemüht, schon eine Vorgeschichte hat und eine kontinuierliche Fortsetzung diesbezüglicher philosophischer, psychologischer und theologischer Forschungen darstellt. Es wurde klar, dass der Glaube an Gott als Sinn des Menschen und der ganzen Schöpfung unumgänglich notwendig ist - bei der Therapie der pneumatologischen und psychischen Seele, aber auch des physischen Organismus. Der Atheismus zeigt sich als eine ideologische Entscheidung und Entfremdung des Menschen, und nicht als Folge der wissenschaftlichen Entwicklung in der Welt. Der Einklang von Glaube und Wissenschaft stellt die Vorbedingung dar für die weitere Humanisierung der Welt und die umfassende Therapie des Menschen.

[91] Stundenbuch, 2. Bd. S. 64.

[92] Stundenbuch, 2. Bd. S. 59.

[93] Stundenbuch, 2. Bd. S. 686.

[94] *Die Feier der Eingliederung Erwachsener in die Kirche*, Herder Köln - Wien, 1975

3. KAPITEL

NEUE THERAPEUTISCHE ERKENNTNISSE DER GEISTLICHEN DIMENSION DES MENSCHEN

Seit dem Erscheinen der ersten Ausgabe dieses Buches ist bereits ein Jahr vergangen. In dieser Zeit sind einige Werke erschienen, die thematisch verwandt sind und vom hermeneutischen Standpunkt aus viel zum Verständnis dieser Thematik beitragen können.

Die ersten Impulse für das Studium der geistlichen Dimension des Menschen und deren pathologischer Erscheinungsformen erhielt ich aus der Praxis. Als ich mich mit der Frage der Evangelisierung auseinander setzte, stieß ich auf verletzte und überaus sensible Bereiche der Geistseele des Menschen. Ich erforschte das urchristliche Katechumenat, wie es sich im Rituale "Feier der Eingliederung Erwachsener in die Kirche" darstellt, und fand in seiner dritten Stufe den Satz, der die Notwendigkeit aufzeigte, "in den Herzen der Kandidaten das Schwache, Verwundete und Entartete aufzuspüren und zu heilen."[95] Mein Bestreben, mich diesem Thema von theologischer Sicht aus zu nähern, hat das Dokument von Johannes Paul II. "Salvifici doloris" ungemein beflügelt. Dieses besagt, dass es einen "Schmerz geistlicher Art" gibt, der sich in

[95] Johannes Paul II., *Salvifici doloris*, Sekr. d. Dt. Bischofskonf., 1985, Nr. 5.

moralischem Leiden äußert. "Die Weite und Vielfalt des moralischen Leidens sind gewiss nicht geringer als beim körperlichen Leiden; wohl scheint es weniger klar bestimmt und von der Therapie weniger leicht erreichbar zu sein", schreibt der Papst.[96] Auf der Suche nach philosophischen Erklärungen stieß ich auf die philosophische Anthropologie von E. Coreth, der mir die neoscholastischen Erkenntnisse im Hinblick auf die Philosophie der geistlichen Struktur der menschlichen Seele näher brachte.[97] Des Weiteren studierte ich während meiner Nachforschungen Artikel und Stellungnahmen des Fundamentaltheologen Eugen Biser, der den dringenden Bedarf an einer therapeutischen Theologie substantiell begründete.[98] Einen starken Impuls für profunde Analysen gaben mir Werke des katholischen Moraltheologen B. Häring, der von tiefen Leiden in der Seele des Menschen spricht, sobald sich dieser zu unmoralischem Handeln hinreißen lässt. Häring bringt auch die Kraft des Glaubens zur Sprache, durch die diese Leiden geheilt werden können.[99] Um mein Wissen zu vertiefen, griff ich nach den Büchern über die Logotherapie von V. Frankl und seiner Schülerin E. Lukas.[100] Wäh-

[96] Vgl. E. Coreth, *Was ist der Mensch, Grundzüge einer philosophischen Anthropologie,* Tyrolia 1986.

[97] Vgl. E. Biser, *Kann Glaube heilen? Zur Frage nach Sinn und Wesen einer therapeutischen Theologie,* in: «Der Deutsche Apotheker» 11/12 (1993).

[98] Vgl. B. Häring, *Das Gesetz Christi, München und Freiburg,* 1967; ebds.: *Vom Glauben, der gesund macht,* Herder 1984.

[99] Vgl. V. Frankl, *Der unbewußte Gott. Psychotherapie und Religion,* DTV München, 1974; ebds.: *Ärztliche Seelsorge,* Deuticke Wien, 1982; E. Lukas, *Auch dein Leiden hat Sinn*, Herder, Freiburg/B, 1981. E. Lukas, *Lehrbuch der Logotherapie,* Menschenbild und Methoden, Profil, München 1998.

[100] A. Jores, *Der Mensch und seine Krankheit. Grundlage einer anthropologischen Medizin,* Klettverlag, Stuttgart, 1970.

rend ich mich mit der Logotherapie auseinander setzte, kamen zwangsläufig viele Fragen aus der Psychologie und Psychotherapie auf mich zu. Ich fand es dringend notwendig, mir die wissenschaftlichen Resultate der medizinischen Anthropologie anzusehen. Dabei war die Arbeit des bekannten Wissenschaftlers Arthur Jores[101] für mich sehr aufschlussreich. All diese Erkenntnisse haben im vorliegenden Buch ihren Niederschlag gefunden.

GEHIRN UND SEELE

Der amerikanische Forscher, Neurologe und Psychiater Daniel G. Amen spricht in seiner Publikation[102] ausführlich davon, wie das Gehirn die geistliche Dimension des Menschen und deren Krankheiten widerspiegeln kann. Eine gesunde Seele verbessert die Gehirnfunktion, und ein gesundes Gehirn ist wiederum Voraussetzung für eine gesunde Seele, betont der Autor. Zwischen dem Gehirn und unserer Lebensgeschichte gibt es ein dynamisches Feedback. Das Gehirn beeinflusst unser Verhalten, und unsere Verhaltensweise steuert die eigentliche Gehirnfunktion.[103] Der Autor ist von der Notwendigkeit überzeugt, dass die geistliche Heilung mit der Medizin gekoppelt werden müsse, da man bei der Heilung aller Krankheiten den Verstand, den Leib und den Geist in Betracht ziehen müsse. Die Psychiatrie kombiniere zwei dieser Bereiche. Sie allein könne jedoch weder das Gehirn, noch den Geist heilen.

---

[101] *Healing the Hardware of the Soul. How Making the Brain-Soul Connection Can Optimize Your Life, Love and Spiritual Growth*

[102] Vgl. D. G. Amen, *Healing the hardware of the soul,* 2002, (Seiten angegeben nach der kroat. Ausgabe (Liječenje hardwarea duše) S. 20.

[103] Vgl. D. G. Amen, *Healing the hardware of the soul,* 2002, S. 23.

Dr. Amen betont von neuem, wie wichtig die frühe Kindheit für die weitere Entwicklung des menschlichen Geistes sei. Er habe gesehen, wie sehr ein positives Umfeld den Verstand und die Gefühle positiv beeinflussen könne, aber noch öfter habe er beobachten müssen, wie ein negatives Umfeld die Funktion des Gehirns beeinträchtigen und psychiatrische Probleme und Schwierigkeiten beim Lernen hervorrufen könne.[104] Kinder brauchen jemanden, der sie zum Guten, zur Freiheit und Beachtung des Gewissens führt. T. Merton zieht berechtigterweise den Schluss, dass das Gewissen die Seele der Freiheit ist. Es sei ihre Energie, ihr Leben. Ohne das Gewissen wisse die Freiheit nicht, was sie mit sich anfangen soll. Indem sich der Mensch für das Gute entscheidet, bediene er sich der Freiheit und entwickele sie weiter.[105] Losgelöst vom Gewissen verwildere sie und beginne allmählich, das Gehirn und den ganzen Menschen zu zerstören. D. G. Amen zeigt auf, dass viele Erkrankungen von einem morbiden Gehirn ausgehen können, etwa die obsessiv kompulsive Geistesstörung, die Depression, Schizophrenie, verschiedene Süchte, der Selbstmord und der Missbrauch. Das Gehirn ist nicht für die bösen Taten, die ein Mensch verübt, verantwortlich, aber man kann durch seine Erforschung das Verhalten eines Menschen besser nachvollziehen. Amen will keineswegs weismachen, das Gehirn sei für die Gedanken und das geistliche Leben eines Menschen verantwortlich sei, sondern vielmehr, dass das Gehirn ein Mittel ist, durch das sich das Seelenleben offenbart. Erfährt die Geistseele eine Heilung, wird sich der Mensch moralischer Werte bewusst und lebt er aus dem Glauben an den Allmächtigen, können sein Gehirn und indirekt auch

[104] Vgl. T. Merton, Nitko nije otok, Symposium, Split, 1979, S. 41-42.
[105] Vgl. D. G. Amen, *Healing the hardware of the soul,* 2002, S. 30.

sein Körper und seine Psyche genesen. Wie ein Computer durch sein Programm funktionsfähig und gleichsam lebendig wird, so wird auch das Gehirn und mit ihm jede Zelle des Körpers durch die Geistseele belebt.

Da eine Gotteserfahrung auch über das Gehirn gemacht wird, gibt es keinen Zweifel darüber, dass das Gehirn auch auf die Gotteserfahrung Einfluss nimmt und dass es für solche Erfahrungen ausgestattet ist.[106] Dr. Amen verweist auf die Entdeckung von Gehirnbereichen, deren Stimulation geistliche Erfahrung fördert. Darüber hinaus wurde im Jahre 1997 das so genannte "göttliche Modul" im Gehirn entdeckt, das möglicherweise mit dem Nervenzentrum identisch ist. Es verbinde, sagt Amen, den Menschen mit Gott und sei für seine Spiritualität verantwortlich. Der Autor fragt, ob es uns überraschen würde, wenn wir dahinter kämen, dass uns Gott mit einer physischen Befähigung für den Glauben geschaffen hat. Wir brauchen, sagt er weiter, ein Zentrum, mit dessen Hilfe wir die Gegenwart Gottes im physischen Leben sehen und hören können.[107]

Forschungen zeigen, dass ein wesentlicher Teil der religiösen Transzendenzerfahrung auf die eine oder andere Weise im Gehirn eingebettet ist. Dieses verfügt über fünf Systeme, die für die Steuerung der zwischenmenschlichen Beziehungen, für die Leistung und die geistliche Entwicklung zuständig sind. Der Cortex praefrontalis überwacht die Denkprozesse und das Verhalten. Die Aktivität des Gewissens, das Empfinden für Gut und Böse und der freie Wille seien hauptsächlich in diesem Gehirnbereich angesiedelt. Aus diesem Grund bestehe zwischen der gesunden moralischen und charakterlichen Entwicklung

---

[106] Vgl. D. G. Amen, *Healing the hardware of the soul,* 2002, S. 40.
[107] Vgl. D. G. Amen, *Healing the hardware of the soul,* 2002, S. 89.

und der positiven Funktion des Gehirns ein kausaler Zusammenhang. Eine Läsion des Gehirns durch Infektionen, Traumata, schlechte Ernährung, Alkohol- oder Drogenmissbrauch können einen Charakter negativ beeinflussen. In einer Vielzahl von aktuellen Studien werde die mangelhafte Gehirnfunktion mit unmoralischem Verhalten in Verbindung gebracht. Durch den Cortex praefrontalis, den am höchsten entwickelten Gehirnbereich, erhalte der Mensch seine charakterliche und moralische Prägung. Die Gesundheit des Cortex praefrontalis beeinflusse maßgeblich die Triebkontrolle des Menschen, betont D. G. Amen.[108]

Auch die Persönlichkeitsentwicklung hänge in hohem Maß vom ordentlichen Funktionieren des Gehirns ab. Eine Persönlichkeitsstörung zeige sich in schweren Entgleisungen des Benehmens, die ein Zusammenleben mit anderen erschweren, aber auch dem Betreffenden selbst Schmerzen verursachen. Sie könne die moralische Entwicklung und die geistige Gesundheit beeinträchtigen. Jemand, der unter einer Persönlichkeitsstörung leide, fühle sich immer wieder in unerklärlicher Weise vom eigenen Wohlergehen, von den Mitmenschen und von Gott abgeschnitten.[109]

All das zeige, wie wichtig es ist, sich intensiv auf die Heilung der Geistseele des Menschen zu konzentrieren. Konkret bedeute dies, dem Menschen Hilfestellung anzubieten, damit er wieder gesunde Gedanken fassen kann, und ihn positiv zu motivieren, das Gute anzustreben, Wertmaßstäbe zu respektieren, und sein Leben nach ihnen zu ordnen, die Kommunikation mit Gott zu erlernen

[108] Vgl. D. G. Amen, *Healing the hardware of the soul,* 2002, S. 99.
[109] Vgl. D. G. Amen, *Healing the hardware of the soul,* 2002, S. 144.

und dem Menschen begreiflich zu machen, dass dies für seine gesamte Entwicklung und Gesundheit förderlich ist. Der Autor beteuert, es sei wissenschaftlich nachgewiesen, dass ein positives geistliches Leben die Funktion des Gehirns wesentlich verbessert.[110] Zusammenfassend könne man also sagen, dass ein gesundes Gehirn die Lebensqualität verbessert und sogar die Spiritualität vertieft. Umgekehrt gelte, dass über eine positive geistliche oder seelische Einstellung zum Leben die Gehirnfunktion mobilisiert werden könne. Es bestehe hier eine Wechselwirkung. Das Gehirn und die Seele brauchen einander für ein gesundes Zusammenspiel.[111] Die Funktionstüchtigkeit des Cortex praefrontalis könne dadurch angekurbelt werden, dass sich der Mensch auf die ewigen moralischen Werte im Leben konzentriert. Dadurch ändere er sich und höre auf, ein von Trieben beherrschtes Individuum zu sein. Er beginne zu reflektieren und ein Ziel anzupeilen.

Wie können jedoch Geist und Gehirn des Menschen geheilt werden? Amen schlägt eine geistige Gedankentherapie vor. Gedanken seien sehr häufig automatisiert. Konzentriert sich der Mensch auf das Gute und verinnerlicht er es, kann er sein Verhalten, seine Überzeugungen und die Funktionsweise seines Gehirns von Grund auf verändern. Diese Therapie des Gedankencoachings habe sich bei der Heilung der Depression, der Angst, der Essstörung, bei Ehe- und Berufsproblemen als außerordentlich heilsam erwiesen. Ein Gedanke verändere nicht nur das Verhalten und die Emotionen des Menschen, sondern verursache im Gehirn auch die Freisetzung chemischer Stoffe. Sobald der Mensch einen Gedanken aufgreife, setze

---

[110] Vgl. D. G. Amen, *Healing the hardware of the soul,* 2002, S. 113.
[111] Vgl. D. G. Amen, *Healing the hardware of the soul,* 2002, S. 152-153.

das Gehirn chemische Stoffe frei. Es finde eine elektrische Übertragung statt, und der Mensch werde sich seines Denkinhaltes bewusst. Der menschliche Körper reagiere auf jeden negativen Gedanken. Ein guter, optimistischer, zuversichtlicher und heiterer Gedanke rege die Freisetzung chemischer Stoffe im Gehirn an. Diese beruhigen das tiefliegende limbische System und versetzen den Körper in einen angenehmen Zustand. Der Körper reagiere also auch auf die positiven Gedanken eines Menschen, sagt Amen.[112] Es sei überaus wichtig, sich falscher Schuldgefühle zu entledigen. Der Mensch müsse in Bezug auf Moralprinzipien aufgeklärt werden. Sollte jedoch das Ziel der Aufklärung das Heraufbeschwören von Schuldgefühlen im Menschen sein, dann sei dies meistens kontraproduktiv.[113] Auch Schuldzuweisungen seien der Gesundheit abträglich. Sie rauben dem Menschen seine persönlichen Kraftreserven. Dadurch könne in ihm und in seinem Umfeld nichts bewegt werden. Durch das Eingeständnis der Schuld und den Akt des Verzeihens könne jedoch alles wieder ins rechte Lot gerückt werden.

Das Gebet und die Meditation haben auf die Heilung des menschlichen Geistes und damit auf sein Gehirn und seinen gesamten Organismus eine sensationelle Auswirkung. Das Gebet und die Meditation seien wesentliche Elemente der Spiritualität, sie ermöglichen die beste Funktionsweise des Gehirns. Wenn wir es lernen zu beten und zu meditieren, wird es uns helfen, den Verstand in rechte Bahnen zu lenken und so bestens für eine hohe Lebensqualität zu sorgen.[114] Der Autor versichert, dass tägliche

[112] Vgl. D. G. Amen, *Healing the hardware of the soul,* 2002, S. 159.
[113] Vgl. D. G. Amen, *Healing the hardware of the soul,* 2002, S. 187.
[114] Vgl. D. G. Amen, *Healing the hardware of the soul,* 2002, S. 186.

Gebete und im Besonderen die Meditation neue Nervenbahnen stärken und für das dies- und jenseitige Leben Hoffnung geben. Das Vaterunser und viele andere Gebete liefern klar definierte Moralmaßstäbe, erklärt der Autor.[115]

Die Heilung der Seele und des Gehirns eines Menschen könne auch durch die Gesellschaft mit unterstützt werden. Dabei ist es notwendig zu lernen, den Mitmenschen zu vergeben und sie um Vergebung zu bitten. Die Vergebung ist sowohl ein göttlicher als auch ein menschlicher Akt, sagt der Autor. Wenn der Mensch verzeiht, spiegle sich in ihm das göttliche Abbild wider. Während des Aktes der Vergebung sei es wichtig, die Verletzung, aber auch die Verzeihung in einen weiteren Kontext zu stellen.[116] Der Autor resümiert, dass das Gehirn zwar die Hardware der Seele, aber längst noch nicht alles sei. Schlechtes Benehmen könne man nicht ausschließlich auf mangelhafte Gehirnleistung zurückführen. Die Wissenschaft habe Recht, wenn sie sagt, das Gehirn müsse für die Beurteilung des Menschen herangezogen werden. Es gebe allerdings viele andere Faktoren, die beachtet werden müssten. Warum werden zum Beispiel so viele Menschen mit unzureichender Gehirnleistung dennoch nicht kriminell? Vielleicht liege das Geheimnis in ihrer Erziehung, im Gottvertrauen oder in ihrem Glauben an das Gute.[117]

Die Medizin kommt also zu dem Schluss, dass es unerlässlich sei, die geistliche Dimension des Menschen zu heilen, damit er ganzheitlich gesünder sein kann.

---

[115] Vgl. D. G. Amen, *Healing the hardware of the soul,* 2002, S. 226.
[116] Vgl. D. G. Amen, *Healing the hardware of the soul,* 2002, S. 236.
[117] D. Zohar, I. Marshall, *SQ, Spirituelle Intelligenz,* Scherz, Bern, 2000, S. 13.

DIE PATHOLOGIE UND DIE THERAPIE DES GEISTES

Das Buch mit dem Titel "SQ, Spirituelle Intelligenz", das ich ebenso zu meinem näheren Studium herangezogen habe, ist das Werk zweier englischer Autoren, Danah Zohar und Ian Marshall. Zohar studierte Physik und Philosophie und erlangte das Diplom für Psychologie und Theologie an der Universität Harward. Marshall absolvierte auf der Universität Oxford zuerst das Studium der Psychologie und Philosophie und im Anschluss daran Medizin. Er arbeitet als Psychiater und Psychotherapeut. Den Versuch der beiden Wissenschaftler, sich mit Hilfe der Quantentheorie einen ganzheitlichen Zugang zur Natur zu verschaffen, möchte ich nicht ins Treffen führen. Auch die Symbole des Hinduismus, welche die beiden Autoren für die Erklärung der geistlichen Intelligenz herangezogen haben, möchte ich unberücksichtigt lassen, wohl aber auf ihre Auffassung vom Geist, von der Pathologie und Therapie des Geistes näher eingehen.

Die beiden Autoren definieren den Geist als eine Triebkraft oder als das Lebensprinzip, das dem physischen Organismus Leben einhaucht. Den Beweis dafür, dass der Mensch ein geistliches Wesen ist, leiten die Autoren aus der Tatsache ab, dass er imstande ist, existentielle Fragen zu stellen und nach dem Sinn seines Handelns und der Welt zu fragen. Darüber hinaus ist der Mensch auch fähig, sein Leben in einem weiteren sinnbezogenen Kontext zu sehen und aktuelle Ereignisse aus einer Distanz heraus zu betrachten. All das sind Indizien für das Vorhandensein einer geistlichen Ebene. Die Autoren stellen fest: "Computer haben einen hohen IQ: Sie kennen die Regeln und können sie fehlerfrei befolgen. Viele Tiere haben einen hohen EQ: Sie haben ein Gefühl für die Situation, in der sie sich befinden, und verstehen es, angemessen zu reagieren. Doch weder Computer noch Tiere stellen die Frage, *warum* Regeln oder die Situation so sind, wie sie sind, oder ob sie anders oder besser sein könnten. Sie funktionieren *innerhalb* von Grenzen, sie spielen ein ‚begrenztes Spiel'. Den Menschen ermöglicht der SQ, kreativ zu sein, Regeln zu modifizieren und Situationen zu ändern. Es ermöglicht es uns, mit den Regeln zu spielen ein ‚grenzenloses Spiel' zu spielen. Er gibt uns unseren Sinn für Moral, wenn wir mit der Frage nach Gut und Böse ringen, wenn wir träumen, etwas anstreben, eine missliche Situation überwinden wollen."[118]

Die Autoren betonen, dass die westliche Psychologie auf zwei Prozessen beruhe, auf dem primären, der an das Es, an Instinkte und das Unbewusste gebunden sei, und auf dem sekundären Prozess, der mit dem Ich, dem bewussten rationalen Verstand zusammenhänge. Ihr fehle jedoch die transpersonale Dimension. Man hat versucht, diesen Mangel durch die transzendente Funktion, die von C. G. Jung eingeführt wurde, wettzumachen. Der SQ basiert auf dem dritten neuronalen System. In ihm sind die Daten des gesamten Gehirns vernetzt. Dadurch ist zwischen dem Geist, dem Körper, dem Verstand und den Emotionen ein Dialog möglich. Den Autoren zufolge ist diese Intelligenz eine innere, angeborene Anlage des menschlichen Gehirns und der Psyche. Sie wird vom Zentrum allen Seins, von Gott, genährt. Spirituelle Intelligenz ist nicht kulturabhängig oder wertgebunden.

Die Autoren betonen weiters: "Der SQ hat uns so ‚verdrahtet', dass wir die Menschen geworden sind, die wir heute sind, und er verleiht uns die Fähigkeit, uns ‚neu zu

---

[118] D. Zohar, I. Marshall, *SQ, Spirituelle Intelligenz,* Scherz, Bern, 2000, S. 22-23.

verdrahten' – die Fähigkeit zu Wachstum und Transformation, zur Weiterentwicklung unseres menschlichen Potentials. Wir nutzen den SQ, um mit existentiellen Problemen fertig zu werden. Er vermittelt uns ein ‚tiefes' Gespür, worum es in den Kämpfen des Lebens geht. Der SQ ist unser Gewissen. Wir können den SQ benutzen, um in Fragen der Religion intelligenter zu werden. Der SQ kann uns mit dem Sinn und dem spirituellen Kern jeder der großen Religionen in Berührung bringen."[119]

Darüber hinaus sei er die Triebfeder dafür, dass der Mensch über sein beschränktes Ego hinauswachsen kann. Auf seiner Grundlage könne der Mensch eine Vision für das Gute, Schöne, Vollkommene und Großmütige gewinnen, womit er die Grenzen seines Ich überschreite. Auf ihn könne sich der Mensch stützen, wenn er den Kampf zwischen Gut und Böse, zwischen Leben und Tod austragen müsse und wenn er mit tiefliegenden Leidensmustern und häufig auch mit Verzweiflung konfrontiert sei. Auf psychischer Ebene neige der Mensch dazu, diese Probleme zu rationalisieren und von sich zu weisen, um von ihnen nicht erdrückt zu werden. Auf geistlicher Ebene setze er sich damit auseinander. In der Konfrontation mit dem Leid und der Sinnlosigkeit entdecke er eine Dimension, die schon lange in ihm unterschwellig vorhanden war. Dies habe B. Pascal im folgenden Satz ausgedrückt: "Du hättest mich nicht gesucht, hättest du mich nicht schon gefunden." Der Mensch komme so mit dem Sinn in Berührung. Sinn geistlich zu erspüren und zu erfassen, heißt ja, mit einer tieferen Schichte in Verbindung zu kommen, welche die gegenwärtige Situation des Menschen in eine

---

[119] D. Zohar, I. Marshall, *SQ, Spirituelle Intelligenz,* Scherz, Bern, 2000, S. 35.

allumfassende Perspektive stellt. Die Autoren betonen, dass ohne eine persönliche Erfahrung des Geistlichen menschliche Visionen verschleiert bleiben, das Leben leer und der Lebenszweck eingeschränkt ist. Aus diesem Grund könne behauptet werden, dass die gegenwärtige westliche Kultur geistlich zurückgeblieben sei, weil dem Menschen das Gefühl für die grundlegenden Werte, die sein ganzes Leben in einen existentiellen Rahmen stellen, abhanden gekommen sei. "In der Folge suchen wir viel zu oft Sinn in überspannten oder randständigen Aktivitäten, wie Materialismus, Promiskuität, zielloser Rebellion, Gewalt, Drogenmissbrauch oder New-Age-Okkultismus", kritisieren die Autoren.[120]

Auf die Frage, woher die Transzendenz als höchste Eigenheit des Geistes, woher das Gewissen und der Geist an sich stamme, bieten die Autoren mehrere Antworten an: Dualisten gehen von zwei grundsätzlich verschiedenen Realitäten aus, der materiellen und der bewussten. Sie sind der Meinung, dass der menschliche Geist einfach ein Phänomen ist, das durch die Struktur und Funktion der Neuronen hervorgerufen wird. Andere, so genannte Eigenschaftsdualisten, sind der Ansicht, Geist und Materie seien zwei Erscheinungsbilder derselben Wirklichkeit. Das Gewissen sei demnach nur eine Begleiterscheinung von Nervenoszillationen. Die Vertreter dieser Richtung bezeichnet man auch als Doppelaspekttheoretiker. Manche Autoren, unter ihnen auch B. Russel, behaupten, dass die Grundeigenschaft der Materie das Protobewusstsein sei. Diese Anschauung ist nah verwandt mit dem Panpsychismus, den die hinduistischen und buddhistischen Philoso-

[120] D. Zohar, I. Marshall, *SQ, Spirituelle Intelligenz,* Scherz, Bern, 2000, S. 103-104.

phen wie auch manche westliche Gelehrte vertreten. Die Autoren neigen zur Auffassung, dass das Protobewusstsein eine grundlegende Eigenschaft der Materie sei und betrachten die spirituelle Intelligenz als Ausdruck dessen, was wir als Gott bezeichnen. Dem Materialismus zufolge ist der Geist aus der Materie entstanden. Der Idealismus hingegen vertritt die Meinung, der Geist hätte die Materie hervorgebracht. Nach der Doppelaspekttheorie gehen sowohl Geist als auch Materie aus einer noch basaleren Größe hervor. Da die Autoren Physik, Philosophie, Psychologie und Theologie studiert haben, versuchen sie die Herkunft des Geistes und das menschliche Bewusstsein aus all diesen wissenschaftlichen Blickwinkeln zu erklären. Sie kommen zum folgenden Schluss: "Wenn das Protobewusstsein eine grundlegende Eigenschaft des Universums ist, dann gibt es im Higgs-Feld Protobewusstsein, und das Quantenvakuum kommt dem sehr nahe, was die Mystiker als den ‚immanenten Gott', den Gott in allem, bezeichnet haben. In diesem Fall haben die neuronalen 40-Hz-Oszillationen, die auf unser menschliches Bewusstsein und auf unsere spirituelle Intelligenz hinauslaufen, ihre Wurzeln in nichts weniger als Gott. Gott ist das wahre Zentrum des Selbst. Und Sinn hat seine Ursprünge im letzten Sinn allen Daseins."[121]

Die Autoren zitieren die Heilige Schrift und christliche Mystiker, um vom Standpunkt des Glaubens aus zu zeigen, dass Gott der Mittelpunkt und Ursprung des menschlichen Geistes und aller Existenz sei. "Das Reich Gottes ist mitten unter euch", sprach Jesus. Der heilige Johannes vom Kreuz bezeichnet Gott als Mittelpunkt der Seele. Thomas

---

[121] Vgl. D. Zohar, I. Marshall, *SQ, Spirituelle Intelligenz,* Scherz, Bern, 2000, S. 169-170.

Merton schreibt, dass die Seele ein Punkt im Nichts im Zentrum unseres Seins sei, das vollständig Gott gehöre. Aus jüdischen mystischen Texten geht hervor, dass der beste Weg, Gott und das Universum zu verstehen, darin besteht, sich selbst zu erkennen. Der Kernpunkt der Philosophie des Sokrates war das Motto: *Erkenne dich selbst,* und das Wissen über das Selbst sollte zum Erkennen des Wahren, Guten und Schönen führen.[122] Das Um und Auf im Leben bestehe darin, sich selbst zu finden, denn die Unkenntnis der eigenen Mitte sei der Hauptgrund für die spirituelle Lethargie. Diesen Personkern kennen zu lernen, "zu wissen, was man darüber aussagen kann und was nicht, zu wissen, wie es erfahren werden kann und wie es die Persönlichkeit durchströmen kann, ist der Schlüssel dazu, wie wir unseren SQ verbessern und einsetzen können", behaupten die Wissenschaftler.[123]

Außer dem Versuch der Autoren, die spirituelle Ebene des Menschen und ihre Herkunft zu deuten, wobei sie sich auf wissenschaftliche Forschungsresultate der Medizin, Physik, Psychologie, Philosophie, der Mystik und der Theologie stützen, widmen sie sich auch ziemlich eingehend der geistlichen Pathologie und den Erkrankungen des Geistes. "Spirituelle Krankheiten und eine Verringerung des SQ resultieren daraus, dass wir Schwierigkeiten haben, mit dem Zentrum des Selbst in Beziehung zu treten. Ursache dafür ist, dass wir von den nährenden Wurzeln des Selbst abgeschnitten werden, die sowohl das Ich als auch die assoziative Kultur transzendieren und sich in den Grund des Daseins erstrecken. Manche mögen das *exi-*

[122] D. Zohar, I. Marshall, *SQ, Spirituelle Intelligenz,* Scherz, Bern, 2000, S. 173.
[123] D. Zohar, I. Marshall, *SQ, Spirituelle Intelligenz,* Scherz, Bern, 2000, S. 183-184.

stentielle Krankheit nennen. Jung hat sich intensiv mit solchen spirituellen oder existentiellen Krankheiten beschäftigt und gesagt, dass man jede Psychoneurose letztendlich als eine leidende Seele verstehen könne, die ihren Sinn nicht gefunden habe. Der irische Gesundheitsberater Dr. Michael Kearney nennt diese Art von Leiden *Seelenpein.*" Er behauptet, dass der Seelenschmerz die Ursache vieler körperlicher Erkrankungen sei.[124]

Die Hauptgründe für die Erkrankungen des Geistes seien darin zu suchen, dass ein Bereich des Menschen nicht heranreifen konnte oder sich in eine zerstörerische Richtung entwickelt habe, sodass verschiedene Komponenten seiner Persönlichkeit konfliktbeladen seien. "In einer spirituellen Pathologie haben wir es mit den gleichen Krankheiten zu tun, die auch in der gängigen westlichen Psychologie und Psychiatrie vorkommen", sagen die Autoren, aber auch mit solchen, die von diesen Disziplinen nicht erfasst werden. Dazu gehören "Verzweiflung, die abgewiesene oder *dunkle Seite* des Selbst, Besessenheit und Bösartigkeit."[125] Die Autoren sind überzeugt davon, dass die Schizophrenie eine typische Krankheit ist, die aus einem chronisch niedrigen spirituellen Intelligenzquotienten hervorgeht. Außer den psychischen Komponenten dieser Krankheit konstatieren die Autoren auch geistliche Merkmale, nämlich das Unvermögen des Patienten, mit der integrativen Energie ihres Personenkerns in Berührung zu kommen. Diese Abschottung von sich selbst, von anderen und von Gott wird nach Ansicht der Autoren in vie-

[124] D. Zohar, I. Marshall, *SQ, Spirituelle Intelligenz,* Scherz, Bern, 2000, S. 184-185.

[125] Vgl. D. Zohar, I. Marshall, *SQ, Spirituelle Intelligenz,* Scherz, Bern, 2000. (Dieses Zitat stammt aus einem Absatz, der in die deutsche Übersetzung des Buches auf S. 194 keinen Eingang gefunden hat.)

len Romanen und philosophischen Werken beschrieben. Dazu gehören Kafkas Protagonisten, Sartres Werke "Ekel", "Entfremdung" und "Böser Glaube", Kierkegaards "Krankheit zum Tode", Heideggers "Heimatlosigkeit", Camus' "Der Fremde" und Marx' "Falsches Gewissen der Bourgeoisie". Viktor Frankl bezeichnet diesen Zustand als das "existentielle Vakuum". Umfragen der Psychiatrie Ende der Neunziger Jahre des 20. Jahrhunderts ergaben, dass 60% bis 70% der Bevölkerung in Wohlstandsländern an einer Form der schizophrenen Orientierungslosigkeit leiden. Die Menschen gehen zum Arzt, weil sie an Depressionen, an Antriebslosigkeit, Anorexie, an Süchten und an Stress, also an Sinnkrisen, leiden. Die Ursachen für diese Erkrankungen seien also geistlicher Art, sie wurden durch Entfremdung oder Abspaltung von der Mitte, dem Sinn und Wert, dem Zweck und den Visionen, der Wurzel der menschlichen Existenz hervorgerufen. Der geistlichen Entfremdung liegen den Autoren zufolge drei Ursachen zugrunde. Der Mensch denke zu rational. Er sei von seinem Körper und seiner Energie losgelöst, und es sei ihm die spirituelle Intelligenz abhanden gekommen.

Es gebe noch drei weitere Stadien der Entfremdung. Diese seien ausschließlich geistlicher Art und müssten daher immer außerhalb des Forschungsrahmens der allgemein anerkannten Psychologie und Psychiatrie bleiben. Die Autoren schreiben, Obsessionen, das Böse und die Verzweiflung seien weit häufiger in der Literatur und in religiösen Texten anzutreffen, obwohl es manche Psychologen des 20. Jahrhunderts wie etwa C. G. Jung, Viktor Frankl und R. D. Laing versuchten, sich damit zu befassen. Wer immer die schweren Verbrechen und Untaten des 20. Jahrhunderts zu verstehen suchte, musste sich trotz hoher Anforderungen mit dieser Problematik auseinander setzen. Es gebe keinen Zweifel darüber, dass diese Zustände in jenem Graubereich anzusiedeln seien, in dem die Seele und der Geist einander berühren.[126]

"Besessenheit wirkt über eine Kraft, die eine Person dazu drängt, gegen ihre bewusste Kontrolle einem Ruf zu folgen, der von jenseits des eigenen Selbst kommt. Besessenheit scheint archetypisch zu sein, versklavt von einem Archetyp, der selbst seine Bande zum Zentrum gelockert hat. Zu sagen, dass jemand besessen ist, von Dämonen verfolgt wird, heißt, dass er oder sie im Griff anarchisch gewordener übersinnlicher Kräfte ist. Für einen religiös Gläubigen, der Gott sucht, ist die Stimme, die in der Wildnis ruft, die eines Engels. Die Stimme kommt vom Zentrum. Die Stimme, die den Alkoholiker zum Trinken aufruft, die ansonsten normale Personen auffordert, sich an selbst zerstörerischen sexuellen Handlungen zu beteiligen, oder die gar eine Kultur dazu aufruft, einem bösartigen Führer wie Hitler zu folgen – das ist die Stimme eines Dämons, der eine Psyche verfolgt, die ihre Verankerung verloren hat. Der Schatten ist die dunkle, ungeliebte, nicht akzeptable Seite jeder Persönlichkeit, die abgelehnte Seite unserer selbst. Der Archetypus des Schattens besteht aus jenen abgelehnten Dingen, die sich zur Kraft einer archetypischen Energie erheben. Wenn er uns im Griff hat, sind wir besessen. Der ‚Ruf' der Besessenheit ist in Wahrheit ein fehlgeleiteter Ruf nach Ganzheit, weil Besessenheit eine archetypische Energie ist, die keine Wurzeln hat, eine Energie, die vom Zentrum abgespalten ist. Und nur Energien, die ihren Grund im Zentrum haben, können uns zu etwas Ganzem machen." Das sagen die Autoren aus ihrer Sicht über die Besessenheit.[127]

---

[126] Zohar, I. Marshall, SQ, *Spirituelle Intelligenz,* Scherz, Bern, 2000, S. 196-197.

[127] D. Zohar, I. Marshall, SQ, *Spirituelle Intelligenz,* Scherz, Bern, 2000, S. 199.

"Das Böse ist archetypische Energie, die außer Kontrolle geraten ist. Ihr Archetypus ist der Teufel, sagen die Autoren. Kein Mensch ist von sich aus böse. Er ist jedoch imstande, Böses hervorzubringen. Dabei handelt es sich um ein Extrempotenzial des zerspitterten, dezentrierten, spirituell verkümmerten Selbst."[128] "Das Böse ist etwas real Vorhandenes, eine Kraft, die in uns wirken und uns überwältigen kann. Es gibt böse Handlungen mit schrecklichen Konsequenzen. Doch das Böse ist eine Form von Besessenheit, ein Mangel an Reaktion auf die tiefere Wirklichkeit in uns. Es gibt keine bösen Menschen; es gibt nur Menschen, die vom Bösen besessen sind", meinen die Autoren.[129] Der Begriff "Satan" kennzeichne wörtlich jemanden, der nicht reagieren könne, den Gott kalt lasse, der ihn weder lieben könne noch imstande sei, in seinem Reich zu leben. Der konträre Zustand sei Spontaneität, ein Leben in tiefer Verbundenheit und die Fähigkeit, auf den Ruf der eigenen Mitte zu hören. Einen Besessenen ebenso wie einen psychotischen Sadisten tangieren der eindringliche Appell oder das Leid seines Opfers nicht. "Wenn sich unsere archetypischen Energien vom Zentrum lösen, lässt uns unser Mangel an Spontaneität offen werden für die Kräfte der Besessenheit und des Bösen."[130]

Wenn von Verzweiflung die Rede sei, sagen die Autoren, dann sei damit das gemeint, was Kierkegaard als "Krankheit zum Tode" bezeichne. Sie sei eine Art kontinuierlicher Selbstmordzustand. Ein verzweifelter Mensch

---

[128] D. Zohar, I. Marshall, *SQ, Spirituelle Intelligenz,* Scherz, Bern, 2000, S. 199.

[129] D. Zohar, I. Marshall, *SQ, Spirituelle Intelligenz,* Scherz, Bern, 2000, S. 200.

[130] D. Zohar, I. Marshall, *SQ, Spirituelle Intelligenz,* Scherz, Bern, 2000, S. 201.

finde keinen Sinn, keinen Gegenstand und keine Person, woran er sich klammern könnte. Er habe panische Angst vor der Verzweiflung, fühle jedoch, dass ihn diese magisch anzieht. "Der Selbstmord ist der letzte Akt der letzten Verzweiflung, die endgültige Kapitulation vor Sinnlosigkeit."[131] Forschungen hätten gezeigt, dass der Selbstmord zur Epidemie unserer Gesellschaft geworden sei. Ende der Neunzigerjahre des zwanzigsten Jahrhunderts haben in England laut Statistik etwa 22% junger Frauen und 16% junger Männer im Alter zwischen 16 und 25 Jahren einen Selbstmordversuch unternommen. Der Hauptgrund dafür liege im Unvermögen, den Sinn im Leben zu finden, und in der Hoffnungslosigkeit. Die Autoren sind davon überzeugt, dass beides Anzeichen für einen niedrigen SQ sind. Dies bedeute, dass viele Menschen nicht imstande seien, ihre Lebenssituation in einen universellen, visionären Rahmen von Sinn und Werten zu positionieren. Die mit dem Selbstmord endende Verzweiflung sei die schwerste Form der geistlichen Verkümmerung. Sie negiere den Geist per se. Alle Stufen und Formen der geistlichen Verkrüppelung verursachen dem Betroffenen Schmerz. Häufig leide auch sein Umfeld. Ein Mensch mit einem niedrigen IQ sei bei der Lösung rationaler Probleme verstandesmäßig stark beeinträchtigt. Wenn sich jemand in gewissen Situationen merkwürdig verhalte, so zeuge dies von einem niedrigen EQ. Ein niedriger SQ blockiere jedoch das Selbst des Menschen.[132]

Abschließend widmen sich die Autoren der Frage der geistlichen Heilung. "Spirituelle Krankheit ist ein Zustand

---

[131] Vgl. D. Zohar, I. Marshall, *SQ, Spirituelle Intelligenz,* Scherz, Bern, 2000, S. 160-161.

[132] D. Zohar, I. Marshall, *SQ, Spirituelle Intelligenz,* Scherz, Bern, 2000, S. 162-163.

der Zersplitterung, der vor allem vom Zentrum des Selbst ausgeht. Spirituelle Gesundheit ist ein Zustand der zentrierten Ganzheit. Spirituelle Intelligenz ist das Mittel, mit dessen Hilfe wir von einem Zustand zum anderen gelangen können. Und innere Sammelung, die Trägerin der spirituellen Intelligenz, bedeutet *Wieder-Einsammeln*, *Auflesen* oder *Versammeln* der zersplitterten Stücke unseres selbst."[133]

In diesem Zusammenhang sprechen die Autoren auch von den unmittelbaren Folgen geistlicher Erkrankungen. "Nach Auffassung der systemischen Familienpsychologen und -psychotherapeuten bildet sich der Säugling – das Kleinkind - in der Beziehung vor allem zu seiner Mutter und der familiären Umwelt seine Welt und sich selbst. Er hat spirituelle Intelligenz, ein Bedürfnis, nach einem größeren Zusammenhang zu suchen, doch in diesem Stadium steht ihm nichts zur Verfügung, woran er eine Situation überprüfen könnte, die für ihn möglicherweise einen solchen Zusammenhang darstellt. Ist die Mutter ein zersplitterter Mensch oder ist die Familie ein zersplittertes System, wächst das Kind in diesen Zustand der Zersplitterung hinein. Ein Kleinkind mit einem gewalttätigen und sadistischen Vater wird gewalttätigen Sadismus mit Liebe gleichsetzen. Ein Kind mit einer kalten und abweisenden Mutter wird diese Eigenschaften mit Liebe gleichsetzen und wird wiederum darauf aus sein, sie in den Beziehungen seines Erwachsenenlebens verstärkt einzusetzen", vermuten die Autoren.[134]

Wie kann man eine Erkrankung des Geistes diagnostizieren? Indem man einen Menschen dazu anhält, sich

---

[133] D. Zohar, I. Marshall, *SQ, Spirituelle Intelligenz, Scherz,* Bern, 2000, S. 163.

[134] D. Zohar, I. Marshall, *SQ, Spirituelle Intelligenz, Scherz,* Bern, 2000, S. 168-169.

zu erinnern. Diese Erinnerung sei ein Teil der Konzentration und eine Möglichkeit, die Familiengeschichte neu zu schreiben und mit seiner authentischen Persönlichkeit in Berührung zu kommen. Weil der SQ eine angeborene Fähigkeit des menschlichen Gehirns sei, könne sich der Mensch dank seiner Persönlichkeit immer innerlich sammeln. Er könne zu seinen Wurzeln zurückkehren und die Stimme seiner Identität hören. Den Ruf aus seinen eigenen Tiefen zu hören heiße, Einsamkeit zu erfahren. Dies könne eine spirituelle Krise auslösen. Derartige spirituelle Krisen werfen Fragen über den Sinn und die Bedeutung des Lebens auf. Wenn diese auch schmerzhaft seien, müsse sich der Mensch ihnen dennoch stellen, denn so könne er in sich gehen und die Frage "Wer bin ich?" klären. So finde er Heilung und werde von Grund auf verwandelt. Er könne versuchen, sich dem zu entziehen, indem er Stress und Depression als Vorwand nimmt. Er könne sich dem Alkohol oder den Drogen verschreiben. Er könne apathisch werden oder meinen, er wäre zu nichts nütze. Er könne sogar psychotisch werden. Um gesund zu werden, müsse er aber einen ersten Schritt setzen, sich dessen besinnen, wer er sei, woher er ins Leben gesandt wurde und wohin er mit dem Tod gelange. Dies sei schon der Beginn des Heilungsprozesses. Weiters sagen die Autoren, dass das tiefe Selbst den Menschen immer, bereits seit seiner Geburt, begleite. Er sei sich dieses Zeugen seines Lebens jedoch nicht immer bewusst. Oft bedeute es schon eine Hilfe, wenn der Mensch bereitwillig die Krise annehme und so lange "die Dunkelheit seiner Seele" ertrage, bis das Licht am inneren Horizont aufleuchte. "Uns kann bei unserem Bestreben, uns selbst zu heilen, auf vielerlei Weisen geholfen werden, beispielsweise durch das Mitgefühl eines nahe stehenden Menschen, von einem guten Priester oder Rabbi, von einem weisen Therapeuten oder Berater; dadurch dass wir der Natur nahe sind oder uns auf eine persönliche Interpretation spiritueller Symbole stützen; durch etwas, das uns etwas bedeutet, wie etwa das Kreuz; indem wir ein Gedicht lesen oder uns an ein Gedicht erinnern, das unser Unbewusstes aufwühlt; indem wir ein Lied singen, das einen Sinn für uns hat."[135]

Die Autoren meinen, dass Kinder einen hohen SQ haben. Das sehe man an ihren häufigen Warum-Fragen. Sie hinterfragen ihre eigenen Handlungen und die anderer Menschen. "Kinder sind noch nicht befangen in einer Menge von Annahmen oder in einer vorgegebenen Art und Weise, die Dinge zu sehen. Im zarten Alter und mit ihrer Vorliebe dafür, nach dem Wie und Warum zu fragen, möchten Kinder auf natürliche Weise etwas konstruieren, das Erwachsene einen metaphysischen Rahmen für ihr Leben nennen würden. Sie möchten wissen, wer sie sind, warum sie geboren wurden, woher sie gekommen sind, woher die Welt kommt, warum die Leute sich so verhalten, wie sie es tun. Aber zu oft tun Eltern und Lehrer die Fragen von Kindern einfach ab oder reagieren herablassend darauf, indem sie Antworten geben, die sie selbst nicht akzeptieren würden. Das kann im späteren Leben zu Zynismus, Verzweiflung oder schlicht zu Konformität führen, was jeweils für sich genommen eine schädliche Auswirkung auf den ursprünglich hohen SQ haben kann."[136]

Damit ein Erwachsener Heilung erfährt, sei es unumgänglich, das innere Kind wieder zu erlangen und die Welt mit Kinderaugen zu betrachten, empfehlen die Autoren. Sooft wir aus unserer Mitte heraus handeln und von einer Schönheit und Wahrheit erfasst werden, die größer ist als

[135] D. Zohar, I. Marshall, SQ, *Spirituelle Intelligenz, Scherz,* Bern, 2000, S. 169.
[136] D. Zohar, I. Marshall, SQ, *Spirituelle Intelligenz,* Scherz, Bern, 2000, S. 170.

wir, wenn wir uns von unseren falschen Prämissen und eingefleischten Lebensweisen losreißen, "wenn wir die Tiefen der Meditation erfahren oder das Wunder des Gebets – erfahren wir unseren SQ und nutzen ihn in einem geringen Umfang, um uns zu heilen."[137] Wenn jemand aus Liebe zu einem anderen Menschen, für die Freiheit oder Gerechtigkeit bereitwillig den Tod auf sich nehme, dann überschreite das physische Ego seine Grenzen und der Mensch werde in einer gewissen Art und Weise heil. Aber am intensivsten erfahre der Mensch Heilung in der Begegnung mit Gott, im Gebet. Im Gebet, das wirklich zum Dialog mit Gott wurde, erlebe ein geistlich Kranker, dass der Sinn seines Lebens in Gott ist, dass die ewigen Werte das definitive Ziel seines Daseins sind. Da sei die spirituelle Intelligenz auf ihrem Höhepunkt angelangt. "Wenn wir zu Gott ‚sprechen' oder beten, geben wir unser Möglichstes, diese angeborene Weisheit im Herzen unseres Seins, die uns mit der gesamten Wirklichkeit in Kontakt bringt, zu erreichen. Wenn er antwortet, kommt das, was wir hören, aus dem Tiefsten unseres Selbst."[138] Da sich das menschliche Gehirn auf Grund von neuen Erlebnissen laufend neu programmiere, sei es wichtig, positive, gute und wahrhaftige Erfahrungen zu machen, um eben ein solcher Mensch werden zu können.

Die Autoren sehen in der Ethik oder Moral ein überaus wirksames Heilmittel für die Pathologie oder die Krankheit des menschlichen Geistes. Die moderne Gesellschaft sei orientierungslos und manchmal auch in Panik, als ob jemand die Grundfesten der Moral abgetragen

[137] D. Zohar, I. Marshall, *SQ, Spirituelle Intelligenz,* Scherz, Bern, 2000, S. 172.

[138] D. Zohar, I. Marshall, *SQ, Spirituelle Intelligenz,* Scherz, Bern, 2000, S. 179.

hätte. Der Mensch wisse nicht mehr, was für ein Spiel er spielen soll, und auch nicht, was eigentlich die Spielregeln sind. Es reiche bei der Suche nach Werten nicht aus, sich an äußere Autoritäten und Direktiven zu klammern. Der Mensch müsse sein innere Erfahrung haben und seinen inneren Weg zum Heiligen aufspüren. Er müsse das innere Licht entdecken. Während die Wissenschaft von unten nach oben zur Wahrheit vordringen wolle, sagen die Religion und ihre Autoritäten, dass Wahrheit und Moral von oben kommen. Es stimme, dass der Mensch nicht aus dem Blickwinkel Gottes die Dinge beurteilen könne. Dennoch sei die Wahrheit nicht nur subjektiver, sondern auch objektiver Natur. Der Mensch könne nämlich Wissen aus einer Vielzahl von Perspektiven erwerben und so zur Einsicht kommen, dass es eine Ganzheit gibt, die sein persönliches Denkvermögen übersteigt. "Meine endlichen Handlungen mögen mir klein und isoliert erscheinen, doch jede einzelne trägt zur Zukunft des Ganzen bei", heißt es bei den beiden Autoren.[139]

Aufgrund ihrer neurologischen, psychologischen, philosophischen und theologischen Forschungen kamen die Autoren also zu der Einsicht, dass es den Geist und seine Pathologie, aber auch die Möglichkeit zu seiner Therapie gibt. Erkrankungen des Geistes können diagnostiziert werden, sie haben ihre Ursachen und Symptome und sie können auch erfolgreich behandelt werden. Die Medikamente sind kognitiver, axiologischer und theologischer Natur. Konkret geht es darum, vor allem die existentielle Wahrheit über sich zu erfahren, Werte anzunehmen und im Gebet einen Dialog mit dem Schöpfer zu führen.

---

[139] Vgl. Johannes Paul II., *Salvifici doloris*, Sekr. d. Dt. Bischofskonf., 1985. Nr. 5.

WAS SAGEN ZEITGENÖSSISCHE THEOLOGEN ÜBER GEISTLICHE KRANKHEITEN

Betrachten wir nunmehr, wie die moderne Theologie die Krankheiten des Geistes aufdeckte, die Papst Johannes Paul II. als "Schmerzen geistlicher Natur" bezeichnete[140], und welche Therapien vorgeschlagen werden.

Matthias Beck, Theologe und Mediziner, kommt nach dem Studium der Werke von Hans Urs von Balthasar und Karl Rahner zu dem Schluss, dass Krankheitssymptome materielle Bilder von Abläufen im Geist sind. Eine negative Befindlichkeit des Geistes drücke sich in einer Krankheit aus. Die geistliche Realität könne nur innerhalb des Gesamtspektrums des Seins verstanden werden. Sofern sich die Existenz in Bildern äußere, werde auch die Nichtexistenz oder der Existenzmangel in psychophysischen Phänomenen manifest.[141] Eine Erkrankung wäre demnach ein äußerer Defizit und Ausdruck eines inneren existentiellen Vakuums. Dieses existentielle Vakuum könne auf der Transzendentalienstufe als Mangel an Einheit, Wahrheit, Güte und Schönheit empfunden werden. Die Frage der Wahrheit könne sich zuerst auf der körperlichen und anschließend auf der psychischen Ebene manifestieren. Das heißt, dass die geistliche Therapie in der kontinuierlichen Annäherung an die Wahrheit besteht.[142] Darum müsse man dem Menschen seinen Zustand bewusst machen, alles, was ihm in der Kindheit passiert ist, was ihn von außen geformt hat und auch seine eigene Beziehung zu Gott. Nur auf der Grundlage der Ehrlichkeit könne sich echte Heilung vollziehen. Der Wahrheitsfindungsprozess könne nur vor dem Hintergrund der

---

[141] Vgl. K. Rahner, *Schriften zur Theologie II.*, S. 292.

[142] Vgl. H. Urs von Balthasar, *Herrlichkeit. Eine theologische Ästhetik, I. Schau der Gestalt,* Einsiedeln 1961, S. 93 ff.

Wahrheit, die Gott selbst ist, ablaufen.[143] Da Gott indirekt in Erscheinung trete, bedeute dies, dass man ihm im Nächsten begegnen könne. Im Dialog mit Gott und Mensch sei die Wahrheit sukzessive zu suchen und zu finden.[144] Auf ähnliche Art und Weise könne der Geist durch die Dimension des Guten geheilt werden. Häufig komme es wegen der Diskrepanz zwischen dem guten Willen und den konkreten Taten zum inneren Zwiespalt. Dadurch komme es zur inneren Disharmonie, wie es Karl Rahner bezeichne. Diese könne man überwinden, indem man sich auf Gott ausrichtet. Genau darin bestehe die "conditio sine qua non" für den Triumph über die Zerrissenheit des Geistes.[145] Während Urs von Balthasar darauf besteht, dass sich jeder Mensch nach Jesus Christus orientieren soll, ist Rahner in Anlehnung an seine Theorie über den "anonymen Christen" der Ansicht, dass jeder schon, bevor er Kenntnis über Gott erhalten und eine persönliche Beziehung zu ihm aufgebaut hat, über Gottes Gnade und seine heilende Kraft verfügt.

Der menschliche Geist sei direkt auf Gott bezogen. Aber das Wesen des Geistes bestehe in seiner Freiheit. Da er jedoch nur relativ, und nicht absolut frei ist wie Gott, könne er sich statt an Gott, gegen ihn wenden, was im Menschen einen inneren Zwiespalt erzeuge, der auch körperliche Folgen haben kann. Das Chaos und die Orientierungslosigkeit des Geistes können somatisiert werden. Um auch körperlich Kranken geistlich helfen zu können, sei es nötig, den Geist des Menschen auf Gott auszurich-

---

[143] Vgl. M. Beck, *Seele und Krankheit, Psychosomatische Medizin und theologische Anthropologie,* Schöningh 2001, S. 249.

[144] Vgl. H. Urs von Balthasar, *Theologie, Bd. I., Wahrheit der Welt,* Einsiedeln 1985, S. 118.

[145] Vgl. K. Rahner, *Schriften zur Theologie,* V., S. 518.

ten und so die innere Ordnung wieder herzustellen. "Der recht geordnete Geist wird auch die Materie mit ihren sich wandelnden Zellstrukturen wieder geordnet informieren."[146]

"Auch das Gottesbild des Menschen spielt bei der Interpretation von Krankheiten eine entscheidende Rolle."[147] In der Therapie konzentriert man sich darauf, falsche Gottesbilder auszumerzen und durch ein authentisches zu ersetzen. Der wahre Gott liebe den Menschen, er führe ihn zu sich und in die Freiheit, er gebe ihm die Möglichkeit, sich zu erkennen und zu entfalten, und befreie ihn aus falschen Ängsten und von Abhängigkeit. Wer so einem Gott gehorche, finde seine eigene Identität.

Setze man sich mit den Schriften von Karl Rahner und Urs von Balthasar auseinander, komme man zu dem Schluss, dass eine rein naturwissenschaftliche Interpretation der Krankheiten unzureichend ist, weil sie sich an der Oberfläche der Symptome aufhalte und die tiefer liegenden Ursachen außer Acht lasse. Aber auch der psychologische Erklärungsversuch sei nicht das Nonplusultra, sondern nur eine Zwischenebene und müsse "in eine ontologische Gesamtbetrachtung einbezogen werden".[148] Dennoch, betone Urs von Balthasar, müsse man beide Ebenen ernst nehmen, sowohl die somatische als auch die psychische, weil es bei somatischen und psychischen Krankheiten unzureichend sei, bloß die geistliche Ebene zu betrachten. Im Klartext bedeute dies, dass man bei solchen Erkrankungen "auf die naturwissenschaftlichen und psychosomatischen Erkenntnisse zurückgreifen und diese dann auf eine ontologische Ebene hin übersteigen wird".[149]

[146] M. Beck, *Seele und Krankheit*, S. 251.
[147] M. Beck, *Seele und Krankheit*, S. 251-252.
[148] M. Beck, *Seele und Krankheit*, S. 252.
[149] M. Beck, *Seele und Krankheit*, S. 252-253.

Die Interaktion zwischen der spirituellen, psychischen und somatischen Therapie verstehen Karl Rahner und Urs von Balthasar aus dem Seelenbegriff als einem inneren Prinzip heraus, das dem Leib die Form gibt. Die Seele als Geistseele erkennt mit Hilfe des Leibes, und sie drückt sich auch durch ihn aus. Thomas von Aquin unterscheidet zwischen der *anima vegetativa*, der *anima sensitiva* und der *anima intellectiva*. Die erste ist die Seele der Pflanzen, die zweite die der Tiere, während das spezifisch menschliche Lebens- und Einheitsprinzip die *anima intellectiva*, beziehungsweise die geistliche Seele ist, die beim Menschen Erkenntnis, Sprache, verantwortetes Handeln und Kommunikation mit Gott ermöglicht. Der Geist verleiht dem Menschen die Fähigkeit zu abstrahieren und zu urteilen. Er erkennt den Sinn des Lebens und kann das Wort Gottes erfassen. Das macht die Einzigartigkeit der menschlichen Seele aus. Sie ist mit allen Eigenschaften, die für Pflanzen und Tiere typisch sind, ausgestattet, besitzt aber auch den Geist, der den Pflanzen und Tieren fehlt. Thomas von Aquin beschreibt die menschliche Seele als ein inneres Prinzip, das dem Körper die Form gibt. Sie ist als Geist in ihren innersten Strukturen mit Gott verbunden. Für ihn ist die Seele die Einheit des formalen Prinzips, das der Welt immanent ist, und des transzendenten Geistes, eine Einheit der *forma corporis* und der *forma in se subsistens*. Das Konzept des Thomas von Aquin, dass der Mensch nicht aus Seele und Körper besteht, sondern aus Seele und einer unbestimmten, potentiellen *materia prima*, die vom Geist im menschlichen Körper formiert wird, übersteigen Karl Rahner und Urs von Balthasar einerseits den Dualismus von Körper und Seele, andererseits auch jede Theorie, die Geist und Materie gleichzusetzen versucht. Der Geist formt also die Materie, und nicht die Materie den Geist. Dadurch lässt sich die Frage, ob sich der Geist aus Materie entwickeln kann, eindeutig beantworten, denn der Geist muss zunächst die Materie formen und kann nicht selbst aus ihr entstehen.[150] In diesem Zusammenhang ist es wichtig zu betonen, dass man empirische Forschungen, die in der biographischen Entwicklung des Kindes zuerst die Materie sehen und erst dann den Geist, nicht mit ontologischen Aussagen über die Beziehung von Geist und Materie verwechseln darf .[151]

Rahner bietet zwar eine gute Analyse der menschlichen Seele, ihrer Ausrichtung auf Gott hin sowie ihres Ausdrucks durch den Körper, aber es findet sich bei ihm kein Hinweis auf konkrete Äußerungen dieser Seele im menschlichen Erleben. Darum konnte er zu keinen konkreten Indizien kommen, die von den Leiden der menschlichen Seele und der Notwendigkeit einer geistlichen Therapie sprechen. Im Unterschied zu Balthasar betrachtet Rahner die transzendente Gotteserfahrung als eine Erkenntnis des Intellekts, und nicht als eine Sache der Emotion oder Intuition, als Erfahrung der Liebe in täglichen Begegnungen und Lebensumständen. Er setzt den Geist eher mit Verstand, Vernunft und Denken gleich als mit Affekt, Intuition und Erfahrung. Balthasar identifiziert die Seele mit dem Geist. Er betrachtet sie als Erkenntnis, als Selbsterkennt-

---

[150] Vgl. dazu: B. Weissmahr, Može li duh nastati iz materije?, in: Zeitschrift für katholische Theologie, 121(1999), Nr. 1, S. 1-24, und in: Svesci- Communio, 105-106 (2001) 15-27. Der Autor stellt als Antwort drei Theorien auf: den Kreationismus, den Physikalismus und eine gemäßigte Theorie der Evolution. Der Kreationismus beantwortet diese Frage negativ. Der Physikalismus vertritt die Ansicht. Der Geist sei ein Produkt der materiellen Evolution. Die gemäßigte Theorie der Evolution behauptet, der Geist könne weder durch eine immanente Entwicklung der Materie hervorgehen noch könne er unabhängig von innerweltlichen Prozessen entstehen. Den Geist beziehungsweise die menschliche Seele schafft Gott durch ständig neue Kreation.

[151] Vgl. K. Rahner, *Der Mensch in der Schöpfung,* S. 227.

nis, Selbstvergegenwärtigung, als das "Sein-bei-dem-anderen", das "Sein im Sein", als die Erkenntnis der Einheit, der Wahrheit, der Güte und Schönheit und schließlich auch als Affekt und Intuition.[152]

Es gibt keinen Zweifel darüber, dass die Theologie keine eigenständige Lehre über psychosomatische Erkrankungen begründen kann, sehr wohl ist sie aber berufen, bei Krankheiten des Geistes in Aktion zu treten. Die psychosomatischen Erkrankungen müssen vom naturwissenschaftlichen Standpunkt aus über den psychosomatischen bis hin zum philosophisch-theologischen beleuchtet werden. Die geistlichen Erkrankungen sind jedoch zunächst von der philosophisch-theologischen Seite her zu untersuchen, um anschließend auf die psychosomatische und schließlich die naturwissenschaftliche Ebene zu gelangen, sollten sie auch in diesen Bereichen Symptome zeigen.[153]

DIE AKZEPTANZ DER HAGIOTHERAPIE

Am Ende dieses Exkurses möchte ich zwei Beispiele von der Akzeptanz der Hagiotherapie in Kroatien anführen. Sie sind der schlagende Beweis dafür, wie praxisorientiert die Hagiotherapie ist und aus diesem Grunde auch wegweisend für die Zukunft.

Das erste Beispiel kommt aus der Medizin. Bei einem Ärztekongress in Split sagte die Neuropsychiaterin Jasminka Jurešić-Šango aus Zadar in ihrem Vortrag zum Thema "Auf der Suche nach der Identität – die Jugend und

[152] Vgl. Urs von Balthasar, *Mein Werk. Durchblicke,* Einsiedeln – Freiburg 1990, S. 43.
[153] M. Beck, *Seele und Krankheit*, S. 306.

die Aggressivität" laut der Kroatischen katholischen Pressestelle etwa Folgendes: Die Aggression tritt bei einer Person auf, wenn sich ihre Identität in eine falsche Richtung entwickelt. Dem Betroffenen muss Hoffnung gegeben werden. Auf die Frage nach therapeutischen Maßnahmen sagt Dr. Jurešić-Šango, dass sich die Hagiotherapie, die den Menschen zu Gott hinführt, als überaus wirksam erwiesen habe. Sie gibt dem Menschen Halt, Hoffnung und Geborgenheit in Christus.[154]

Das zweite Beispiel stammt aus dem Bildungsbereich. Am 29. März 2003 wurde vom Kroatischen Ministerium für Erziehung und Sport, dem Institut für die Förderung des Bildungs- und Erziehungswesens und dem Kroatischen Katholischen Lehrerverein in einem Gymnasium in Zagreb ein Seminar zum Thema "Gewaltprophylaxe an Schulen" abgehalten. Mehr als 200 Lehrer aus ganz Kroatien nahmen an diesem Seminar teil. In der Zeitschrift für Pädagogik "Napredak" (Fortschritt), Bd. 144, Nr. 3 (2003), S. 407-411 wurde aus diesem Anlass ein Artikel von Prof. Biserka Jelenić abgedruckt, wo etwa Folgendes zu lesen war: Die Vortragenden näherten sich diesem heiklen und brisanten Thema von verschiedenen wissenschaftlichen Blickwinkeln. Es wurde historisch beleuchtet und unter dem Aspekt der Pädagogik, Sonderpädagogik, der Psychologie, Philosophie und Theologie unter die Lupe genommen. Es wurde auch eine Annäherung von der spirituellen Existenzanalyse her gewagt, die in konkreten Fällen philosophische und theologische Erkenntnisse über den Menschen anwendet und praxisbezogen in Form von Kommunikation zwecks Problembewältigung und Heilung handelt.

Über den existentiell-geistlichen Zugang sprach bei diesem Seminar Dipl. Ing. D. Đurinović, Fachlehrer an ei-

---

[154] *Informativna katolička agencija*, 5.11.2003. Nr. 44 (2003) S. 14.

ner Schule mit überwiegend männlicher Schülerschaft. Ermutigt durch seine Erfahrungen als Klassenlehrer erläuterte er theoretisch die Art und Weise, wie die spirituelle Existenzanalyse bei Gewalt erfolgreich angewendet werden könne. Ihm habe sich einmal die Gelegenheit geboten, Prof. Dr. Tomislav Ivančić bei einem Seminar zu hören, und er setzte dessen Methode in seiner Klasse um. Sie habe sich als sehr erfolgreich erwiesen. Das bestätigten auch andere Lehrer, die ebenfalls mit der Methode der spirituellen Existenzanalyse den Ursachen der Aggressivität bei Schülern auf den Grund gehen konnten und Heilung erzielten. Dabei gehe man von der existentiell-geistlichen Struktur des Menschen und von seiner Körper-Geist-Einheit aus. Körper und Geist müssten in gegenseitiger Harmonie miteinander leben, denn davon hänge die körperliche und seelische Gesundheit des Menschen ab. Der Geist sei die Quelle des Lebens. Er belebe Körper und Psyche. Er sei Träger der menschlichen Persönlichkeit, die angesichts unserer atheistisch-materialistischen Mentalität häufig vernachlässigt und missbraucht werde. Der Geist sei die gemeinsame Bezeichnung für das Gewissen, den Intellekt, den Charakter des Menschen, für seine Kultur, Religiosität und, am allerwichtigsten im Zusammenhang mit dem Problem der Gewalt, für das Vertrauen. Das seien die spirituellen Antennen des Menschen, durch die ihm Güte, Wahrheit, Schönheit, Liebe und Friede und die Kommunikation mit dem Transzendenten ermöglicht werden. Sollten diese Antennen beschädigt werden, erkranke der Geist, was sich in Lüge, im unmoralischen Verhalten, in übertriebener Sensibilität, im Atheismus, in Magie und Misstrauen äußern könne, aber es könnten auch Körperkrankheiten entstehen. Aggressivität entstehe als Folge eines Vertrauensbruchs und müsse mit spirituellen Heilmethoden behandelt werden. Wenn ein Schüler bedingungslos angenommen werde, Liebe und Vertrauen erfahre und seine positiven Seiten hervorgehoben werden, wachse sein Mut. Das Ziel bestehe darin, dass er sich und anderen verzeiht und zur Versöhnung bereit ist. So weicht von ihm die durch Misstrauen ausgelöste Angst und Aggressivität. Das wieder gewonnene Vertrauen gebe ihm Kraft, sein Verhalten zu ändern und sich in seinem Leben an positiven Werten zu orientieren.[155]

Eine erfahrene Lehrerin und pensionierte Beraterin des Ministeriums für Bildung und Sport für begabte Kinder, Prof. M. Vrbanović, berichtete ebenfalls von ihren Erfahrungen mit dieser Methode an Schulen. Im Besonderen erwähnte sie den kleinen Marko, der dem Unterricht wegen großer Sorge um seinen Vater nicht folgen konnte. Dieser hatte von der Kriegsfront lange kein Lebenszeichen von sich gegeben. Gemeinsam mit anderen Schülern gelang es der Lehrerin, den kleinen Marko zu trösten und zu motivieren. Die Methode der spirituellen Existenzanalyse wurde für ähnliche Situationen als hervorragend bewertet. Frau Vrbanović zeigte mehrfach, wie unersprießlich der liberalistische Individualismus an Schulen sei, und pries die Bedeutung der Solidarität in Klasse und Konferenzzimmer. Des weiteren sprach sie auch das partnerschaftliche Miteinander bei der Verwirklichung von Schulreformen an, die die Unterrichts- und Lehrpläne umfassen. Die menschlichen Talente seien erst dann Segen und Frucht bringend, wenn sie die Besonderheit jedes einzelnen Menschen und ganzer Völker achten und respektieren. Zusammenfassend könne man sagen, dass heutzutage von einem Lehrer nicht nur pädagogische Fähigkeiten erwartet werden, sondern auch ein Gespür für die geistlichen Wunden seiner Schü-

[155] *Kako spriječiti nasilje u školi*, in: "Napredak", vol. 144, Nr. 3(2003) S. 407-409.

ler, damit er ihnen eine gute Bildung und Erziehung vermitteln kann. Er müsse sich spirituell und fachlich kontinuierlich weiterentwickeln, um in einer Gesellschaft, in der Menschen so sehr nach Harmonie lechzen, Friedensstifter zu sein und das angeschlagene Vertrauen jener, die ihm in Obhut gegeben wurden, wieder zu heilen. Dazu solle er die Wahrheit suchen und nach ihr leben. Auf dem Weg zum Guten und Schönen müsse er bisweilen auch transzendente Erfahrungen sammeln. Auf seinem Lebensweg werde er vielen jungen Menschen begegnen, die niemanden außer ihn als Orientierungshilfe haben. Dies sei eine große Verantwortung, aber auch eine große Ehre."[156]

Der Kroatische Katholische Lehrerverein (HKDPD) ist sich dessen bewusst. Aus diesem Grund veranstaltete er bereits einige Seminare zur existentiell-geistlichen Schulung für Lehrer und Erzieher, die von Prof. Dr. Tomislav Ivančić geleitet wurden, mit Themen wie: "Wie kommen Schüler zu innerem Frieden?" (2000), "Lehrer, was habe ich zu tun?" (2000), "Vertrauen – die Basis für ein gesundes Schulsystem" (Zagreb und Osijek 2002), "Der existentiell-geistliche Weg als Lösung für das Aggressivitäts- und Suchtproblem" (2003 im Zentrum für eine bessere Welt). All diese Seminare wurden in den offiziellen Katalog für Fachseminare des Ministeriums für Bildung und Sport aufgenommen.

Nach diesem Exkurs, in dem die hagiotherapeutische Behandlung des Menschen praxisorientiert beschrieben wird, kann man sich leichter in dieses Buch einlesen.

---

[156] *Kako spriječiti nasilje u školi,* in: "Napredak", vol. 144, Nr. 3(2003) S. 407-409.

4. KAPITEL

NAME UND WIRKUNG DER HAGIOTHERAPIE

Ein Name bedeutet den Wunsch nach Identifikation. Was keinen Namen hat, das existiert für den Menschen nicht. Weil sich bei unserer therapeutischen und forschenden Arbeit etwas Neues abgezeichnet hat, musste man es mit einem Namen versehen, um es identifizieren zu können. Unter den vorgeschlagenen Bezeichnungen entsprach am besten der Name *Hagiotherapie*. Die Arbeit mit den Patienten hat tatsächlich charakteristische Merkmale eines Therapieprozesses. Bei der Gesundung handelt es sich nämlich nicht um ein Wunder, auch nicht um ein einmaliges Beten oder Beraten, sondern um die Annahme verschiedener therapeutischer Mittel durch eine bestimmte Zeit hindurch. Der Begriff Therapie schien uns auch im Einklang mit dem kirchlichen Lehramt zu stehen, denn der Papst Johannes Paul II. spricht in der Enzyklika *Salvifici doloris* ausdrücklich von einer Therapie, mit der man geistliche und moralische Leiden heilen sollte.

Der Begriff *Hagio* zusammen mit dem Begriff *Therapie* erwies sich auch deshalb als geeignet, weil der geistliche, besonders der religiöse Bereich in einer prinzipiellen und direkten Beziehung zu Gott steht, der ja der Heilige ist. Auch die geistlichen therapeutischen Mittel sind heilig, da es sich um die Offenbarung, das Gebet, um Sakramente und Tugenden handelt.

Die Hagiotherapie ist eine Ableitung der griechischen Wörter *hagios* – heilig und *therapeuo* – ich heile. Es geht also nicht um die Heilung des Heiligen, was man meinen könnte, wenn man an die Psychotherapie denkt, bei der es ja um die Heilung der Psyche geht. Wie auch die Logotherapie nicht die Heilung des Sinnes meint, sondern die Heilung durch Sinngebung, so bedeutet auch Hagiotherapie die Heilung durch Heiliges. Man muss jedoch hinzufügen, dass es auch um Heilung der heiligen Bereiche des Menschen geht. Die Heiligkeit der Person, des Gewissens und Herzens erfordert Ehrfurcht gegenüber dem Menschen. Und das kann man vom Wort *therapeuo* ableiten. Das Hauptwort *therapeia* bedeutet Pflege, aber auch Verehrung. Wenn es mit dem Wort *theos* – Gott in Verbindung gebracht wird, dann bedeutet es Gottesverehrung, Anbetung, Ehrfurcht vor Gott. Der hl. Augustinus verwendet für Religion das Wort *therapeia*. Wenn man das Wort *hagios* mit dem Begriff *therapeia* verknüpft, kommen wir zur Verehrung des Heiligen, die Anbetung des Heiligen oder die Ehrfurcht vor dem Heiligen. So kommen wir zum eigentlichen Sinn der Hagiotherapie. Der Hagiotherapeut ehrt den Patienten, denn er ist ein Geschöpf, ein Kind Gottes, er wendet sich in Ehrfurcht Gott und dem Patienten zu und möchte helfen. Zugleich hilft der Hagiotherapeut dem Patienten, auf sich selbst und sein Gewissen, seine Religiosität und die ganze geistliche Struktur seiner Seele in Ehrfurcht zu blicken.

Die Hagiotherapie ist demnach eine Befreiung des Menschen aus dem Profanen und ein Hinführen zur Ehrfurcht oder Heiligkeit. Die Profanierung enthumanisiert nämlich den Menschen, macht ihn unmoralisch, sodass er die Gesetze seines Geistes und der geistlichen Struktur nicht beachtet. Durch Profanierung wird der Mensch manipuliert, denn er wird zum Mittel, anstelle zum Ziel und Gipfel aller Schöpfung. Jesus selbst kam um des Menschen und seiner Rettung willen. Der Mensch darf also niemandem als Sklave dienen, er darf über sich nur Gott anerkennen. Solange jemand Gott anerkennt, hat er auch Ehrfurcht vor dem Menschen. Innerhalb dieser Koordinaten entscheidet es sich, ob jemand geistlich gesund oder geistlich krank ist. Ohne Gott gibt es auch den Menschen nicht. Tötet der Mensch Gott, tötet er zugleich auch den Menschen. Wie es klare Naturgesetze gibt und sie der Mensch beachten muss, wenn er gesund sein und überleben will, so gibt es auch moralische Gesetze des Geistes, die eine Bedingung für die geistliche Gesundheit des Menschen sind. Setzt sich jemand über sie hinweg, wird er krank, wie er ja auch seinem Körper schadet, wenn er die biologischen Gesetze missachtet.

In der Hagiotherapie will man also den Menschen aus dem Profanen zur Heiligkeit führen, aus Ehrfurchtslosigkeit zur Ehrfurcht. Jemand wird geistlich krank, weil er profaniert, missachtet wurde und darum aggressiv bzw. depressiv geworden war. Man muss dem Menschen also wieder seine Würde geben. Das bezweckt die Pastoral der Kirche, die sich am Wirken Jesu orientiert. Die Hagiotherapie heilt nun die Folgen einer Missachtung des Menschen und seine Wunden, die dabei geschlagen wurden. So hilft sie dem Menschen, an die Rückkehr zum Ursprung seines Wesens glauben zu können.

Jemand kann sich aber auch selbst profanieren. Das ereignet sich dann, wenn er vergisst, dass er bloß ein Gast auf Erden ist und dass ihm als Aufgabe übertragen wurde, Hüter und Verwalter der Natur zu sein, sich nicht als ihr Beherrscher aufzuspielen und skrupellos über sie zu verfügen. Vergisst er, Leib, Seele und Person von Gott empfangen zu haben, wird er profan, was bedeutet, dass er in der Lüge lebt, er sei sein eigener Schöpfer und Herr. B. Häring behauptet, der Mensch erfahre den tiefsten Schmerz dann, wenn er nicht auf sein Gewissen achtet.

Wenn er so lebt, als gebe es Gott nicht, wenn er die Gesetze seines Gewissens missachtet, den moralischen und ethischen Anforderungen nicht entspricht, dann traumatisiert er seine geistliche Struktur, enthumanisiert sich selbst und verursacht in sich eine unheilbare existentielle Angst. Der größte Schmerz ist der Schmerz der Seele. Die kirchliche Pastoral wirkt nun dahingehend, dass sie den Menschen zur Umkehr führt, ihm die Sünde vergibt und ihn so rettet. Die Hagiotherapie aber möchte dem Menschen helfen, seinen Schmerz zu lindern, der durch den Bruch moralisch-ethischer Gesetze entstanden ist. Die kirchliche Pastoral arbeitet mit Poenitenten, die Hagiotherapie mit Patienten.

Der Mensch findet dann Rettung, wenn er sich vom Bösen abkehrt und zur Gerechtigkeit hinwendet. Geistliche Heilung findet er aber erst dann, wenn er glauben kann, dass ihn Gott liebt und sein zärtlicher Vater ist.

Die Hagiotherapie ist Ehrfurcht vor Gott und dem Menschen. Sie möchte dem Menschen helfen, sich mit seinem Ursprung zu verbinden. Der hl. Augustinus leitet das Wort Religion vom lateinischen *re-ligare* ab, was bedeutet: wieder eine Verbindung herstellen. Der Mensch hat sich durch die Erbsünde und durch aktuelle Verfehlungen von Gott getrennt und lebt darum in Sinnlosigkeit, weil er ja seinen Sinn nur in seinem Schöpfer finden kann. Darum erfasst ihn existentielle Angst. Die Religion versucht den Menschen wieder mit Gott zu verbinden. Die Hagiotherapie aber möchte dabei mithelfen, die Folgen der existentiellen Angst und der Sinnlosigkeit zu beseitigen.

Die Hagiotherapie ist, was ihre konkrete Tätigkeit betrifft, ein breiterer Begriff als die kirchliche Pastoral. Diese hilft den Gläubigen, jene aber auch Nichtchristen und Atheisten. Die Pastoral führt zum Heil in Gott, die Hagiotherapie zur Gesundheit der Seele; die Pastoral befreit von der Sünde, die Hagiotherapie vom Leid. Die

Pastoral verfolgt als Ziel die Stärkung des Glaubens an Gott, die Hagiotherapie die Gesundheit der geistlichen Seele. Die Pastoral arbeitet für Christen, die Hagiotherapie wirkt - wie die Caritas - für alle Menschen. Und doch ergänzen sie sich gegenseitig. Die Hagiotherapie hilft nämlich dem Menschen, das Heil in der Kirche zu finden. Da der geistliche Bereich des Menschen sowohl religiöser als auch allgemein menschlicher Natur ist, bewegt sich die Hagiotherapie bei der Heilung geistlicher Traumata auf beiden Sektoren. Wie die Medizin die Schmerzen auf somatischem Gebiet lindert, so möchte es die Hagiotherapie auf pneumatischem.

Die Hagiotherapie ist also ein geistlich-gnadenhaftes Modell für die Heilung geistlicher Traumata. Sie geht einen Schritt weiter als alle Beratungsdienste, denn sie berät und belehrt nicht nur, sondern sie nimmt sich des Patienten so lange an, bis er zur Gesundheit seiner Seele gelangt.

Die Hagiotherapie stellt keine Alternative zu Medizin und Psychiatrie dar. Bei ihr geht es auch nicht um die charismatische Heilung des Leibes, ebenso nicht um so genannte innere Heilung. Sie stellt vielmehr den Versuch dar, eine Art systematischer geistlicher Hilfe zu bieten, mit wissenschaftlichen Methoden die Menschen von Leiden in geistlicher Dimension zu befreien, wie es die Medizin auf somatischer, und die Psychiatrie auf psychischer Ebene tut.

Der Mensch ist eine Einheit, und so sind alle drei Bereiche in einander verwoben. Der Mensch ist in seinem ganzen Wesen Leib, Psyche und Geist. Darum können physische Krankheiten psychische Störungen verursachen, aber auch auf geistlichem Sektor Sinnlosigkeit bewirken; psychische Krankheiten können Leib und Seele paralysieren; Sünden und geistliche Traumata können wiederum somatische und psychische Krankheiten verursachen. Wenn ein geistliches Trauma eine physische oder psychische

Krankheit hervorruft, dann handelt es sich um symptomatische Krankheiten auf psychophysischer Ebene, ätiologisch aber um geistliche Krankheiten. Wenn wir also geistliche Störungen beheben, dann dienen wir auch der Heilung psychophysischer Erkrankungen. So kann man den Menschen aber auch bei vielen geistlichen Traumata helfen, wenn man ihre psychophysischen Krankheiten behandelt. Darum ist die Zusammenarbeit zwischen Arzt, Psychiater und Hagiotherapeut unumgänglich notwendig.

Daraus ziehen wir den Schluss, dass in der Hagiotherapie Menschen mit geistlichen, aber auch mit somatischen und psychischen Störungen Hilfe finden können. Der Hagiotherapeut wird durch eine Diagnose abschätzen können, ob es sich bei der somatischen bzw. psychischen Krankheit "bloß" um Symptome einer geistlichen Krankheit handelt, und wird durch die Heilung auf geistlicher Ebene dem Menschen auch im anderen Bereich helfen. Dabei muss man betonen, dass es ihm nicht um die Heilung somatischer und psychischer Krankheiten geht, sondern um ihre Ursache im geistlichen Sektor. Er bleibt also in seinem Kompetenzbereich.

Die Unterschiede zwischen der psychischen und der geistlichen Struktur ersieht man schon aus den unterschiedlichen Inhalten dieser Strukturen. Auf die psychische Ebene fallen der Verstand, Wille, Gedächtnis, Erinnerung, Emotionen, Phantasie, Wünsche. Zum geistlichen Sektor gehören aber Person, Leben, Intellekt, geistlicher Wille, Gewissen, Herz, Religiosität, Kultur, Charakter. Der Bereich des Priesters unterscheidet sich ja deutlich von dem des Psychiaters. In den Humanwissenschaften zeigen sich deutliche Unterschiede zwischen der geistlichen und der psychischen Seele. Die Psychiatrie erreicht nur die Schwelle des Glaubens und der Gnade. Der Priester befasst sich aber mit der anderen Seite der Schwelle. Der Psychiater kann Gott und Gnade beruflich ignorieren, der Priester befasst sich in seiner wissenschaftlichen und praktischen Tätigkeit aber gerade mit diesen Themen. Wo die Psychiatrie endet, beginnt die Hagiotherapie. Geistliche Wirklichkeiten transzendieren die Realität der Erde. Darum übersteigt auch die Verwundung dieser transzendenten Wirklichkeit psychophysische Leiden. Die Hagiotherapie sieht ihre Kompetenz in der Heilung dieser Traumata.

Die Logotherapie als eine der psychotherapeutischen Methoden betrat ihrerseits schon den Bereich des menschlichen Geistes und entdeckte, dass es in der Kraft der geistlichen Dimension neue Möglichkeiten der psychischen Heilung gibt. So kam es durch sie schon zu einer Ausweitung des psychiatrischen Wirkungsbereiches. Die Hagiotherapie geht nun einen Schritt weiter als die Logotherapie, weil sie sich bei ihrer Arbeit nicht nur die Kräfte des menschlichen Geistes zunutze macht, sondern die Kräfte des Geistes Gottes sucht. Diese übersteigen die Möglichkeiten menschlicher Bemühungen in der Therapie nämlich bei weitem.

Die Hagiotherapie hat sich als eine Art karitativer Therapie entfaltet, aber auch als philosophisch-theologische Disziplin. Sie weist darauf hin, dass der Determinismus in Psychologie und Psychiatrie an der Konkretheit des menschlichen Geistes vorbeigeht, wie auch der Psychologismus, der Biologismus und der Soziologismus gegen die geistliche Dimension im Menschen schwer verstoßen haben.[157] Die Logotherapie geht einen Schritt weiter als die Psychoanalyse und die Tiefenpsychologie, denn sie betrachtet die menschliche Psyche und ihre Traumata von der geistlichen Dimension aus. Sie bedeutet also einen Fortschritt bei der Erkenntnis der geistlichen Struktur des Men-

---

[142] E. LUKAS, *Auch dein Leiden hat Sinn*, Herder, Freiburg, 1981, S. 140.

schen, indem sie sich die Resultate existentialistischer Philosophie zunutze macht. So kam gerade vonseiten der Psychologie und der Psychiatrie eine Unterstützung für die Hagiotherapie.

In der Kirchengeschichte finden sich zahlreiche Orden und Gemeinschaften, die Hilfe für Leidende organisiert haben. Bei ihrer Suche nach einer Hilfe für geistliche Traumata steht die Hagiotherapie also nicht allein da. Die Bemühungen der Pastoral gehen in zwei Richtungen: einerseits zur Psychologie und Psychiatrie, andererseits zur karitativen Hilfeleistung. Zur ersten Gruppe zählt I. Baumgartner, *Pastoralpsychologie.*[158] und J. Müller, *Und heilt all deine Gebrechen.*[159] Zur zweiten Gruppe zählen B. Staehelin, *Der psychosomatische Christus* [160]; M. u. D. Bobgan, *Psychotherapie oder biblische Seelsorge*[161] ; M. u. D. Linn, *Beschädigtes Leben heilen*[162].

Während die eine Seite der Pastoral Hilfe bei der Psychologie sucht, versuchen andere ihren Tätigkeitsbereich auszuweiten, indem sie gnadenhaft therapeutisch arbeiten. Theologen suchen Hilfe von Psychologen, Psychologen und Psychotherapeuten suchen Unterstützung durch theologische Errungenschaften. Obwohl sich die Hagiotherapie eigenständig aus der Praxis entwickelt hat, macht sie sich bei ihrer Forschung dennoch die Errungenschaften beider Seiten zunutze.

---

158 I. Baumgartner, *Pastoralpsychologie. Einführung in die Praxis heilender Seelsorge,* Patmos, Düsseldorf, 1990.

159 J. Müller, *Und heilt alle deine Gebrechen. Psychotherapie in christlicher Sicht*, Stuttgart, 1989.

160 B. Staehelin, *Der psychosomatische Christus*, Schaffhausen, 1982.

161 M. und D. Bobgan, *Psychotherapie oder biblische Seelsorge,* Bielefeld, 1991.

162 M. und D. Linn, *Beschädigtes Leben heilen. Was Gebet und Gemeinschaft helfen können,* Styria, 1981.

Hagiotherapeuten können in kirchlichen und sozialen Gruppierungen eingesetzt werden, in Krankenhäusern, in psychiatrischen Anstalten, Altersheimen und Rehabilitationszentren, in Gefängnissen und Schulen, in Kinderdörfern und Jugendzentren, wo immer Menschen leben und geistliche Hilfe vonnöten ist.

Weil der Hagiotherapeut theologisch, spirituell und fachlich ausgebildet ist, kann er auf vielen Sektoren Hilfe anbieten. Am besten haben sich jedoch "Zentren für geistliche Hilfe" bewährt, besonders dann, wenn in ihnen die Patienten auch stationär aufgenommen werden können. Denn vor allem bei Drogensüchtigen, bei Menschen mit dem PTS (Post-Traumatischen Syndrom), dem PAS (Post-Abortion Syndrom) und bei psychisch Kranken braucht es oft längere Zeit, bis die Hagiotherapie ihr Ziel erreicht. Darum ist es günstig, wenn man eine Möglichkeit zu stationärer Unterbringung hat.

Die Ausbildung in der Hagiotherapie umfasst vier Hauptbereiche. Zunächst geht es um die geistliche Dimension des Menschen. Der zweite Abschnitt behandelt die moralischen Leiden des Menschen. Im dritten geht es darum, wie man die Diagnose durchführt. Im vierten Abschnitt geht es um die therapeutischen Möglichkeiten. Nach diesem Ausbildungsschema gliedern sich auch die folgenden Teile des Buches.

II.

TEIL

DIE GEISTLICHE DIMENSION DES MENSCHEN

EINLEITUNG

Um die Hagiotherapie verstehen zu können, muss man die geistliche Dimension des Menschen kennen. Die Hagiotherapie befasst sich ja mit schmerzhaften Zuständen der geistlichen Seele und mit ihren Diagnose- und Therapiemöglichkeiten. Darum ist die Kenntnis der pneumatischen Anthropologie unumgänglich notwendig.

Die Phänomene des Geistes

Die etymologische Herkunft des Wortes *Geist* in verschiedenen Sprachen lässt seine Bedeutung erahnen. Im Hebräischen bedeutet *ruah* Wind, Windhauch, Geist, das Atmen lebendiger Wesen. Das griechische *pneuma* bedeutet Hauch, Luftstrom, Atem, Leben, Geist. Das lateinische *spiritus* bedeutet Luft, Hauch, Atem; Lebenshauch, Leben, Geist. In der deutschen Wortfolge: "Er hat noch Geist und Leben in sich" kommt die Bedeutung "Atem" durch. Die germanische Wurzel **gheis-* bedeutet Erregung, Ergriffenheit. Im Englischen bedeutet *spirit* Odem, Lebenshauch, Geist, Schwung und Elan beziehungsweise aufmuntern, ermutigen.

Es geht beim Wort *Geist* also um das *Nichtmaterielle, Unsichtbare*, wie es das Leben ist, aber auch um eine Wirkung von außen, das Einhauchen, das Beleben, oder um jemanden, der von außerhalb den Menschen belebt.

Wenn man in diversen Lexika dem Wort "Geist" nachgeht, findet man zwar verschiedene Bedeutungen, aber auch etwas, was allen gemeinsam ist. Geist bedeutet Luft, Luftbewegung, Wind, Atem. Manchmal wird dieses Wort auch als Synonym für Seele verwendet und bedeutet dann die Gesamtheit psychischer Prozesse. Beim Menschen bedeutet es seine Persönlichkeit, seine intellektuellen und charakterlichen Eigenheiten. Manchmal wird unter Geist auch die Mentalität verstanden, wenn vom Geist, der in einer Gesellschaft herrscht, vom Zeitgeist, vom modernen Geist die Rede ist. Dann versteht man darunter die ideellen, sozialen, moralischen, künstlerischen und politischen Merkmale eines Kollektivs oder des Werkes eines Einzelnen sowie einer historischen Epoche.

Im Zusammenhang mit Aberglauben meint Geist ein Gespenst, eine Erscheinung, einen Spuk. Im Spiritismus versteht man darunter einen Verstorbenen, der durch ein Medium in Erscheinung tritt. In diesen Fällen geht es um Geister mit schädlichem Einfluss.

In den Religionen versteht man unter Geist Gottheiten, Engel und Dämonen, Teufel und böse Geister. Im Christentum ist Gott der absolute Geist. Unter Geist versteht man auch den unsterblichen Teil des Menschen, der sich beim Tod vom Leibe löst. Im Griechischen meint *nous* die Aktivität des Verstandes im Gegensatz zur Gefühlswelt des Menschen; in der Metaphysik bedeutet es die Grundlage des Menschen und des ganzen Kosmos. Der griechische Terminus *pneuma* meint den Atem, der das Leben aufrecht erhält und beim Tod ausgeatmet wird. Die Stoiker verstehen darunter ein kosmisches Prinzip, das frühe Christentum das Göttliche im Menschen und in der Welt.[1]

Die Komplexität der Seele

Der Katechismus der Katholischen Kirche spricht davon, dass der Mensch aus Leib und Seele besteht. Die Seele ist geistlich und unsterblich, sagt das Zweite Vati-

[1] Vgl. "Duh" in: *Opća enciklopedija*, Zagreb, 1977., Bd. 2, S. 435.

kanische Konzil (GS 14). Die Psychologie nennt die Seele "Psyche" und entfaltet die Wissenschaft der Seele. Die Psychotherapie befasst sich mit der Diagnose und der Therapie der Seele. Die Kirche und die Psychologie wenden sich gleichermaßen der Seele zu, aber unter unterschiedlichen Aspekten. Oft begeben sich die Psychologen auf die geistliche Ebene, so dass sie sich dem Vorwurf aussetzen, sie seien Seelsorger geworden. Andererseits studieren Priester Psychologie, um im Pastoralbereich besser wirken zu können. Während sich die Pastoral von der geistlichen Ebene auf die psychische begibt, bemüht sich die Logotherapie darum, von der psychischen Ebene auf die geistliche zu gelangen. So will sie nachweisen, dass Traumata auf geistlichem Wege besser zu heilen seien. Also: Eine Seele und zwei Kompetenzbereiche.

Der Mensch ist ein einzigartiges Wesen, eine Einheit von Seele und Leib. Die Seele wird von Psychologen und von Theologen erforscht, von Psychologen und Psychotherapeuten geheilt und von der Kirche gerettet. In der Praxis wird es klar, dass es sich um zwei unvermischbare Kompetenzen handelt. Es gibt Wunden und Traumen, wo Psychologen helfen können, aber auch solche, wo sie hilflos sind. Die Emotionen, die Phantasie, die Erinnerung, das Gedächtnis, die Rationalität und die Wünsche sind der Forschung und Behandlung durch Psychologen und Psychotherapeuten zugänglich. Unter ihnen arbeiten auch Neurologen, und zwar medikamentös. Dabei gibt es in der Seele eine Art Abstufung, ein Spannungsfeld vom Leiblichen bis zum bloß Gedanklichen. So eine Spannungsbreite gibt es aber auch nach oben vom Psychischen bis zum immer Geistlicheren und schließlich bis zum reinen Geist, zum absoluten Geist. Am Gipfel dieses Seelischen und Geistlichen steht die Kommunikation und Einheit mit Gott. In Bereichen, die der Psychiatrie nicht zugänglich sind, gibt es ebenfalls Konflikte, Schmerz, Leid und Traumen. Diese sind jedoch noch kaum erforscht, vor allem gibt es für sie noch keine systematische Diagnose und Therapie. Auch wenn die Dokumente der Kirche und die Pastoral häufig von der Heilung der Seele sprechen und von Gott als dem Arzt (und nicht bloß als dem Retter), auch wenn Jesus alle Krankheiten und Leiden geheilt hat, auch wenn das fünfte Sakrament speziell den Kranken zugedacht ist und die Sakramente eine geistliche Hilfe darstellen, gibt es bisher dennoch keine systematische Erforschung der geistlichen Seele und ihrer Leiden, und noch weniger eine wissenschaftliche Methode, wie man von ihnen frei werden kann. Es ist nicht dasselbe, jemanden zu retten, und ihn zu heilen. Die Ärzte retten vom Tod, aber sie heilen auch Wunden, die nicht tödlich sind. Auch im Bereich der geistlichen Seele sollte man einen solchen Bedarf nach Heilung erkennen.

Moderne katholische Theologen und Philosophen unterscheiden zwischen der psychischen und der geistlichen Seele. Sie bezeichnen die geistliche Funktion und die geistliche Kraft der Seele als Geistseele.[2] K. Rahner spricht von der Geistperson. Er sagt von der Seele des Menschen, sie sei ein substantielles, ein individuelles, ein geistiges und darum auch ein unsterbliches Prinzip; sie sei von sich aus die wirkliche und wesentliche Form des Leibes und darum stelle sie mit dem Leib eine Natur und eine Substanz dar.[3] Dabei bekommt man den Eindruck, es handle sich um *zwei* Seelen. Die katholische Lehre spricht jedoch von *einer* Seele, der unsterblichen Seele. Will man die Seele des Menschen also systematisch er-

---

[2] Vgl. E. Coreth, *Was ist der Mensch? Grundzüge einer philosophischen Antrophologie*, Tyrolia 1986, S. 75.

[3] K. Rahner, Der Mensch in der *Schöpfung*, S.223.

forschen, muss man unter ihren Segmenten unterscheiden. Das bedeutet nicht, dass man sie zerteilt. Es ist etwas anderes, zu unterscheiden, als zu zerteilen. Der Mensch ist eine Einheit, ein Individuum, ganz Leib und ganz Seele und ganz Geist. Und doch unterscheiden wir in ihm verschiedene Organe, die Seele und ihre Struktur.

Der Mensch ist ganz Leib und ganz Seele. Es gibt keinen Leib ohne Seele und keine Seele ohne Leib. Darum kann man der Seele im Leib keinen Ort zuweisen, denn sie ist überall und macht den Leib zum menschlichen Leib. Der Leib ohne die Seele ist nicht mehr Leib, sondern ein Rest des Leibes. Die Seele ohne den Leib ist kein ganzer Mensch. Der Geist des Menschen durchdringt und belebt jede Zelle des Leibes und jedes Segment der Seele. Der Mensch handelt immer als Mensch, niemals als Tier. Das bedeutet, dass es nichts im Menschen gibt, das nicht durch den Geist und die Person des Menschen belebt und identifiziert würde. Mit anderen Worten: Alles im Menschen ist geistlich, nicht Geist, sondern durchgeistigt. Der Mensch ist verleiblichter Geist und vergeistigter Leib. Ohne diese Erkenntnis fehlt der Medizin bei der Erforschung und Heilung des Menschen ein wesentliches Element.[4]

All das Gesagte will nur darauf hinaus, einen Weg zu finden, um den Geist zu erkennen, seine Wirkung und die Strukturen der Seele, durch die er wirkt. Der Geist ist einfach, und darum kann man ihn nicht unmittelbar erfahren und erforschen. Über verschiedene Kräfte, Funktionen und Fähigkeiten der Seele kann die Psychologie Bescheid sagen. Sie wird jedoch auf Strukturen der Seele

[4] Darüber gibt es zahlreiche Literatur, z. B. M. BECK, *Krankheit und Seele. Psychosomatische Medizin und theologische Anthropologie*, Schoeningh, 2001.

stoßen, die geistlicher Natur sind, wie zum Beispiel die Person, das Gewissen, den Intellekt, den freien Willen. Auf diese kann sie gleichsam nur von unten schauen, von der irdischen Seite her. Denn es fehlt ihr das letzte Verständnis für die ganze Reichweite des geistlichen Bereiches, des Gewissens, der Person, das heißt, für die obere Seite dieser Strukturen. Darum kann man zwar von der Psychologie des religiösen Erlebens sprechen, aber diese ist nicht dasselbe wie die Anthropologie oder Pneumatologie der religiösen Erfahrung. Die Psychologie hat ihre Grenzen. Darum wird die Philosophie als eminent humanistische oder geistliche Wissenschaft noch weitere Elemente und Strukturen der geistlichen Seele aufspüren können. Sie erreicht höhere Sphären der Spiritualität, da sie von Sinneswahrnehmungen nicht abhängig ist und sich der Geisteskräfte des Intellekts bedienen kann. Philosophen, die der Mystik nachspüren, werden sogar höchste geistliche Prozesse erforschen können, wie das etwa beim russischen Philosophen Berdjajew der Fall ist. Am tiefsten wird jedoch die Theologie in die Bereiche des Geistes vordringen können, weil sie auch die Informationen der Offenbarung in ihre Forschung mit einbeziehen kann. Außerdem erbittet sie für ihre Arbeit die Gnade, so dass sie in der Folge weiter und klarer sehen kann. Darum kann sie bei ihrem Forschen an die höchsten geistlichen Ziele des Menschen herankommen, nämlich an die Kommunikation mit Gott. Sie kann auch alle anderen Strukturen des Menschen von *oben* her erforschen und erklären, das heißt, vom Standpunkt des Himmels aus, vom Standpunkt der Gnade, von der Warte Gottes aus. Das ist ähnlich, wie wenn man auf die andere Seite des Mondes hinkommt und von dort aus eine Landschaft zu sehen bekommt, die den menschlichen Augen sonst nicht zugänglich ist. Vielleicht ist der Konflikt zwischen Wissenschaft und Glaube so zu verstehen. Das, was der Theologe sieht, der durch die Daten der Offenbarung informiert und durch die Gnade und die Nähe zu Gott erleuchtet ist, das kann der Naturwissenschaftler von seiner unteren Warte aus nicht bemerken, und es bleibt ihm nur, dem Theologen zu glauben oder nicht zu glauben. Überhaupt ist es in der Wissenschaft ja so, dass die nicht Eingeweihten dem Wissenschaftler Glauben schenken und sich die Ergebnisse seines Forschens zunutze machen. Die gleiche Glaubwürdigkeit ist auch dem Theologen und Gläubigen zuzuschreiben als dem erfahrenen Experten in der geistlichen Sphäre.

Um die geistliche Seele und ihre Forschung zu konkretisieren, wollen wir die Kräfte der Seele und ihre Strukturen als eine Art geistlicher Organe bezeichnen. Da ist zunächst die Person, dann das Leben, das Gewissen, der Intellekt, der freie Wille, das Herz als Zentrum erlebter und affektiver Erfahrung der Person, der Charakter als Ort guter Eigenschaften und Tugenden, die Religiosität als Fähigkeit, Gott zu begegnen, die Kreativität im Kulturbereich, das Vertrauen, die Hoffnung und die Liebe. Jede gute Eigenschaft und Tugend könnte man als eigene Struktur oder geistliches Organ bezeichnen, da der Geist durch all diese Fähigkeiten zutage tritt und wirkt. Dadurch kann man ihn ja registrieren, und so findet die Geisteswissenschaft realen Boden.

Außerdem zeigen die Hirnforschungen der letzten Jahrzehnte, dass man die Existenz des Geistes und seine Aktivität sogar im Gehirn registrieren kann. Einige dieser Forscher wie M. Persinger und V. S. Ramachandran sprechen davon, dass man im Hirn eine Art göttliches Modul und einen göttlichen Ort (God Spot) finden kann.[5] Hirn-

[5] Vgl. D. Zohar, I. Marshall, *SQ. Spiritual intelligence, the ultimate intelligence,* Bloomsbury, 2000

forscher beweisen, dass es bei einem Wechsel des Menschen von Böse zu Gut, vom Hass zur Liebe und zur Vergebung auch in seinem Gehirn zu Veränderungen kommt.[6] Das Hirn hat, wie sie sagen, bestimmte Funktionen, die spezialisiert sind für die Übertragung des geistlichen und religiösen Impulses, den sie dem ganzen Körper geben. Wenn man jemandem hilft, moralisch besser zu werden oder zu beten, gesundet auch sein Gehirn und durch dieses auch jeweils ein bestimmtes Körperorgan.[7] So sind auch die Naturwissenschaftler gezwungen, die Existenz und Aktivität des Geistes anzunehmen.

Auf den folgenden Seiten werden wir zunächst betrachten, was die Philosophie unter dem Begriff des Geistes versteht, und danach, wie die Hl. Schrift des Alten und des Neuen Testamentes die geistliche Wirklichkeit zum Ausdruck bringt.

1. KAPITEL

DER PHILOSOPHISCHE BEGRIFF DES GEISTES

Die Philosophie ist eine Wissenschaft, in der es um die letzte Begründung aller Dinge geht und die durch das natürliche Licht des Verstandes arbeitet. Sie forscht nach dem letzten Grund und dem obersten Ziel aller Dinge. Der Begriff *Philosophie*, der von Pythagoras (6. Jh. v. Chr.) geprägt wurde, bedeutet *Liebe zur Weisheit*. Neben verschiedenen philosophischen Richtungen entwickelte sich die scholastische Philosophie, die sich der griechischen Denkweise, besonders Aristoteles, verdankt, aber durch die Lehre der Kirchenväter bereichert, im Mittelalter vor allem von großen Denkern wie Thomas v. Aquin wissenschaftlich entfaltet wurde und heute noch in verschiedenen katholischen Schulen betrieben wird.

Die philosophische Anthropologie ist die Lehre vom Menschen in seiner Einheit von Seele und Leib und seinen ontologischen, ethischen, politischen, religiösen und historischen Aspekten. Diesen Ausdruck verwendete als erster I. Kant und meinte damit die Erforschung der menschlichen Natur im theoretischen, pragmatischen und moralischen Sinn. Weil ja die philosophische Anthropologie Leib und Seele erforscht, kann sie uns bei der Erkenntnis der Seele, ihrer geistlichen Komponente und ihrer Beziehung zum Leib, und somit auch bei ihrer Begrenztheit und Verwundbarkeit behilflich sein.

Der Geist heißt lateinisch *animus*, *spiritus* und *mens*, griechisch *pneuma*, und hebräisch *ruah*. Nach der antiken Philosophie ist er eine Wirklichkeit, die sich von der Seele unterscheidet. Der Begriff des Geistes wird oft mit dem Verstand und der Vernunft (*nous*) identifiziert. Mit ihm verwandt ist der Begriff der Seele, die ein inneres Prinzip kennzeichnet, nach dem jemand lebt und wirkt. Sie ist auch das Prinzip des menschlichen Bewusstseins. Die griechischen und mittelalterlichen Denker unterschieden zwischen der vegetativen, der sensitiven und der rationalen Seele. Thomas v. Aquin ist der Ansicht, dass im Menschen nur die rationale Seele alle Aktivitäten steuere. Die Seele stelle im Menschen das substanzielle Lebensprinzip dar. Die philosophisch-religiöse Denkweise des Christentums sieht im Menschen einen Unterschied zwischen Leib und Seele, und damit eine Verbindung zweier Prinzipien, des materiellen und des geistigen.

CHRISTLICH-PHILOSOPHISCHE ANTHROPOLOGIE

Die christliche Philosophie erforscht den menschlichen Geist in seiner ursprünglichen Offenheit zum Sein. Die geistlichen Akte des Menschen sind im philosophischen Denken bewusst. Der Mensch stellt sich andauernd Fragen und will so zu immer neuem Wissen gelangen. Dieses Wissen ist primär ein Wissen über jemand anderen. Doch um über jemand anderen etwas wissen zu können, muss er vorher auch etwas über sich selbst wissen. Wenn er andere erkennt, wird er seiner selbst bewusst. Dieses Bewusstsein ist schon vor der Erkenntnis eines anderen und stellt die Grundlage und die Bedingung für die begriffliche Erkenntnis dar. Der Mensch erkennt intentional irgendein Objekt, und in diesem thematisierten Erkennen wird er implizit seiner selbst bewusst. So beginnt er über sich selbst zu reflektieren und erkennt sich auf diese Weise zugleich als Objekt der Erkenntnis und als ihr Subjekt. Er ist gleichzeitig in sich und außerhalb von sich selbst.

Daraus können wir erkennen, dass der Mensch sich selbst erkennt, indem er andere als Objekt erkennt. So ereignet sich eine Identität von Sein und Erkenntnis. Im geistig bewussten Akt kommt das Sein zum Bewusstsein seiner selbst. So kann der Mensch als geistig-leibliches Wesen den Geist nur in der Welt erkennen. Indem er thematisch das Geschaffene erkennt, erkennt er unthematisch auch den ungeschaffenen Geist. Man kann also behaupten, dass der Geist nicht ein Objekt wissenschaftlicher Untersuchung ist, sondern eine Bedingung wissenschaftlicher Erkenntnis. Das Sein ist geistig, aber nicht Geist. Vielmehr offenbart sich in ihm der Geist. Wie der Mensch den Geist implizit erkennt, so auch das Sein, indem er verschiedene Objekte intentionell erkennt.[8] Das bedeutet: Der Geist offenbart sich in der Ich-Du-Begegnung. In dieser Beziehung erfährt der Mensch den Geist als Freiheit. Die objektive Welt außerhalb des Menschen ist von ihm unabhängig, wie auch der Mensch auf gewisse Weise von sich selber unabhängig ist, weil er sich selbst geschenkt wurde. So zeigt sich das Geist-Sein des Menschen als ein Sein innerhalb des Seins, aber auch als ein Wesen in Beziehung mit anderen Wesen, ja sogar in Beziehung zu sich selbst. In diesem Paradox erweist sich der Mensch als ein Subjekt, das wesentlich geistlicher Natur ist, und das heißt: frei von Raum und Zeit. Das geistliche Substrat übersteigt den Menschen selber und auch die Gesamtheit der Schöpfung. Der Geist bedeutet nicht nur Freiheit von Raum und Zeit, sondern auch Transzendenz, eine Wirklichkeit, die alles Geschöpfliche über-

[8] Vgl. E. Coreth, *Grundriß der Metaphysik,* Tyrolia 1994, S. 109-159.

ragt. Der Geist ist demzufolge frei von allem und frei für alles. Der Geist durchdringt alles, er ist eine Wirklichkeit, in der man alles erkennen kann und in der alles, sogar das Sein selbst, einzig Bestand hat. Da die christliche Philosophie Gott als das absolute Sein bezeichnet und Gott zugleich Geist ist, kann man schließen, dass das Sein eine Existenz ist, die durch den Geist besteht und erkannt werden kann. Der Geist ist nicht das Sein, sondern das Sein ist in ihm, oder besser: das Sein kann in ihm wie im Licht erkannt werden.

Wie in der Existenz so ist auch in der menschlichen Erkenntnis der Geist das Licht jeder Erkenntnis und die Basis allen Bestehens. Er ist überall. Er ermöglicht es dem Menschen, nachzudenken und Geteiltes zu einer logischen Einheit zusammenzuführen. Er gibt dem Menschen die Fähigkeit, durch Abstraktion Begriffe zu bilden oder abstrakte Inhalte in poetische Sprache umzusetzen. Abstrahieren bedeutet, aus wahrnehmbaren Bildern, Erkenntnissen und Aussagen einen abstrakten Begriff zu formulieren, einen nicht wahrnehmbaren Ausdruck, in dem alle anderen erkannten Elemente enthalten sind.[9] Durch Abstraktion kann der Mensch aus konkreten Wirklichkeiten die ihnen gemeinsamen Elemente extrahieren, aus einer Menge von Dingen den geistlichen Succus, das Wesentliche herausfiltern, formulieren und an andere weitergeben. Der Geist des Menschen ist schöpferisch. Er schafft nicht wie Gott, aber er kann aus dem, was schon existiert, neue Formen der Existenz hervorbringen, sowohl in Gedanken als auch in Taten. Er gibt allem, was er erkannt hat, einen Namen. Aus der vorhandenen Materie schafft er neue Formen, die der Materie nach gleich sind,

[9] Vgl. E. Coreth, *Was ist der Mensch? Grundzüge einer philosophischen Antrophologie,* Tyrolia 1986, S. 67-78.

aber eine andere Form aufweisen. So kann er z.B. aus einem Baumstamm Bretter schneiden. Aus diesen Brettern kann er wieder einen Tisch bauen. Ähnlich besteht auch der Mensch aus Materie und Form. Materiell gesehen sind alle Menschen gleich. Sie unterscheiden sich aber in ihrer Form, und die Form ist Geist. Wie der Tisch nicht mehr ein Brett ist und das Brett nicht mehr ein Baumstamm, so ist auch der Mensch nicht eine Pflanze oder ein Tier, sondern eine neue Schöpfung. Wie der Mensch neue Formen macht, so hat auch Gott bei der Schaffung des Menschen verschiedene Formen und Seinsweisen der Menschen gemacht. Wie das Brett und der Tisch seine Form vom Menschen, d.h. von außen bekommen haben, so hat auch der Mensch seine Form, seine geistliche Seele von außen bekommen, von Gott.

Die Bibel erzählt, Gott habe Erde vom Ackerboden genommen und den Menschen daraus geformt, dann habe er seinen Lebensatem in ihn geblasen. So wurde der Mensch zu einer lebendigen Seele[10]. Der Geist gibt der vegetativen und der psychischen Seele "Geistlichkeit", die den Leib und die Seele des Menschen zu einem spezifisch menschlichen Wesen formt. Der Geist gibt der Seele eine geistliche Form, und darum ist sie eine geistliche Seele. In ihr kann man die Zeichen und die Wirkung des Geistes erkennen. Sie ist aber an den Leib gebunden und der Zerbrechlichkeit und Verwundbarkeit ausgeliefert. Das bedeutet jedoch, dass der Geist die Seele nicht ganz vom Einfluss der Materie und ihrer Vergänglichkeit befreien kann. Darum kann die Seele des Menschen krank werden und Heilung benötigen. Dabei handelt es sich

[10] Vgl. Gen 2,7. Die deutsche Einheitsübersetzung sagt: "So wurde der Mensch zu einem lebendigen *Wesen*." Im Griechischen heißt es jedoch ψυξγ΄ - lebendingen *Seele*.

um moralische Krankheiten, die man diagnostizieren und heilen muss. Da die Psychiatrie ihr therapeutisches Wirken im Bereich der Psyche als Heilung *seelischer* Krankheiten bezeichnet, ist es logisch, dass es in der Hagiotherapie um die Heilung *geistlicher* Krankheiten geht. Die Seele hat verschiedene Strukturen wie Person, Leben, Gewissen, Intellekt und Wille. Wenn sie verletzt sind, kann der Geist in der Seele nicht frei wirken.

Wenn wir vom Wirken des Geistes im Menschen sprechen, denken wir an seelische Prozesse in der geistlichen Seele. Die Erfahrung des Geistes ist eine Erfahrung geistlicher Prozesse in der menschlichen Seele. Wenn sich jemand dem Guten und der Wahrheit zuwendet, beseitigt er dadurch die Hindernisse, die sich dem Wirken des Geistes entgegenstellen.

Der Mensch wurde einerseits aus dem geschaffen, was schon in der Natur vorhanden war, und andererseits aus Nichtgeschaffenem. Das Geschaffene steht dem Menschen zur Verfügung, nicht aber der ungeschaffene Geist. Der Geist wurde nicht geschaffen, Gott hat ihn vielmehr in den Menschen "eingegossen". Darum kann der Mensch die geistliche Seele nicht heilen, ohne mit Gott zusammenzuarbeiten. Doch der Geist, den der Mensch bei der Empfängnis von Gott bekommen hat, durchdringt jeden Teil seines Leibes und seiner Psyche und hält alles aufrecht. Er gibt dem ganzen Organismus des Menschen Leben und Gesundheit. Wo der Geist in seinem Wirken behindert ist, dort entsteht Krankheit. Nach dem Bericht der Bibel begannen die Krankheiten nach der Urschuld. Darum braucht der ganze Organismus, Leib und Seele, den Geist. So kann es geschehen, dass Medikamente keine Wirkung zeigen, wenn der Geist gänzlich blockiert ist. Oder es ist möglich, dass das, was den Ärzten als unheilbar erscheint, durch Glauben, d.h. durch Geist geheilt wird. Die Hagiotherapie heilt also nicht nur geistliche Krankheiten, sondern sie ist auch bei der Heilung psychischer und somatischer Krankheiten behilflich. Wenn uns bewusst wird, dass es psychische und physische Krankheiten gibt, deren Ursache im geistlichen Bereich des Menschen liegen, dann wird klar, wie wichtig ein gesunder Geist bei der Heilung des ganzen Menschen ist.

Der Geist gibt dem Menschen nicht nur die Kraft der Erkenntnis, sondern auch die Fähigkeit, Entscheidungen zu treffen und zu wirken. Durch die Möglichkeit, etwas zu erkennen, übersteigt sich der Mensch selber, er hat Visionen für die Zukunft und projektiert die Wirklichkeit, die ihn umgibt. Durch seinen Willen entscheidet er sich für das als richtig Erkannte, und durch sein Wirken realisiert er das, wofür er sich entschieden hat. Die Erkenntnis liegt vor der Entscheidung. Aber es ist auch umgekehrt der Fall, denn der Mensch entscheidet sich ja auch für die Erkenntnis. Dafür sind verschiedene Dimensionen der Erkenntnis und der Entscheidung vorausgesetzt. Die geistliche Erkenntnis ist transparent, intuitiv und unmittelbar. Durch sie wird dem Menschen plötzlich etwas klar. Die rationale Erkenntnis ist diskursiv, sie ereignet sich in einem Prozess. Ähnlich verläuft es bei der Entscheidung des Menschen. Die intuitive Erkenntnis drängt gleich zur Entscheidung und zum Handeln. Die diskursive braucht zur Entscheidung eine Menge von glaubwürdigen Argumenten, und auch das Handeln ist nur zögernder und unsicherer als bei geistlicher, intuitiver, unmittelbarer Erkenntnis. Darum kann die geistliche Erkenntnis dem Menschen in all seinem Tun behilflich sein, rascher zu entscheiden und zu handeln. Diese Erkenntnis machen sich manche Teile der Wirtschaft zunutze, um effizienter, aber auch moralisch richtiger handeln zu können. So kann die Hagiotherapie in vielen Bereichen des menschlichen Lebens Hilfe anbieten.

Das bedeutet, dass die Hagiotherapie die geistliche Dimension des Menschen heilt und ihn und die ganze Gesellschaft damit befähigt, moralisch, effizient und menschenfreundlich zu werden. So erübrigen sich zahllose andere Anstrengungen, die den Zweck haben sollten, Frustration, Ungerechtigkeit, Untreue und Lüge zu beseitigen.

Der Geist ist in seinem Wesen Freiheit, und darum ist der Mensch in jedem Augenblick verantwortlich. Er sündigt, weil er in der Welt der Sünde und des Bösen lebt. Schuld begleitet ihn auf Schritt und Tritt. Wenn der Intellekt und das Wollen jemandes geheilt sind, wird er eine Versuchung durchschauen und der Täuschung nicht erliegen. Er wird erkennen, dass einzig in der wahren Erkenntnis, in der moralischen Entscheidung und im entsprechenden Handeln Zufriedenheit, Wohlergehen und Ehre zu finden sind. Darum muss die Erkenntnisfähigkeit des Menschen am Logos orientiert werden, denn er ist das letzte Kriterium wahrer Erkenntnis. Die Wahrheit kommt vom Logos, und der Geist befähigt den Menschen, den Eingebungen des Wahrhaften zu folgen. Die Wahrheit betrifft nicht nur die Erkenntnis, sondern auch den Willen. Erst wenn wir uns für die Wahrheit entscheiden, wird sie für uns transparent.

Es gibt einen Unterschied zwischen Wahrheit und Ideologie. Viele haben der Wahrheit des Logos den Rücken gekehrt und sich im Labyrinth diverser Ideologien verirrt. Sie wurden Atheisten, weil ihnen ihre Ideologie den Weg zur Wahrheit versperrte. Auch verkehrte Interessen können die Erkenntnis der Wahrheit behindern. Der Mensch hat nicht nur die Fähigkeit, zur richtigen Erkenntnis zu gelangen, sondern auch sich für das Erkannte zu entscheiden. Wenn er sich für das Böse oder für kurzlebige Interessen entscheidet, entfernt er sich von der Wirklichkeit, aber auch von der Existenz. Die Entscheidung für dauerhafte Werte, für Gerechtigkeit, Weisheit, Heiligkeit, Klugheit macht sicher und glücklich.

Der Mensch drückt sich nicht nur durch Begriffe aus, sondern auch durch Handlungen. Aus Gedanken werden Begriffe und Worte. Worte suchen nach Freiheit. In der Freiheit kommt es zur Entscheidung, und die Entscheidung führt zur Handlung. Durch dieses sein Handeln wird der Mensch für sich und seine Umwelt entweder zerstörerisch oder aufbauend.

Der Mensch ist also in seiner geistlichen Dimension intellektuell und moralisch transzendent. Intellektuell, damit er das Sein als Wahrheit erkennt; und moralisch, damit er es als ein Gut zu begreifen vermag.

Der Mensch ist Person, wie auch der Geist Person ist. Deshalb ist der Geist niemals Objekt, sondern Subjekt, deshalb kann man den Geist nie aus eigener Kraft zu fassen bekommen; man kann sich ihn nur schenken lassen. Den Geist kann man nicht sehen, aber in ihm kann man alles andere sehen. So wird er nur indirekt erkannt. Er ist wie das Licht, das man selbst nicht sehen kann, das aber ermöglicht, alles zu sehen. Das Licht wird erst sichtbar, wenn es irgendwelche Gegenstände erhellt. So ist auch der Geist unsichtbar, aber in seinem Licht können wir alles sehen und erkennen. Er ist der innerste Teil unseres Inneren. Er ist nicht Schönheit, aber er ist voll Schönheit und bewirkt Schönheit. Er ist kein Gedanke, aber er bewirkt Gedanken. Er ist nicht Kreativität, aber er macht kreativ. Der Geist steht über all unserem Sein, er ist das Wesen unseres Seins, bei ihm beginnt alles und mit ihm endet alles. Alles ist in ihm, und ohne ihn kann nichts werden. Und doch ist der Geist nicht identisch mit unserer Person. Er schafft unser Ich, aber er ist nicht das Ich. Er ist etwas Tieferes als das Ich. Er ist nicht Energie, denn sie ist irdisch, sie ist "von dieser Welt" und man kann sie messen. Der Geist ist sozusagen die feinste Form des

Seins, aber er ist nicht das Sein. Er bewirkt das Sein, aber er ist es nicht. Er ist das Wesen Gottes, und Gott selbst ist Geist. Eigentlich ist der Geist ein Geheimnis, und wir werden ihn erst verklärt in der Ewigkeit erkennen können, und die ganze Ewigkeit wird nicht ausreichen, ihn zu begreifen.

Die Begrenztheit des menschlichen Geistes beruht in seiner Gebundenheit an den Leib. Er ist also nicht reiner Geist, sondern eine geistliche Seele. Die sinnenhafte Ebene des Menschen ist dem Geist kein fremdes Element oder Medium, sondern ein Modus des Geistes. Auch wenn er frei von Raum und Zeit ist, ist er durch den Leib an die raum-zeitliche Wirklichkeit gebunden, und darum ist er in seinem Wollen und Wirken auf die Erfahrung ausgerichtet. Aber es geht um die Erfahrung des Geistes, nicht der Sinne. Er vergegenwärtigt Vergangenheit und Zukunft und weit entfernte Räume, aber zugleich übersteigt er diese räumlich-zeitliche Gebundenheit. Er transformiert alles durch eine Art ewiger Gegenwartserfahrung. Doch keinerlei vom Geist bewirkte Erfahrung von Vergegenwärtigung kann die Erwartungen des Geistes endgültig erfüllen. Die endlose Transzendenz des menschlichen Geistes kann durch keine endliche Reflexion, auch nicht durch die Summe aller Erfahrung und Erkenntnis gestillt werden.

Der menschliche Geist ist mehr als bloßes Bewusstsein. Dieses Bewusstsein lässt den Menschen erkennen, dass er im Geist in sich selber anwesend ist, wobei der zugleich begrenzte und absolute Geist auch ihn übersteigt.[11] Philosophisch betrachtet bleibt der Geist ein Geheimnis, das sich jedoch, wenn auch in begrenzter Wei-

[11] Vgl. A. Halder, *Geist,* in: LThK 4, S. 611-614.

se, in der Struktur des Wesens erfahren lässt, das sich aus der Quelle des Seins ergießt. Der Geist ist die Seele des Leibes, während der Leib der Vermittler des Geistes ist.

Im geistlichen Bewusstsein erkennt der Mensch nicht nur geistliche Wirklichkeiten oder psychische Prozesse, sondern auch die Lebensprozesse des Leibes. So macht der Geist den Menschen zu einer Einheit. Einheit und gleichzeitig Ganzheit sind das Ich des Menschen. Das vitale vegetative Leben und das sinnenhafte psychische Leben sind in die höhere Sphäre des geistlichen Lebens emporgehoben, sodass der Mensch nur insofern lebendig ist, als er geistlich ist. Wie die vegetative Seele die Materie des Körpers zusammenhält, so hält auch das geistliche Bewusstsein alles Psychische mit einander in Verbindung. Darum nimmt der Mensch physische und psychische Prozesse keineswegs nur so wahr wie ein Tier, sondern es handelt sich dabei immer um eine geistliche Wahrnehmung seiner selbst. Der Geist durchdringt die leiblichen und psychischen Fähigkeiten, er strukturiert und überträgt sie in eine höhere Dimension, in der sich der Mensch als Ganzheit erfährt. Wie das physische Leben nur im materiellen Leib möglich ist, so ist auch das geistliche Leben des Menschen nur im leiblichen und psychischen Leben möglich. Doch diese Ganzheit von Leib, Psyche und Geist ist eine Art zentrierter Ganzheit. Der Leib ist in seiner räumlich-zeitlichen Ausformung vergänglich, der Geist aber strukturiert alles zu einer Mitte, die kein Produkt des Leibes ist. So finden das physische, psychische und geistliche Leben in dem einen menschlichen Leben zu einer Einheit, d.h. sie sind unteilbar. Wenn der Mensch über sich nachdenkt und sich auf diese Mitte seines Wesens konzentriert, dann erkennt, versteht und besitzt er sich selbst. In dieser Mitte erlebt er sich als bei sich und für sich, und dort wird er seiner selbst und der

Freiheit seines Handelns bewusst. Der hl. Thomas drückt das mit den Worten aus: *reditio completa in seipsum.*[12]

Vom Leib des Menschen, seiner Seele und seinem Geist sprechen wir dann korrekt, wenn wir an den lebendigen Leib, an die Seele als Begriff für das sensitive Leben und an den Geist als Gesamtheit bewussten geistlichen Erkennens und Wollens denken. Weil ja nicht die Seele und der Leib das Prinzip der Mitte des menschlichen Wesens und seiner Ganzheit sein können, da sie überfordert wären, bleibt uns als einziges übrig zu begreifen, dass der Geist zugleich das Prinzip der Einheit der Gesamtheit ist, also auch das Lebensprinzip des Leibes, dass er die Materie zum menschlichen Leib formt, diesen Leib belebt und die Funktion eines Prinzips des vegetativen und sensitiven Lebens erfüllt. In diesem Sinne sagt die Philosophie, dass die geistliche Seele eine *forma corporis humani* sei, ein Prinzip, das den ganzen Menschen formt. Von da her kann man auch verstehen, dass der Mensch - betrachtet man ihn somatisch und biologisch - zum geistig-kulturellen Wirken befähigt ist.

Der Geist ist an den Leib gebunden, er wirkt in ihm, vermittelt und verwirklicht sich selbst durch ihn. Darum ist der Leib für den Menschen nichts Fremdes, sondern etwas, was zu seinem Ich gehört. Der Mensch *hat* nicht nur einen Leib, sondern er *ist* Leib. Der Leib ist die Selbstverwirklichung des Geistes in der Materie, die Anwesenheit des Geistes in der Sichtbarkeit und in der äußeren Welt. Der menschliche Leib ist für den Geist ein Medium für sein Handeln und seinen Ausdruck nach Außen. Das bedeutet, dass der Geist nur im Leib in der Welt zugegen und wirksam sein kann. Die Leiblichkeit ist die zeitliche und räumliche Vergegenwärtigung des Geistes in der Welt.

---

[12] Vgl. E. Coreth, *Was ist der Mensch?*, S. 124.

Der Leib ist Ausdruck und Sichtbarkeit der Seele. Was sich in der geistlichen Seele ereignet, drückt sich am Antlitz aus. So kann jemand, der ein tiefes geistliches Leben lebt, ein durchgeistigtes Aussehen erhalten.

Gleichzeitig muss man sagen, dass der Leib für den Geist nicht nur ein willkommenes Medium ist, sondern dass er sich dem Wirken des Geistes auch widersetzt. Er steht zwischen mir und der Welt. Der Leib ist begrenzt und schwach, und er kann so den Ausdruck des Geistes in der Welt behindern. Also ist auch die geistliche Seele der Begrenztheit und Verwundbarkeit unterworfen. Doch sie kann sich nicht selbst heilen, wie auch der Leib für sich allein nicht geheilt werden kann. Der Mensch als *ganzer*, besonders aber in seiner geistlichen Dimension, kann die Begrenztheit und Unbegrenztheit seiner paradoxalen Natur überwinden, in wesenhafter Einheit von Geist und Leib als individuelles Ich, wo der Mensch sich selbst besitzt, d.h. als Person. In dieser Person kann sich der Mensch ins Endlose hinein entfalten, denn die geistliche Übermacht gibt dem Leib die Möglichkeit, sich zu regenerieren und Fähigkeiten anzunehmen, die er aus sich selbst heraus nicht haben könnte. Deshalb ist die Sehnsucht nach Heiligkeit eine Entfaltung und Vervollkommnung nicht nur der geistlichen, sondern auch der leiblich-psychischen Dimension.[13]

DER GEIST UND DIE WIRKLICHKEIT

Mit der Erforschung des Geistes befasste sich vor allem N. Berdjajev. In seinem Verständnis des Geistes spiegeln sich die östliche Philosophie und die pneumatologi-

[13] Vgl. E. Coreth, *Was ist der Mensch?*, S. 121-136.

schen Errungenschaften der Orthodoxie. Er sagt: "Es ist unmöglich, den Geist nicht rational zu definieren.[14] Wenn man den Geist zu definieren versucht, macht man ihn zum Objekt, aber er ist Subjekt. "Man kann keinen Begriff des Geistes ausarbeiten. Aber man kann die Eigenschaften des Geistes erfassen.[15] In solchen Zeichen zeigen sich nach Berdjajev Freiheit, Sinn, Kreativität, Ganzheit, Liebe, Wert, Hinkehr zur göttlichen Welt und Vereinigung mit ihr. Da der Geist Freiheit ist, müsse man das Geistliche vor allem als etwas verstehen, was von natürlicher und gesellschaftlicher Festlegung unabhängig ist. Der Geist sei vor allem nicht determinierbar. Er sei Innerlichkeit in Beziehung zur Äußerlichkeit, gegenüber allem, was vom Äußeren abhängt. Das Innere sei ein Symbol des Geistes. Man könne ihn auch durch die räumlichen Symbole der Höhe und der Tiefe charakterisieren.[16] M. Scheler meint, der Geist sei kein Epiphänomen des Lebensprozesses und man könne ihn nicht vitalistisch verstehen. Pico della Mirandola behauptet, der menschliche Geist sei himmlischen Ursprungs, er stamme nicht von der Natur. Der Geist wohne als göttliches Element im Menschen. Er sei Freiheit, aber die Freiheit stünde vor dem Sein, sie sei ihm voraus, ergänzt Berdjajev. Der Geist sei die schöpferische Aktivität eines Subjektes. Er stamme von Gott, aber Gott habe den Geist nicht so wie die Natur erschaffen, sondern ihn in den Menschen eingehaucht. Er sei nicht bloß göttlich, sondern gott-menschlich. Er sei Freiheit in Gott, aber auch Freiheit von Gott.[17] Dort liegt das Geheimnis des Bösen und das Geheimnis der Kreati-

---

[14] N. Berdjajew, *Geist und Wirklichkeit*, Lüneburg, 1949, S. 37.
[15] N. Berdjajew, *Geist und Wirklichkeit*, S. 37.
[16] Vgl. N. Berdjajew, *Geist und Wirklichkeit*, S. 37.
[17] Vgl. N. Berdjajew, *Geist und Wirklichkeit*, S. 37f.

vität. Der Geist ist zugleich rationell und irrationell, außerrationell und überrationell. Er steht außerhalb von Raum und Zeit, er ist nicht das Sein, sondern der Sinn des Seins. Er ist ganzheitliches Begreifen, transzendent und immanent zugleich. Gott und Mensch kann man nur mittels des Geistes erkennen. Der Geist "humanisiere" die Auffassung des Menschen von Gott, zugleich reinige er ihn vom groben Anthropomorphismus. Die geistliche Erkenntnis Gottes sei gerade "apophatisch".[18] Der Geist sei mit dem Bewusstsein nicht identisch, aber im Geist übersteige der Mensch sein Bewusstsein und komme zu einem Über-Bewusstsein. Der Geist erleuchte, befreie von der Macht des Bösen und des Blutes und verkläre alles. Er befreie von Magie und magischer Vorstellung, denn er sei Freiheit, die Magie aber sei eine Unterwerfung unter kosmisch-tellurische Mächte, sagt Berdjajev.[19]

Der Geist überragt das Leben, aber er wirkt auch im Leben, sodass man die Zeichen des Geistes am Leben ablesen kann. Der Geist bedeutet immer, dass der Mensch nicht Sklave, sondern Herr über die kosmischen Kräfte ist, aber ein Herr, der ein Freund ist und ein Erlöser. Dilthey suche nach Zeichen des Geistes in der Geschichte, und für Hegel sei die Geschichte eine Selbstoffenbarung des Geistes, meint Berdjajev.[20] Der Geist hat Beziehung zum ganzen Leben des Menschen. Auch die einfachste physische Arbeit erfordert geistliche Anstrengung des Menschen. Die Unterwerfung der Technik unter den Menschen bedeutet ihre Unterwerfung unter den Geist.[21]

Berdjajev spricht auch vom Unterschied zwischen Seele und Geist. Eine deutliche Klarstellung sei vonnöten. Je-

---

[18] Vgl. N. Berdjajew, *Geist und Wirklichkeit*, S. 39.
[19] Vgl. N. Berdjajew, *Geist und Wirklichkeit*, S. 39f.
[20] Vgl. N. Berdjajew, *Geist und Wirklichkeit*, S. 42.
[21] Vgl. N. Berdjajew, *Geist und Wirklichkeit*, S. 48f.

der Mensch habe von Natur her eine Seele, und die Spiritualität könne im Menschen verhalten und gedämpft sein. Der Geist sei die bedeutendste Eigenschaft der Seele, er bedeute die Befreiung des Menschen von der Beherrschung durch die Welt. Der Geist sei der Sinn der Seele. Er bringe Ganzheit, Einheit, eine sinnvolle Verbindung in das seelische und das seelisch-körperliche Leben des Menschen. Die Seele sei partiell, erst der Geist sei ganz und universell. Der Mensch sei ein ganzheitliches Wesen, ein geistlich-seelisch-leiblicher Organismus. Die Spiritualität sei kein Gegensatz zur Leiblichkeit oder zum Materiellen, sie bedeute vielmehr dessen Verklärung, das Erringen der höchsten Qualität des ganzheitlichen Menschen, die Verwirklichung der Person. Die Person verwirkliche sich durch den Sieg des Geistes über die chaotischen seelischen und leiblichen Elemente. Der Geist stamme vom Logos, die Seele vom Kosmos. Der Geist sei aktiv, die Seele passiv. Der Geist forme die Seele durch Sinn und Wahrheit und befreie sie von kosmischen Mächten und von der Sünde. Darum heile der Geist die Seele und die Person. Die Seele sei der Kern des Menschen, der Geist müsse mit der Seele vereint sein, damit er sie mit den besten Eigenschaften versehen und mit Sinn erfüllen könne. Ohne eine geistliche Medizin bleibe die Seele gehemmt und passiv. Das geistliche Leben sei ein geistlich-seelisches Leben.[22]

Berdjajev verweist auch auf den "Ort" des Geistes im Menschen. Im vollen Einklang mit dem Christentum erklärt er, das Herz sei der innere Kern des menschlichen Wesens und seines geistlichen Lebens.[23] Das Herz sei also nicht bloß ein emotional-seelischer Bereich des Men-

[22] Vgl. N. Berdjajew, *Geist und Wirklichkeit*, S. 44.
[23] Vgl. N. Berdjajew, *Geist und Wirklichkeit*, S. 47.

schen. Es bilde die geistlich-seelische Einheit. Die Sehnsucht nach Spiritualität bedeute die Sehnsucht nach Wahrheit und Sinn, und sie komme vom göttlichen Geist im Menschen.

So baut Berdjajev eine Brücke zwischen dem philosophischen und dem christlichen Verständnis des Geistes.

Vj. Bajsić betont, man müsse in der Philosophie zwischen zwei Bedeutungen des Wortes "Geist" unterscheiden: auf der einen Seite die Erkenntnisfähigkeit des Menschen und die Summe gedanklicher Inhalte, auf der anderen Seite alles, was wir unter dem Begriff "Seele" verstehen, und die Elemente, die dem Leiblichen gegenüberstehen.[24] In der Philosophie versteht man unter Geist die Möglichkeit zur Transzendenz und zu gleichzeitiger Immanenz, die Fähigkeit zur Autoreflexion. Für Demokrit, einen Philosophen der Antike, sind Seele und Geist identisch, denn der Geist offenbare sich in der Seele. Platon hingegen unterscheidet zwischen den beiden Begriffen. Der Geist ist nach ihm die maximale Kraft der Seele. Für Aristoteles ist der Geist das, wodurch die Seele denken kann, er ist einheitlich, unteilbar, aktiv, rein und göttlich.[25] Der Geist wohne in der Seele, aber sie bringe ihn nicht hervor. Die christlichen Philosophen übernahmen, was die griechische Philosophie über den Geist ausgesagt hatte.

Die Philosophen der Neuzeit unternahmen große Anstrengungen, um etwas über den Geist auszusagen. Nach N. Cusanus ist der Geist eine "lebende Substanz, die wir erfahren können und die in unserem Inneren spricht und urteilt".[26] Descartes meint, der Geist sei vor allem die

---

[24] Vgl. Vj. Bajsić, *Pojam duha u filozofiji*, in: BS 1-2 (1989)10.

[25] Vgl. Aristoteles, *De anima* I, 2, 404a, 28, 405 a, 9.

[26] Vgl. *Idiot.* 111,5.

Erkenntnis seiner Selbst als eines Wesens, das denkt.[27] Für Hegel ist der Geist ein Wesen, das durch sich und für sich existiert und sich selbst als wirkliches Bewusstsein vorführt.[28]

Die neoscholastische Philosophie versteht den menschlichen Geist als immaterielles, einfaches und substantielles Sein, welches durch Selbstbewusstsein und in freier Selbstbestimmung sich selbst eignet, verwirklicht und transzendente Werte hervorbringt. Die Seele sei das Prinzip des Lebens und der moralischen Freiheit.

Die Philosophen sprechen also klar von der Existenz des Geistes im Menschen. Der Geist ist sein Charakteristikum, seine Transzendenz und Autoreflexion. Er gibt dem Menschen das Leben, durch ihn unterscheidet sich der Mensch von den anderen Lebewesen auf der Erde. Diese Fähigkeit des Geistes zur Transzendenz ist sowohl intellektuell als auch ethisch. Der Mensch übersteigt mit seinem geistlichen Intellekt alles Geschaffene, er kann alles verstehen. Wenn er sich für geistliche Werte entscheidet, überragt er auch ethisch alle Werte. Der Geist ist der Kern des Menschen, der Ort seiner unveräußerlichen Freiheit.

EXISTENZ UND GEIST

Existenz kommt vom lateinischen *existere,* und es bedeutet *hervortreten, entstehen, bestehen.* In der Philosophie bezeichnet der Begriff Existenz das Gegenteil vom Nichts. Existenz bedeutet die absolute Wirklichkeit, das absolute Sein im Gegensatz zum absoluten Nichts. Exi-

---

27 Vgl. Descartes, *Princ. phil.* 1,11.

28 Vgl. *Phenom.*, S. 328.

stenz bedeutet, dass es das absolute Nichts nie gab, denn aus dem absoluten Nichts kann nicht etwas werden. Die Existenz ist seit jeher, sie ist etwas, was nie begonnen hat und nie enden wird. Die scholastische Philosophie unterscheidet zwischen absoluter und relativer Existenz.

Der Mensch ist in sich eine Einheit, er findet seine Mitte in seiner Person. Darum kann er über sich sagen: "Das bin ich", und andere können über ihn sagen: "Das bist du". Wodurch wirst du zum du? - Durch den Geist, durch das, was zwar nicht dem Auge, wohl aber dem Intellekt erkennbar ist. Wenn der Mensch *etwas* erkennt, erkennt er zugleich sich selber. Wenn wir sagen: "Das ist mein Auto", dann ist darin die Tatsache inkludiert, dass *ich* erkenne. Existenz erkennen wir durch "Mit-Erkenntnis": In Bezug auf etwas erkenne ich mich selber. In dieser Erkenntnis gibt es noch eine dritte Dimension, denn in der Erkenntnis der eigenen Person und dessen, was außerhalb von ihr ist, erkennt man als dritte Realität die absolute Existenz, die allumfassend ist und die wir *Gott* nennen. Gott erkennt man so wie den Raum: In der Erkenntnis von allem anderen erkennen wir Ihn, weil alles in die Existenz als solche eingetaucht ist. Die Existenz als solche, die absolute Existenz ist Gott. Darum erkennen wir in allem, was wir erkennen, zugleich Gott.

Die Existenz ist eine Wirklichkeit, die durch so genannte Transzendentalien bezeichnet wird, nämlich durch *unum, bonum, verum, pulchrum*. Es gibt nur die eine Existenz (*unum*), sie ist nur gut (*bonum*), sie ist wahr (*verum*) und sie ist schön (*pulchrum*). Das sind Wirklichkeiten, mit deren Hilfe der Mensch die Existenz erkennt und durch die er sich in der Existenz verwirklicht. Wenn er gut ist, lebt er in Sicherheit. Wenn er wahrhaftig ist, kann er nicht sterben. Wenn er die Schönheit liebt, ist er als Existenz unzerstörbar. Wenn er die Eintracht sucht, ist er in seinem Sein unvergänglich. Zerstört der Mensch die Transzendentalien, dann zerstört er zugleich die Grundfesten seines Daseins. Der Sinn des Lebens besteht darin, Mensch und Gott zu lieben (unum), gut zu sein (bonum), die Wahrheit zu erkennen, zu sagen und zu bezeugen (verum), und die Schönheit zu verwirklichen (pulchrum). Hält man sich daran, ist man geistlich gesund und frei von existentiellen Nöten und Ängsten. Dann hat man sich unauslöschlich ins Gedächtnis der Menschen und Gottes eingeprägt. Man existiert.

Gott ist Geist und absolute Existenz. Die Existenz ist also von geistlicher Art.

Der Mensch erkennt sich selber als kontingentes Wesen, das das Leben nicht von sich aus hat, das sein Leben auch nicht endgültig bewahren kann. Ein kontingentes Wesen heißt, ein Sein vom anderen. Gott ist der Ursprung des menschlichen Lebens, und darum kommt der Mensch daran nicht vorbei, Gott zu suchen. Wenn Atheisten behaupten, es gebe Gott nicht, dann ist in ihrer Behauptung Gott inkludiert. Der Atheismus ist eine Form der Religiosität mit negativem Vorzeichen. Er bedeutet nicht *Gottlosigkeit*, da der Mensch ohne Gott nicht existieren kann. Der Atheismus ist also rationell nicht zu begründen. Es ist der vergebliche Versuch, Gott mit Hilfe des *Verstandes* zu erkennen. Gott erkennt man jedoch mit dem "Herzen", mit dem Intellekt, der Intuition, mit geistlichen Fähigkeiten.

Die Philosophie als Humanwissenschaft betrachtet die Welt und die Wirklichkeit "von dieser Seite aus", und sie kommt *bis zur* Erkenntnis eines ursprünglichen, absoluten Wesens. Der Glaube geht weiter, denn er glaubt *an* dieses absolute Wesen. Der Glaube erkennt Gott als Person, als Liebe. Er hilft, an dieses absolute Wesen heranzukommen, während es für die Philosophie nur ein kühler Begriff ist. Die Philosophie und der Glaube bzw. die Theologie als Wissenschaft über den Glauben ergänzen also einander.

Weil der Mensch ein begrenztes Wesen ist, ist es sein Grundbedürfnis, mit dem absoluten Wesen in Beziehung zu treten. Vom philosophischen Standpunkt aus betrachtet, kann man sagen, dass der Mensch als kontigentes Wesen gleichsam in einem Meer von begrenzten Wesen lebt und sich darum als gefährdet erlebt. In keinem einzigen von ihnen kann er Frieden, Sicherheit und Ruhe finden. In dieser Unruhe liegt der Ursprung seiner Aggressivität, Depression, Bedrängnis, seines Leidens und der Kriege. Er weiß nicht, zu wem er gehört und wohin er geht, und darum ist er voller Unruhe. Durch die Sünde hat er sich von Gott getrennt und kann daher das Antlitz seines Schöpfers nicht mehr sehen. Er irrt umher, als wäre er allein, als gäbe es Gott nicht. Um die primäre Krankheit des Menschen zu heilen, muss man ihn also mit Gott in Verbindung bringen. Das geht nur durch Jesus Christus, der das Antlitz Gottes in Menschengestalt gezeigt hat. Er ist eine Brücke zwischen dem Geschöpf und seinem Schöpfer, zwischen den kontingenten und dem absoluten Wesen.

Die Freiheit des Menschen liegt nicht darin, zu tun, was er will, sondern darin, das Gute zu tun, das er eigentlich will, aber nicht kann. Die Urfreiheit besteht nicht in der Wahlmöglichkeit zwischen Gut und Böse, sondern in der Möglichkeit, sich für das Gute zu entscheiden. Das Böse zu wählen, bedeutet keine Freiheit. Jeder trägt in sich ein Grundethos, die Sehnsucht nach Leben, und darum macht ihn alles, was dieses Leben in Fülle verringert, unglücklich. Die Freiheit liegt darin, das Leben zu wählen; das Böse zu wählen, bedeutet eine Verminderung des Seins und Schmälerung des Lebens. Freiheit bedeutet, sich für das zu entscheiden, was ist, und nicht für das, was nicht ist. Denn philosophisch betrachtet ist das Böse eigentlich ein Nicht-Sein. Die Sünde ist nicht etwas, wofür sich der Mensch entscheidet, sondern ein begrenztes Gut, das den Menschen auf Kosten des unbegrenzten Guten verlockt. Die Freiheit liegt also darin, das Beste wählen zu können. Sich für das Böse zu entscheiden beweist, dass der Betreffende nicht über entsprechende Kraft verfügt, das Gute zu wählen.

Die Freiheit und die Erkenntnismöglichkeit des Menschen sind relativ. Die Erkenntnis des Menschen ist relativ, aber in ihrer Perspektive ist sie unermesslich, sie trägt in sich die Möglichkeit einer immer umfassenderen Erkenntnis. Die Theologie sagt, dass der Mensch virtuell und dynamisch, unbegrenzt, frei und erkenntnisfähig ist. Im Menschen unterscheidet sich Erkenntnis und Wollen. Die Erkenntnis wird zum Wissen, aus dem Wollen wird eine moralische Einstellung. Das Objekt menschlicher Erkenntnis ist die Existenz als solche, das Sein. Das Ziel des menschlichen Wollens bzw. Wünschens ist die Güte als solche. Die Sünde aber ist eine Ablehnung der Werte.

Ein Geschöpf ist ohne einen Schöpfer undenkbar, was schon aus den Worten deutlich wird. So ist auch der Begriff *Sohn* unvorstellbar, wenn es keinen Vater gäbe. Der Begriff *Sohn* ist relativ, weil der Begriff des Vaters inkludiert ist. Weil der Mensch ein begrenztes Wesen ist, ist es ihm wichtig, zum unbegrenzten zu kommen, weil er durch die Ursünde von Gott getrennt wurde. Um gerettet zu werden, muss er sich von neuem an seinen Schöpfer binden.

Wie kann der Mensch mit seinem Schöpfer in Verbindung treten? Wie schon gesagt wurde und was die scholastische Philosophie betont, sind Einheit, Gutsein, Wahrheit und Schönheit Transzendentalien der Existenz. *Ens est unum, bonum, pulchrum, verum* - das Sein ist einzig, gut, schön und wahrhaftig. Existenz und Schönheit,

Existenz und Wahrheit, Existenz und Güte, Existenz und Wahrheit sind identische Begriffe. Um jemanden zu Gott zu führen, muss man ihn dazu bringen, dass er das Gute zu denken, zu wünschen und zu tun beginnt. Wenn wir jemanden dazu bringen, haben wir ihn zu seinem Schöpfer, zur absoluten Existenz gebracht. Die Heilige Schrift sagt, dass Gott die Güte und Schönheit selbst ist. Und Jesus sagt: "Ich bin die Wahrheit." Wenn wir also jemanden davon überzeugen, dass es gut ist, die Wahrheit zu denken, zu sprechen und zu tun, dann haben wir ihn zu Jesus gebracht. Die Unwahrheit und die Lüge bedeuten eine Entfernung von Jesus, und darum ein Manko an Existenz. Der betreffende Mensch lebt dann nicht in der Fülle, sondern er geht seinem Untergang entgegen. - Was jedoch die Christen betrifft, so können sie direkter zu Gott finden, indem sie die Frohbotschaft annehmen und beten.

In den so genannten supportiven Therapieformen versucht man, durch künstlerische Betätigung, durch Musik und Bildende Künste zu heilen. Die Kunst ist eine Ausdrucksform der Schönheit. Wenn ein Patient ein künstlerisches Objekt betrachtet, gute Musik hört, dann erfährt er die Wirkung des Schönen, eine Bereicherung seines Lebens und mittelbar Gott selber. Darum ist es logisch, dass Musik und sonstige künstlerische Betätigung therapeutische Effekte erzielen.

In der geistlichen Heilungsmethode ist es grundlegend, den Menschen dazu zu bringen, dass er gut und wahrheitsliebend ist und die Schönheit erstrebt. Zu lieben bedeutet, zuallererst Liebe anzunehmen. Man kann nicht lieben, ohne Liebe erfahren zu haben, man kann nicht geben, ohne empfangen zu haben. Wer sich immer mehr als geliebt erfährt, wird gesund und kann auch anderen helfen, gesund zu werden.

DIE EXISTENTIELLE STRUKTUR DES MENSCHEN

Die Existenz des Menschen wurde besonders gründlich von den existentialistischen Philosophen untersucht und analysiert. Für sie bedeutet der Begriff *Existenz* die einzigartige Weise des Bestehens, das nur dem Menschen zu eigen ist (*Da-sein* - Heidegger). Bei J.P. Sartre steht der Begriff *Existenz* dem Begriff der Essenz gegenüber, die die Lage des Menschen als Wahlfreiheit, Risiko und Gefährdung betrachtet. Im Mittelpunkt der Interessen existentialistischer Philosophen stehen die Probleme des Menschen und die Erschütterung seiner Fundamente.[29]

Als Begründer dieser Philosophie gilt S. Kierkegaard. Er ist der Meinung, dass das echte Leben eine bewusste Entscheidung für die Bestimmung des Menschen ist. Der Mensch sucht in erster Linie nach dem Sinn des Lebens, und dieser wird in der Philosophie unter dem Aspekt des Daseinssinns gesehen. Kierkegaard ist der Ansicht, dass man den Daseinssinn durch die Analyse des Seins findet, das der Mensch selbst darstellt. Bei der Analyse der Existenz des Menschen kommt er zu dem Schluss, dass der Mensch "krank zu Tode" sei. Darum suche er nach einem festen Fundament, um seine existentielle tödliche Krankheit zu überwinden. Kierkegaard ist als Christ der Ansicht, man brauche keine theoretische, wohl aber eine existentielle Einführung in das Christentums. Der Mensch solle die christliche Wahrheit nicht nur denken und besitzen, sondern auch in die Tat umsetzen. Ein Christ müsse man *sein*, und zu der christlichen Existenz müsse man den Menschen verhelfen. Das Streben nach einer solchen Existenz sei der Glaube. Für Kierkegaard ist eine Entschei-

---

[29] Hier übernehme ich fast wörtlich aus meinem Buch *Wer ist der Mensch?*, Grafocommerce, Salzburg, 2001.

dung wichtig, durch die der Mensch Existenz ermöglicht. Er behauptet, dass im entscheidenden Augenblick der Bedrohung des Lebens nur ein Name existiert, den man nennen möchte, nämlich der Name Christi. Dadurch beziehe der Mensch eine Grundposition gegenüber der Existenz und der Welt.[30]

M. Heidegger analysierte die konkrete menschliche Existenz und ihre Struktur und erkannte eine Urbedrängnis des Menschen wegen der Fragwürdigkeit seines Bestehens, wegen des Geworfen-Seins in den Tod, der Möglichkeit vom Nicht-Sein, und er schließt daraus, die menschliche Existenz sei ein "Sein zum Tode". Alles im Menschen ziele deswegen darauf hin, dieses Sein in ein Sein zum Leben zu verwandeln, was dadurch möglich werde, dass sich der Mensch frei dazu entscheidet, aus sich selber heraus zu existieren.

In der existentiellen Philosophie wird die Existenz durch die unmittelbare Erfahrung erforscht. Bei dieser Erforschung wirken in die Erkenntnis negative Phänomene hinein, wie etwa die Zeitlichkeit und die Kontingenz, die Angst und die Sorge (Kierkegaard, Heidegger), Misserfolg (Jaspers) und das "Sein zum Tode" (Heidegger). Kierkegaard sprach über die menschliche Erfahrung von Hilflosigkeit und Schwäche, Angst und Schuld. In Sartres Existentialismus führt diese Analyse zur Sinnlosigkeit und Nichtigkeit des Daseins. Das bedeutet, dass der Mensch in Finsternis herumirrt, dass er nirgendwo hingeht und im Nichts endet. Der christliche Existentialismus spricht nun vom Sinn als Personalität, von Hoffnung und Vertrauen (G. Marcel).

---

[30] Vgl. S. Kierkegaard, *Gesammelte Werke*, 1963., S. 104f; ebenso T. Ivančić, *Wer ist der Mensch*, S. 26.

Der Mensch verließ das Nicht-Dasein, ohne zu wissen, was die Existenz sei und wer ihn in die Welt gesandt habe. Er verlässt die Welt im Tod, ohne wiederum zu wissen, wohin er geht und warum er sterben muss. Leibniz stellte darum die Frage, warum überhaupt etwas bestehe und nicht vielmehr nichts sei. Heidegger formulierte dieses Problem mit der Frage: Warum ist überhaupt das Dasein, und nicht das Nichts?[31]

Der Mensch hat nur sich selbst, er ist eine Person, und alles andere ist ihm fremd. "Die ewige Stille der endlosen Räume des Weltalls erschreckt mich", schrieb B. Pascal.[32] Hin zum Unendlichen sei der Mensch fast nichts, hin zum Nichts sei er aber alles. Der Mensch sei die Mitte zwischen nichts und alles, erklärt Pascal.[33]

Der Mensch ist ein unvollendetes Wesen. Seine Wünsche sind endlos, sein Leben auf der Erde aber begrenzt. Das macht ihn tragisch und rätselhaft, und sein Leben wird sinnlos, weil er das, wozu er bestimmt ist, nicht erreichen kann. Ist der Mensch tatsächlich ein Fehler der Natur, eine misslungene Schöpfung, ein nutzloses Streben, wie Sartre behauptet?[34]

Der Mensch hat seine Existenz, die Welt, die Freiheit und die Entscheidung als Geschenk bekommen, aber er hat sein Schicksal nicht in der Hand, er gehört sich nicht selber, er ist ein Fremder und ein Gast auf der Erde, er kam aus dem Unbekannten und geht wieder ins Unbekannte, er ist wie ein Funke, der erglüht und dann verglüht. Was ist das Leben, wer ist der Mensch, treibt jemand mit ihm sein Spiel? Wie der Mensch nicht darüber

---

[31] Vgl. M. Heidegger, *Über den Humanismus*, Frankfurt, 1949, S. 29.

[32] B.Pascal, *Pensees*, Nr. 206.

[33] Vgl. B.Pascal, *Pensees*, Nr. 72.

[34] Vgl. J.M.Bochenski, *Wege zum philosophischen Denken*, Herder, 1989, S. 104-113.

befinden konnte, ob er existieren will, so kann er auch nicht verhindern, dass er ins Nichts verschwindet. Er wird schuldig, leidet an Misstrauen und Angst. Er kann nur teilweise verstehen, und das, was ihm unbekannt bleibt, ängstigt ihn. Er leidet physisch, psychisch und geistlich. Der Tod nimmt ihm das Leben, das Erleben von Sinnlosigkeit drängt ihn, danach zu suchen, was die Absicht seines Schöpfers war, um so zu seinem Sinn zu finden. Doch er kann ihn nicht unmittelbar kennen lernen. Er ist "krank zum Tode" und "ein Sein zum Tode", wie es die Existentialisten ausdrücken. Das Leiden unschuldiger Kinder bleibt eine Anklage, gegen die sich der Schöpfer selbst verteidigen müsse, sagt Gordan.[35] Der heilige Paulus schreibt, dass die gesamte Schöpfung bis zum heutigen Tag seufzt und in Geburtswehen liegt. Schopenhauer übersetzt das Wort "Welt" mit "Weh - Elend - Leid - Tod". B. Pascal denkt, das Elend des Menschen liege darin, dass er um seine Ohnmacht weiß. Darin liege aber auch seine Größe, dass er um seine Ohnmacht weiß.[36] Der Mensch weiß nicht, was der Tod ist und wie er ihm entrinnen kann, aber er weiß, dass er es nicht weiß, und darin besteht das Drama seiner Existenz.

Diese Duplizität ergibt sich aus seiner leiblich-geistlichen Dimension. Für M. Scheler ist die Person Mitte und Träger geistlicher Akte.[37] Zu diesem Ergebnis gelangt auch V. Frankl, wenn er behauptet, der Mensch sei in seiner Existenz geistlich, und der Inhalt seines Unterbewusstseins sei der Geist. Die Person *habe* ihre psychophysische Struktur, aber sie *sei* geistlich. Die Person sei

---

[35] Vgl. P. Gordan, Geleitwort, in: *Leid, Schuld, Versöhnung,* Styria, 1990, S. 8.

[36] B. Pascal, *Pensees,* Nr. 335 und 398.

[37] Vgl. V.E.Frankl, *Der unbewußte Gott*, München, 3. Auflage 1995, S. 18.

der geistlich-existentielle Mittelpunkt, um den herum sich alles andere integriere. Die Existenz ist nach Frankl ein Urphänomen, das man weder analysieren noch reduzieren, wohl aber erfahren, ontologisch erläutern und existentiell analysieren könne. Die Existenz verstehe sich als eine Art geistlichen Vorverständnisses.[38] Gegenüber dem ideologisierten Atheismus und dem atheistischen Existentialismus Sartres müsse man betonen, behauptet Frankl, dass es eine Selbsttranszendenz der menschlichen Existenz gibt. Ein Mensch zu sein zeige auf etwas außerhalb von ihm hin, was nicht er selbst sei, auf etwas oder auf jemanden, der als Sinn den Menschen erfülle. Inwieweit sich der Mensch selbst transzendiere, insoweit verwirkliche er sich selber. Die Liebe sei die Transzendenz und der Sinn des Menschen, sie verweise auf jemanden, dem sich der Mensch überliefere und in dem er seinen Sinn finde. Finde er den Sinn nicht, entstehe ein existentielles Vakuum, ein Empfinden von Leere und Sinnlosigkeit.

Heidegger dringt noch tiefer in die Frage nach dem Menschen ein, wenn er eine ontologische Differenzierung zwischen der Existenz als solcher und allem Bestehenden vornimmt. Die Existenz sei unterschieden von einzelnen Seienden und von der Gesamtheit der Seienden. Die Existenz sei die Grundlage aller Seienden, aller Wesen. Die Existenz könne man erforschen, indem man vom Menschen ausgehe, der in gewisser Weise intuitiv in sich schon versteht, was die Existenz ist, auch wenn er darüber nicht reflektiert. Der Mensch existiere, und das bedeute, dass er in seiner Freiheit seine Existenz unter den Mitmenschen verwirkliche. Indem der Mensch sein "Dasein in der Welt" und das "Zusammensein mit anderen" akzeptiere, indem

[38] Vgl. V.E. Frankl, a.a.O., S. 21.

er sogar die Möglichkeit des Nicht-Seins und sein "Sein zum Tode" annehme, nehme er seine Existenz in Freiheit an und existiere aus dem Sein heraus. Darin sehe man den Sinn der Existenz, dass der Mensch "ex-sistit", und das bedeutet, dass er aus sich selbst ins Dasein trete.[39] V. Frankl sieht die Sinngebung der menschlichen Existenz im Sinn, nach dem sich der Mensch ausstreckt, der aber außerhalb von ihm ist und der auch seinen Tod transzendiert. Es sei ein Licht, das den Menschen erleuchte, eine Wärme, die ihn befähige, Leid und Tod, Elend und Angst seiner Existenz zu übersteigen. Der Logos gebe dem Menschen Sinn, denn er zeige ihm, dass er sich nach dem Sinn ausstrecken müsse, damit ihn das Licht erhellen und die Wärme durchdringen könne. Während die Psychologie von den Tiefen des Menschen spricht, spricht Frankl von den Höhen des Menschen, der nach dem Licht strebe und sich im Gehorsam seinem Gewissen gegenüber verwirkliche, welches das Sinn-Organ sei.[40] Heidegger stellte die Frage nach Gott, als er in seinem Denken eine Wendung vollzog, in der er nicht ein Sein vorstellt, das vom Menschen ausgeht, sondern den Menschen, der vom Sein ausgeht. So betrachtet er den Menschen nicht mehr aus seiner kontingenten Existenz, sondern aus dem Sein heraus.[41] Für Heidegger ist nicht der Mensch wichtig, sondern das Sein. Doch dieses offenbare sich über den Menschen. Darum meint Küng, es sei unmöglich, das Urrätsel der Existenz zu lösen, ohne die Frage nach Gott zu beantworten.[42] Der Mensch kann begrenzte Objekte de-

---

[39] Vgl. M. Heidegger, *Was ist Metaphysik?*, Frankfurt, 1975, S. 38.

[40] Vgl. E. Lukas, *Sehnsucht nach Sinn, Logotherapeutische Antworten auf existentielle Fragen*, Profil, 1997, S. 56-59.

[41] Vgl. E. Lukas, a.a.O., S. 29.

[42] Vgl. H. Küng, *Existiert Gott?*, München 2001, S. 531.

finieren und sie so kontrollieren, und darin besteht seine rationale Welt. Doch das Sein ist dem Menschen nicht unterworfen, es lässt sich durch eine Definition nicht abgrenzen, der Mensch kann darüber nicht verfügen. Dostojewskij lässt seinen Iwan Karamasoff sagen, er akzeptiere die Welt Gottes nicht, wiewohl er Gott selber akzeptiere.

E. Bloch sieht den Menschen als ein Wesen im Projektstadium: "Ich bin, aber ich habe mich nicht, und darum werde ich erst." Das Philosophieren darüber, was noch nicht ist, bedeute ein Überschreiten von Grenzen und ein Vertrauen, das man in die Hoffnung setzt, und über sie auch in die Religion, die der Ausdruck einer Hoffnung auf das Bessere sei. Bloch stellt jedoch ein Transzendieren ohne eine Transzendenz vor, während die jüdisch-christliche Hoffnung ein Antlitz und ein Herz hat.[43]

Solche philosophischen Überlegungen übten auf die Forschungen der Theologen Einfluss aus. R. Bultmann übernahm die Gedanken der Existentialisten und schloss, dass die Frage des Menschen nach Gott mit der Frage nach sich selber identisch sei. Wenn die Bibel von Gott spreche, dann spreche sie vom Sinn der menschlichen Existenz. Nach P. Tillich muss sich der Mensch von Schuld befreien und so den Sinn seines Lebens finden. Seine größte Gefährdung liege in der Angst vor dem Tod. Durch den Glauben an Gott bekomme der Mensch Mut zum Sein. R. Niebuhr erklärt, der Mensch sei an Raum und Zeit gebunden, aber auch frei von ihnen. Die vergebende göttliche Liebe, die sich in Jesus Christus offenbart hat, gebe dem menschlichen Leben Sinn.[44] Im trans-

---

[43] Vgl. E. Bloch, *Das Prinzip Hoffnung* I, Frankfurt 1959, S. 1-16.

[44] Vgl. R.P. McBrien, *Was Katholiken glauben*, 1. Menschliche Existenz, Gott, Jesus Christus, Styria, 1982, S. 114.

zendentalen Thomismus K. Rahners ist die Frage nach der menschlichen Existenz nicht bloß eine von vielen theologischen Fragen, sondern der Ausgangspunkt dogmatischer Theologie. Der Mensch sei ein Geschöpf, das ganz auf Gott hin ausgerichtet sei; somit wäre sein Wesen durch diese Ausrichtung bestimmt. Darum könne man behaupten, die Erforschung des Menschen beziehe gleichzeitig die Erforschung Gottes mit ein. Was die Theologie von Gott aussage, gelte zugleich auch für die menschliche Existenz, und was wir umgekehrt vom Sinn der menschlichen Existenz aussagen, gelte auch für Gott als den Ursprung dieser Existenz. Gott sei die Existenz selbst, behauptet Rahner. Er durchdringe den Menschen und stehe hinter ihm, und darum gebe es keinen Standpunkt, von dem aus man Gott quasi auf distanzierte Art und Weise objektiv betrachten könne. Gott sei im Menschen immer anwesend, und was wir von Gott aussagen, sagen wir auch von der menschlichen Existenz aus, da Gott der entscheidende Faktor dieser Existenz sei. Das Wort Gottes sei nicht eine Nachricht aus himmlischen Höhen, sondern Gott selbst. Gott sei im Menschen nicht als eine abstrakte Kraft zugegen, sondern als Quintessenz seines Wesens. Die Scholastik bezeichne das als die nicht geschaffene Gnade. So eröffne Gott einen Zugang zum Verständnis und zur Definition der menschlichen Existenz, behauptet Rahner.[45]

DIE STRUKTUR DER GEISTLICHEN SEELE

Dem Menschen auf dem geistlichen Sektor zu helfen bedeutet zunächst einmal zu verstehen, wie die geistliche Seele und die geistliche Struktur "funktioniert", und welche

---

[45] Vgl. R.P. McBrien, a.a.O., S. 114-116.

Prozesse in ihr ablaufen. Wie der physische Leib seine Organe hat, so hat die geistliche Seele ihre Struktur oder Fähigkeiten. Wie es den physischen und den psychischen Organismus gibt, so gibt es auch den geistlichen "Organismus" als Zusammenwirken aller geistlichen Prozesse. Jede geistliche Fähigkeit erfüllt in der Gesamtheit der geistlichen Seele eine bestimmte Funktion.

Wenn wir von geistlichen Krankheiten und geistlicher Therapie sprechen, dann geht es dabei auch um den geistlichen Organismus oder eigentlich um die geistliche Seele, die transzendente geistliche Ebene, die den psychischen und den physischen Organismus belebt. Hier werden Funktionalität und Befähigung der geistlichen Seele kurz vorgestellt.

Im Folgenden findet sich zunächst eine Aufzählung der "Organe". Die ersten zehn betrachten wir als Hauptorgane. Dann findet sich eine kurze Darstellung der Hauptstrukturen oder Hauptorgane der geistlichen Seele. Über sie wurde ja schon auf andere Weise gesprochen, und das Thema wird auch in anderem Kontext noch behandelt werden.

1. Person

Die Person ist das, wodurch der Mensch existiert und was die Vorbedingung für alle weiteren Strukturen darstellt. Die Person hat die Aufgabe, den ganzen Organismus, die biologischen, psychischen und geistlichen Funktionen zu vereinigen. Sie ist die Trägerin aller geistlichen Strukturen und überhaupt aller menschlichen Fähigkeiten. Sie ist der Mensch und alles, wodurch der Mensch zum Partner Gottes, zum Gesprächspartner aller Menschen und zum Herrn über die Natur wird. Die Person ist das Wissen um sich selbst, das Selbstbewusstsein, die Mitte und das Allumfassende des Menschen. Durch sie ist der Mensch mit sich identisch, für sich verantwortlich, ein Original inmitten zahlloser Menschen.

2. Leben

Unter dem Begriff *Leben* verstehen wir die Befähigung, biologisch zu existieren. Das Leben ist eine Fähigkeit des Geistes, durch die alles, was wir sind, belebt wird. Wie die Person den ganzen Menschen vereint, so belebt das Leben alles.

Wir unterscheiden das vegetative, psychische und geistliche Leben. Geistliches Leben ist in Gott, den Engeln und den Menschen. Das psychische und das vegetative Leben des Menschen ähnelt dem der Pflanzen und Tiere. Doch es ist vom geistlichen Leben durchdrungen. Der Geist ist nicht das Resultat einer Entwicklung, sondern stammt aus der direkten Aktivität Gottes. Jesus sagt: "Ich bin das Leben." Bedeutet das, dass das Leben – wenigstens im Menschen – nicht etwas, sondern jemand, Jesus, eine Person ist? Ist es nicht logisch, das anzunehmen, wenn wir zu erklären versuchen, wie ein Apfelbaum, eine Kirsche lebt und wie sie ihre Früchte hervorbringen. Das Leben ist für die Naturwissenschaften ein Geheimnis. Es wird vorausgesetzt, ohne erklären zu können, was oder wer es sei.

3. Gewissen

Das Gewissen ist das "Organ des Sinnes", sagt V. Frankl. Es ermöglicht die Unterscheidung zwischen Gut und Böse und drängt den Menschen, das Gute zu optieren. Seine Existenz hängt davon ab, ob er seinem Gewissen gehorcht. Das Gewissen richtet über alles, was der Mensch zu tun beabsichtigt und was er getan hat.

Das Gewissen reagiert, wenn eines der drei oben angeführten "Leben" gefährdet ist. Verliert man das geistliche Leben, büßt man das ewige Leben ein. Verliert man das psychophysische Leben, büßt man "nur" das irdische Leben ein. Wenn man also sein Gewissen bildet, behütet man das Leben in seiner ganzen Breite. Das Gewissen bewertet die Gedanken, Worte und Taten des Menschen, inwieweit sie gut oder böse sind. Das Gewissen rührt sich, wenn jemand gegen das Leben, die Liebe, die Gebote Gottes handelt. Die Gebote Gottes sind ja Gebote des Lebens, dass wir uns eben nicht selbst vernichten und Gott beleidigen. Nach den Geboten des Gewissens zu handeln bedeutet, auf Gott zu hören und das Leben in sich zu bewahren.

Das Gewissen steht über dem Menschen, man kann es durch einen Willensakt nicht "abstellen". Der Mensch verfügt über seinen Willen, und durch ihn kann er Entscheidungen treffen, aber er kann nicht gegen sein Gewissen handeln, ohne dass es sich rührt. Der Mensch muss der Herr über seinen Willen und der Diener seines Gewissens sein, sagt Marie v. Ebner-Eschenbach.[46] Das Gewissen ist die Stimme des Seins, die Stimme der Transzendentalien. Wenn der Mensch etwas Böses tut, weist es darauf hin, dass das einen Verlust der Existenz bedeutet. Das Gewissen ist eine Stimme, von der Leben und Tod abhängen.

4. Intellekt

Der Intellekt oder die Vernunft ist die Befähigung, mit der wir das Wesen der Dinge erkennen. Im Unterschied zum Verstand (*ratio*), mit dem wir Naturgesetze erkennen

[46] Vgl. V.E.Frankl, *Der unbewußte Gott*, S. 39.

und Naturwissenschaften betreiben, erkennt der Intellekt *Lebens*gesetze, und er ist die Vorbedingung für die Humanwissenschaften. *Wissenschaft* entsteht nicht nur mit Hilfe des Verstandes, sondern auch des Intellekts. Mit dem Verstand entdecken wir die Gesetzmäßigkeiten der Welt, mit dem Intellekt die Verbindung zwischen diesen Gesetzmäßigkeiten. Wir unterscheiden zwischen naturwissenschaftlichen, technischen, gesellschaftspolitischen, medizinischen, biomedizinischen und humanistischen Wissenschaften.

Wir unterscheiden die wissenschaftliche, die philosophische, die intuitive und die theologische Vernunft.

Der *philosophische Intellekt* behandelt die Gesetze des Seins, er erfasst die Logik der Vernunft und des Herzens, er entwickelt Wissenschaftstheorien und erläutert die Methodologie.

Der *intuitive Intellekt* (das Wort kommt vom lateinischen *intueri* - im Inneren betrachten, beachten) ist inspiriert und besser entfaltet bei Künstlern, bei Menschen, die im religiösen Leben stehen (z.B. die Heiligen) und bei den Frauen.

Der *wissenschaftliche Verstand* behandelt, was man in der Mathematik und in den Naturwissenschaften messen kann. Er bezieht sich auf Quantitäten, während die Intuition und der Intellekt Qualitäten betreffen.

Der *theologische Intellekt* ist die Voraussetzung dafür, dass der Mensch glauben kann. Der Verstand braucht nämlich ausreichend Argumente, um den Glauben zuzulassen. Durch sie erkennen wir die Wahrheit. Jeder Mensch ist fähig, die Wahrheit bzw. Gott zu erkennen.[47]

---

[47] Vgl. Röm 1,19.

5. Freier Wille

Der freie Wille ist die innere Möglichkeit, in der wir uns für das Leben oder für den Tod entscheiden, für das Gute oder das Böse. In ihm entscheiden wir uns zwischen materiellen und geistlichen Wirklichkeiten, zwischen Wünschen und Sehnsüchten, den Forderungen des Gewissens und dem Drängen der Triebe. Durch den geistlichen Willen entscheidet sich der Mensch für Humanität, und damit eigentlich für das Gute, für die Existenz. Der freie Wille ist die höchste Befähigung des Menschen, durch die er über sein Leben verfügt und dafür verantwortlich ist. Die Freiheit ist die Kreativität des Menschen, seine Verbindung mit Gott, seine Eigenständigkeit und Identität. Die Freiheit fungiert über den freien Willen. Damit letzterer funktionieren kann, ist ihm eine klare Erkenntnis des Verstandes und der Vernunft vonnöten. Erst zusammen mit der Erkenntnis ist die Freiheit frei und aktiv. Die Erkenntnis ist die Theorie, der Wille die Praxis. Gemeinsam sind sie der Mensch.

6. Herz

Nach der philosophischen und psychologischen Benennung ist das Herz der Ort für die Affekte. Im psychischen Bereich sprechen wir von Emotionen, im geistlichen von Affekten, die viel tiefer liegen und die Emotionen übersteigen. Jemand kann physisch und psychisch leiden und dennoch in seiner Tiefe einen tiefen geistlichen Frieden und Freude erfahren. Biblisch betrachtet ist das Herz der geistliche Mittelpunkt einer Person. Es ist der Sammelpunkt der Werte, guter Eigenschaften und Tugenden, aber auch der Laster. In ihm werden alle Erfahrungen und Erlebnisse wahrgenommen. Es braucht die geistliche und die emotionale Intelligenz, um verantwortungsvoll, rechtschaffen und offen für die Liebe sein zu können.

7. Charakter

Unter Charakter verstehen wir die Zusammenfassung moralischer und ethischer Eigenheiten und Fähigkeiten eines Menschen. Gemeint sind Tugenden wie Rechtschaffenheit, Gerechtigkeit, Güte. Der Charakter ist eine Struktur der Seele, die die Tugenden und Werte steuert. Gute Eigenschaften sind durch Entscheidung, Übung und Ausdauer erworbene Fähigkeiten. Es handelt sich dabei um stabile menschliche Werte.

Von ihnen unterscheiden sich die Tugenden, welche Früchte des Heiligen Geistes sind und eigentlich innerhalb des Charakters eine eigene geistliche Struktur darstellen. Dabei geht es vor allem um die theologischen Tugenden Glaube, Hoffnung und die Königin aller Tugenden, die Liebe. Sie kann man im Gebet erhalten. Das Gegenteil von guten Eigenschaften und Tugenden sind die Laster.

8. Religiosität

Religiosität ist die geistliche Fähigkeit des Menschen, mit Gott zu kommunizieren. Das Resultat der Religiosität ist die Religion, die kulturologisch und soziologisch schöpferisch ist.

Gesunde Religiosität entsteht auf der Grundlage eines Zusammenwirkens von Gott und Mensch. Wenn der Bereich der Religiosität verletzt ist, kommt es zu Atheismus, Agnostizismus, Antitheismus, Fanatismus und Aberglauben. Zur Religiosität gehören Fragen der Liturgie, des Gebetes, der Gesten, des Schweigens, der göttlichen Offenbarung, der Askese und der Moral.

9. Geistliche Kreativität

Geistliche Kreativität meint die Fähigkeit des Geistlichen, sich in der Materie auszudrücken, bzw. die Fähigkeit des Menschen, die Materie außerhalb von sich selber geistlich zu formen. Diese Kreativität kann in bildenden und musischen Künsten, in wissenschaftlicher Forschung, in Architektur und Literatur deutlich werden.

Die Kultur vermittelt geistliche Werte und richtet den Menschen auf Humanität und Moral aus. Sie bewirkt eine Hinwendung des psychophysischen Lebens auf die geistlichen Gesetzmäßigkeiten und Inspirationen. Kulturelle Kreativität "drückt" der Materie die geistliche Dimension ein, formt sie und gibt ihr einen geistlichen Gehalt.

10. Geschlechtlichkeit

Die Geschlechtlichkeit ist auch eine geistliche Befähigung des Menschen, dass er sich durch eine andere Person ergänzt und vervollständigt, die über Fähigkeiten verfügt, die ich nicht habe, und mit der ich das Leben verwirklichen und die Schöpfung des Lebens aktivieren kann. Die Beziehung zwischen Mann und Frau ist nach der Heiligen Schrift ein Zeichen der Ähnlichkeit des Menschen mit dem Dreifaltigen Gott. Wie Gott seinerseits Vater, Sohn und Heiliger Geist ist, so ist auch der Mensch Vater, Mutter und Nachkommenschaft. Krankheiten in diesem Sektor blockieren die Fähigkeit des Menschen, Gott zu erkennen und ihm zu vertrauen. Mit der Geschlechtlichkeit des Menschen verbunden ist seine Intimität und Achtsamkeit, die in der Schamhaftigkeit und Zärtlichkeit zum Ausdruck kommt. Der Mensch ist Mensch als Mann und Frau, sagt die Heilige Schrift.[48]

---

[48] Vgl. Gen 5,2

11. Geistliche "Augen" und "Ohren"

Mit den geistlichen Ohren nehmen wir in der Tiefe unseres Seins das Wort Gottes, sein Reden, seine Stimme, seine Inspiration wahr. Und mit den geistlichen Augen "sehen" wir die Gegenwart Gottes, gute Eigenschaften, Tugenden und überhaupt die geistliche Wirklichkeit.

12. Glaube und Vertrauen

Das Vertrauen ist die Befähigung, sich auf jemand anderen zu verlassen, aber auch die Befähigung, sich auf das Gute zu stützen. Das Vertrauen ist die Frucht des Glaubens. Der Glaube ist die Zustimmung des Verstandes zu den Geboten Gottes. Das Vertrauen aber ist die Zustimmung des Herzens zu der Person Gottes. Glaube und Vertrauen sind dann gesund, wenn man sich auf Gott ganz verlassen kann. Das Gegenteil von Glaube und Vertrauen ist Angst.[49] Der Glaube ist wesentlich für die Rettung. Der hl. Paulus schreibt: "Weil wir aber erkannt haben, dass der Mensch nicht durch Werke des Gesetzes gerecht wird, sondern durch den Glauben an Jesus Christus, sind wir auch dazu gekommen, an Christus Jesus zu glauben, damit wir gerecht werden durch den Glauben an Christus, und nicht durch Werke des Gesetzes; denn durch Werke des Gesetzes wird niemand gerecht."[50] Der Glaube ist die Erkenntnis, dass uns jemand schätzt und liebt und dass wir uns darum auf ihn stützen und ihm vertrauen können.

---

[49] "Warum habt ihr solche Angst, ihr Kleingläubigen?" Mt 8,26; "Warum habt ihr solche Angst? Habt ihr noch keinen Glauben?" Mk 4,40.
[50] Gal 2,16.

2. KAPITEL

DAS BIBLISCHE VERSTÄNDNIS DES GEISTES

Johannes Paul II. sagt, die Hl. Schrift sei "ein großes Buch der Leiden" (SD 6). Da es sich dabei um ein Buch handelt, in dem geistliche Gesetze vorherrschen, können wir den Schluss ziehen, dass wir in ihm eine Antwort auf die Frage bekommen, wer der Geist des Menschen sei. Die Bibel verkündet in erster Linie Gott. Doch sie verkündet auch den Menschen. Gott ist der Schöpfer des Menschen und zugleich der erste Autor der Hl. Schrift. Darum gibt diese Schrift die gültige Information über den Menschen und seine geistliche Dimension. Der Mensch ist nach dem Bild Gottes geschaffen, und wenn wir Gott besser kennen lernen, lernen wir auch den Menschen besser kennen, und umgekehrt. Wer den Menschen ganzheitlich erforscht, wird an Gott nicht vorbeigehen, und wer über Gott mehr erfährt, der wird vom Menschen entzückt sein.

Die Hl. Schrift beschreibt den Menschen und die ganze Welt von der qualitativen Seite her, von Seiten des Geistes und der Werte. Die Naturwissenschaften bemühen sich um Erkenntnis von der quantitativen, rationalen Seite her. Sie entdecken sozusagen das Skelett, die Humanwissenschaften aber das "Fleisch" und die "Seele". Die Bibel spricht von Gott und dem Menschen nicht in streng definierten Formeln, sondern von der Erfahrung her und durch geistliche Erkenntnis. Um den Menschen und seine

Welt verstehen zu können, muss man ihn von beiden Seiten, von der rationalen, quantitativen und von der geistlichen, qualitativen Seite her erforschen.

DAS ALTE TESTAMENT

Nach dem Bericht der Heiligen Schrift wurde der Mensch nach dem Bild Gottes geschaffen, und zwar so, dass Gott in ihn seinen "Lebensatem" einblies (vgl. Gen 1, 26-27 und 2, 7). Wenn wir also den göttlichen Lebensatem, den Geist Gottes, kennen lernen, werden wir damit auch die Qualitäten des menschlichen Geistes entdecken.

Die Offenbarung teilt sich in der Hl. Schrift durch die Geschichte des Volkes Israel mit. Sie hat ihre Geschichte und ihre Entwicklung. Sie beginnt mit der Erschaffung der Welt und des Menschen und endet mit Jesus Christus, der den Menschen verwandelt und in die Gemeinschaft mit Gott führt. Um also herauszufinden, was dieses Buch über den menschlichen Geist aussagt, möchte ich dieser historischen Entwicklung des Dialoges zwischen Gott und Mensch nachzuspüren.

Das hebräische Wort für Geist lautet "ruah". In der Septuaginta wird dieses Wort mit "pneuma" übersetzt und in der Vulgata mit "spiritus". Zum ersten Mal begegnen wir diesem Wort gleich am Beginn der Genesis: "Im Anfang schuf Gott Himmel und Erde; die Erde aber war wüst und wirr, Finsternis lag über der Urflut, und Gottes Geist schwebte über dem Wasser" (Gen 1,1-2). Die Aufgabe des Geistes ist es, die Urflut mit seinem schöpferischen Wort für das Leben einzurichten. Das Wort "ruah – Geist" kann man entweder als Sturmwind auffassen, der auf die Urmasse herabkommt, um sie zu ordnen, damit sie zum Kosmos werde, oder als die Personifikation des göttlichen Geistes, der das Weltall sozusagen inkubiert.

Hier versteht sich der Geist als Sturm, der sich in verschiedenen alt – und neutestamentlichen Theophanien als Zeichen der Nähe Gottes meldet, wie zum Beispiel beim Propheten Elia und am Pfingsttag.

Der Geist offenbart sich auch als Feuer. Elia fährt in einem Feuerwagen zum Himmel empor, und am Pfingsttag kommt der Hl. Geist im Sturm und in Feuerzungen auf die Apostel herab. Zu einer anderen Zeit offenbart sich der Geist dem Elia aber nicht im Sturm, nicht im Feuer und nicht beim Erdbeben, sondern im leisen Säuseln (vgl. 1Kön 19,12). Jesus sagt: "Der Wind weht, wo er will; du hörst sein Brausen, weißt aber nicht, woher er kommt und wohin er geht." (Joh 3,8). Der Autor der Bibel sieht also den Geist Gottes im Zeichen des Sturmes und des Feuers, aber auch im leisen Wind und sanften Säuseln. Der Geist ordnet die unermesslichen Weiten des Weltalls, wo rasende Stürme toben und unermessliche Feuer lodern. Doch im Kosmos herrscht auch vollkommene Stille, man hört nichts, und doch bebt es in ihm, gibt es Stürme und Explosionen. Aber nicht nur im Makrokosmos, auch im Mikrokosmos entdecken wir einerseits enorme Energien und Kräfte und andererseits lautlose Stille, als gäbe es nichts. Betrachtet man die sechs Milliarden Menschen, staunt man über die Ordnung, die trotz des großen Vernichtungspotentials und des Bösen noch immer unter ihnen herrscht. Die Bibel zeigt, dass der Geist Gottes in der menschlichen Unordnung Ordnung schafft. Ein scheinbares Chaos der Gesellschaft, in dem sich alles in vollendeter Ordnung abspielt.

Auf die gleiche Ordnung stoßen wir auch im komplexen Organismus des Menschen, in dem wir Geist, Psyche und Leib erkennen. Der Mensch ist frei, begrenzt und in vielem auch böse, und doch lebt er und freut sich seines Lebens. Die Menschen kommen und gehen, aber der göttliche Geist ist ständig anwesend und verbessert und rehabilitiert die Welt. Man kann überall die Anwesenheit des göttlichen Geistes bemerken, der dabei ist, zu ordnen und ins Göttliche zu verwandeln. Jesus nennt den Hl. Geist "die Kraft aus der Höhe" (Joh 24,49). Der Geist führt auch in die ganze Wahrheit ein (vgl. Joh 16,14). Er tröstet uns, wenn wir uns ängstigen, weil wir meinen, alles in und um uns könnte sich in ein Chaos verwandeln. Der Geist heilt die gebrochenen Herzen, er belebt das Tote, deckt auf, wo wir auf Irrwege geraten sind, und zeigt den Weg zur Wahrheit. Er ist das Licht, das wir nicht sehen, in dem wir aber sehen und erkennen können. Der Geist gibt Kraft zu Tugenden und zur Verwirklichung edler Vorhaben. Er repariert und restauriert, was verdorben ist. Er flößt Vertrauen und Hoffnung ein, inspiriert unsere Kreativität und geleitet uns zur Verwirklichung unserer Sehnsüchte und Visionen. Er gibt dem Verkünder die richtigen Worte ein und befähigt zum Hören, damit sie einander verstehen (vgl. EN 75). Er ist Ursprung und Kraft zu kulturellem und wissenschaftlichem Wirken. "In ihm leben wir, bewegen wir uns und sind wir" (Apg 7,28). Hier ist die Rede vom Geist *Gottes*. Der Geist des Menschen ist das Abbild des Geistes Gottes, und darum kann man ihn aus dem Geist Gottes besser verstehen lernen.

Der Geist ist der Bewirker. Das Wort Gottes ist wirksam. Der Geist ist die Verwirklichung des Gedankens Gottes, der durch das Wort ausgesprochen wurde. So könnten wir den Begriff des Geistes definieren. Das bedeutet jedoch nicht, dass man den Geist vom Wort trennen kann oder darf. Beide sind untrennbar verbunden, aber nicht vermischt.

Gott hat nach Gen 1,26 den Menschen als sein "Abbild" geschaffen. Gott ist Geist, und das bedeutet, dass der Mensch in erster Linie ein geistliches Wesen ist. Woran kann man das erkennen? Daran, dass Gott über die Menschen sagt: "Sie sollen herrschen über die Fische des

Meeres, über die Vögel des Himmels, über das Vieh, über die ganze Erde und über alle Kriechtiere auf dem Land" (Gen 1,26). Im folgenden Vers heißt es noch deutlicher: "Gott schuf den Menschen als sein Abbild; als Abbild Gottes schuf er ihn. Als Mann und Frau schuf er sie" (Gen 1,27). Der Mensch ist das Abbild Gottes. Darum kann er über die Geschöpfe herrschen. Der Geist ist nicht männlich oder weiblich, er ist einfach Geist, der den Menschen zum Menschen macht. Für die Bibel ist Mann und Frau zusammen "der Mensch". In Gen 5,2 heißt es: "Als Mann und Frau erschuf er sie, er segnete sie und nannte sie Mensch." Wie wir aus dem Neuen Testament erkennen können, ist Gott einer, aber in drei Personen. Und er offenbart sich in seinem Geschöpf, das ihm ähnlich ist. Der Mensch ist also auch einer in drei Personen: Mann, Frau und die aus ihnen stammende Nachkommenschaft.

Woher stammt der Geist? Ist er geschaffen? Der Jahwist berichtet im zweiten Kapitel der Bibel, wie Gott den Menschen geschaffen hat: "Da formte Gott, der Herr, den Menschen aus Erde vom Ackerboden und blies in seine Nase den Lebensatem. So wurde der Mensch zu einem lebendigen Wesen" (Gen 2,7). Die psychophysische Ebene des Menschen stammt also von der Erde. "Erde vom Ackerboden" ist nicht nur die tote Materie, sondern auch Pflanzen und Tiere, die aber ganzheitlich sterblich sind. Die vegetative und psychische Seele des Menschen, die auch die Pflanzen und die Tiere haben, ist irdisch. Der Mensch bekam darüber hinaus den Geist, den ihm Gott einblies. Der Geist stammt also von Gott, er ist nicht geschaffen, sondern in den Menschen eingegossen, und durch ihn ist der Mensch Gott ähnlich. Der Mensch ist über die übrige Schöpfung erhaben, weil er den Geist Gottes in sich trägt. Die Bibel sagt, dass der Mensch dadurch ein *lebendiges* Wesen wurde. Der Mensch ist nicht mehr "Erde vom Ackerboden", denn er überlebt den leiblichen Tod. - Während wir bei der Schöpfung der Welt den Geist als Sturm und Wind kennen gelernt haben, erfahren wir ihn hier als Hauch des Atems. Außerdem flößt er Leben ein und ist somit die Quelle des Lebens.

Zu weiterer Erkenntnis des Geistes kommen wir durch die Beschreibung des "Baumes des Lebens und des Baumes der Erkenntnis von Gut und Böse" (vgl. Gen 2,9). Beide Bäume sind rätselhafte Andeutungen einer Seinsform des Menschen, der ein komplexes Wesen ist, ein Wesen aus materieller und geistlicher Wirklichkeit. Durch sein Gewissen erkennt der Mensch das Gebot, Gutes zu tun und Böses zu meiden. Der Mensch überlegt nicht in seinem *Gewissen*, was gut oder böse ist, sondern in seinem Verstand. Der Verstand ist die Verbindung zwischen der geistlichen und der psychophysischen Dimension des Menschen. Ihn müssen sowohl die psychophysischen als auch die geistlichen Kräfte überzeugen. Der Mensch kann sich nicht entscheiden, wenn nicht sein Verstand die Zustimmung gibt. Der Verstand muss seine Gründe haben, um dem ganzen Menschen "grünes Licht" für seine Entscheidung geben zu können. Er muss genügend Argumente haben, um dem beipflichten zu können, was ihm die geistliche Ebene anbietet. Schon die Apologetik zeigte auf, dass der Verstand bloß die Schwelle des Glaubens erreicht. Für den Glauben selbst ist er nicht kompetent. Er kann sagen, es gebe Argumente für die Existenz Gottes, aber er kann den Glauben nicht bewirken. Der Glaube gehört zum Bereich des Geistes. Der Glaube ist nur dem Guten zugewandt, der Verstand kennt jedoch Argumente. Der Verstand erkennt Gut und Böse nicht bis ins innerste Wesen hinein und kann dem Menschen darum auch gegen die Stimme des Gewissens einsuggerieren, sich für ein begrenztes Gut zu entscheiden, das aber moralisch böse sein kann. Durch eine solche Entscheidung fällt der Mensch aber von der geistlichen auf die psychophysische Ebene. Er reagiert nicht mehr auf die Stimme des Gewissens. Die Argumente des Verstandes scheinen ihm glaubhafter. Und hier kommt es zur Spaltung des Menschen. Das Gewissen sagt, es sei notwendig, das geistlich und moralisch Gute zu tun, auch um den Preis, ein psychophysisches Gut zu verlieren, während der Verstand meint, es sei wichtig, Psyche und Leib zufrieden zu stellen. Der Verstand dringt nicht in die Tiefen der geistlichen Erkenntnis vor, seine Erkenntnis kommt nur bis zur Schwelle moralischer Werte. Die Logotherapie sagt, der Mensch erkenne moralische Werte alogisch oder praelogisch, das heißt irrational, unterbewusst. Er entscheide sich auch praelogisch.[51] Der Mensch muss sich bei den Fragen, wo es um Leben und Tod geht, auf sein Gewissen stützen.

Gott verbietet Handlungen gegen den "Baum der Erkenntnis von Gut und Böse". Die Menschen wurden jedoch durch die Argumente der "Schlange", des Verführers und Neiders der Menschen, verführt und verwarfen den Imperativ des Gewissens. Sie meinten, Götter zu werden, wurden aber nackt, das heißt: Sie spürten nun ihre Bedrohung durch das Böse und den Tod. Es packt sie die Angst und sie verstecken sich. Sie bezichtigen sich gegenseitig und kennen keine Liebe mehr. Vorher waren sie auch nackt, aber nicht verletzbar, weil sie ihrem Gewissen gehorcht hatten (vgl. Gen 2,25). Jetzt können sie

[51] Vgl. V. E. Frankl, *Der unbewußte Gott*, dtv 1995, S. 23. So auch D. Goleman, *Emotionale Intelligenz*, DTV, München, 1997: „Das kognitiv Unbewusste" stellt unserem Bewusstsein nicht nur die Identität dessen vor, was wir sehen, sondern auch die Stellungnahme dazu. Unsere Emotionen haben eine Logik, die Stellung beziehen kann unabhängig vom rationalen Verstand. (zitiert nach der kroatischen Ausgabe S. 18-19)

auch Gott nicht mehr so begegnen wie bisher, sie sind aus dem Paradies vertrieben. Aber das geschah nicht als Strafakt, sondern damit sie jetzt nicht den "Baum des Lebens" anrührten und für immer verflucht blieben. So dürfte der Satz zu verstehen sein: Dass der Mensch jetzt nicht die Hand ausstreckt, auch vom Baum des Lebens nimmt, davon isst und ewig lebt, schickte ihn Gott aus dem Garten von Eden weg (vgl. Gen 3,22f). Gott ermöglicht offensichtlich so die Umkehr des Menschen und seine Reue. Ohne diesen Akt Gottes wäre der Mensch auf ewig verloren.

Die geistliche Dimension erkennt das Gute, die Wahrheit, Schönheit und Liebe. Der Geist kann nur das Gute wählen, denn er befindet sich auf derselben Ebene wie das Gute und die Wahrheit. Die Werte des Geistes sind unbegrenzt. Darum können sie nichts Böses enthalten. Darum erkennt der Geist auch nur das Gute. Der Verstand ist hingegen begrenzt, er berechnet, wägt zwischen verschiedenen Möglichkeiten ab. Der Verstand kennt sich in den Naturwissenschaften aus, nicht aber in der Moral. Dort ist das Gewissen zuständig. Um auf die Stimme des Gewissens hören zu können, braucht man Vertrauen, und nicht rationales Abwägen. Für das Gewissen ist der Intellekt (intellectus) zuständig, und nicht der Verstand (ratio). Der Intellekt als Fähigkeit und Funktion des Geistes erkennt die metaphysische, ontologische Wirklichkeit, und nicht nur die Naturgesetze.

Daraus kann man schließen, dass der Geist die Grundlage der Moral und der moralischen Unverletzlichkeit des Menschen ist. Der Fall in die Ursünde war ein Sturz von der geistlichen Dimension. Seither sind für den Menschen psychophysische Gegebenheiten überwichtig, Essen und Trinken, materielle Güter, Genuss, Ruhm von Seiten der Menschen, Macht. Der Mensch muss nun zurück auf die geistliche Ebene, um wirklich ein Mensch zu sein. Denn sooft er Böses tut, ist er unmenschlich. Er verliert seine Würde und lebt auf tierischer Ebene.

Die Identität des Menschen liegt also in seinem Geist. Seine Kraft findet sich auf der geistlichen Ebene. Seine Macht über die Natur garantiert nur die geistliche Dimension. Seine Würde hat der Mensch von Gott. Dieser bürgt für seine Identität. Der Mensch darf sich von ihm nicht trennen, möchte er Mensch bleiben. Zugleich ist der Geist die Fähigkeit des Menschen, moralisch und würdevoll zu leben. Ohne ihn ist der Menschen arm, zum Tode verurteilt, verloren. Fällt er von der geistlichen Ebene, ist er traumatisiert und schwer krank. Leid nagt dann an seinen existentiellen Wurzeln, er ist von seinem Gott getrennt und hilflos der Angst überlassen. Er ist den Mitmenschen und sich selber entfremdet. Das führt ihn immer mehr in die Sinnlosigkeit, in Depression und Selbstzerstörung. Irgendwie ist dem Menschen bewusst, dass er nach dem Bild Gottes geschaffen ist, aber er fühlt sich wie in der Hölle.

Die Bibel spricht auch davon, dass Leib und Geist in ständigem Kampf leben. Kain führt ein Leben auf psychophysischer Ebene, Abel nach geistlicher Norm. Kain erkennt, dass er nicht recht handelt, aber es fehlt ihm die Kraft, sich gegen das Böse zu stemmen. Das Gesetz sagt zwar, was man tun müsse, aber es verleiht nicht die Kraft, es auszuführen. "Der Herr sprach zu Kain: Warum überläuft es dich heiß, und warum senkt sich dein Blick? Nicht wahr, wenn du recht tust, darfst du aufblicken; wenn du nicht recht tust, lauert an der Tür die Sünde als Dämon. Auf dich hat er es abgesehen, doch du werde Herr über ihn" (Gen 4,6f). Abel stellt Gott über alles andere und ist darum ehrbar und gut. Der Geist gibt ihm die Kraft, nach dem Gewissen zu handeln. Kain widersetzt sich dieser Kraft und tötet seinen Bruder, was ihn ruhelos herumziehen lässt.

Die ganze Bibel zeugt vom Kampf zwischen Geist und Fleisch, zwischen denen, die auf der geistlichen Ebene leben, und den anderen, die ins Tierische abgleiten. Dieser Kampf dauert bis heute an. Der Weg zum moralisch guten Leben und zu innerem Frieden führt über die geistliche Dimension. In dieser lebt man, wenn man die Freundschaft mit Gott pflegt. Oft erlebt sich der Mensch, als ob er sich im Kreis bewegen würde: Er braucht Gott, aber er kann nicht zu ihm gelangen, denn er ist böse. Vom Bösen und von der Schuld kann er sich aber ohne Gott nicht befreien. Er muss moralisch leben, um zu Gott zu gelangen, aber ohne Gott kann er es nicht.

Dieser Konflikt zwischen Leib und Geist spiegelt sich auch in der Beschreibung der Sintflut. Die Verderbtheit der Menschen hat ein Ausmaß erreicht, dass Gott beschließt, die Menschheit zu vernichten. Er sagt: "Mein Geist soll nicht für immer im Menschen bleiben, weil er auch Fleisch ist" (Gen 6,3). Das Fleischliche des Menschen wurde sichtbar, weil auf der Erde die Schlechtigkeit des Menschen zunahm und alles Sinnen und Trachten seines Herzens immer nur böse war (vgl. Gen 6,5f). Fleischlich und unmoralisch ist dasselbe. Fleischlich ist der Mensch ohne die geistliche Dimension, das heißt, ohne Gewissen. Gott beschließt deshalb, den Menschen vom Erdboden zu vertilgen. Noach hingegen lebt auf der geistlichen Ebene. Über ihn heißt es: "Noach war ein gerechter, untadeliger Mann unter seinen Zeitgenossen; er ging seinen Weg mit Gott" (Gen 6,9). Daraus kann man folgern, dass Unmoral und Leben nach dem Geist einander ausschließen. Die Unmoral zerstört die geistliche Dimension des Menschen. Der Mensch wird schuldig, wenn er sich freiwillig für diese Zerstörung entschließt. Das bedeutet: Er wird krank, man muss ihn heilen und ihm helfen, sich auf die geistliche Ebene zu erheben.

Zweifellos gefährdet die Unmoral den Menschen in seiner Ganzheit, und nicht bloß seine geistliche Dimension. Wenn wir uns nur um die Heilung der psychophysischen Ebene bemühen, dringen wir nicht bis zu den Ursachen der Krankheit vor. Der Geist durchdringt und belebt den ganzen Menschen. Ohne Gott in den Heilungsprozess einzubinden, gibt es keine ganzheitliche Heilung. Ohne ihn werden wir heilen, aber nie ganz ausheilen. Der Mensch braucht den wesentlichen Faktor, der das Funktionieren bedingt, und das ist Gott. Zu diesem gelangt man über die geistliche Ebene, denn Gott ist Geist. Der Mensch muss einsehen, dass er in seiner Tiefe unheil ist, wenn er sich von Gott trennt. Zu dieser Einsicht kann er wiederum nur mit geistlicher Kraft kommen. Der Mensch ist offensichtlich "krank zum Tod", wenn er "fleischlich" lebt und seine geistliche Dimension zerstört.

Das Wort "Geist" wird in der Hl. Schrift in unterschiedlichem Kontext verwendet. Zum einen meint es die Kraft und Funktion des Menschen, oder den geistlichen Organismus des Menschen. Ein anderes Mal wird darunter die Mentalität verstanden. Für den ersten Sinngehalt finden sich Beispiele wie: "Seine Lebensgeister kehrten zurück, und er lebte wieder auf" (Ri 15,19). Oder der Herr erweckte "den Geist des Königs Kyrus von Persien" (2Chr 36,22). Oder: "alle, deren Geist Gott erweckte" (Esra 1,5).

Andere Male hat das Wort "Geist" nicht die Bedeutung "menschliche Fähigkeit", sondern Denkweise, Verständnis, Mentalität: In der Weisheit ist "ein Geist, gedankenvoll, heilig, einzigartig" (Weish 7,22). Oder: "Der heilige Geist, der Lehrmeister, flieht vor der Falschheit (Weish 1,5).

In diesem Zusammenhang handelt es sich um verschiedene Geisteshaltungen: "Der Geist der Gottesfürchtigen wird leben" (Sir 34:14). Oder: "Der Herr hat ihnen einen Geist eingegossen, der sie schwindlig macht" (Jes

19,14). Oder: "Der Herr hat über euch einen Geist der Ohnmacht gebracht" (Jes 29,10).

Anderorts geht es um negative Geisteshaltungen: "Der Geist der Unzucht" führt das Volk irre (Hos 4,12), "Denn der Geist der Unzucht steckt in ihnen (Hos 5,4).

Es ist auch die Rede von persönlichen Geistern, die den Menschen verführen: "Der böse Geist wich von ihm" (1Sam 16,23). "Zuletzt trat der Geist vor, stellte sich vor den Herrn" (1Kön 22,21). "Sie gingen, wohin der Geist sie trieb" (Ez 1,12). "Der Geist hob mich empor (Ez 11,24). "Der unreine Geist zerrte den Mann hin und her und verließ ihn mit lautem Geschrei" (Mk 1,26). "Der böse Geist antwortete ihnen..." (Apg 19,15).

Dass der Geist des Menschen schwach und krank sein kann, belegen viele Stellen in der Bibel: "Denn sie hatten seinen Geist erbittert" (Ps 106,33). "Mein Geist verzagt in mir" (Ps 143,4). "Eine Seele in Ängsten, ein Geist voll Kummer schreit zu dir" (Bar 3,1).

Der Geist schenkt Weisheit. Das Buch der Weisheit spricht folgendermaßen über die Qualitäten des Geistes: "In ihr ist ein Geist, gedankenvoll, heilig, einzigartig, mannigfaltig, zart, beweglich, durchdringend, unbefleckt, klar, unverletzlich, das Gute liebend, scharf, nicht zu hemmen, wohltätig, menschenfreundlich, fest, sicher, ohne Sorge, alles vermögend, alles überwachend und alle Geister durchdringend, die denkenden, reinen und zartesten." (Weish 7,22f) Betrachten wir diese Qualitäten des Geistes im Einzelnen:

Der Geist ist "gedankenvoll". Das bedeutet: Er steht zwischen Verstand und Willen. Zwischen dem Zeitlichen und dem Ewigen, zwischen dem Menschlichen und dem Göttlichen. Gedankenvoll sein heißt zu wissen, was wichtig ist und was sekundär, wovon das Leben tatsächlich abhängt und was nur momentan Freude bereitet. Das führt dazu, dass man sich für das Sein entscheidet, und nicht für das Haben, für das Leben, und nicht nur für die Akzidentien des Lebens. Ein gedankenvoller Mensch wird zuerst Gott suchen, denn alles andere wird ihm dann dazu gegeben werden.

Gedankenlosigkeit bedeutet Naivität. So läuft man Gefahr, nur das zu bewahren, was man hat, aber sich selber zu zerstören. Wer gedankenlos ist, meint, an Gott und an den eigentlichen Werten vorbei leben zu können. Daher leidet der Betreffende immer mehr unter seinen Gewissensbissen, erlebt sich als gefährdet, fällt leicht in die Depression. So fällt er eigentlich immer mehr aus der Existenz heraus.

Der Geist ist "heilig". Heiligkeit bedeutet Erhabenheit, Werte, Güte, Wahrheit, Schönheit. Der Geist macht den Menschen heilig, das heißt Gott nahe und lieb, denn er allein ist heilig. Heilige Menschen heilen ihre Mitmenschen und die Natur, verwandeln die Gesellschaft zum Guten, heben die Moral. Heiligkeit ist Tugendhaftigkeit, Immunität gegen das Böse. Heiligkeit ist das wichtigste Ergebnis des Geistes, eine Wirklichkeit im Werden, ein Ziel aller Menschen, besonders aber der Kirche.

Der Geist ist "einzigartig", unverwechselbar. Der Mensch als Person ist einzigartig, ein Original, unaustauschbar. Daraus können wir entnehmen, dass die Person der geistlichen Ebene zugehört.

Der Geist ist "mannigfaltig". Der Mensch hat durch seinen Geist eine reiche Begabung zu denken, zu sprechen und zu handeln. Er ist kreativ und fähig, in Kunst und Kultur hohe Leistungen zu erbringen. Durch seinen Geist kann der Mensch vielfältige Aspekte der Wirklichkeit erkennen, nicht nur ein einzelnes Segment, womit er befasst ist, sondern die Ganzheit, der dieser Teil zugehört. Der Mensch ist also durch seinen Geist intelligent.

Der Geist ist "zart". Er ist fein und ohne Grobheit. Er ist auch transparent. In ihm und durch ihn kann man alles durchschauen. Ohne den Geist kann der Mensch das Wertvolle, Gott, den Sinn des Lebens nicht erkennen. Wie das Auge ohne Licht nichts sehen kann, so kann der Mensch ohne Geist die geistliche Wirklichkeit nicht wahrnehmen, und dann hat er auch keinen Zugang zu sich selber. Er ist nämlich vor allem und wesentlich eine geistliche Wirklichkeit.

Der Geist ist "beweglich". Er findet sich schnell zurecht und kann darum zur rechten Zeit richtig reagieren. Er ist nie überrascht, und auch außergewöhnliche Situationen können ihn nicht aus der Fassung bringen.

Der Geist ist "durchdringend". Das befähigt den Menschen, in einer Fülle von Angeboten zum Wesentlichen vorzustoßen. Der Geist gibt dem Menschen die Möglichkeit, verschiedene Botschaften zu entschlüsseln und auch zu erkennen, was der Augenblick von ihm erfordert. So kann der Betreffende ein guter Ratgeber sein, denn er erkennt, wohin diverse Tendenzen im Leben des einzelnen oder der Gesellschaft führen. Konkret ist der Geist eine Hilfe etwa für den Lehrer, der auch aus unklaren Andeutungen seiner Schüler ihre eigentlichen Anliegen heraushören kann. Oder ein Richter kann mit Hilfe des Geistes aus verworrenen Aussagen des Klägers und des Beklagten die Wahrheit herausfinden. Der Geist befähigt, zum Wesentlichen durchzudringen und das Gute zu tun.

Der Geist ist "unbefleckt". Befleckt heißt mit Schuld beladen. Der Geist ist der Ausdruck des menschlichen Gewissens, das mit Bestimmtheit sagt, was gut und richtig ist. Darum erinnert er immer an das Wesentliche, an die Transzendentalien, wie es die Philosophie sagt. Mit anderen Worten: Der Geist kann nicht krank sein und Böses tun. Die Freiheit des Menschen, die eine von den vielfältigen Strukturen der geistlichen Dimension des Menschen ist, kann durch irgendwelche begrenzten Güter veranlasst werden, sich gegen sich selbst zu entscheiden, was ja das Wesen jeder Sünde ausmacht. Wenn sich die Freiheit gegen moralische Werte entscheidet, zerstört sie sich selber. So können wir verschiedene Aussagen der Bibel verstehen, in denen von bösen Geistern die Rede ist. Der Geist ist von Gott gegeben, aber er dringt in die begrenzten Strukturen des Geschöpfes ein, des Engels oder des Menschen. Nur Gott ist reiner Geist. Die Geschöpfe sind vermischt mit begrenzten geistlichen oder materiellen Strukturen.

Der Geist ist "klar". Üblicherweise sprechen wir in diesem Zusammenhang von Intuition. Damit machen wir deutlich, dass wir auf der geistlichen Ebene die Dinge, den Menschen und Gott mit einer Klarheit erkennen, die wir aber oft nicht in Worte fassen können. Es ist klar, dass Gott existiert, aber es ist schwer, das rationell zu begründen. Es ist klar, dass man das Gute tun muss, aber wir werden eine Unzahl von Gründen finden, dass man manchmal anders handeln müsse. Diese Klarheit des Geistes macht den Menschen groß, während ihn die anders lautenden Gründe auf psychophysischer Ebene unmenschlich machen. Die Mitarbeiter von Hitler und Stalin fanden Hunderte von Gründen, ihre Untaten zu rechtfertigen, obwohl es normalen Menschen und auch ihnen eigentlich klar war, dass sie nicht so handeln dürften und dass es dafür keine Rechtfertigung gibt. Großartige Menschen unterwarfen sich den klaren Forderungen des Geistes. Sie sprachen trotz divergierender Tendenzen und abweichender Meinung vieler Wissenschaftler von anders lautenden Gesetzmäßigkeiten, die sie momentan nicht beweisen konnten, wo aber die nachfolgenden Generationen erkannten, dass sie Recht hatten.

Der Geist ist "unverletzlich". Man kann ihm nicht Gewalt antun. Das Gewissen ist unerbittlich auf Seiten des Rechts. Das Gewissen ist unbestechlich. Es unterscheidet nicht zwischen Menschen in höherer Position und "gewöhnlichen" Menschen. Alle müssen ihm gehorchen, andernfalls wird es ihnen zusetzen, sosehr, dass manche in der Vergangenheit meinten, sich nur durch Selbstmord vor dem Gewissen retten zu können.

Der Geist ist "das Gute liebend". Der Geist kann nur das Gute wollen und tun. Darum ist er in jeder Struktur der geistlichen Seele des Menschen anwesend und erinnert immer an das Gute. Er mahnt die Reue ein, das Vergeben, die gute Tat. Er zeigt auch, dass es immer einen Neuanfang geben kann.

Der Geist ist "scharf". Die Schärfe des Geistes kommt in der Klarheit der Gedanken, Worte und Entscheidungen zum Ausdruck. Der Geist hat keine Mühe und fürchtet sich nicht vor Gegenargumenten. Er durchtrennt mit scharfem Messer das Dickicht der Lüge und dringt vor zur Wahrheit, zur Güte, zur Liebe. Der Scharfsinn stammt von Geist.

Der Geist ist "nicht zu hemmen". Demzufolge gibt es keine Möglichkeit, dass das Böse endgültig siegen könnte, dass das Licht den Kampf gegen die Finsternis verliert, dass die Bosheit endgültig triumphiert. Der Geist kennt keine Hindernisse, dem Armen nicht zu Hilfe zu kommen, dem Mitmenschen nicht den Weg zu Gott zu zeigen. Der Geist findet immer einen Ausweg. Er ist groß wie Gott selbst, zielbewusst, nicht aufzuhalten. Wer den Geist hat, ist sich sicher, dass er die Bosheit besiegen und sich gegen Gegner durchsetzen kann, die sich der Wahrheit widersetzen. Er weiß, dass seine guten Unternehmungen von Erfolg gekrönt werden.

Der Geist ist "wohltätig". Vor jemandem, der vom Geist erfüllt ist, braucht sich keiner zu ängstigen, denn der tut immer das Gute. Mit so einem Menschen will jeder zu tun haben, weil von ihm Liebe, Vertrauen und Frieden ausgehen. Zusammen mit ihm kann man alle existentiellen Krisen überwinden. Wollen wir eine Gesellschaft von guten Menschen, dann ist es wichtig, sie auf die Ebene des Geistes zu heben und sie mit dem absoluten Geist in Verbindung zu bringen.

Der Geist ist "menschenfreundlich". Er hat Freude am Menschen, den er geschaffen hat, und leidet auf gewisse Weise, wenn sich der Mensch von ihm entfernt, wenn er Böses tut. Wer den Menschen liebt, ist ein Freund Gottes. Vom Ausmaß des Geistes im Menschen hängt es ab, wieweit dieser - ähnlich wie Gott – menschenfreundlich ist. Der Geist ist also der wesentliche Faktor des Einzelnen und der ganzen Gesellschaft. Ohne Geist kommt es zu Streit, Trennung, Hass, Mord, Krieg.

Der Geist ist "fest und sicher". Er kann alles aushalten und in allem einen Sieg erringen. Er ist beständig, geduldig und hält durch bis zum glücklichen Ziel. Die Beständigkeit des Geistes spiegelt sich in festen menschlichen Beziehungen, in treuer Freundschaft und Liebe, in treuer Erfüllung der Pflichten wieder. Trotz aller Probleme und Krisen hält der Geist durch.

Der Geist ist "zuverlässig". Er wird nicht untreu. Wer ihn hat, ist bei den Menschen beliebt, weil man ihm vertrauen kann und weil er hält, was er verspricht. Wer auf ihn baut, kann ruhig und sicher sein, dass der Betreffende tun wird, was man von ihm erwartet. Der Geist gibt den Menschen die Befähigung zu partnerschaftlicher Beziehung und Zusammenarbeit. Wer in diesem Geist handelt, wird nicht beschämt, getäuscht oder ausgespielt. Die Zukunft der Welt liegt in den Händen verlässlicher Menschen, und verlässliche Menschen gibt es dort, wo der Geist wirkt.

Der Geist ist "sorgenfrei", sagt das Buch der Weisheit. Ein spiritueller Mensch ist moralisch, und Gott ist auf seiner Seite. Seine moralische Haltung schützt und behütet ihn. Er kann unbekümmert sein, weil er sich bereits im Reich Gottes befindet.

Der Geist ist nach den Worten des Buches der Weisheit auch "alles vermögend". Er ist also allmächtig. Man muss dieses Wort ernst nehmen und darum lernen, sich vom Geist erfüllen zu lassen, um dann immer mehr erleben zu können, wie wir Gott in seiner Allmacht ähnlich werden können. Es handelt sich um die Allmacht der Geschöpfe, die aber ihre psychophysischen Kräfte bei weitem übersteigt. Diese Macht wurde dem Menschen als Keim schon bei seiner Erschaffung gegeben und dann bei der Taufe durch den Geist in neuer Weise umgestaltet. So können wir immer mehr erfahren, wie wir durch den Geist die Mitmenschen und die Gesellschaft verwandeln können. Durch seinen Geist übersteigt der Mensch sich selber in ungeheuerem Ausmaß.

Der Geist ist "alles überwachend". Er überwacht alles, hört alles, sieht alles. Man kann ihm nichts verheimlichen. Es hat keinen Sinn, böse Taten vor ihm zu verstecken. Vielmehr nützt es, sie vor ihm aufzudecken und das Gute zu tun, wie der hl. Paulus sagt (vgl. 1Kor 4,5 und Eph 5,11). Was ihr im Dunkeln redet, wird man am hellen Tag hören, und was ihr einander hinter verschlossenen Türen ins Ohr flüstert, das wird man auf den Dächern verkünden (vgl. Lk 12,3). Geistliche Menschen hören auch die feinsten Stimmen der Seele. Der Geist überwacht alles Bestehende. Er kontrolliert die Handlungen des Menschen und will alles, was Menschen beschädigt haben, wieder erneuern. In ihm gründet unsere Sicherheit, dass alles gut wird.

Der Geist ist "alle Geister durchdringend, die denkenden, reinen und zartesten", sagt das Buch der Weisheit. Von daher rührt die Erkenntnis des Geistes, an der wir alle partizipieren. Kinder, Erwachsene und ältere Menschen haben gleichermaßen einen Einblick in die anderen. Darum ist der Glaube die Erkenntnis, geliebt zu sein, und die Angst, die Erkenntnis, dass uns jemand bedroht, weil er böse ist. Die Erkenntnis des Geistes ist unmittelbar. Sie muss nicht abwarten, bis der psychophysische Bereich gewachsen und gereift ist. Der Geist ist immer bewusst, denn das Bewusstsein und das Selbstbewusstsein macht sein Wesen aus. Doch der Geist sucht nach reinen, weisen und zarten Individuen, um ihnen seine Erkenntnis zu schenken. Eine reine Seele ist die Voraussetzung dafür, dass sie vom Geist beschenkt und zu großen Handlungen inspiriert werden kann.

DAS NEUE TESTAMENT

Wenn wir uns dem Neuen Testament zuwenden, dann finden wir ebenfalls eine Menge von Angaben über die Qualitäten und Wirkungen des Geistes. Das Neue Testament kennt viele Namen des Hl. Geistes: *Geist Gottes*: "Wisst ihr nicht, dass ihr Gottes Tempel seid und der Geist Gottes in euch wohnt" (1Kor 3,16)? Der *Geist des Herrn*: "Der Geist des Herrn ruht auf mir" (Lk 4,18). *Geist der Wahrheit*: "Wenn aber jener kommt, der Geist der Wahrheit,..." (Joh 16,13). *Geist Christi*: "Der in ihnen wirkende Geist Christi" (1Petr 1,11). *Geist der Herrlichkeit*: "Der Geist der Herrlichkeit, der Geist Gottes, ruht auf euch" (1Petr 4,14). *Geist eures Vaters*: "Der Geist eures Vaters wird durch euch reden" (Mt 10,20). Der *Heilige Geist*: "Nicht ihr werdet dann reden, sondern der Heilige Geist" (Mk 13,11). *Geist der Weisheit*: "Der Vater der Herrlichkeit gebe euch den Geist der Weisheit und Offenbarung" (Eph 1,17). *Geist des Sohnes*: "Ihr habt den Geist empfangen, der euch zu Söhnen macht" (Röm 8,15). "Weil ihr aber Söhne seid, sandte Gott den Geist seines Sohnes in unser Herz" (Gal 4,6).

Wenn wir diesen biblischen Befund analysieren, merken wir, dass der Hl. Geist die verschiedensten Wirklichkeiten formiert, dass er das Fundament ist, auf dem sich unzählige Formen des Denkens und Lebens entfalten können. Er ist der Geist Gottes, und Gott offenbart sich in ihm. Gott ist reiner Geist, und diese Reinheit zeigt sich in ihm. Der Geist des Herrn ist derselbe Geist, der Gott zum Herrn und Eigner der ganzen Schöpfung macht. Das Neue Testament erinnert uns daran, dass der der Hl. Geist Wahrheit ist, dass man in ihm die Wahrheit erkennen kann und dass er Jesus als die Wahrheit über Gott offenbart. Der Hl. Geist ist auch der Geist Jesu, er geht von ihm aus, nimmt von dem, was sein ist und verkündet es (vgl. Joh 16,14). Als Geist Christi weist der Hl. Geist auf den Sinn der Geschichte hin, den Sinn des messianischen Dienstes Jesu, auf die Zukunft der Welt. Er ist auch der Geist des Vaters, von dem er ausgeht, und er gibt all die Erkenntnis des Vaters an den Sohn weiter (vgl. Joh 15,26). Er geht aus Vater und dem Sohn hervor. Als Geist der Herrlichkeit lässt er uns erkennen, dass die Herrlichkeit darin besteht, dass wir den Vater und den Sohn erkennen, da in ihnen aller Sinn liegt und von ihnen alles seinen Ausgang nimmt. Der Geist ist vollkommen heilig, er ist die Liebe zwischen Vater und Sohn, er ist die Wirklichkeit des Vaters im Sohn und die Wirklichkeit des Sohnes im Vater. Er ist die tiefste Intimität Gottes, das heißt die Person des Vaters und des Sohnes. Darin besteht seine vollkommene Heiligkeit, Diskretion und Zärtlichkeit.

Als Geist der Gnade erfüllt er uns mit Hoffnung. Als Geist der Weisheit vertieft er unsere Erkenntnis. Als Geist des Sohnes lehrt er uns, dass wir Kinder Gottes sind und Teilhaber an der göttlichen Natur. Er ist der Geist des Sohnes, was bedeutet, dass er der Geist Jesu aus Nazareth ist. Wer auf den Hl. Geist hört, versteht auch Jesus und wird sein Freund. Schließlich ist er der Geist des Lebens. Er ist unser Atem und unser Leben.

All das hilft uns, die reiche phänomenologische Wirklichkeit des Hl. Geistes und seine geistlichen Dimensionen zu erkennen.

DER GEIST DES MENSCHEN

Der menschliche Geist ist in der Hl. Schrift mehrfach artikuliert, was für unsere Forschung von entscheidender Bedeutung ist. In den Psalmen heißt es: "Mit einem willigen Geist rüste mich aus" (Ps 51,14)! Der Geist kann verletzt und krank sein. Darum empfiehlt der Brief an die Hebräer eine geistliche Therapie, die darin besteht, auf den leidenden Jesus Christus zu blicken. "Dann werdet ihr nicht ermatten und den Mut nicht verlieren" (Hebr12,3).

Der Geist kann sich auch verirren: "Das wankelmütige Geschlecht, dessen Geist nicht treu zu Gott hielt" (Ps 78,8).

Darum muss man solche pathologischen Symptome heilen: "Erneuert euren Geist und Sinn" (Eph 4,23)! Paulus unterscheidet deutlich den Geist Gottes vom Geist des Menschen: "Die Gnade Jesu Christi, des Herrn, sei mit eurem Geist" (Phil 1,25)! Oder: "Der Herr sei mit deinem Geist" 2Tim 4,22)! Oder an die Gläubigen in Galatien: "Die Gnade Jesu Christi, unseres Herrn, sei mit eurem Geist" (Gal 6,18)! Der Geist ist allgegenwärtig, und darum ist auch der Mensch dort, wo sein Geist ist: "Auch wenn ich fern von euch weile, bin ich im Geist bei euch" (Kol 2,5). So sagt er auch zu den Korinthern: "leiblich zwar abwesend, geistig aber anwesend" (1Kor 5,3).

Der Geist kann sich in einem unterschiedlichen pathologischen Zustand befinden: Paulus macht Timotheus aufmerksam: "Sie werden sich betrügerischen Geistern und den Lehren von Dämonen zuwenden" (1Tim 4,1). Paulus bittet die Galater, den menschlichen Geist zu heilen: "Wenn einer sich zu einer Verfehlung hinreißen lässt, so sollt ihr, die ihr vom Geist erfüllt seid, ihn im Geist der Sanftmut wieder auf den rechten Weg bringen" (Gal 6,1). Oder: "Indem wir den Geisterfüllten das Wirken des Geistes deuten" (1Kor 2,13). Paulus sagt, dass "fleischliche" Menschen die verfolgen, die "kraft des Geistes gezeugt" sind (vgl. Gal 4,29).

Der göttliche Atem offenbart sich im Leib, denn er belebt ihn. So ist er dem Menschen nicht fremd. Der göttliche Atem macht aus dem Menschen ein lebendiges Wesen – oder genauer übersetzt – eine lebendige Seele. Diese Seele macht verschiedene Erfahrungen. Sie ist erschüttert, wenn die Angst sie befällt. Sie freut sich, wenn sie Liebe und Vertrauen erfährt. Sie ist stolz, wenn sich Erfolg einstellt. Darum ist *ruah* ein Ausdruck für das menschliche Bewusstsein, das eigentlich das Wesen der geistlichen Dimension des Menschen ausmacht. Der Mensch lebt, solange er atmet, solange in ihm der Atem des göttlichen Geistes ist.

Was wir in der Theologie als Tugenden beziehungsweise als Laster bezeichnen, nennt die Bibel Geister. Jemand kann von Eifersucht oder Hass erfüllt, von Unreinheit oder Ausschweifung getrieben werden, was der Betreffende so erlebt, als würde ihn eine Macht ergreifen, die ihn zerstören möchte, als würde ihn ein böser Geist versklaven. Ähnlich kann auch ein guter Geist den Menschen leiten, der Geist des Gebetes, der Gerechtigkeit, Liebe, des Mutes, und der Betreffende erlebt es, wie wenn ihn der Atem Gottes zum Guten inspirieren würde. Der Verfasser der Bibel versteht, dass die guten Geister von Gott kommen, kann aber nicht ganz enträtseln, wo die bösen Geister ihren Ursprung haben.

Im Neuen Testament ist die Unterscheidung der Geister möglich, des menschlichen Geistes, des Hl. Geistes und der anderen Geister. So wird der Mensch fähig, seine geistliche Seele zu heilen und zu befreien, in ihr die Stimulation zum Guten oder zum Bösen zu unterscheiden und das Gute zu wählen. Erst der Hl. Geist ermöglicht es, dass der Mensch die Komplexität seines Wesens erfasst und erkennt, dass er nicht nur Leib und Psyche, sondern auch Geist ist. Der Hl. Geist nimmt dem Menschen nicht seine Identität, sondern im Gegenteil: Er beweist sie und gibt ihr die Fülle. In den Briefen des hl. Paulus ist es nicht möglich, den Geist des Menschen vom Geist Gottes zu unterscheiden, doch das ist nur ein Zeichen dafür, dass der Hl. Geist dem Menschen auch dann, wenn er seinen Geist ergreift und verwandelt, die Identität belässt. Im Zusammenhang mit den Texten des Johannesevangeliums heißt das, dass Gott den Menschen auf diese Weise in Besitz nimmt, dass er es ihm ermöglicht, vor ihm zu bestehen, und dass der Mensch so zu einem geistlichen Wesen wird (vgl. Joh 6,63). Gott ist Geist, und was von Gott geboren wird, wird vom Geist geboren und wird selber Geist. Darum muss der Mensch "im Geist und in der Wahrheit anbeten" (Joh 4,24).

Die Religionen sind ein Zeichen für die Aktivität des Geistes im Menschen. Der Mensch, der geistliche Fähigkeiten hat, kann mit Gott, dem absoluten Geist, kommunizieren. Die Offenbarung des Alten Testaments hat eine Fülle von anthropologischen Formulierungen. Der Mensch ist ein Abbild Gottes. Er ist Geist, soweit er sich für Gott öffnet; er ist Seele, soweit ihn der Lebensgeist belebt; er ist Leib, soweit er ein vergängliches Geschöpf ist, das nach außen hin sichtbar ist. Der Mensch stammt aus der Erde, aber seine Existenz hängt vom Lebensgeist ab, den ihm Gott eingehaucht hat.[52] Der Mensch ist ein freies, personelles Wesen, aber von Gott abhängig. Er ist ein Bild der Vaterschaft Gottes - er sollte die Erde bevölkern -, und ein Bild der Herrschaft Gottes - er sollte sich die Erde untertan machen.

[52] Vgl Gen 2,7

DER HEILIGE GEIST

Eine tiefe Erfahrung eines neutestamentlichen Autors war die Erkenntnis, dass der menschliche Geist vom Geist Gottes bewohnt ist. Der Heilige Geist erneuert ihn, regt ihn zum Gebet an und vereinigt ihn mit dem Herrn.[53]

Der Heilige Geist ist vom Vater und vom Sohn nicht zu trennen, aber er offenbart sich auch auf eigene Weise und ist eine eigene Person. Er hat kein Antlitz, man verbindet mit ihm auch keinen menschlichen Begriff, wodurch man sich ein menschliches Bild machen könnte. Man kann ihn an Zeichen wahrnehmen - Wasser, Feuer, Luft und Wind -, doch er wirkt unsichtbar im Inneren, wodurch sich der Eindruck verstärkt, dass er ein Geheimnis ist.

Der Geist Gottes inspiriert die Menschen und offenbart sich durch sie. Diese Offenbarung ist historisch und vergänglich, nur in Jesus ist sie ständig und naturgegeben. Inspirierte Menschen sind sich des Geistes, der sie erfasst hat, bewusst, er ist stärker als sie. Der Geist Gottes kommt von Gott und richtet sich auch auf Gott hin aus. Er erfasst die Menschen, verändert sie, verleiht ihnen eine neue Eigenheit, damit sie außerordentliche Taten vollbringen und besondere Sendungen wahrnehmen können. Auf dem Messias *ruht* der Geist, sodass aus ihm alle Quellen der Weisheit, des Rates, der Stärke und der Furcht des Herrn sprudelnd entspringen.

Das Wort und der Geist ergänzen einander. Das Wort sagt aus, erläutert, verkündigt, ruft zum Glauben auf. Der Geist handelt, verwirklicht und schafft aufgrund des Glaubens an das Wort Gesundheit und Heil. Der Heilige Geist wohnt in Jesus und ist ebenfalls ewig. Er ist sein

---

53 Vgl 1 Kor 6, 17

persönlicher Geist. Nach seinem Tod und seiner Auferstehung gibt Jesus diesen Geist an die Kirche weiter.

Leben im Geist bedeutet ein Leben im Glauben, was eine Erfahrung Gottes, seiner greifbaren Wirklichkeit bedeutet. Diese Erfahrung des Geistes gibt es in verschiedenen Ausformungen: An die Stelle des Todes kommt Leben, statt dem Fluch des Gesetzes kommt Segen, an die Stelle des toten Buchstabens tritt lebendiger Geist, statt Sünde kommt als Geschenk Gerechtigkeit, statt der Werke des "Fleisches" reifen Früchte des Geistes, statt Angst und Bedrängnis kommt Freude im Heiligen Geist.[54]

SEELE UND GEIST

Aus anderen Stellen kann man schließen, dass Mensch und Tier jeweils eine Seele haben. Gott sagt, dass er des Bundes gedenken werde "zwischen Gott und allen lebenden Wesen[55], allen Wesen aus Fleisch auf der Erde (Gen 9,16). Die Seele ist das Charakteristikum für den ganzen Menschen, insoweit er sich vom Geist des Lebens beleben lässt. Die Seele bewohnt nicht den Leib, sie offenbart sich vielmehr in ihm. Die Heilige Schrift verbindet mit den Begriffen Seele, – *nefesch, psyché, anima* – das Bild des Atems. Dieser Atem ist gemäß der Bibel mit dem Leib untrennbar verbunden, was dem spiritualistischen Verständnis der griechischen Philosophie widerspricht. Seele und Leben sind oft identisch. Die Rettung der Seele bedeutet den Sieg ewigen Lebens, das der Seele innewohnt.[56]

---

[54] Vgl. "Duh" in: RBT, S. 213.

[55] Auch hier genauer in der Vulgata: omnem *animam* viventem.

[56] Vgl. Hiob 1,21; 5,20; 1 Petr 1,9.

Leben und Seele sind gleichgesetzt. Auch ein Tier hat eine Seele.[57] In der Seele erlebt man Freud und Leid, Liebe und Hass. Sie ist das "Ich" des Menschen.

Bei den Semiten ist die Seele das Merkmal des Lebens, seine Quelle aber ist der Geist. Bei den Platonisten jedoch wird die Seele mit dem Geist identifiziert. Gott ist - durch seinen Geist - die Quelle des Lebens. Tiere haben den Lebensatem. Die Seele ist der Grundstoff des Lebens, pneuma aber ist seine Quelle. Sie unterscheiden sich voneinander im Kern des menschlichen Wesens. Darum gibt es auch Menschen ohne Geist[58] bzw. solche, die das pneumatische Leben, das sie bei der Taufe erhalten hatten, verloren haben und nur mehr irdisch leben.[59]

Der Geist stirbt nicht, sondern er kehrt zu Gott zurück.[60] Die Seele aber ist sterblich.[61] Sie entschwindet in die Unterwelt.[62] Sie ist dort zusammen mit dem Leib, aber in der "Schattenwelt", weit entfernt von Gott. Die Lehre von der Unsterblichkeit der Seele ist nicht dasselbe wie das, was wir unter der Geistlichkeit der Seele verstehen.

Die verschiedenen Bezeichnungen für den Menschen, die wir in der Heiligen Schrift finden, sind eine synthetische Benennung des Menschen. Der Mensch ist insoweit Seele, als ihn der Geist belebt. Er ist insoweit "Fleisch" – Leib, als er vergänglich ist. Der Geist bedeutet nun die Öffnung des Menschen zu Gott hin. Der Leib hingegen ist seine Ausdrucksform nach außen. Nach Gen 2 steht der

---

57 Gen 1,20.

56 Jud 19.

59 Vgl. 1 Kor 2,14; 15,44; Hiob 3,15

60 Vgl. Vgl. Hiob 34,14; Ps 31,6; Sir 12,7.

61 Vgl. "Duša" in: RBT, S. 234.

62 Hiob 7,8.21; Ps 39,14.

Mensch in drei Beziehungen: zu Gott, zur Erde und zu den Mitmenschen. Das Leben des Menschen hängt vom Geist ab, den ihm Gott eingehaucht hat.[63]

Der Geist macht das Wesen des Menschen aus, doch ist der Mensch von Gott abhängig, der ihm ja den belebenden Atem und das Leben gibt. So steht der Mensch mit seinem Schöpfer in einer entscheidenden Urbeziehung. Diese ist als Gesetz, als sein Gewissen in das Herz des Menschen geschrieben. Es handelt sich dabei um einen Dialog des Menschen mit seinem Schöpfer, um eine Möglichkeit, in der er sich gänzlich verwirklichen oder total vernichten kann. Der Mensch kann sich in seiner Freiheit gegen diese Abhängigkeit von seinem Schöpfer zur Wehr setzen oder er kann ihr zustimmen. Im Gehorsam empfängt er Leben, im Ungehorsam tötet er sich selber.[64]

Nach dem Sündenfall unterwirft sich der Mensch dem Gesetz, das ihm aber keine Rettung bringen, sondern nur einen Hinweis darauf geben kann, wo das Heil zu finden ist.

Der Leib ist die äußere Ausdrucksmöglichkeit des Menschen, die ihm Gott gegeben hat. Er ist der Stoff, aus dem unser leibliches Wesen, "Fleisch und Blut", gewoben ist, das Leidende und Kranke in uns. Er bedeutet die Zerbrechlichkeit des Menschen, im moralischen Sinn aber das, wodurch der Mensch den Leidenschaften ausgesetzt ist. Der Geist stellt das Gute dar, das in der Absicht des Gesetzes stand.[65]

Der Mensch gehört einerseits zur materiellen Welt und andererseits zur Welt Gottes. In ihm ist die ganze Schöp-

---

63 Vgl. Gen 2,7

64 Vgl. "Čovjek" in: RBT, S. 151.

65 Vgl. "Put" in: RBT, S. 1055.

fung enthalten: die tote Materie, die Lebewesen und die geistliche Welt der Engel. Dadurch, dass Jesus Mensch wurde, nahm er die ganze Schöpfung auf sich und erlöste sie.

Um das Zentrum des Menschen zu bezeichnen, verwendet die Heilige Schrift auch das Wort "Herz". Im Herzen sind die Gefühle, Erinnerungen, Gedanken, Entscheidungen, Ideen inbegriffen. Das Herz ist die Quelle der bewussten intellektuellen, freien Persönlichkeit, der Ort seiner Entscheidungen und der Begegnungen mit Gott. Das Herz ist den Augen der Menschen entzogen, und nur Gott kann es erforschen. Was in ihm ist, kann am Antlitz und in den Worten des Betreffenden sichtbar werden, aber es kann auch verdeckt sein. Dann ist der Mensch ein Heuchler, und Heuchelei ist Gott zuwider, weil der Mensch dabei vor Gott nicht als ganzer erscheint, sondern ihn nur durch äußeres Tun zufrieden stellen möchte.[66] Nur ein reines Herz kann Gott schauen. Wer Gott glaubt, in dessen Herz ergießt Gott seinen Geist. Der Glaube erleuchtet die Augen des Herzens, und durch den Glauben wohnt Christus in unseren Herzen.[67]

GEISTLICHE WESEN

Außer vom Geist spricht das Neue Testament auch von Geistern. Sie können gut sein: "So spricht Er, der die sieben Geister Gottes hat" (Offb 3,1). Doch sie können auch böse sein: "In ihrer Synagoge saß ein Mann, der von einem unreinen Geist besessen war" (Mk 1,23). "Am Abend brachte man viele Besessene zu ihm. Er trieb mit seinem Wort die Geister aus" (Mt 8,16). Darum muss

[66] Vgl. "Srce" in: RBT, S. 1254.
[67] Vgl. Eph 3,17.

man die Geister prüfen: "Traut nicht jedem Geist, sondern prüft die Geister, ob sie aus Gott sind" (1Joh 4,1). Mit Geist kann Wachstum gemeint sein: "Das Kind wuchs heran, und sein Geist wurde stark" (Lk 1,80). Es kann auch ein Geist sein, dessen sich der Teufel bedient: "In der Synagoge saß ein Mann, der von einem Dämon, einem unreinen Geist, besessen war" (Lk 4,33). Der Geist Gottes ersetzt nicht das Wirken unseres Geistes, sondern er arbeitet mit ihm zusammen: "So nimmt sich auch der Geist unserer Schwachheit an" (Röm 8,26). Durch den Geist kann man irgendwo anwesend sein, wo man leiblich fern ist: "Leiblich zwar abwesend, geistig aber anwesend" (1Kor 5,3).

Die Engel sind geistliche Wesen, die den Menschen dienen sollen. Die bösen Geister verführen die Menschen. In der babylonischen Dämonologie wurden Krankheiten und Leiden personifiziert und darum wurden zahlreiche Exorzismen durchgeführt, durch die Menschen, Dinge und Orte Befreiung finden sollten. Jede Krankheit wurde der Wirkung eines bestimmten bösen Geistes zugeschrieben. Diese Geister wurden vergöttert, in manchen Religionen brachte man ihnen auch Menschenopfer dar. Die Welt der bösen Geister rivalisiert gemäß dem Alten Testament mit Gott. Im späteren Judentum sind die bösen Geister identisch mit den gefallenen Engeln und mit Satan. Als unreine Geister quälen sie die Menschen und suchen sie zu verführen. Die Menschen begegnen ihnen mit einem Exorzismus, einem Gebetsakt, in dem man sich an den Namen Gottes wendet.[68] Nach Dan 10,13 eilen der Erzengel Michael und seine himmlischen Scharen den Menschen zu Hilfe.

---

[68] Tob 6,8; 8,2; Sach 3,2; Judas 9.

Als Jesus Krankheiten begegnete, sah er sich mit Satan konfrontiert, und wenn er jemanden heilte, dann war es ein Sieg über den Satan. Er trieb die bösen Geister aus, heilte Besessene, nahm den bösen Geistern ihre Macht und sprach ihnen das Urteil. Die Kirche kämpft in seinem Namen - betrachtet man die Apostelgeschichte - den Kampf gegen Aberglauben, Magie und okkulte Kräfte. Sie kämpft gegen dämonische Lehren und Götzendienst. Durch die Gabe des Heiligen Geistes ist es möglich, die Geister zu unterscheiden, sodass sich die Menschen durch die Vorgaukelungen der teuflischen Welt nicht mehr verführen lassen. Jesus ist der Sieger über die böse Welt der Geister.

DER MENSCHLICHE LEIB

Der *Leib* - an anderer Stelle auch *Körper* oder *Fleisch* genannt - hat in der Hl. Schrift viele Bedeutungen. Darunter versteht die Bibel manchmal etwas Unwichtigeres: "Der Geist ist es, der lebendig macht; das Fleisch nützt nichts." (Joh 6,63) Der Leib ist sündhaft: "...damit der von der Sünde beherrschte Leib vernichtet werde" (Röm 6,6). Der Leib ist inkonsequent: "Der Geist ist willig, aber das Fleisch ist schwach." (Mk 14,38). Zwischen Geist und Leib herrscht ein Kampf: "Das Begehren des Fleisches richtet sich gegen den Geist, das Begehren des Geistes aber gegen das Fleisch" (Gal 5,17). Der Leib ist ohne Geist tot und nutzlos: "Denn wie der Körper ohne den Geist tot ist, so..." (Jak 2,26). Der Leib kann hell oder finster sein: "Wenn dein Auge gesund ist, dann wird dein ganzer Körper hell sein." (Mt 6,22). Der Leib ist kostbar: "Sein Leib schaut die Verwesung nicht." (Apg 2,31)

Der Leib wird deshalb so unterschiedlich betrachtet, weil er durch verschiedene Phasen gegangen ist: die Schöpfung, den Sündenfall, die Erlösung.

Nach der Schöpfung ist der Mensch mit Leib und Seele Gott ähnlich, als Abbild Gottes geschaffen (vgl. Gen 1,26-27). Gott selbst hat den Leib des Menschen gebildet, dieser ist also ein göttliches Werk. Der Leib wird durch die Seele belebt, die Gott speziell in den Leib des Menschen geblasen hat. Der Leib trägt also göttliches Leben in sich bzw. ist durch den Atem Gottes belebt. Der Leib war am Beginn so durchgeistigt, dass die Hl. Schrift sagt: So wurde der Mensch zu einer lebendigen Seele. Man könnte also behaupten, der Leib sei wie die Seele gewesen, habe Qualitäten der Seele gehabt. Darum konnte der Mensch mit Gott in Freundschaft zusammenleben, mit ihm kommunizieren und zusammenarbeiten (vgl. Gen 3,8f). Der Leib unterwarf sich der Seele ganz und gar, er ließ sich von ihr führen und war mit ihr im Einklang.

Die Sünde bewirkte eine Spaltung in uns. Der Mensch dachte, durch leiblichen Genuss mehr zu erhalten als durch das, was ihm Gott anbietet. Er wandte sich von Gott ab und den Geschöpfen zu. So wurde er von materiellen Dingen abhängig, da er die Kraft verspielt hatte, die ihn zum Herrn über die Triebe, die Dinge und die Wünsche erhoben hatte. Der Leib muss zwar von der Natur leben. Doch der Mensch hat auch eine Seele, die von den Werten lebt, von der Wahrheit, Güte und Liebe. Der Geist des Menschen kann ohne die Berührung mit Gott nicht leben. Durch die Befriedigung leiblicher Wünsche kann der Mensch den Eindruck gewinnen, diese sei das Wichtigste für sein Leben. So fällt er auf die tierische Ebene ab, denn das Tier lebt nur von der Natur. Doch damit ist der Mensch nicht mehr Herr über die Natur, er ist seinen Ängsten und Schicksalsschlägen ausgeliefert. Er hält sich nicht an die Vorgaben der Seele und des Gewissens, sondern fällt in Schuld, wird von Gewissensbissen geplagt und erlebt sich ständig auf der Flucht. Er ist nicht mehr gut, sondern wird für sich und andere gefährlich, aggressiv und autoaggressiv. Er kann nicht mehr lieben. Er kann sich nirgends sicher fühlen, weil er seine Sicherheit verloren hat. Er kann sich vor seiner Schuld nirgendwo verstecken. Die leiblichen Genüsse können ihn nicht zufrieden stellen, wie sehr er ihnen auch nachjagt. Es bleibt ihm ein bitterer Nachgeschmack. So erlebt er ständig Frustrationen und läuft ziellos hin und her. Er ist an die Materie gebunden und dem Tod ausgeliefert. Auch wenn er das Gute tun wollte, er kann es nicht mehr. Denn wer sündigt, wird zum Sklaven der Sünde, sagt Jesus (vgl. Joh 8,34). Der hl. Paulus schreibt, er tue nicht das Gute, das er will, sondern das Böse, das er nicht will (vgl. Röm 7,15). So kann der Mensch die Unsterblichkeit nicht erlangen, nach der er sich aber sehnt. Er kann nicht wirklich gut sein, obwohl er es sich in seinen Inneren wünscht. Er kann nicht zu Gott gelangen, den er zu seinem Glück braucht. Die Welt erscheint ihm sinnlos, ein Spiel des Zufalls. Er weiß nicht, woher er kommt und wohin er geht. Und darin liegt sein tiefstes Leid. Er wurde "fleischlich", orientiert sich an den Wünschen des Leibes und ist sich so selbst entfremdet. Er kann seine wahre Bestimmung nicht leben, ist unfrei und fremden Mächten ausgeliefert.

Diesen Zustand des menschlichen Leibes bezeichnet der hl. Paulus als *sarx*, im Gegensatz zur hoch bewerteten Form des Leibes, die er *soma* nennt. Sarx ist eine Bezeichnung des Leibes, der den Menschen auf die Erde gezogen und von Gott getrennt hat. In diesem Zustand kann er den Auftrag, den ihm Gott gegeben hat, nicht mehr erfüllen, über die Fische des Meeres, über die Vögel des Himmels und über alle anderen Tiere zu herrschen (vgl. Gen 1,28). Der Mensch wurde zum Knecht, zum Sklaven, er leidet existentiell und hat keine andere Zukunft als den Tod. Die Hl. Schrift betrachtet diesen Leib wie die Sünde, nämlich als Feind des Menschen, als

Verführer zum Bösen. Ein Leib in diesem Zustand leidet, ist traumatisiert, nutzlos, zur Verwesung bestimmt. So ein Leib bedeutet für den Menschen die größte Gefahr, er ist sein Untergang. Der Mensch stöhnt unter verschiedenen Lasten, erlebt sein Tun als Sisyphusarbeit, als sinnlos und frustrierend. Darum muss man so einen Leib abtöten, durch Anstrengung, durch Fasten, durch Absage und auch durch freiwilligen Tod zugunsten von Werten und Forderungen des Gewissens. Wegen des Leibes stöhnt der hl. Paulus auf: "Ich unglücklicher Mensch! Wer wird mich aus diesem dem Tod verfallenen Leib erretten?" (Röm 7,24). Der Leib ist an das Gesetz der Sünde gebunden, er kann nicht zur Freiheit gelangen (vgl. Röm 7 passim). Wer nach dem Fleisch lebt, trachtet nach dem, was dem Fleisch entspricht. Das Trachten des Fleisches führt zum Tod, denn es widersetzt sich Gott. Wer vom Fleisch bestimmt ist, kann Gott nicht gefallen. Man muss durch den Geist die (sündigen) Taten des Leibes töten (vgl. Röm 8 passim).

Man muss ihm wieder die ursprüngliche Größe geben. Das tat Jesus aus Nazaret. Er ist das Wort, das Fleisch geworden ist. Er zog den Leib des Menschen an, um ihn zu retten. Darum sagen wir im Apostolischen Glaubensbekenntnis: Ich glaube an die Auferstehung des Leibes. Jesus nahm unseren geschwächten Leib mit sich in den Tod und gab uns seinen auferstandenen, vergeistigten Leib, der fähig ist zu guten Taten, offen für Wahrheit und Liebe. Er nahm alle Schuld unseres Leibes und schenkte uns die Rechfertigung (vgl. GS 22). Er gab uns in der Eucharistie seinen Leib zur Speise und sein Blut zum Trank. Er wurde Mensch, lebt mit unserem Leib im Himmel, er ist Gottmensch, damit wir durch Adoption Kinder Gottes werden können. Dadurch bekommt der menschliche Leib seinen höchsten Wert. Er befindet sich in vollkommener Einheit mit der Geistseele, hört auf das Gewissen und widersetzt sich nicht dem Geist. So hat der Mensch die

Möglichkeit, sich aus der Sünde, der Abhängigkeit zu erheben und Tod und Teufel zu trotzen. Der Hl. Geist heilt die Geistseele des Menschen und befähigt sie zu freier Entscheidung für die Tugenden, für Güte, Wahrheit, Schönheit und Liebe.

Man muss den Leib schätzen und ihm helfen, dem Gewissen und den Lebensgesetzen zu gehorchen. Ohne den Leib gibt es auch nicht den Menschen. Mit dem Leib können wir Essen und Trinken genießen, Düfte aufnehmen. Mit dem Leib empfangen wir einen Kuss, werden betrachtet, umarmt. Im Leib findet die sexuelle Begegnung statt. Mit dem Leib bewegen wir uns, betreiben Sport. Mit dem Leib singen und spielen wir. Ohne den Leib können wir keine Erfahrung machen. Denn zur dieser kommen wir nie nur als Geist, sondern immer auch als Seele und Leib. Mit dem Leib gehen wir zur Schule, arbeiten wir, gehen eine Ehe ein. Am Leib erhalten wir Schläge, leiden an Krankheiten. Der Leib schenkt anderen eine Gabe, gebiert und erzieht die Kinder. Über den Leib erhalten wir die Sakramente der Taufe, Firmung, Beichte, Eucharistie, Krankensalbung. Mit dem Leib segnen wir. Mit dem Leib fasten wir, erteilen einem Genuss eine Absage. Mit dem Leib knien wir vor Gott, beten ihn an, falten die Hände, gehen wallfahrten. Jesus heilte den Leib, er berührte den Leib der Menschen, legte ihnen die Hände auf. Wenn uns der Hl. Geist anrührt, dann ist es nur über den Leib möglich, Wärme, Freude, Friede, Heilung zu erfahren. Schließlich werden wir in der Ewigkeit Gott mit unserem Leib schauen. Der Sohn Gottes wurde Mensch und nahm unseren Leib an, damit wir ihn berühren können, und so ist Gott für uns berührbar geworden ist.

Der Leib ist beim Menschen nicht etwas Nebensächliches, sondern Wesentliches. Der Mensch ist Leib, und ohne den Leib gibt es ihn nicht. Darum ist die Auferstehung des Leibes ein wesentliches Ereignis für alle Menschen. Der Mensch kann ohne seinen Leib nicht zur Seligkeit und vollkommenen Gottesschau gelangen. Jedes Geschöpf, lebendig oder verstorben, sehnt sich nach der Auferstehung des Leibes und dem Offenbarwerden der Söhne Gottes, wie es die Hl. Schrift sagt (vgl. Röm 8, 19-22).

Darum kann man die Geistseele, ihre Traumata und Krankheiten nicht gesondert vom Leib betrachten. Der Mensch ist weder nur Geist noch nur Leib, sondern immer eine Ganzheit, verleiblichter Geist und vergeistigter Leib. Während Plato dachte, der Leib sei nur ein vorläufiger Träger der menschlichen Seele, und das Buch der Weisheit beklagt, dass der Leib die Seele unterdrücke, erklärt Thomas von Aquin, der Leib sei ein Medium der Seele und die Seele forme den Leib. Es ist klar, dass sich die beiden nicht trennen lassen und dass der Mensch immer eine Einheit ist. Es ist wichtig, dass Seele und Leib in vollkommener Einheit leben, auch wenn sie aus unterschiedlichen Substanzen zusammengesetzt sind. Der Leib des Menschen kennt keine Instinkte, nach denen er sich richten könnte. Ihm bleibt als einziges, dass er sich nach den Entscheidungen des Menschen ausrichtet. Und die Entscheidungen des Menschen sind dann richtig, wenn sie aus dem Grund des Seins und aus dem Wesen des Menschen hervorgehen. Die Sicherheit dafür, dass sie auf dem Sein basieren, kommt von der Stimme des Gewissens, von der Stimme des Intellekts und des Charakters, von der Stimme des Lebens, der Religiosität und der Person. Die Komplexität des Menschen ist nur in dieser Funktionalität möglich, die vom Gipfel bis zum Grund seines Wesens reicht. Die Beziehung des Menschen zu Gott ist darum für das Zusammenspiel und das gesunde Funktionieren seines ganzen Wesens existentiell nötig.

Wenn es um therapeutisches Handeln am Menschen geht, dann darf man die drei Ebenen des Menschen, die somatische, psychische und pneumatische, nicht von einander trennen. Jedes therapeutische Wirken für sich genommen ist bloß fragmentarisch und braucht die Ergänzung durch die anderen. Keine einzige Krankheit betrifft nur einen einzigen Bereich, vielmehr den ganzen Menschen. Darum braucht der körperlich Kranke die Hilfe durch die Hagiotherapie und die Psychotherapie, wie die psychisch Kranken und die geistlich Kranken jeweils auch die Therapie durch die beiden anderen Zuständigkeiten brauchen.

Aus all dem wird schlussendlich klar, dass der Manichäismus zu verwerfen ist, der den Leib für böse hält. Ebenso der Doketismus, der meint, der Leib sei eine bloße Illusion. Auch der Hinduismus und der Buddhismus sind abzulehnen, die den Leib für Maya oder eine Illusion oder für eine pantheistische Offenbarung des Göttlichen halten. Ebenso der Hedonismus, der meint, die leiblichen Genüsse seien die einzig erstrebenswerten. Außerdem muss man sich bewusst sein, dass sich der Mensch nicht seinen Trieben und Impulsen ausliefern darf, weil dadurch Seele und Leib krank und frustriert werden. Der Leib ist durchgeistigt und hat dasselbe Ziel und denselben Sinn wie die Geistseele. Deshalb muss sich der Leib vom Gewissen und der Religiosität leiten lassen, um gesund und frei funktionieren zu können. Ein authentisches und gesundes Leben kann der Mensch eigentlich nur dann führen, wenn er Jesus Christus nachfolgt, der den Leib erlöst und somit den Menschen wieder ganz, heil, sinnerfüllt und ewig gemacht hat.

In der Bibel steht für *Leib* das hebräische *basar*, das griechische *soma*, was den natürlichen Leib, aber auch - als *sarx* - den Leib des Begehrens und der Auflehnung gegen den Geist bedeuten kann. Das lateinische Wort dafür ist *corpus*. Der Leib lebt nicht aus sich selbst heraus, sondern ist tot. Körperzellen können im Laboratorium nicht belebt, Leben kann nicht geschaffen werden. Dazu braucht es mehr. Der Mensch ist durch seinen Leib ist mit der toten Natur verbunden. Im biblischen Sinn hat der Leib eine vegetative Seele, er ist also nicht identisch mit der Leiche. Er ist aus toter Materie, die von der Seele belebt wird.

Leib und Seele sind auf bestimmte Weise eine Einheit. Sie können voneinander unterschieden, aber nicht getrennt werden. Der Leib ist das "Schwere". Die Seele ist wie ein Lüftchen. Das hebräische *nefesch* bezeichnet einen Vogel im Flug, das griechische *psyché* ist etwas, was weht. Der Geist aber ist es, der alles durchdringt und vereint. Der Geist ist durch die Seele mit dem Leib verbunden, und der Leib ist durch die Seele mit dem Geist verbunden. Das Geistliche und das Materielle bilden eine Einheit. Wie kann etwas Materielles mit dem Geist verbunden sein? Für den biblischen Autor stellt die Seele die Verbindung dar. Die Seele belebt den Leib und nimmt ihn als ihr Substrat, damit der Mensch überhaupt Mensch sein kann.

Biblisch können wir sagen, dass der Mensch den Geist in sich nicht registrieren kann; er registriert die Seele, aber nicht den Geist. Doch hat die Seele zwei Aspekte. Der eine geht Richtung Leib, dann handelt es sich um die Psyche, der andere Richtung Geist, dann geht es um die "geistliche Seele".

Der Mensch drückt sich über seine Seele aus. Wenn ihn der Fuß schmerzt, klagt *er*, und wenn ihn das Gewissen peinigt, klagt *er* ebenso. In der Seele finden sich also Leib und Geist zusammen. Die Bibel spricht vom Menschen als einer Person, als einem Individuum. Weil Gott durch seinen Geist im Menschen wohnt, beschützt er ihn. Darum ist jeder ein Kind Gottes. Die Bibel sagt das, indem sie behauptet: Gott schuf den Menschen als sein Abbild. Der Mensch hat in der Schöpfung also eine besondere Position, denn er hat in seinem Leib und seiner Psyche den Geist Gottes.

Üblicherweise wird behauptet, dass nach dem Tod der Leib des Menschen in das Grab gelegt wird. Für den biblischen Autor ist es jedoch anders. Wenn er vom Leib spricht, dann meint er nicht das, was in das Grab gelegt wird, sondern den beseelten, durch die Seele belebten Leib. Der Leib ist in der Bibel also nicht identisch mit dem Leichnam. Die Leiche ist nicht Leib, sondern ein Rest des Leibes. Darum wird nach der Heiligen Schrift nicht der Leib des Menschen begraben. Die Bibel unterscheidet einerseits die Seele der Tiere und Pflanzen und andererseits die Seele des Menschen. Wenn ein Tier verendet, stirbt auch seine Seele. Wenn eine Pflanze abstirbt, stirbt sie ganz, sie hat keine Seele, die zu Gott gehen würde. Wenn jedoch der Mensch stirbt, dann geht seine ganze Seele, das heißt, ihr leiblicher, psychischer und geistlicher "Bestandteil" zu Gott. Nur die sterblichen Überreste werden begraben und zerfallen. Der Leib kann nicht zerfallen. Er ist von der Seele belebt. Leib bedeutet *Mensch*. Die Substanz, die den Leib belebt, geht mit dem Menschen in die Ewigkeit ein. Darum kann man sofort die Erfahrung des Himmels machen.

Wenn die Heilige Schrift vom Leben der Pflanzen spricht, dann denkt sie an das vegetative, sensitive Leben, bei den Tieren auch an das psychische Leben. Das alles bezeichnet sie als Seele. Wenn aber von der Seele des Menschen die Rede ist, dann ist die geistliche Komponente inkludiert, die alles Vorhandene belebt. Die vegetative, die psychische und die sensitive Seele sind vom Geist durchdrungen, sie leben weiter, während die sterblichen Überreste im Grab verbleiben.

Das Christentum begegnete im Laufe der Jahrhunderte verschiedenen Zivilisationen, Kulturen und Philosophien, und es bestand die Gefahr, dass die Beziehung von Leib, Seele und Geist falsch verstanden wird. Platon hielt die Seele zum Beispiel nur für einen Steuermann des menschlichen Leibes; die Seele sei vom Leib versklavt und gefangen gehalten, Leib und Seele seien zwei verschiedene Wirklichkeiten. Die Rettung liege darin, dass die Seele den Leib verlässt und bei Gott ist. Neoplatonische Ideen drangen in das Christentum ein, und so hielten viele christliche Denker den Leib für unwichtig und nur die Seele für wichtig. Diese Geistesströmung hinterließ in der Theologie und im Denken der Christen bis heute ihre Spuren. Was Jesus über die "Welt" sagt, übertrug man auf den materiellen Leib. Das Evangelium ist jedoch kein Feind des Leibes, sondern der widergöttlichen Welt des Bösen. Mit "Welt" ist im Johannesevangelium nicht die Natur gemeint, sondern die Mentalität des Bösen, des unrechten Begehrens, der Götzenanbetung.

Der zweite Irrtum besteht darin, anzunehmen, dass man mit strengem Fasten Geisteskräfte verstärken könne, beziehungsweise dass der Leib den Geist hervorbringe. Das christliche Fasten ist ein Trainieren des Willens, damit er Herr bleibt über die Wünsche. Der Leib erwartet es, dass der Mensch Herr, und nicht Sklave seiner Wünsche ist. Das Fasten ist nicht nur eine Sache des Geistes, sondern auch des Leibes, denn wenn der Mensch nur das isst, was ihm schmeckt, und nicht, was gesund ist, dann wird er seine Gesundheit ruinieren. Der Geist muss den Leib lenken.

3. KAPITEL

SCHLUSSFOLGERUNG ÜBER DEN MENSCHLICHEN GEIST

Der Geist ist, philosophisch betrachtet, die Fähigkeit des Menschen zum intellektuellen und ethischen Transzendieren und zur Autoreflexion. Durch die existentiell-intellektuelle Transzendenz übersteigt der Mensch Raum und Zeit, er ist zugleich überall, auch wenn er durch die psycho-physische Dimension an Raum und Zeit gebunden ist. Diese Transzendierung ist nicht das Ergebnis von Nachdenken und Phantasie, sondern sie ist auch dann existent, wenn sich der Mensch dessen nicht bewusst ist - vor der, in der und nach der bewussten Aktivität des Menschen. So haben wir eine Möglichkeit, etwas von der Ewigkeit zu verstehen, wo es keine räumlich-zeitliche Begrenzung gibt, sondern Befreiung von jeder Form von Division und Addition, beziehungsweise ein ständiges "Hier und Jetzt".

Die ethische Transzendierung ereignet sich durch das Gewissen. Der Mensch hat nämlich die Möglichkeit, auch dann auf sein Gewissen zu horchen, wenn rationelle Gründe dagegen sprechen und wenn alle anderen Menschen anders handeln würden. Mit seinem Gewissen steht der Mensch über jeder Form menschlicher Überzeugung. Der Mensch hat keinen Einfluss auf sein Gewissen, es steht über ihm. Wenn er seinem Gewissen folgt, verwirklicht er sich ganz, wenn nicht, zerstört er sich. Handelt jemand nach dem Gewissen, erscheint er human, handelt er dagegen, gilt er als Unmensch.

Zum Bereich des Geistes gehören Tugenden und Werte, z.B. Güte, Gerechtigkeit, Vertrauen, Freiheit, Mäßigung, Klugheit, Weisheit, Hoffnung, Liebe, Großherzigkeit, Reinheit, Treue, Mut. Üblicherweise bezeichnen wir sie als humanes Verhalten und gute Eigenschaften.

Durch die Tugenden transzendiert der Mensch im ethischen Sinn die Gesamtheit der materiellen, psychischen, gesellschaftlichen und privaten Güter. Er ist in der Lage, für ein reines Gewissen, für Gerechtigkeit und Liebe sein Leben hinzugeben. Er kann also alles verlieren und auch sein irdisches Leben einbüßen, um sich in den Werten zu verwirklichen. Es gibt also eine geistliche Welt, in der alles, was wir hier verlieren oder zurücklassen, in neuer Form wiederersteht.

Die Autoreflexion ist die Fähigkeit des Geistes, zugleich in sich und außerhalb von sich selber zu sein. Der Mensch kann sich gleichsam von außen betrachten, analysieren und bewerten. Dabei geht es jedoch nicht um eine Bewusstseinsspaltung, sondern um die Fähigkeit, zugleich Subjekt und Objekt der Betrachtung zu sein. Gemeint ist also eine Kraft des Geistes, wo es keine räumliche Begrenzung gibt.

Die Person ist ebenfalls eine geistliche Dimension des Menschen. Wenn jemand "ich" sagt, drückt er in deutlichster Weise seine Person als Realität aus. Zugleich erklärt er, dass Leib, Seele und Geist zu ihm gehören. Alles gehört ihm, aber es bleibt die Frage, wer er selber ist. Er ist nicht die Gesamtheit und nicht die Synthese all seiner Elemente. Er ist ein geistliches Wesen, und darum kann er für alles, auch für seine geistlichen Elemente und für seinen persönlichen Kern sagen, dass sie zu ihm *gehören*, aber zugleich auch, dass *er* es *selber* sei und dass *er* das eine wie das andere behaupte. All das kann man nur mit dem Geist verstehen, der keine räumlich-zeitliche Begrenzung kennt und kein Objekt, vielmehr ein Subjekt ist. Er sieht sich selber in sich, wie man die Dinge im Licht sehen kann, das Licht selber aber unsichtbar bleibt. Es wird nur von den beleuchteten Objekten reflektiert.

Die Religionen sind das Ergebnis menschlicher Aktivität im Bezug auf den ursprünglichen Geist, das Urwesen, den Schöpfer von allem, auf Gott. Gott ist der absolute Geist. Die Religionen sind nicht das Resultat der Schwäche, der Sterblichkeit, Verlorenheit und Angst des Menschen, sondern zuallererst die Frucht der geistlichen Erfahrung des Menschen hinsichtlich der Existenz Gottes. Der menschliche Geist "erfasst" die Existenz des göttlichen Geistes und sucht darum nach einer Kommunikation mit ihm. Wie die Menschen nach Möglichkeiten suchen, miteinander in Verbindung zu treten, wie sie dazu Formen, Gesten, Sprache und Schrift entwickelt haben, so bilden auch Religionen Formen - prophetische Schriften, Rituale und Gebete - heraus, um geistlich zu kommunizieren. Die heiligen Bücher sind das Ergebnis geistlicher Einsprechungen. Die Propheten sind überzeugt, dass die Worte Gottes in diesen Schriften, wie in einem Gefäß, enthalten sind. Die prophetischen Autoren haben die Erfahrung gemacht, dass eine andere, eine übermächtige geistliche Person zu ihnen spricht.

Die Riten sind Ausdruck eines Sprechens zu Gott und über Gott. In ihnen treffen das Göttliche und das Menschliche aufeinander, die Hingabe des Menschen an Gott und das Verschenken Gottes an den Menschen. Durch die Riten kommt der Mensch zur Versöhnung mit Gott, und er wird mit der Gnade Gottes beschenkt. Durch die Riten eröffnen sich Möglichkeiten einer Zusammenarbeit zwischen Gott und Mensch.

Das Gebet ist eine besondere Form geistlicher Aktivität. Es ist der Schrei nach Gott oder auch Ausdruck von

Ehrfurcht und Anbetung, Hingabe und Dankbarkeit, Bitte und Verehrung. Es ist Weinen und Lachen, Trauer und Freude vor Gott. Das Gebet ist ein persönliches Gespräch, eine Kommunikation des Menschen mit Gott. Es ist die Suche des Menschen nach Gott, dem er irgendwie schon begegnet ist. "Du würdest mich nicht suchen, hättest du mich nicht schon gefunden", sagt der hl. Augustinus.

Durch das Gebet kommt der Mensch zu einer immer tieferen Begegnung mit Gott, was seine Änderung bewirkt. Es stärkt, tröstet und heilt ihn, es verleiht ihm Hoffnung auf unbegrenztes Wachstum. Das Gebet als geistliches Gespräch mit Gott unterscheidet sich vom verstandesdominierten Gespräch der Menschen untereinander. Es verbindet den Menschen, der Geist hat, mit Gott, der Geist ist.

Die Religionen beweisen nicht die Existenz Gottes, sie verkünden ihn. Wie man die Existenz von Gerechtigkeit nicht nachweisen muss, wenn einem Gerechtigkeit widerfahren ist, wie man die Existenz der Liebe nicht nachweisen muss, wenn man sich geliebt weiß, so muss man auch die Existenz Gottes nicht beweisen. Doch der Verstand verlangt nach "Beweisen" göttlicher Existenz, und darum suchen die Menschen in Theologie und Theodizee nach ihnen. Der Geist kann jedoch unmittelbar Gott irgendwie "verkosten", mit ihm in Kontakt treten. Wie der Mensch mit seinen Augen sehen, mit den Ohren hören, mit dem Verstand einen Gedanken "fassen" kann, so "sieht" er auch die geistliche Wirklichkeit mit seinem Geist, und nicht mit Verstand, Augen oder Ohren. Darum ist das Gebet eine Aktivität, die nur dem Menschen eigen ist.

Gemäß der Hl. Schrift hauchte Gott dem Menschen seinen Atem ein, und so wurde dieser zu einer "lebendigen Seele". Der Geist Gottes ist ja Leben spendend, er möchte allen sein Leben in Fülle geben. Der Geist des Menschen ist lebendiger Geist, er lebt ewig, im Unterschied zum Leben der Pflanzen und Tiere, die als ganze sterben. Die Lebewesen haben vegetatives und psychisches Leben, der Mensch jedoch hat psychisches und geistliches Leben. Der Mensch ist mit der materiellen und der lebendigen Umwelt, aber auch mit Gott verbunden. In ihm ist die gesamte Wirklichkeit enthalten. Er trägt in sich das Schicksal der Materie, der Pflanzen und der Tiere, aber auch das "Schicksal" des göttlichen Geistes.

Damit der Mensch ganzheitlich leben und gesund sein kann, muss er in ständiger Kommunikation mit der materiellen Welt, mit den Lebewesen und mit Gott sein. Kommt es zu einer Unterbrechung einer dieser drei Kommunikationsformen, wird er krank, oder er stirbt. So kann jemand physisch krank werden, wenn er sich nicht entsprechend ernährt und den Körper vernachlässigt. Er wird psychisch krank, wenn er nicht entsprechend mit Pflanzen, Tieren und Menschen "kommuniziert" bzw. wenn er emotional, mental oder in seinem Willen gestört ist. Er ist psychisch tot, wenn er mit der belebten Welt überhaupt nicht zu kommunizieren vermag. Er ist geistlich krank, wenn er die Verbindung mit den Menschen und mit Gott ablehnt oder dazu nicht imstande ist. Er ist geistlich tot, wenn er jede Form der Verbindung mit Gott auf intellektueller und ethischer Ebene in voller Freiheit und in vollem Bewusstsein der Schwere seines Tuns ablehnt.

Die Hl. Schrift sagt, dass der Mensch Geist, Seele und Leib ist (vgl. 1Thess 5,23). Doch sie sagt auch, dass er Seele und Leib ist. Der Mensch ist eine unteilbare Einheit. Er *hat* nicht Leib, Seele und Geist als Teile, sondern er *ist* Leib, Seele und Geist. Ohne *alle* drei Elemente ist er nicht Mensch.

Die Seele ist das Prinzip des Lebens im Menschen, der Geist jedoch ist die Quelle des Lebens. In der Seele unterscheidet man den psychischen und den geistlichen Bereich. Der Geist ist nicht unmittelbar sichtbar oder greifbar. Man kann ihn nur an seiner Wirkung erkennen. "Der Wind weht, wo er will; du hörst sein Brausen, weißt aber nicht, woher er kommt und wohin er geht."[91] Man muss also das psychische vom geistlichen Leben deutlich unterscheiden. Psychische Fähigkeiten sind der Verstand, Emotionen, Phantasie, Gedächtnis, Erinnerungen, Wollen und Wünsche. Geistliche Fähigkeiten sind Vernunft, Gewissen, Leben, Charakter, Glaube, Hoffnung, Liebe, Herz, Kultur.

Der Verstand beherrscht die Naturwissenschaften, er bezieht sich auf quantitatives Können und Wissen. Er denkt diskursiv, logisch, sei es im mathematisch-naturwissenschaftlichen Bereich oder in den Humanwissenschaften. Der Geist aber erkennt unmittelbar, die Möglichkeit, zur Erkenntnis zu kommen, liegt in seinem Glauben und Vertrauen. Er kann die Realität unmittelbar "sehen", sie ist ihm klar und ersichtlich. Der Mensch kann durch Nachdenken und Experimentieren zu wissenschaftlichen Erkenntnissen über den Menschen gelangen.

Andererseits gibt es ein Wissen, das man über einen anderen Menschen nur insoweit haben kann, als der Betreffende bereit ist, etwas über sich mitzuteilen. Wir können über den moralischen Zustand eines Menschen, über die Frage, ob er den Sinn seines Lebens erkennt oder nicht, nur dann etwas wissen, wenn wir seinen Aussagen Glauben schenken. Es geht also um eine Form von Wissen, zu dem nur der Glaube Zugang hat, es ereignet sich im Bereich des menschlichen Geistes. Weil Gott nun Geist ist und unser Schicksal von ihm abhängt, können wir über ihn und uns selber nur dann etwas wissen, wenn wir ihm glauben und vertrauen. Gott teilt sich mit, und der Mensch kann ihm Glauben schenken. Weil Gott Geist ist, erkennt man ihn mit Hilfe des Geistes, unmittelbar, intuitiv. Darum kann man auch nicht *wissen*, ob es Gott gibt, man kann an seine Existenz nur *glauben*, wie man auch Liebe nicht durch naturwissenschaftliche Methoden nachweisen, sondern an sie nur glauben kann. Wohl kann man aber den Begriff der Liebe in den Humanwissenschaften analysieren. Ob jemand uns gegenüber Liebe hat, kann man nur glauben. Der Glaube ist also eine Grundaktivität des Geistes. Je tiefer jemand glauben und vertrauen kann, desto ruhiger, sicherer und glücklicher ist er. Wer nicht glauben kann, lebt in Angst, er fühlt sich ungeschützt und ziellos. Es fehlt ihm die Basis für sein Leben. Das ganze Leben - auch der Alltag - hängt von Glauben und Vertrauen ab. Das Kind verlässt sich auf seine Eltern, die Ehepartner trauen einander, die Schüler glauben dem Lehrer, wenn er ihnen Fakten aus Geschichte und Geographie vorträgt. Der Mensch vertraut darauf, dass er auch morgen leben wird, dass er mit seinem Auto das Ziel erreicht, das er sich gesetzt hat. Er vertraut darauf, dass die Nahrungsmittel nicht vergiftet sind, dass er Krisen, Krankheit, Krieg und Operation überleben wird. Das kann man alles nicht wissen, sondern nur glauben. Durch rationale Maßnahmen oder durch Naturwissenschaften kann man auch nicht ergründen, woher ich komme, wer mich ins Leben gerufen hat, warum man leiden und sterben muss, was nach dem Tod folgt. Diese Fragen können nur durch die Mitteilungen des Glaubens, der Humanwissenschaften, besonders der Theologie beantwortet werden. Es geht um Grundfragen, die sich früher oder später jeder stellt. Nur Gott kann auf sie Antwort geben, und das tut er auf geistlichem Wege. Wenn ich ihm glaube, dann verstärkt sich in mir das Wissen, dass ich aus seinen Armen hervorgegangen bin und durch den Tod in seinen Schoß zurückkehre, dass das Leben unzerstörbar ist, dass ich geliebt bin, dass man sich für das Gute, für Rechtschaffenheit und Humanität entscheiden muss und dass Gott mir, wenn ich ihn bitte, durch seinen Geist zu Hilfe kommt.

Gott ist der Ursprung unseres Lebens, unseres Geistes. Darum ist es wichtig, mit ihm in Verbindung zu bleiben, um geistlich gesund, verlässlich und gerecht sein zu können. Alles Gute kommt von oben, von Gott.[92] Wer Gott glaubt, lebt geistlich und ist geistlich gesund. Wer zu ihm kein Vertrauen hat, wird unsicher und ängstlich, er resigniert leicht, wird depressiv und unfähig, human zu sein. Er steht auf unsicherem Grund.

Gott glaubt man auf intellektueller und ethischer Ebene. Es geht nämlich einerseits um Wahrheiten, die Gott mitteilt, und andererseits um Werte, die er dem Menschen zu verwirklichen aufträgt. An beidem im Vertrauen festzuhalten ist ganzheitlicher Glaube.

Um jemandem glauben zu können, muss er glaubwürdig sein. Sonst kann sich der Glaube nicht entfalten. Und wo es keinen Glauben gibt, herrscht Angst.

Der Geist Gottes ist der Ursprung des menschlichen Geistes. Darum ist das Vertrauen in Gott der Ursprung geistlicher Gesundheit. Weil sich die Menschheit durch die Urschuld und durch persönliche Sünden von Gott abgewandt hat, ist es notwendig, den Geist Gottes ständig zu erbitten, damit er den Geist des Menschen heilen kann.

Die Heilige Schrift spricht von verschiedenen Kräften des Geistes, die Philosophie ordnet dem Geist diverse Fähigkeiten zu, und die Religionen unterscheiden verschiedene Aktivitäten des Geistes. Darum kann man auch von Organen des Geistes sprechen. Wie der Körper Organe hat, und in gewisser Weise auch die Psyche, so könnte man auch von Organen des Geistes sprechen. Der menschliche Leib hat verschiedene Kräfte, Fähigkeiten und Funktionen, die durch Organe wahrgenommen werden. Auch die Psyche hat funktionelle Organe, wie Phantasie, Emotionen, Verstand, Erinnerung, Gedächtnis, Willen. Wenn der Geist Leib und Seele belebt, da er ja nach der

Heiligen Schrift der Ursprung des Lebens ist, dann hat er in gewisser Weise auch Organe. Natürlich ist der Begriff *Organ* nicht vollständig vom Körper auf den Geist zu übertragen, wohl aber kann er bildhaft verstanden werden. Wie es von Gott heißt, er habe Herz und Vernunft, er erinnere sich wie ein Mensch, wenn auch auf völlig andere Weise, so kann man in Analogie auch von Organen des Geistes sprechen. Diese Analogie gibt es in drei verschiedenen Sichtweisen: als *via affirmationis*, als *via negationis* und als *via eminentiae*. Zum Beispiel als Affirmation: Gott hat Augen; als Negation: Es sind nicht Augen wie die des Menschen, sondern - als "Eminention" (Hervorhebung): - in einem anderen, im absoluten Sinn. In der Heiligen Schrift heißt es, Gott schaue auf die Menschenkinder, er sehe alles, er höre die Klagen der Traurigen und Gedemütigten, er fasse Entschlüsse, er kenne die Gedanken der Menschen, er bereue in seinem Herzen, er gehe den Menschen voran, seine Arme seien nicht zu kurz zum Helfen.[93]

Der Mensch ist nach dem Bild Gottes geschaffen. Er kann gehen, schauen, denken, fühlen, sprechen, entscheiden. Was man vom reinen, absoluten göttlichen Wesen sagen kann, kann man in Analogie auch vom menschlichen Geist sagen. Der Mensch erkennt Gott, er geht seine Wege; Gott wünscht sich die Liebe des Menschen, er lebt mit ihm in Freundschaft. Jesus sagt: "Ich bin der Weg, die Wahrheit und das Leben." Auf einem Weg kann man gehen, die Wahrheit kann man erkennen, das Leben kann man leben.

III.

TEIL

GEISTLICHE LEIDEN

EINLEITUNG

Das moralische Leiden ist ein "Leiden der Seele" oder "ein Leiden geistlicher Natur", sagt Papst Johannes Paul II.

Das Zweite Vatikanische Konzil stellt fest, dass der Mensch eine geistliche Seele hat: "Wenn der Mensch daher die Geistigkeit und Unsterblichkeit seiner Seele bejaht, wird er nicht zum Opfer einer trügerischen Einbildung, die sich von bloß physischen und gesellschaftlichen Voraussetzungen herleitet, sondern er erreicht im Gegenteil die tiefe Wahrheit der Wirklichkeit."[1] Daher ziehen wir den Schluss, das moralische Leiden sei ein "Leiden der geistlichen Seele", und darum ein "Leiden geistlicher Natur". Das moralische Leiden ist ein Schmerz, und damit ein Zeichen dafür, dass in der geistlichen Seele etwas verwundet oder schmerzhaft ist.

Die Weltgesundheitsorganisation (WHO) definiert die Gesundheit als den Zustand eines vollkommenen physischen, geistigen und sozialen Wohlbefindens, und nicht bloß als Abwesenheit von Krankheit und Schwäche.[2] B. Häring betont, die gesamte Breite menschlicher Gesundheit schließe die leibliche, seelische und geistliche Dimension mit ein. Ein gesamtheitliches Verständnis der Gesundheit meine die Harmonie leiblicher und seelischer Kräfte, eine möglichst tiefe Beseelung des Leibes und eine entsprechende Verleiblichung des Geistes.[3] Obwohl

[1] GS 14.

[2] B. Häring, *Vom Glauben der gesund macht,* Styria 1984, S. 53.

[3] Vgl. B. Häring, *Das Gesetz Christi* I, Freiburg i. Breisgau, 1967., S. 167f.

die geistliche Dimension in der Definition der Gesundheit vorhanden ist, existiert dennoch keine Klassifikation unter dem Begriff *geistlicher Krankheiten*. Die zehnte Revision der internationalen Klassifikation der Krankheiten bezeichnet sie als *dissoziale Störung der Persönlichkeit*.

In der Medizin hat man geistliche Krankheiten also noch nicht geortet und sucht darum auch nicht nach geeigneten Mitteln ihrer Heilung. Moralisches Leiden entsteht in erster Linie dort, wo jemand unschuldig leidet. Dabei kann es um ungerechte Verfolgung, Beschuldigung, Hass oder Eifersucht gehen. Das Opfer erfährt solche Angriffe als eine Attacke des Bösen. Es leidet unter Kränkung und Beleidigung. Die Beleidigung ist eine moralisch-juridische Qualifikation, die Kränkung eine pathologische. Die Beleidigung sucht nach einer Sanktion, die Kränkung nach einer Therapie.

Moralisches Leiden kann nicht nur im Opfer, sondern auch im Täter entstehen. Ihn verletzt seine Bosheit und die Entscheidung zur Gewalt. Dadurch trennt er sich von den Menschen und von Gott und wird schuldig, sein Organismus aber wird krank. Um das Opfer zu heilen, muss man die Kränkung heilen, die es erfahren hat, und den Schaden wieder gutmachen. Um den Täter zu heilen, muss man ihn zur Reue und Umkehr führen und erst dann seinen verletzten geistlichen Organismus heilen. Bei moralischen Leiden ist nämlich zwischen Kränkung und Schädigung zu unterscheiden. Die Kränkung ist eine Verletzung des Organismus, die Schädigung eine Verletzung der eigenen Tugend. Die Kränkung muss man heilen, die Schädigung aufdecken, das Laster in die entsprechende Tugend verwandeln und den Schaden und das Träume des Charakters heilen.

Vertieft sich das moralische Leiden, wird aus einer Kränkung eine Wunde, und aus ihr wiederum eine Krankheit der Seele. Dann kann man also von geistlicher

Krankheit sprechen. Wenn sich der Übeltäter der Reue und Umkehr widersetzt, entsteht in ihm ein dauerhafterer Zustand seiner Bosheit mit pathologischen Ausmaßen.

Da Papst Johannes Paul II. das moralische Leiden als "Schmerz geistlicher Art" bezeichnet, können wir daraus entnehmen, dass wir das moralische Leiden auch als Krankheit der geistlichen Seele bezeichnen können. Die Bezeichnung *geistliche* Krankheit findet auch bei den Kirchenvätern und in liturgischen Gebeten ihre Begründung. Der hl. Augustinus sagt: "Schau, ich verheimliche dir meine Wunden nicht. Du bist der Arzt, ich bin der Kranke."[4] In einer Oration im Advent heißt es: "Herr, heile alle Wunden der alten Schuld." Ein anderes Gebet lautet: "Heile uns von aller Krankheit des Leibes und der Seele."

Es gibt Formen geistlicher Leiden, die eher pathologischen Zuständen gleichen als Krankheiten. Die Pathologie ist die Wissenschaft von Krankheiten, ihren Ursachen, ihrer Genese, ihrem Verlauf und ihrer Verbreitung. V. Frankl sagt, auch die Religion könne patogen sein. Der begrenzte menschliche Geist ist frei, er kann sich also auch von Gott abkehren, sagt Berdjajev. Er ist schwach, der Glaube kann sich in Zweifel und Unglauben, die Liebe in Hass verwandeln. Die geistliche Seele ist mit dem Leib verbunden, so kann sie verletzt, gefährdet, traumatisiert werden; wie S. Kierkegaard sagt, wird sie "krank zum Tode". Oder wie M. Heidegger sagt, ihr Sein sei ein "Sein zum Tode". Die geistliche Seele kann so gestört sein, dass sie weder in horizontaler noch in vertikaler Ebene funktionieren kann. Ist der Zustand jemandes, der eine Todsünde begeht, der Zustand eines Verbrechers oder eines Süchtigen nicht ein pathologischer Zustand

[4] Augustinus, *Bekenntnisse*, Bd. X, 37-40.

der Seele? Papst Johannes Paul II. nennt einige Beispiele von Krankheiten geistlicher Natur: "Wir nennen aus den Büchern des Alten Testamentes nur einige Beispiele von Situationen, die vom Leiden gekennzeichnet sind, vor allem vom moralischen Leiden: Todesgefahr, Tod der eigenen Kinder und besonders der Tod des erstgeborenen und einzigen Sohnes, ferner Kinderlosigkeit, Heimweh nach dem Vaterland, Verfolgung und Feindseligkeit der Umwelt, Spott und Hohn für den Leidenden, Einsamkeit und Verlassenheit, die Schwierigkeit zu begreifen, warum es den Frevlern gut geht und die Gerechten leiden, Untreue und Undankbarkeit vonseiten der Freunde und Nachbarn und schließlich das Unglück des eigenen Volkes."[5] Er sagt weiter: Gemeint ist "jene vielfältige und subjektiv verschiedene 'Aktivität' von Schmerz, Trauer, Enttäuschung, Niedergeschlagenheit oder sogar Verzweiflung. Der Mensch leidet wegen eines Bösen, an dem er keinen Anteil hat, von dem er gewissermaßen ausgeschlossen ist."[6] "Das menschliche Leiden stellt in sich fast eine eigene 'Welt' dar, die zusammen mit dem Menschen existiert" und sich manchmal "in ihm noch verstärkt und vertieft."[7]

Wie die Heilige Schrift, so führt auch das oben zitierte Dokument des Papstes namentlich geistliche symptomatische Krankheiten an: "Das Alte Testament, das den Menschen als eine leib-seelische Einheit behandelt, verbindet die 'moralischen' Leiden oft mit dem Schmerz bestimmter Teile des Organismus: der Knochen, der Nieren, der Leber, der Eingeweide, des Herzens. Offensichtlich haben die moralischen Leiden auch ihre 'phy-

---

[5] Johannes Paul II., SD 6.

[6] Johannes Paul II., SD 7.

[7] Johannes Paul II., SD 8.

sische' oder körperliche Komponente und wirken sich oft auf den Zustand des gesamten Organismus aus."[8] Infolge dieser Verbindung des physischen und geistlichen Organismus lassen sich Begriffe wie *Wunde, Krankheit, pathologischer Zustand* in gewisser Weise auch auf die geistliche Ebene des Menschen übertragen. Man kann sogar sagen, Körperorgane und psychische Fähigkeiten haben ein Korrelativ in der geistlichen Seele. Der Geist drückt sich über Psyche und Leib aus, und darum ist es verständlich, dass sich einzelne Funktionalitäten der geistlichen Seele korrelativ über die psychische bzw. somatische Funktionalität ausdrücken. Daher ist es fraglich, inwieweit man den Verstand vom Intellekt, die Wünsche von den Sehnsüchten, die Emotionen von der Affekten, das Leibliche vom Geistlichen trennen kann. Der Mensch ist ja eine Einheit, und der Geist durchdringt alle seine leiblich-geistlichen Elemente.

Aus diesen Gründen scheint es uns angebracht, alle, die unsere Hilfe suchen, als Patienten zu bezeichnen. In der Hagiotherapie bekommt das Wort *Patient* eine neue Bedeutung: Es stammt vom lateinischen Wort *patior* - leiden. Davon leitet sich auch *patientia* - Geduld ab. Wer also zu uns kommt - der "Patient" - ist vom *Leid* getroffen, möchte davon befreit werden oder Kraft bekommen, es in *Geduld* zu tragen. Der Ausdruck *Patient* hat also auch auf geistlicher Ebene und in der Hagiotherapie eine spezifische Bedeutung.

Der Helfer in der Hagiotherapie heißt Hagiotherapeut. Er kennt die Struktur der geistlichen Dimension, weiß um die Verwundbarkeit und pathologische Situation der menschlichen geistlichen Seele und kann durch geistliche

[8] Johannes Paul II., SD 6.

Therapie helfen. Das Wirken des Hagiotherapeuten ist eine Art von Mithilfe der Laien nach Art der Laien im pastoralen Sektor der Kirche, die man üblicherweise mit Apostolat an Bedürftigen, Kranken, Abhängigen bezeichnet. Es ist nicht zu bezweifeln, dass schon eine Religion heilsam ist, erst recht das Christentum. C. G. Jung sagt, die Religionen seien heilsame Systeme für geistliche Leiden.[9]

Frankl missfällt, dass Jung die Religion in den Bereich des Archaischen gestellt hat. "Niemand bringt Gott in Form von angeborenen Archetypen auch schon mit," sagt Frankl,[10] und weiter: "Wir sind der Ansicht, dass die unbewusste Religiosität aus der Mitte des Menschen, aus der Person selbst, hervortritt."[11] Nach Jung fallen die religiösen Archetypen in den psychophysischen Bereich, während Frankl einen Schritt weitergeht und feststellt, dass die Religiosität "eine Angelegenheit des Trägers dieses Psychophysicums ist, nämlich der geistigen Person."[12] Schon vor ihnen schreibt Pascal: "Das Herz hat seine Gründe, die der Verstand nicht kennt."[13] Die Psychotherapie muss sich nach Frankl "diesseits des Offenbarungsglaubens bewegen."[14] Das bedeutet, dass sich die Hagiotherapie jenseits der Psychotherapie befindet. "Das Ziel der Psychotherapie ist seelische Heilung - das Ziel der Religion ist das Seelenheil. Selbstverständlich", setzt Frankl fort, "ist es nicht so, als ob die Ziele der Psychotherapie und der Religion auf derselben Seinsebene stünden. Die

---

[9] Vgl. C. G. Jung, *Gesammelte Werke,* 11, 372.
[10] V. Frankl, *Der unbewußte Gott,* S. 51.
[11] V. Frankl, *Der unbewußte Gott,* S. 50.
[12] V. Frankl, *Der unbewußte Gott,* S. 50.
[13] V. Frankl, *Der unbewußte Gott,* S. 75.
[14] V. Frankl, *Der unbewußte Gott,* S. 62.

Dimension, in die der religiöse Mensch vorstößt, ist eine höhere, umfassendere als die Dimension, in der sich so etwas wie Psychotherapie abspielt. Der Durchbruch in die höhere Dimension geschieht aber nicht in einem Wissen, sondern im Glauben."[15]

Mit anderen Worten, die Psychiatrie selbst gelangt auf Grund objektiver Forschung zum Resultat, dass eine *geistliche Medizin* vonnöten ist, will man nicht bloß geistliche Leiden, sondern auch psychophysische heilen, die ihre Ursache auf geistlicher Ebene des Menschen haben. Die Psychiatrie nennt diese Ebene manchmal anders: Freud nennt sie *mythologisch*, was ja eigentlich dem geistlichen Bereich zuzuordnen wäre. Jung bezeichnet sie als das *Archaische* im Menschen, was ebenfalls ein geistliches Substrat ist. Frankl findet den *unbewussten Gott* - ebenfalls die geistliche Dimension. Sie befürchteten, auf diese Weise zu Seelsorgern zu werden. "Es ist dem Arzt vielfach heute die Stelle des Seelsorgers auferlegt", sagt Frankl.[16] "Die Psychotherapie muss oft ausdrücklich seelsorgerische Eingriffe vornehmen", sagt Görres.[17] Die Psychotherapie muss zu ihrer Domäne zurückkehren, dann aber müssen die geistlichen Fachleute die Untersuchung geistlicher Krankheiten und ihrer Therapiemöglichkeiten übernehmen. Wenn es geistliche Krankheiten gibt, dann ist auch eine geistliche Therapie vonnöten. Es stellte sich heraus, dass die Ursachen mancher psychischer Krank-heiten in der geistlichen Ebene des Menschen liegen. Nun kann man aber nicht erwarten, dass der Psychiater auch auf dem geistlichen Sektor ein Fachmann sei, sondern dass er

---

[15] V. Frankl, *Der unbewußte Gott,* S. 60f.

[16] V. Frankl, *Der unbewußte Gott,* S. 67.

[17] V. Frankl, *Der unbewußte Gott,* S. 67.

diesen dem geistlichen Therapeuten überlässt, wie ja auch ein Psychotherapeut somatische Ursachen psychischer Krankheiten nicht heilt, sondern sie dem Arzt überantwortet. Der Psychiater *kann* die geistliche Ursache einer psychischen Krankheit nicht heilen. Hat er doch nicht das entsprechende Instrumentarium dafür.

A. E. Bergiu untersuchte dreißig Hauptwerke der Psychotherapie. Dabei stellte er fest, dass in keinem einzigen von ihnen Gott erwähnt wird, auch nicht die geistliche Kraft, obwohl eine Reihe empirischer Untersuchungen den Nachweis erbringt, dass die persönliche religiöse Stellung sich deutlich auf die Gesundheit des Menschen auswirkt. Amerikanische Untersuchungen kommen zu dem Schluss, dass ca. 70% von Krebserkrankungen durch Gewissensbisse und Hass verursacht sind, d.h. durch geistliche Agentia. Bei den Mormonen in Utah gibt es um 30% weniger Krebsfälle als bei der übrigen Bevölkerung Amerikas. Gläubige in Washington Country/ Maryland, die regelmäßig sonntags den Gottesdienst besuchen, haben um 40% weniger arteriosklerotische Herzerkrankungen, zeigen Untersuchungen.[18]

Die Psychiatrie will dem Menschen auch auf dem geistlichen Sektor helfen, weil sie feststellen musste, ohne Einbeziehung dieses Bereiches den Menschen nicht ganzheitlich helfen bzw. Ursachen psychischer Erkrankungen nicht aufdecken zu können. Schon um auf dem somatischen und psychischen Bereich besser helfen zu können, muss man geistliche Krankheiten ausfindig machen und heilen. Noch wichtiger ist es aber wegen der geistlichen Dimension des Menschen. Die Logotherapie hat sich der geistlichen Therapie so sehr angenähert, dass sich V.

[18] Vgl. B. Häring, *Vom Glauben, der gesund macht*, S. 16.

Frankl dagegen verwehren muss, er sei in den Bereich des Seelsorgers eingedrungen. Die ärztliche Funktion und die priesterliche Mission müssen streng auseinander gehalten werden. Dem ärztlichen Seelsorger sei nichts fremder, als den priesterlichen Seelsorger ersetzen zu wollen, betont Frankl.[19]

Auch das Lehramt der Kirche spricht von moralischen Leiden und ihrer Überwindung. Papst Johannes Paul II. Hat sich in der Enzyklika *Salvifici doloris* damit offiziell befasst: "Das Leiden scheint zur Transzendenz des Menschen zu gehören: Es ist einer jener Punkte, wo der Mensch gewissermaßen dazu 'bestimmt' ist, über sich selbst hinauszugehen."[20] Der Papst betont, dass in Christus jeder Mensch zum Weg der Kirche werde, aber dass sich das auf besondere Weise dann ereigne, wenn in sein Leben das Leiden einziehe.[21] "Denn der Mensch in seinem Leiden bleibt ein unberührbares Geheimnis."[22]

Der Papst unterscheidet deutlich zwischen körperlichem und moralischem Leiden. "Das Feld menschlicher Leiden ist viel weiter und mannigfaltiger, es hat mehrere Dimensionen. Der Mensch leidet auf verschiedene Weisen, die nicht immer von der Medizin, nicht einmal in ihren fortschrittlichsten Zweigen, berücksichtigt werden. Das Leiden ist etwas noch viel Umfassenderes als die Krankheit; es ist noch vielschichtiger und zugleich noch tiefer im Menschen selbst verwurzelt. Eine gewisse Vorstellung von diesem Problem gewinnen wir aus der Untersc-

---

[19] Vgl. V. Frankl, *Der unbewußte Gott*, S. 65, besonders S. 56.

[20] Papst Johannes Paul II., *Über den Sinn des menschlichen Leidens. (Salvifici Doloris - SD)*, Johannes-Verlag, Leutesdorf, 1987.

[21] Vgl. Johannes Paul II., *Redemptor hominis* Nr. 14, 18, 21f. und SD Nr. 3.

[22] Johannes Paul II., SD 4.

heidung zwischen körperlichem und moralischem Leiden.[23] Der Papst bezeichnet dieses moralische Leiden auch als Leiden des Geistes, als Leiden geistlicher Natur. "Diese Unterscheidung hat zur Grundlage die doppelte Dimension des menschlichen Seins und weist auf das körperliche und geistliche Element als das unmittelbare oder direkte Subjekt des Leidens hin. Körperliches Leiden ist dann gegeben, wenn der *Leib* in irgendeiner Weise *schmerzt*, während das moralische Leiden ein *Schmerz der Seele* ist. Es handelt sich dabei in der Tat um einen Schmerz geistlicher Art und nicht bloß um die "psychische" Dimension jenes Schmerzes, der sowohl das moralische wie das körperliche Leiden begleitet."[24] Der Papst sieht klar die Unterschiede zwischen dem physischen, dem psychischen und dem geistlichen Bereich. Er verweist darauf, dass psychische Krankheiten ihre Ursache im geistlichen Bereich des Menschen haben können. Es gibt für ihn also keine Gleichstellung von psychischem und geistlichem Leiden. Letzeres sei wesentlich schwerer zu diagnostizieren und zu heilen. "Die Weite und die Vielfalt des moralischen Leidens sind nicht geringer als beim körperlichen Leiden; wohl scheint es weniger klar bestimmt und von der Therapie weniger leicht erreichbar zu sein."[25] Trotzdem ist es nicht unmöglich. Der Papst betont, dass die Kirche dabei die Begegnung mit dem Menschen suchen müsse.[26]

Das geistliche Leiden sei jedoch nicht nur etwas Passives, ein Getroffenwerden vom Leid, sondern auch etwas Aktives. Der Mensch, der Böses erleidet, wird zum

[23] Johannes Paul II., SD 5.

[24] Johannes Paul II., SD 5.

[25] Johannes Paul II., SD 5.

[26] Vgl. Johannes Paul II., SD 3.

Subjekt des Leidens.[27] Das Böse ist ein Mangel an Gutem. Der Mensch leidet vor allem dann, "wenn er normalerweise an einem Gut Anteil haben 'müsste' und ihn doch nicht hat. Im christlichen Denken wird also die Wirklichkeit des Leidens durch das Übel erklärt, das in irgendeiner Weise immer auf ein Gut bezogen ist."[28] Der Papst betont, dass das Leiden den Menschen versklaven kann, wo er auf bestimmte Weise seine Freiheit einbüßt. "Das menschliche Leiden stellt in sich fast eine eigene 'Welt' dar, die in ihm aufscheint, manchmal wieder vergeht, sich manchmal in ihm aber noch verstärkt und vertieft."[29] Die Welt und ihre Ordnung sei durch Verirrungen und Sünden des Menschen gefährdet, stellt der Papst fest. "So scheinen Übel und Leiden den Blick des Menschen auf Gott zu verdunkeln, zuweilen in radikaler Weise, und dies vor allem im täglichen Drama so vieler schuldloser Leiden und so vieler Schuld, die keine angemessene Strafe findet."[30] Der Papst führt weiter aus: Wenn es auch wahr sei, dass das Leid eine Bestrafung darstelle, insoweit eine Verbindung zur Sünde bestehe, sei es doch nicht wahr, dass jedes Leiden eine unmittelbare Folge der Sünde, und damit eine Strafe sei. Das Leid habe auch den Charakter einer Versuchung und erzieherische Bedeutung.[31]

Der Papst spricht auch über die Therapie: "Das Leiden soll der Bekehrung dienen, d.h. der Wiederherstellung des Guten im Menschen."[32] Doch eine besondere Therapie stellt die Rettung durch Jesus Christus dar.

---

[27] Vgl. Johannes Paul II., SD 7.
[28] Johannes Paul II., SD 7.
[29] Johannes Paul II., SD 8.
[30] Johannes Paul II., SD 9.
[31] Johannes Paul II., SD 11-12.
[32] Johannes Paul II., SD 12.

"Erlösung bedeutet Befreiung vom Bösen und steht deshalb in enger Beziehung zum Problem des Leidens. Sie ist Ausdruck der Liebe zum Menschen, zur 'Welt', sie ist erlösende Liebe."[33] Es gehe um geistliche Werte: "Der Mensch 'stirbt', wenn er 'das ewige Leben' verliert. Das Gegenteil des Heils ist also nicht das bloß zeitliche Leiden, ein Leiden welcher Art auch immer, sondern das endgültige Leiden, der Verlust des ewigen Lebens, die Zurückweisung durch Gott, die Verdammnis."[34] Das besagte Dokument des Papstes erhellt uns das Verständnis für verschiedene Formen und Ursachen geistlicher Leiden.

Der Geist ist frei von Raum und Zeit. Doch er "bindet" sich in gewisser Weise an das Materielle und Sichtbare, um sich so der Welt mitzuteilen. Also zeigt sich der Geist zeichenhaft. Jesus hat die Wirkungen des Heiligen Geistes und der Gnade der Kirche in den Sakramenten überantwortet. Ein Sakrament ist ein sichtbares Zeichen, das Christus begründet und dem er eine bestimmte Bedeutung zugeordnet hat. Auf ähnliche, zeichenhafte, sakramentale, sich offenbarende Weise können wir auch über die Wirksamkeit und Funktionalität des Geistes im Menschen sprechen.

Wenn wir vom Unter- und Unbewussten sprechen, registrieren wir die Existenz des Geistes in uns, allerdings nicht in psychischer oder physischer Weise. Darum unterscheidet sich das geistliche Bewusstsein vom psychischen. Das erstere ist das Bewusstsein des Glaubens, das Bewusstsein vom Wirken der Gnade, etwas, was man rationell nicht endgültig fassen kann, dessen sich der Mensch aber auf irrationale Weise bewusst ist. D. Goleman sagt, dass es das „kognitiv Unbewusste" im Menschen

[33] Johannes Paul II., SD 14.
[34] Johannes Paul II., SD 14.

gibt. Wenn wir etwas wahrnehmen, dann verstehen wir unbewusst, sagt er, in den ersten Millisekunden nicht nur, wovon die Rede sei, sondern wir entscheiden auch, ob es uns gefällt oder nicht.[35]

Um sich des Geistes und seiner Funktionalität bewusst zu werden, muss die geistliche Wirklichkeit in unsere psychischen und physischen "Instrumente" des Bewusstseins dringen. Der unbegrenzte Geist, der von Raum und Zeit frei ist, muss in die Begrenztheit unseres Wesens, in die Räumlichkeit und Zeitlichkeit treten, um für unsere rationale irdische Wirklichkeit sichtbar zu werden. Das bedeutet dann, dass sich nicht der ganze Geist in der Begrenztheit unserer Erkenntnis bemerkbar machen kann, denn er ist unbegrenzt. Es heißt ja, dass wir nur 25% der Wirklichkeit wahrnehmen und dass alles andere unter- oder unbewusst ist. Das Unter- und Unbewusste enthält auch gnadenhafte, sakramentale Wirklichkeiten, die von Gott kommen, schöne, gute, wahrhafte Gaben, deren sich der Mensch psychisch nicht bewusst ist. Man muss aber auch betonen, dass das Unter- und Unbewusstsein auch geistliche Wunden, Narben, Krankheiten, verdrängte Wünsche und Sehnsüchte enthält. Alles, was jemand aus Angst zu verdrängen sucht, wovor er flieht, "rutscht" in die un- oder halbbewusste Sphäre des Menschen. Aber wie gesagt, auch das Göttliche, Geistliche, Gnadenhafte ist ein Teil dieses Bereiches. Thema vieler Bücher ist die Macht des Unbewussten oder Unterbewussten, die einerseits Nerven und Psyche ruinieren, andererseits aber auch heilen kann. Ängste, Nöte und Wunden, verdrängte Konflikte können die seelische Gesundheit des Menschen schädigen, wenn man damit nicht fachgerecht umgeht.

[35] D. Goleman, *Emotionale Intelligenz*, in der kroatischen Ausgabe S. 18.

Darum kann es gefährlich sein, an das Unterbewusste zu rühren. Verborgen im Inneren ist aber auch das geistliche Leben, das Gott dem Menschen bei der Empfängnis eingehaucht hat, das Jesus durch die Taufe erneuert, das durch Umkehr und Gebet an Kraft gewinnt. Dieses übersteigt darum die Möglichkeiten der psychosomatischen Medizin. So können wir verstehen, warum sich die Gaben des Heiligen Geistes in den Gläubigen in einer begrenzten Weise zeigen, als *Erstlingsgabe* der Kindschaft, wie sie der hl. Paulus nennt.

Die empfangenen Sakramente, Gnaden und Segnungen sind in der Seele also real zugegen, auch wenn wir sie auf dem rationalen Weg nicht registrieren können. Darum zeigt sich die Erlösung durch Jesus Christus und die Gnade im Gläubigen wie ein Keim. Je mehr er betet, sich vom Bösen lossagt und das Gute sucht, desto mehr entfalten sich göttliche Kräfte auch in seinem sichtbaren Leben, desto mehr verändert sich auch seine Umwelt zum Guten. So wird der Gläubige zum Zeugen für Jesus Christus. Je oberflächlicher das geistliche Leben jemandes ist, je mehr er sündigt, desto weniger können die geistlichen Wirklichkeiten in ihm zutage treten.

Wir können also den Schluss ziehen: Die geistliche Krankheit ist eine Disfunktion im Menschen, die den pneumo-psycho-somatischen Organismus behindert und Schmerz verursacht. Die geistliche Krankheit widersetzt sich dem Leben an sich. Sie ist nicht bloß die Störung eines einzelnen Organs, sondern ergreift den ganzen Menschen, der dann sich selbst und seiner Umwelt gefährlich werden kann. Die geistliche Krankheit wirkt sich in zwei Richtungen aus: aggressiv im Angriff auf die anderen, autoaggressiv, in die Depression oder sogar zum Selbstmord treibend.

1. KAPITEL

GEISTLICHE KRANKHEITEN

Die geistliche Krankheit ist eine Wirklichkeit, die an der geistlichen Seele Schmerzen verursacht, das geistliche Leben und Wirken eines Menschen behindert, seine geistlichen Funktionen paralysiert, oft zum Leid oder zum geistlichen Tod führt. Die Krankheit der geistlichen Seele kann sein:

a) kognitiver Natur, sodass jemand die geistliche Wirklichkeit nicht erkennen und verstehen kann und menschenunwürdig lebt.

b) axiologischer Natur sein, sodass der freie Wille keinen gesunden Entschluss fassen kann und unfähig ist zu Sittlichkeit und Moral, und der Betreffende somit im Grunde seines Wesens gefährdet ist.

c) anthropologischer Natur, das heißt eine Gefährdung der Menschenwürde, das Unvermögen, mit dem Schöpfer in Beziehung zu treten, oder die Unfähigkeit zur Kreativität, das Gefühl einer Lebensbedrohung, ein tiefer Schmerz, der die Seelenkräfte blockiert. Die geistliche Krankheit gefährdet den Menschen im Grund seines Wesens. Durch seine geistliche Dimension wird der Mensch nämlich zum Menschen, herausgehoben über die Tiere und Pflanzen, befähigt, die Welt zu verstehen und zu gestalten, mit dem Eigner der Natur und des eigenen Selbst zu kommunizieren. Eine geistliche Krankheit entmenschlicht deshalb den Betreffenden, gefährdet seine Menschenwürde und nimmt ihm die Kraft, Leid und Tod zu überwinden. Sie lässt ihn auf die tierische Ebene sinken und gibt ihm das Gefühl der Hilflosigkeit, der Erniedrigung, des Ausgeliefertseins an den Tod.

Die geistliche Krankheit kann

a) einen juridischen

b) einen medizinischen Aspekt haben.

Für viele geistliche Krankheiten trägt der Betreffende selber die Schuld, und er braucht Erlösung. Andere hat er nicht verursacht, sondern ist ihr Opfer, ist getroffen, ein Patient, und man muss ihn heilen.

Wegen besserer Übersichtlichkeit unterscheiden wir geistliche Krankheiten nach verschiedenen Aspekten:

a) anthropologische,

b) nach zeitlichen Kriterien

c) nach ihrer Art.

A) ANTHROPOLOGISCHE

Anthropologische Leiden sind diejenigen die im Menschen auf Grund seiner „existentiellen Verlorenheit" entstanden sind, dann auf Grund vom Mangel an Liebe und schließlich auf Grund der Verletzungen, die wir einander zufügen.

Wir unterscheiden also:

- existentielle,
- basische,
- aktuelle Krankheiten.

Existentielle Krankheiten - in Form von existentiellen Nöten - tragen alle in sich. Basiskrankheiten entstehen in pränataler Zeit und in früher Kindheit. Ihr Charakteristikum sind Misstrauen, Aggressivität und Depression. Aktuelle Krankheiten entstehen im Alltag. Sie entstehen infolge verschiedener Kränkungen, Konflikte, wegen Misserfolg und Leid.

Sie sind unterschiedlicher Qualität. Existentielle Krankheiten gefährden den ganzen Menschen und die ganze Menschheit. Die basischen machen den Menschen unfähig, seine existentiellen Probleme und Schwierigkeiten zu lösen, weil er misstrauisch, aggressiv oder depressiv ist. Die aktuellen vergrößern das existentielle Leid und das Grundübel. Es gibt also Unterschiede hinsichtlich der Qualität und der Intensität. Die existentiellen entspringen dem Grunde des Wesens und Seins, die basischen aus dem Grund des Daseins, die aktuellen aus nicht funktionierenden zwischenmenschlichen Beziehungen. Die existentiellen sind ein Schrei nach dem Schöpfer, die basischen ein Ruf nach Liebe, die aktuellen eine Suche nach Verständnis und Vergebung.

Existentielle Krankheiten verursachen schreckliche Angst, Frustration, das Empfinden von Sinnlosigkeit.

Die basischen sind Ursache für den Verlust von Lebenswillen und Betätigung, für Selbstmitleid, Vorwürfe, Unbehaustsein und Vereinsamung.

Aktuelle Krankheiten führen zu Verbitterung, Überlastung, Kraftlosigkeit, Streit, Unversöhntheit und Hass. Oft kommt es zum Verlust von Sinn und Freude am Leben.

Bei existentiellen Krankheiten gibt es niemanden, den man beschuldigen könnte außer dem Schöpfer. Für die basischen werden Eltern und Verwandte angeklagt, für aktuelle alle, denen der Betreffende begegnet.

B) ZEITLICH

Zeitlich unterscheiden wir Leiden, zu denen wir auf Grund von Vererbung durch Vorfahren tendieren; dann solche, die in pränataler Zeit, also zwischen Empfängnis und Geburt entstehen; schließlich solche aus der Zeit nach der Geburt. Wir kennen also:

- präkonzeptuale,
- pränatale,
- postnatale Krankheiten.

Präkonzeptuale geistliche Krankheiten entstehen durch Vererbung. Wie man von seinen Eltern eine Veranlagung zu verschiedenen somatischen und psychischen Krankheiten übernehmen kann, so kann man auch geistliche Krankheiten erben. Untersuchungen zeigen, dass Süchte, Fluchen, Atheismus, die Animosität gegen den Glauben, Streit, eine fundamentalistische Mentalität, Egoismus, Stolz, Verachtung anderer als Veranlagung vererbt werden können, was zu einer geistlichen Krankheit werden kann. All das scheint eine Sünde zu sein, die die Menschen durch Willenskraft vermeiden und bereuen sollten. Doch es zeigt sich, dass die Anlagen und die geistlichen Krankheiten durch eine freie Willensentscheidung nicht in den Griff zu bekommen sind. Sie resultieren aus einer Form von Abhängigkeit und werden selbst zu einer Sucht. In der Folge entstehen Frustration, Schmerz und Leid, schließlich das Gefühl von Sinnlosigkeit und Hoffnungslosigkeit. Das Bußsakrament vergibt die Schuld, die Hagiotherapie heilt Schmerzen und Krankheit.

Pränatale geistliche Krankheiten entstehen in der Zeit von der Empfängnis bis zur Geburt. Forschungen der Hagiotherapie ergeben, dass in dieser Phase Ursachen schwerster geistlicher Störungen liegen können. Ein Mangel an Zärtlichkeit, das Fehlen einer stabilen elterlichen Situation, die Nichtannahme der Schwangerschaft bewirkt in Kind Schuldgefühle, eine Neigung zu Aggressivität und Depression. Im Schoß der Mutter ist das Kind äußerst sensibel, denn es hängt fatal von der Mutter ab, und die geringste Ablehnung der Empfängnis führt beim Kind zu Stress, Ängsten und Panik.

Postnatale geistliche Krankheiten sind durch bestimmte Situationen nach der Geburt verursacht. Es gibt zahllose Fälle, in denen das Kind Gefährdung erleben kann und die Unfähigkeit, sich aus der Gefahr zu erretten. Diese traumatischen Situationen prägen sich dem Gehirn wie ein Programm ein und verursachen im späteren Leben schwere geistliche Krankheiten, die sich oft auch zu psychischen und somatischen Krankheiten auswachsen.

C) NACH DER ART

Bei der Unterscheidung nach der Art der Krankheit denken wir an Leiden, die wegen der Kontingenz des Menschen, durch Laster, durch Ablehnung in der Kindheit entstanden sind. Weiters unterscheiden wir hinsichtlich der Entstehung in einzelnen geistlichen „Organen". Also kennen wir:

1. Grundlegende geistliche Krankheiten existentieller und transzendentaler Natur;
2. Basiskrankheiten,
3. Organkrankheiten,
4. Laster,
5. Geistliche Traumen,
6. Geistliche Leiden,
7. Deviationen,
8. Gedanken an Suizid
9. Mediumpsychosen,
10. „Genetische" - geerbte Neigungen,
11. Abhängigkeiten,
12. Symptomatische Krankheiten.

1. Grundlegende geistliche Krankheiten

Als grundlegende geistliche Krankheiten bezeichnen wir geistliche Leiden, die aus der Begrenztheit menschlicher Existenz und durch die Verkehrung von Tugenden in Laster entstehen.

Unter ihnen kennen wir existentielle und transzendentale Krankheiten. Die ersteren beziehen sich auf den Zustand des menschlichen Wesens, den die existentialistische Philosophie als "krank zum Tode", bestimmt "zum Tode" beschreibt. Die transzendentalen beziehen sich wieder auf "Transzendentalien", das sind grundlegende Qualifikationen des Seins, nämlich *unum, bonum, pulchrum, verum.* Hier hinein zählen wir auch alle anderen menschlichen Werte, da sie eigentlich miteinander im Einklang stehen, d.h. dass die Zerstörung jedweden Wertes die Zerstörung des Seins bedeutet, was wiederum heißt, dass alle Werte in den vier "Transzendentalien" des Seins enthalten sind.

A) *Existentielle geistliche Krankheiten*

Unter den existentiellen geistlichen Krankheiten verstehen wir Leiden der geistlichen Seele auf Grund der Sündhaftigkeit der Welt. Wegen der Urschuld wurde der Mensch aus dem Paradies geworfen, aus seiner ursprünglichen Heimat, und darum kommt er dem Sinn des Lebens nur schwer auf den Grund, er kann seinen Schöpfer nicht klar erkennen und ihm nicht begegnen. Er hat den Eindruck, seinem Schicksal und bösen Kräften überlassen zu sein. Er ist ein begrenztes Wesen und von seinem Schöpfer abhängig. Gott ist sein Schicksal, aber der Mensch hat Angst vor ihm. Er kennt ihn nicht gut genug, um in einem vertrauensvollen Verhältnis mit ihm zu leben. Er kann über sein Schicksal nicht verfügen und steht deshalb existentiell irgendwie außerhalb seiner selbst, was in ihm Angst und Unsicherheit erzeugt.

Der Mensch weiß nicht, woher er kommt und wohin er geht, wer ihn in diese Welt geschickt hat; was mit den Verstorbenen ist, ob mit dem Tod alles zu Ende ist. Der Mensch weiß nicht, wieso das Weltall besteht, warum es überhaupt etwas gibt und warum nicht nichts ist. Wer verfügt über den Menschen, über sein Leben und über sein Schicksal? Diese Unwissenheit erzeugt in ihm Unsicherheit, Stress und Ängste. Wir haben den Eindruck, ohne unseren Willen in die Welt geworfen zu sein, die konkrete Situation, Leid und Krankheiten annehmen zu müssen, ohne den Sinn darin zu erkennen.

Wir sind verurteilt, zu existieren, ohne den, der uns geschaffen und in die Welt geschickt hat, zur Verantwortung ziehen zu können. Wir können uns nicht auslöschen oder in etwas anderes verwandeln; wir müssen einfach leben. Wir haben ein Geschick, das wir uns nicht ausgesucht haben, wir leiden an Schmerzen, die wir nicht verschuldet, an einer Schuld, die wir nicht auf uns laden wollten. Wir leben in einer Freiheit, der wir nicht gewachsen sind und mit der wir nicht umgehen können. Das sind also die existentiellen Traumen, an denen jeder - bewusst oder unbewusst - zu leiden hat.

Außerdem tragen wir als Folge der Erbsünde eine Urschuld in uns. Jeder wird auch an seinem Nächsten schuldig, weil er ihn verletzt oder ihm nicht geholfen hat. Der Mensch fühlt sich auch Gott gegenüber schuldig, weil er dem Bösen nicht immer ausweichen kann. Die Erfahrung zeigt, dass Schuldgefühle Depression, Selbstmord, Arroganz Aggressivität, und posttraumatische Störungen verursachen.

Existentielle Angst bewirkt im Menschen das Gefühl, ungeschützt und dem Tod ausgeliefert zu sein. Dabei handelt es sich nicht nur um eine Bedrohung des Leibes, sondern und des Menschen als solchen. Denn der Tod scheint stärker zu sein als alles andere, was man gegen ihn unternehmen könnte. Existentielle Angst zu haben bedeutet, keine Stütze zu haben, niemanden, von dem man geliebt würde, der sich für einen interessiert und deswegen Grund hätte, sich um mich anzunehmen. Existentielle Angst bedeutet Angst vor dem Tod, davor, überflüssig oder unnütz zu werden.

Die Ohnmacht des Menschen zeigt sich darin, dass er sich von Tod und Sünden nicht selbst befreien kann, dass er über die Welt nicht nach Gutdünken verfügen kann, ebenso nicht über die Natur, die Mitmenschen, auch nicht über sich selbst und sein Leben. Der Mensch gewinnt die Einsicht, dass er nur wenig ausrichten und auf das Wesentliche nur wenig Einfluss haben kann. Die Folge davon sind immer größere Ängste, Selbstmitleid, Bedrücktheit, Resignation, Aggression und das Gefühl von Sinnlosigkeit.

Der Mensch muss durch sein Leid allein hindurch. Niemand kann an seiner Stelle sterben, leiden, seine Krankheit übernehmen, seine Schuld tragen. Der Mensch hat nur sich selber und er ist für sich selbst verantwortlich. Wer ist der Mensch, warum lebt er, was ist im Leben wichtig, wem gehört er, was wird aus ihm? Alles bedrängende Fragen ohne eine Antwort. Alle befinden wir uns in dieser Bedrängnis, und niemand hat eine Lösung und eine Einsicht. Wo ist der Schöpfer und Eigner des Menschen und der ganzen Natur? Jeder einzelne Mensch braucht die Rettung und Arznei gegen die existentielle Bedrängnis.

B) *Transzendentale geistliche Krankheiten*

Unter transzendentalen geistlichen Krankheiten verstehen wir die Verwundung und „Zerstörung" der geistlichen Seele durch das Böse, wodurch sich Wahrheit, Güte, Schönheit und alle Tugenden ins Gegenteil verkehren.

Geistliche Gesundheit sind Tugenden und Werte, geistliche Krankheiten entstehen durch Zerstörung von Tugenden und Werten. Liebe ist Gesundheit, Hass Krankheit. Vertrauen ist Gesundheit, Angst geistliche Krankheit. Geduld ist geistliche Gesundheit, Unruhe und Nervosität Krankheit. Freiheit ist Gesundheit, Abhängigkeit steht für Krankheit. Hoffnung ist Gesundheit, Verzweiflung Krankheit. Güte steht für Gesundheit, Bosheit für Krankheit. Treue - Gesundheit, Untreue - Krankheit. Klugheit steht für Gesundheit, Dummheit für Krankheit. Friede bedeutet Gesundheit, Streit Krankheit. Großherzigkeit ist Gesundheit, Geiz für Krankheit usw. Das Laster verursacht bei sich selbst und anderen Leid, behindert das Zusammenleben und das Leben überhaupt. Die Tilgung von Werten verursacht Schuldgefühle, und diese erzeugen Angst.

Wenn Werte und besonders die sog. Transzendentalien verachtet werden, ist das ein Zeichen von erkranktem Willen des Menschen als dem Organ der Entscheidung, aber auch ein Zeichen von erkranktem Intellekt als dem Organ der Erkenntnis. Besonders gelitten hat aber das Herz, das Zentrum der Person. Da es um die Auslöschung von Tugenden geht, die in die Transzendentalien einbezogen sind, ist der Charakter verwundet, ebenso das Gewissen, das Organ des Sinnes und der Erkenntnis von gut und böse. Damit die Werte vom Menschen wieder anerkannt werden können, muss man das Gewissen, den

Intellekt, den Willen, das Herz und den Charakter als Strukturen oder Organe der geistlichen Seele "heilen".

Wenn jemand Böses tut, öffnet er sich dafür, es ergreift von ihm Besitz und macht ihn abhängig. So begeht er neues Übel, was wieder neue Gewissensbisse und neue Angst hervorruft. So entsteht Leid sowohl in dem, der es verursacht, als auch im Opfer.

Wenn wir uns von Wahrheit, Güte und Schönheit als den Transzendentalien abkehren, dann verlieren wir die Existenz. Das Böse ist ein Mangel an Gutem, und das heißt: an Sein. Es geht also um die Zerstörung des menschlichen Seins. Der Mensch ist auf diese Weise zu Tode verwundet und auf dem Weg zum vollkommenen Tod.

Die Neurologie weiß, dass negative Gedanken, Worte und Handlungen Gehirnzellen zerstören. Das Böse vernichtet den, der es tut. Im Gegensatz dazu kommt es zur Rehabilitation des Gehirns, wenn jemand gesund denkt und redet und Gutes tut.

2. Geistliche Basiskrankheiten

Bei Basiskrankheiten denken wir an moralische Leiden, die durch den Schwund des Urvertrauens bzw. der Basissicherheit entstanden sind.

Geistliche Basiskrankheiten können in der Zeit von der Empfängnis bis zum dritten Lebensjahr entstehen, wenn man unter Mangel an Liebe litt, von den Eltern weggegeben wurde, einen Spitalsaufenthalt hatte, wenn die Eltern dem Kind gegenüber grob und zu wenig zärtlich waren. Dann verliert das Kind an Vertrauen zu Gott, zu den Mitmenschen und zum Leben haben, und es kommt zu Schuld, Aggressivität und Depression.

Basistraumata beeinflussen deshalb die Entwicklung eines Menschen im Großen und sind daher von schicksalshafter Bedeutung. Mit ihnen hat man sich besonders seit den 60-er Jahren des letzten Jahrhunderts befasst. Kinder, die in der frühen Phase ihres Lebens keine entsprechende Zuwendung bekamen, verwelken gleichsam auch physisch. Sie bleiben mental zurück, erkranken emotionell und psychisch, werden depressiv oder aggressiv, tendieren zu kriminellen Handlungen und zu Selbstmord. Die frühe Kindheit und die pränatale Zeit ist von enormer Bedeutung für die Gesundheit und das Leben des Kindes, denn sie ist für den Aufbau des Grundvertrauens (*basic trust*) entscheidend. Wenn die Kinder in diesem Zeitraum von ihren Eltern nicht mit viel Liebe, Zärtlichkeit und Güte umsorgt wurden, können sie später kein Vertrauen entwickeln. Verschiedene Forschungen beweisen, dass Liebe für den Menschen von großer Bedeutung ist. Es ist wichtig, das Kind zu wünschen und es in Liebe zu erwarten. Noch wichtiger ist die Erkenntnis, dass diese tiefen Wunden durch geistliche Therapie geheilt werden können.

3. Krankheiten an den geistlichen Organen

Um verstehen zu können, wo geistliche Krankheiten entstehen, kann man sich in Erinnerung rufen, wie die geistliche Wesenheit funktioniert. Der Geist des Menschen wirkt über die geistliche Seele in ihren Strukturen und Organen. Die geistliche Seele ist eine Art Vermittlung zwischen dem Geist, der Psyche und dem Leib. Wenn diese Vermittlung gestört ist, kann der Mensch nicht human sein, denn es fehlt ihm die grundlegende Quelle seiner Humanität, der Geist. Er wird böse und lasterhaft statt tugendreich. Zugleich melden sich Schmerzen, weil geistliche Organe verletzt, der "geistliche Metabolismus" gestört und die "Zellen" des geistlichen Organismus traumatisiert sind. Leid entsteht auch dadurch, dass der Mensch über seine Freiheit nicht verfügt. Er kann nicht mehr in der Kraft des Geistes seiner Psyche und dem Leib befehlen, dass sie das vollziehen, was der Natur nach richtig ist. Der Mensch fühlt sich von seiner wesentlichen Dimension, dem Geist, getrennt. Zugleich kann er nicht dem Geist nach richtig erkennen und entscheiden. Das bewirkt, dass man sich als hilflos erlebt und zugleich tiefstes Leid empfindet wegen der Verletzung am Organismus der geistlichen Seele.

Die kranke Personalität

Die erste Struktur der geistlichen Dimension ist die Personalität. Die Person ist das Ich des Menschen, seine grundlegende Würde, eine Art Kommandoplatz, von dem aus die Vollzüge stattfinden. Wenn diese Würde verletzt wird, fühlt man sich erniedrigt und in die Enge getrieben, was wieder zu Hass, Bedrängnis, Aggressivität als Selbstschutz bzw. zu Depression und Selbstmitleid führt. Die Person kann durch andere verletzt werden, sie kann sich aber auch selbst entwürdigen. Niemand kann den Menschen so blamieren wie er selber, sagt ein Sprichwort. Sündigt jemand oder macht er sonst etwas, was gegen seine Natur ist, dann widersetzt er sich seinem Schöpfer und der Gesetzmäßigkeit seiner Person, er wird zum Feind seiner Mitmenschen. In sich stimmig ist der Mensch dann, wenn er liebt. Wird diese Logik seines Wesens nicht mehr aufrechterhalten, dann ist er selber gefährdet, aber auch andere mit ihm. Wenn sich jemand auf Kosten seiner geistlichen Dimension nur den psychophysischen Genüssen hingibt, macht er sich davon immer mehr abhängig und wird ihr Sklave. Er ist in sich gespalten, seine Erkenntnis und sein Handeln sind entzwei. Die Personalität des Menschen bleibt gesund, solange er die Gesetze achtet, die der Schöpfer in sein Wesen gelegt hat, denen er auch in seiner Umwelt begegnet, von denen auch sein Gewissen, sein Charakter und seine Religiosität sprechen. Die Sünde ist ein Gesetzesbruch. Wenn jemand beim Autofahren die Gesetze der Fliehkraft nicht beachtet, wird er in einer Kurve das Fahrzeug kaum beherrschen können und sich und andere gefährden. Die Sünde bedeutet auch eine Missachtung der im Menschen innewohnenden Ordnung. Die Sünde verletzt den Menschen und verursacht Gewissensbisse und Schuldgefühle. Darum muss der Mensch „fliehen", was sich als Aggressivität, Autoaggressivität und Abhängigkeit zeigt. Doch die tiefste Wunde ist die Entwürdigung der Person. Der Betreffende kann mit seinen Mitmenschen keine normalen Beziehungen pflegen, er fühlt sich unfähig, mit Gott zu kommunizieren. Zugleich wird er zum Sklaven der Schöpfung, obwohl er ihr Herr ist.

Das gefährdete Leben

Das Leben ist die Befähigung des Menschen, als lebendiges Wesen im Sein zu existieren. Das vegetative, psychische und geistliche Leben sind drei Formen desselben Lebens. Verliert er das psychophysische Leben, bleibt er auf geistlicher Ebene lebendig. Verliert er das geistliche Leben, kann er einige Zeit auf psychophysischer Ebene noch existieren. Der Mensch ist aber eine Einheit von Geist, Seele und Leib, und es gehört zu seinem Wesen, dass er in allen drei Ebenen lebt. Wenn er eine dieser drei Formen zerstört, kann er nicht mehr als Mensch leben, sondern ist verstümmelt und kurzlebig.

Man verletzt also sein Leben, wenn man nicht auf die Gesundheit von Leib, Seele und Geist achtet. Man schädigt sein Leben, wenn man sich um die Gesetze des Leibes, der Psyche und des Geistes nicht kümmert, besonders wenn man sündigt. Wenn jemand bloß das psychophysische Leben bewahrt, kann er dennoch nicht überleben, er kommt nicht zum ewigen Leben. Wenn er aber das geistliche Leben bewahrt, mag es auch auf Kosten des psychophysischen Lebens geschehen, hat er dennoch nach der Auferstehung die Möglichkeit, unzerstörbar ganzheitlich in allen drei Dimensionen zu leben. Jesus schenkt uns nämlich das Leben in Fülle. Er "rekapituliert" das Leben des Menschen von der Empfängnis bis zum Tod und schenkt es in verklärter Form wieder.

Achtet jemand nicht auf das geistliche und moralische Leben, dann verletzt und tötet er sich selbst. Das moralisch Böse ist ja ein Mangel an Gutem und damit ein Mangel an Sein. Das Gewissen macht auf dieses zerstörerische Geschehen, auf die Lebensbedrohung aufmerksam. Als Folge davon kommt es entweder zum Eindruck, schutzlos der Zerstörung anheim gegeben zu sein. Oder die Betreffenden bilden Schutzmechanismen aus. So versuchen manche, um jeden Preis materielle Güter anzuhäufen, was ihnen die Illusion vermitteln soll, ihr Leben bewahren zu können. Manche wieder klammern sich an einflussreiche Menschen, von denen sie sich Schutz und Rettung erwarten. Andere versuchen, Macht zu gewinnen, um so das Leben in den Griff zu bekommen. Manche fallen über andere her, die sie an ihre eigene Charakterlosigkeit erinnern. Andere versuchen sich krampfhaft von der Nichtexistenz Gottes zu überzeugen, davon, dass es niemanden gibt, der sie zur Verantwortung ziehen könnte. Andere leugnen das Weiterleben nach dem Tod, und versuchen sich so mühsam zu beruhigen.

Eine besonders schmerzliche Krankheit entsteht, wenn sich jemand nicht um sein vegetatives Leben kümmert und nur seinen Trieben frönt. Anderen ist die psychische Ebene die wichtigste und ihr Ansehen. So werden sie die Stimme ihrer Person, des Gewissens und Herzens zum Schweigen bringen.

Das Leben kann man nur bewahren, wenn man mit dem Ursprung des Lebens, dem Schöpfer, verbunden bleibt. Mit ihm kann der Mensch nur mittels der geistlichen Dimension verbunden sein. Das geistliche Leben muss er also um jeden Preis erhalten, stärken und entfalten.

Das verwundete Gewissen

Das Gewissen ist das Organ des Guten, die Stimme des seins, ein Kriterium der Erkenntnis von gut und böse, die Stimme Gottes, die anregt, das Böse zu meiden und das Gute zu tun. Dieses Organ ist gesund, wenn wir tun, was es uns sagt. Es wird krank, wenn wir Böses tun. Auch der Verdauungstrakt "ordnet an", dass wir gesunde Nahrung zu uns nehmen. Tun wir es nicht, entsteht im Körper ein Konflikt, Schmerz, Dysfunktion oder Krankheit. Wenn jemand sündigt, wenn er Böses tut, verletzt er sein Gewissen, und es "brennt", er ist geistlich verwundet. Die Sünde beleidigt nicht nur Gott und die Mitmenschen, sie verletzt in erster Linie den eigenen geistlichen Organismus. Durch Sünden entstehen Ängste und Unsicherheit, das Bedürfnis, die negative Seite zu verbergen. So wird der Mensch in sich selber gespalten, und die natürliche Folge ist, dass er leidet.

Wenn jemand das Gegenteil von dem macht, was das Gewissen sagt, klagt es ihn an. Nun hat er die Möglichkeit, umzukehren oder sich weiterhin seinem Gewissen zu widersetzen. Im letzteren Fall wird er aggressiv gegen Mitmenschen und Gott. Er möchte letztlich alle vernichten, die ihn zusammen mit seinem Gewissen anklagen könnten. Könnte er wirklich alle töten, bliebe dennoch seine Verletzung, die ihm nicht erlaubt, das, was die Sünde versprach, zu genießen. Es ist also unmöglich, glücklich zu sein, wenn das Gewissen anklagt. Es ist unmöglich, Böses zu tun und sich daran wirklich zu erfreuen. Die Krankheit des Gewissens sollte man heilen.

Das verkehrte Streben des Intellekts

Der Intellekt des Menschen verlangt, die Wahrheit zu suchen, zu denken, zu sprechen und zu tun, die Sünde aber zu meiden. Lügen wir, dann entsteht ein Zwiespalt in uns: Der Intellekt stimmt uns nicht zu, sondern wird zu unserem Gegner. Wenn sich jemand nun dem Urteil des Intellekts unterwirft und die Wahrheit anzunehmen beginnt, wird er gesund. Wenn er gegen seinen Intellekt agiert, wird er unwahrhaftig, was anderen, aber auch ihm selbst zu schaffen macht. Möchte er dennoch irgendwie überleben, muss er ganze Systeme von Lügen schaffen. Die eine Lüge muss die andere stützen. Wer sich seinen Lügenkonstruktionen widersetzt, den beginnt er zu hassen und zu bekämpfen. Er wird zum Verfolger Gottes, der die Wahrheit ist. Er muss auch andere dazu bringen, bei seinen lügnerischen Unternehmungen mitzuwirken. Dann geht es nicht mehr um die eigentliche Wahrheit. Wahr ist dann, was gefällt. So kann einer ganzen Gesellschaft der Zugang zur Wahrheit verbaut sein, sie wird geistlich krank.

Der Intellekt liest im Inneren (*intus legere*). Er erkennt das Sein, die Wahrheit, die eine Transzendentalie ist. Wer das Organ der gln Erkenntnis oder den Intellekt ruiniert, kann die Wahrheit nicht mehr erkennen. Er ist blind für das Leben, den Sinn und die Zukunft.

Das verwundete Herz

Wir beziehen uns hier auf das Herz im biblischen Sinn als den Mittelpunkt der Persönlichkeit, als Ort, an dem sich alle drei Ebenen des Lebens treffen, wo Erkenntnis und freie Entscheidung stattfinden, wo sich einfach das Menschsein ereignet. Das Herz ist nach der Bibel darum der Ort der intellektuellen, aber auch rationalen Erkenntnis, wie auch der Ort der sensitiven, moralischen, intuitiven und emotionell-feinfühligen Erkenntnis. Im Herzen wohnt Gott, im Herzen kommuniziert er mit dem Menschen.

Doch das Herz ist wie der ganze Mensch durch die Erbsünde verletzt. Da sich in ihm der Mittelpunkt komplexer Erkenntnisse, Entscheidungen und Erfahrungen befindet, ist es am wichtigsten, das Herz zu behüten, denn es neigt, wie die Heilige Schrift besagt, zu Treulosigkeit und ist kaum zu ändern. Der Mensch ist gerade da am meisten verwundbar, weil er in seiner Liebe leicht zu enttäuschen, zu verletzen ist und ihn somit leicht Misstrauen und Angst befallen. Der Schmerz enttäuschter Liebe ist am tiefsten, die Erfahrung von Ablehnung schmerzt am meisten. Im Herzen findet sich der Zenit aller Erfahrungen und Erlebnisse des Menschen, und darum konzentrieren sich in ihm auch die Schmerzen und Krankheiten auf somatischer, psychischer und geistlicher Ebene. Wenn jemand emotionell beunruhigt oder verwundet ist, kann er auch geistliche Wirklichkeiten, die Anwesenheit Gottes nur schwer wahrnehmen. Wenn es im Herzen brennt, raucht es im Kopf, sagt ein Sprichwort.

Darum ist es für einen Menschen am wichtigsten, sich in seinem Herzen an seinen Schöpfer zu binden, in dem er den Sinn des Lebens findet, sich seine Liebe und Treue bewusst zu machen. Es ist notwendig, die Hierarchie der Werte zu beachten, den Menschen in Mitleid zu begegnen und ihnen zu verzeihen. Dann entsteht im Herzen Friede.

Abhängige Freiheit

Der freie Wille ist im geistlichen Bereich eine Art Kommandobrücke für alles, was sich im Menschen ereignen wird. Was dieser entscheidet, das vollzieht Seele und Leib. Der Mensch entscheidet, was er essen und trinken, wohin er gehen oder seine Hände ausstrecken und was er sagen wird. Wenn der freie Wille in Eintracht mit der Natur, der Gesundheit und dem Sinn des Leibes, der Seele und des Geistes handelt, dann hört alles, was im Menschen ist, auf ihn. Wenn die Entscheidungen der geistlichen Seele nicht im Einklang mit den Gesetzen des Leibes, der Seele und des Geistes stehen, entstehen im Menschen Unordnung, Unruhe, "Ungehorsam", Ohnmacht, Eigenwille, Abhängigkeit und auch zerstörerische organische Krankheiten. Die Gesetze des Organismus verlangen nach Erfüllung. Wenn man gegen die "Verordnungen" verstößt, wendet sich der Organismus gegen den Menschen, es entstehen Krankheiten, die Fülle des Lebens wird geschmälert. Darum ist die rechte Entscheidung von enormer Bedeutung.

Man hat den Eindruck, der Wille des Menschen sei eine rationelle Fähigkeit. Aber in Wirklichkeit hängt ja der Wille eng mit der Freiheit zusammen, einem Faktor der geistlichen Ebene. Die Freiheit ist ja nicht die Möglichkeit zur Entscheidung zwischen Gut und Böse, sondern die Fähigkeit, das Gute zu wählen. Der Wille kann zum Guten oder zum Bösen tendieren. Die Freiheit aber bedeutet eine Befähigung zum Guten, zur Existenz und Liebe. Wenn sich die Freiheit für das Böse entscheiden könnte, würde sie aufhören, Freiheit zu sein, sie würde sich selbst verneinen. Darum ist jemand dann frei, wenn er sich zum Beispiel nicht vor der Dunkelheit fürchtet, wenn er auf einem engen Steg über einen Abgrund gehen kann, wenn er nicht von Nahrung und Vergnügen abhängt, wenn ihn das Fehlverhalten anderer ihm gegenüber nicht tangiert, dass er sich davon nicht zu böser Reaktion verleiten lässt. Das bedeutet, er ist kein Sklave, er ist frei. Das heißt auch, die Freiheit ist eine Macht gegen das Böse, gegen Gefährdung und Zerstörung. Sie ist eine grundlegende, existentiell notwendige Kraft des menschlichen Wesens. Der menschliche Wille aber tendiert sowohl zum Guten als auch zum Bösen. Die Heilige Schrift beschreibt manchmal diesen Willen als doppelbödig, lügenhaft, täuschend, und darum braucht er die Kraft Gottes, damit er eine klare Ausrichtung bekommt.

Der freie Wille als geistliches Organ ist von geistlicher Freiheit durchdrungen, durch Kraft, damit sie sich immer mehr auf das Gute ausrichten kann. Wenn der freie Wille verletzt ist, neigt man immer mehr zum Bösen, oder er wählt ein vergängliches Gut statt des ewigen, er kann auf der Wertskala nicht mehr unterscheiden. Wenn der freie Wille des Menschen gänzlich ausgelöscht ist, ist er geistlich tot, er ist total abhängig und an das Böse gebunden. Darum spürt jeder tiefe Sehnsucht nach Freiheit in sich.

Weil der Mensch frei ist, fühlt er sich für die Verwundung seines Willens - zumindest zu Beginn - verantwortlich. Wenn jemand z.B. von Alkohol abhängig geworden ist, ist er nicht mehr frei, aber er ist verantwortlich für den Zeitpunkt, wo er sich für die Alkoholabhängigkeit entschieden hat. Ein verwundeter freier Wille verursacht Schmerzen, Gewissensbisse, Schuld. Weil der Mensch frei geschaffen wurde, trägt er für alle seine Gedanken, Worte und Handlungen Verantwortung. Er kann sich seiner Verantwortung nicht entziehen. Wenn sein freier Wille verletzt ist, kann er sich für das Gute nicht entscheiden und ist dafür verantwortlich. Forschungen haben ergeben, dass fast bei jedem Selbstmordversuch Schuldgefühle im Spiel waren, erst recht, wenn der Betreffende versucht hat, die Schuldgefühle zu verdrängen. Dann sind sie zwar dem vollen Bewusstsein entzogen, sind aber umso zerstörerischer wirksam.

Bei der Verwundung des freien Willens können wir irgendwie eine Trennung des menschlichen Willens von der geistlichen Kraft der Freiheit feststellen. Diese ist zwar immer noch da, aber da das Organ des Willens verletzt ist, kann die Kraft der Freiheit nicht zur Wirkung kommen. Der Süchtige möchte zwar gut, frei und anständig sein, aber er kann es nicht. Darum braucht er jemanden, der seinen Willen heilt und ihn in die Freiheit führt. Am stärksten ist die Freiheit Gottes, und sie ist der sicherste Weg zur Freiheit.

Der verdorbene Charakter

Der Mensch hat in seinem psychophysischen Organismus kein Ordnungsprinzip, er ist nicht wie die Tiere durch den Instinkt gelenkt, er muss sich selber in Verantwortung für die Ordnung entscheiden. Die größte Gefahr besteht dann für ihn, wenn die leiblichen, psychischen und geistlichen Organismen nicht miteinander harmonieren oder wenn sich die Triebe nicht der Kontrolle durch den Geist unterwerfen, wenn die psychischen Wertigkeiten nicht auf die Stimme des Geistes "hören". Der psychophysische Organismus "erwartet" die Anordnungen des Menschen. Damit diese Entscheidungen recht getroffen werden können, muss der Mensch klare geistliche Erkenntnisse und Sicherheiten haben. Die Fähigkeiten finden sich in den Tugenden und zeigen sich im Charakter.

Wir können uns vorstellen, dass der geistliche Organismus eine Art Organ hat, das durch die Kraft des Geistes funktioniert. Es wird angenommen, dass man sich gute Eigenschaften durch eigenes Bemühen erwerben kann, während man die Tugenden von Gott geschenkt bekommt. Gute Eigenschaften sind ein Zeichen menschlicher Anstrengung bei Zielen, die sie sich selbst gesteckt haben. Charakterfest sind jedoch Menschen, die sich willig von Gott und seiner Stimme in ihrem Gewissen lenken lassen. Jeder kann sich auf sie verlassen, aber auch sie selbst fühlen sich sicher. Ein charakterfester Mensch ist bereit, Anstrengung und Kreuz anzunehmen, um dem Ruf, der an ihn ergangen ist, Folge zu leisten. Zu den positiven Charaktereigenschaften zählen Edelmut, Stärke, Mut, Geduld, Ausdauer, Großmut, Sanftheit.

Bemüht man sich nicht um gute Eigenschaften, wird man zum Spielball der Leidenschaften. Wie z.B. ein Fußballer nicht in die Spielmannschaft aufgenommen wird, wenn er nicht hart trainiert, so kann man auch seine Rolle im Leben nicht gut spielen, wenn man nicht jeden Tag seine geistlichen Talente einsetzt. Sie werden von Tag zu Tag schwächer, wie eben auch Muskel erschlaffen, wenn man sie nicht trainiert.

Der Charakter ist krank geworden, wenn sich jemand seinen Wünschen, Trieben, Süchten und Versuchungen nicht widersetzen kann. Er hat "kein Rückgrat" und hat an Würde eingebüßt. Er selbst erlebt sich als Sklave, schwach, manipulierbar, gedemütigt. Früher oder später bindet er sich ganz an Genussmittel und Drogen. So verliert er die Achtung vor sich selber. Das geistliche Leid besteht darin, dass die Betreffenden charakterfest sein wollen, es aber immer weniger können. Sie möchten auch andere, besonders ihre Kinder, tugendreich sehen, aber es gelingt ihnen nicht, weil sie kein Vorbild darstellen. Üblicherweise suchen sie Ausflüchte oder wollen alles verwässern oder die Unterschiede verwischen, um sich von anderen nicht negativ abzuheben. Sie versuchen ihre Handlung durch fadenscheinige Begründungen zu rechtfertigen, oder sie machen sich über die anderen lustig und verspotten sie als Streber. Das ganze nimmt immer größere Ausmaße an, so dass manche schließlich ganz verkommen.

Der Ausweg besteht darin, dass sie sich als schwach erkennen und Hilfe suchen.

Die Religiosität

Die Religiosität ist der am meisten durchgeistigte Teil des Menschen. Sie bezeichnet eine Fähigkeit des Menschen, die Anwesenheit Gottes zu registrieren, mit ihm zu kommunizieren und sich mit ihm zu versöhnen. Die Religiosität ist ein Bereich in dem er immer neue Wege sucht, Gott zu begegnen, in dem er fähig ist, auf die Eingebungen Gottes zu hören und seinen Geboten zu folgen. Es scheint, als sei die Religiosität ein Raum, durch den Gott in alle andere Bereiche und Befähigungen des Menschen gelangt. Die Religiosität ist wie eine Kirche in der Mitte des Dorfes, wie eine Kathedrale im Zentrum der Stadt. Durch seine Religiosität ist der Mensch imstande, alle seine Kräfte einzusetzen, um seinen Schöpfer und mit ihm alle Möglichkeiten für sein Leben zu finden. Hier sucht der Mensch Rettung, die Vergebung seiner Sünden, Gnadenkräfte, die Erfüllung all seiner Sehnsüchte. Darum kann man sagen, die Religiosität stelle eine Art Vorhimmel dar, einen Bereich zwischen der himmlischen und der irdischen Liturgie. In ihm berühren sich Himmel und Erde. Es ist ein Bereich, den Gott für sich selbst reserviert hat.

Durch eine tödliche Verletzung dieses Organs wird der Mensch zum Atheisten. Wenn er diesen Bereich nicht von Idolen, Götzen, Esoterik und Magie reinigt, wenn er also nicht Gott an die Stelle der Götzen setzt, verliert er völlig die Orientierung, findet keinen Sinn und wird zu einem Heiden. Jetzt ist er zugänglich für Manipulation durch Machthaber, er öffnet sich obskuren Ideologien, Philosophien, Sekten. Jetzt ist er aber auch durch böse Mächte gefährdet, durch dämonische Kräfte, die seine Moral gänzlich verkehren und ihn quälen. Nietzsche sagte mit Recht, dass der Mensch ohne Gott keine Orientierung habe, kein Kriterium, um Gutes vom Bösen, Hässliches vom Schönen, Gott von Götzen, Liebe vom Hass zu unterscheiden. Ohne Gott ist alles wichtig beziehungsweise ist nichts wichtig. Der Mensch ist verwirrt, und er weiß auch nicht, wo er Hilfe finden könnte. Ist die Religiosität verwundet, ist der Mensch eigentlich verloren, er hat keine Heimat, findet keinen Frieden und kein Ziel.

Die Lösung seiner Probleme findet er, wenn er sich seinem Schöpfer zuwendet. Mit Gott findet er Orientierung, sodass er auch in allem anderen zurechtkommen kann. Die Religiosität ist die Fähigkeit des Menschen, Gott im Zentrum seines Seins zu behalten. Wenn diese Befähigung nicht ausreichend vorhanden ist, kann es zum Verlust der Mitte kommen, aber auch zu schweren Krankheiten wie Schizophrenie, Panikattacken, Suizidversuchen, zum Gefühl, alles im Leben habe Ziel und Richtung verloren. Neue Forschungen sprechen auch von verschiedenen Formen von Karzinom als Folge des Verlustes der Grundausrichtung des Menschen.[36]

Kultur ohne echte Inspiration

Die Kultur ist die Fähigkeit des Menschen, durch den Geist seine Umwelt, seine Beziehungen zu den Mitmenschen, seine ganze Lebenssituation zu gestalten. Die Kul-

[36] Vgl. M. Beck, *Dr Krebs und die Seele. Gen-Giest-Gehirn-Gott*, Schohning, Paderborn, 2004.

tur kommt vor allem im Bereich der Kunst durch Symbole zum Ausdruck. Sie lässt sich rational nicht erklären, sie ist auf gewisse Weise unaussprechbar, aber doch allen klar. Ziel und Wesen der Kultur ist die Schönheit und Harmonie allen Bestehenden. Schönheit gibt es dort, wo Güte und Wahrheit einander begegnen, wo nicht nur der Mensch, sondern auch Gott gesucht wird. Die Schönheit ist ein Lichtstrahl vom Himmel, ein Widerschein des Seins und der Existenz, der Succus des menschlichen Wesens und seine Grundsehnsucht. Die Schönheit adelt den Menschen, macht ihn zum kreativen Schöpfer in allen Bereichen des Lebens. Solche Menschen wirken in ihrer Gesellschaft prophetisch und gleichsam als Sauerteig. An ihnen können sich andere Gruppierungen ausrichten. Ein kultureller Mensch ist also jemand, der in sich Werte und Tugenden konzentriert, mit tiefer Ehrfurcht vor Gott und mit Wohlwollen den Menschen gegenüber.

Das oben genannte Organ ist dann erkrankt, wenn die Beziehungen des Betreffenden zu sich selber, zu den Mitmenschen und zu Gott nicht in Einklang stehen. Ein echter Künstler beherrscht nicht nur meisterhaft die entsprechende Technik, er lässt sich auch durch das Licht und die Schönheit von oben inspirieren. Wenn eines dieser Elemente fehlt, verbeugt sich der Mensch vor Kitsch und Falsifikaten, statt vor der Wahrheit vor Halbwahrheiten. Das Kulturorgan ist besonders dann negativ betroffen, wenn das Ziel der Kunst pervertiert wird, statt Schönheit das Hässliche verherrlicht wird, statt Moral Unmoral, statt der Wahrheit die Lüge. Ein kulturell hochwertiger Mensch ist demütig, das heißt realistisch. Ein Bluffer ist aufgeblasen, hochnäsig, er hat das Bedürfnis, sich immer in Szene zu setzen, weil er es im Künstlerischen nicht vermag. Wer im Künstlerischen nicht von Gott inspiriert ist, sucht "künstlerische" Anregung durch Alkohol, Drogen, in Sekten oder in der Esoterik. Echte Kunst kommt nur von Gott, alles andere sind Imitationen, und zwar schlechte. Wirkliche Kunst ist durch intensive Suche, Opfer und Entsagung zu schaffen. Ein begnadeter Künstler wird man durch kontemplatives Gebet, echte Kommunikation mit dem Schöpfer des Schönen und Wahren.

Verfremdete Geschlechtlichkeit

Der Mensch ist nach dem Bild Gottes geschaffen, sagt die Genesis, und zwar als Mann und Frau. Darum ist der Mensch in ein gesellschaftliches Wesen. Gott ist nämlich dreifaltig. Alle drei Personen in Gott haben die gleiche Natur, und darum sagen wir, dass es nur einen Gott gibt, aber in drei Personen. So ist auch der Mensch irgendwie eins, aber in drei Personen, Vater, Mutter, Nachkommenschaft. Gott wirkt dreifaltig. Der Vater erkennt sich selber, und das ist sein Sohn. Er spricht sich aus, und so ist die zweite göttliche Person das Wort Gottes. Der Vater und der Sohn lieben einander unendlich, und diese Liebe ist der Hl. Geist. Darum sagt man, dass der Vater durch den Sohn im Hl. Geist wirkt.

Der Mensch ist Gott ähnlich. Diese Ähnlichkeit drückt sich irgendwie in seiner Geschlechtlichkeit aus. Der Mann erkennt sich auf gewisse Weise in der Frau, und die Frau verwirklicht sich durch den Mann. Die Geschlechtlichkeit ist die Vereinigung von Mann und Frau und ihr gemeinsames Hervorbringen eines neuen Menschen. Geschlechtlichkeit lässt sich nicht nur auf physischer, sondern auch auf psychischer und geistlicher Ebene erkennen. Erst wenn alle drei Ebenen vorhanden sind, d.h. Sex, Erotik und Liebe, die zugleich Freundschaft und Agape ist, ist echte Gemeinschaft entstanden, eine unlösliche Verbindung von Mann und Frau, eine Ehe.

Ein Missbrauch von Sex und Erotik ist dann, wenn sie von der Liebe getrennt sind. Sex ist noch keiner Liebe, sondern braucht Liebe. So ist es auch mit der Erotik. Wenn Sex keine Liebe kennt, verwandelt er sich in egoistische Ausbeutung und in Selbstbefriedigung. Dann schädigt der Mensch seine Sexualität, denn er trennt sie von ihrem Ursprung, von Gott, der die Liebe ist. Auch dann, wenn man sich gegenseitig bloß sexuell befriedigen will, fehlt noch immer Entscheidendes. Wenn aber Sex und Erotik in Liebe eingewickelt sind, ergänzen sich Zärtlichkeit und Sicherheit. So können sich Hingabe, Vertrauen, Schönheit, Genuss und Liebe immer weiter entfalten.

Eine besondere Verkehrung und ein Abweg der Geschlechtlichkeit zeigt sich in der Pornographie, der Prostitution, der Pädophilie, der Homosexualität, in lesbischen und sadomasochistischen Verirrungen der Sexualität. Die Geschlechtlichkeit braucht geistliche Gesundheit, aufgesparte Intimität, Reinheit, Treue, damit sie Mann und Frau wirklich beglücken und neues glückliches Leben hervorbringen kann. Untreue, voreheliche sexuelle Beziehungen, Ablehnung von Kindern, Ehescheidung sind eigentlich Wunden, derentwegen man die Sexualität, Erotik und Liebe nicht richtig genießen kann. Heutzutage werden viele sexuelle Verirrungen legalisiert und in der Gesellschaft gutgeheißen. Wer aber im Geschlechtlichen verletzt ist, leidet daran, unabhängig davon, ob die Gesellschaft sein Verhalten legalisiert oder nicht. Damit wird ihr und ihm der Weg zur Heilung oft noch weiter verbaut und die Wunden vertieft.

Eine Ausheilung der Geschlechtlichkeit ist dann möglich, wenn man die Ordnung innerhalb der menschlichen Werte zunächst anerkennt, dann Gott um Hilfe bittet, der möchte, dass der Mensch seine Sexualität gesund erhält, sie liebt, sich in ihr entfaltet und das Leben in Fülle lebt.

Geistliche Augen

Im Bereich des Geistes spricht man auch von geistlichen Augen. Die Theologie sagt *Augen des Glaubens*. Die Bibel spricht von Menschen, die verblendet sind, die die Wirklichkeit Gottes und seiner Gnade nicht sehen. Jesus fragt: "Kann ein Blinder einen Blinden führen?"[41] und meint die Verblendung des Herzens. Geistliche Wirklichkeiten kann man also mit geistlichen Organen wahrnehmen, wenn sie nicht erkrankt sind. In diversen liturgischen Gebeten wird auch formuliert, Gott möge uns die Augen des Herzens reinigen, die Augen der Seele öffnen, er möge uns neue Augen schenken, damit wir ihn und die geistliche Dimension des Lebens wahrnehmen können.

Wem die geistlichen Augen verschlossen sind, der kann die Wirklichkeit des Geistes, der Beziehung zwischen Gott und Mensch nicht sehen. Er nimmt auch die Schönheit der Natur, der Schöpfung nicht wahr. Diese Blindheit stellt keine Gefahr dar, solange jemand einsichtig ist und seine Not vor Gott zugibt. Gefährlich wird sie dann, wenn jemand zu sehen vorgibt, aber tatsächlich nicht sieht. Er hält nur die Finsternis, von der er umgeben ist, für wirklich. So zerstört die geistliche Blindheit die Gesellschaft, zwischenmenschliche Beziehungen und die Erforschung der Wirklichkeit. So entsteht der Klassenkampf, der ideologisch blinde Fundamentalismus, Rassismus und Terrorismus. So entsteht Krieg.

Doch unter der geistlichen Blindheit leidet in erster Linie der Betroffene selbst. Er "sieht" nur beschränkt und kann den Sinn des Ganzen nicht erfassen. Darum ist er unglücklich und depressiv.

Geistliche Ohren

Auf ähnliche Weise kann man vom Organ der geistlichen Ohren sprechen. Durchgeistigte Menschen "hören" die Stimmen der geistlichen Welt. Sie vernehmen die Stimme Gottes und ihres Gewissens. Sie hören das Schluchzen ihrer Seele und den Trost der Frohbotschaft. Jesus hat den Menschen die Ohren geöffnet und so auch zeichenhaft auf das Bestehen geistlicher Ohren hingewiesen. Im Gebet bittet die Kirche, Gott möge unsere Ohren öffnen, damit wir ihn hören können. Es gibt Menschen, die die Bibel lesen, aber in ihr die Stimme des Geistes nicht vernehmen. Sie sehen nur den literarischen, kulturellen Wert des Textes. Wer auf den Geist der Bibel hellhörig ist, wird davon ergriffen, fasziniert, verändert. Wer das Wort Gottes vernimmt und aufnimmt, erkennt darin eine Kraft, schöpft daraus Gnaden und wird zum Menschen im besten Sinn des Wortes.

Wenn etwa ein Hörspiel gesendet wird, können manche Menschen den "Geist" dieses Werkes, den tieferen Sinn nicht erfassen. Andere sind sensibel genug und unterscheiden echte Kunst von Kitsch. Wie man das Organ für die Schönheit pflegen muss, so ist es auch wichtig, auf das geistliche Hörorgan zu achten, um die Stimme der Transzendenz, der Wahrheit und Güte zu vernehmen. Ohne geistliche Ohren kann man sich im Leben nicht orientieren, alle Stimmen sind gleich, man wird von ihnen hin und her gezogen. Wer die Stimme der Zärtlichkeit, des Mitleids, der Liebe nicht kennt, kann darauf nicht antworten. Er wird ein grober Materialist. Er hat seine Existenz nur auf die psychophysische, immanente Ebene beschränkt und ist entscheidender Werte beraubt. Er hat keinen Anteil an dem, was das Leben gut, schön und faszinierend macht. Darum leidet er. Weil er die vergänglichen Güter nicht bewahren kann, wird so mancher aggressiv und zieht - wie etwa Hitler und Stalin - viele mit sich in den Tod. Es ist bekannt, dass Serientäter außerstande sind, die Schreie ihrer Opfer zu hören, dass sie blind sind für das Leid anderer.

4. Laster

Wie die Instinkte das Leben der Tiere ordnen, so schaffen die guten Eigenschaften und Tugenden Ordnung im Menschen innerhalb seiner Triebe, Kräfte und Fähigkeiten. Wenn die psychischen und leiblichen Kräfte die Anordnungen des freien Willens beachten, dann herrscht Ordnung und Gesundheit vor. Sonst wird der Mensch ein Sklave seiner Triebe und oberflächlichen Wünsche. Die Triebe hören auf das Gute und Wahre, damit der Mensch gesund sein kann.

Wie wir die guten Eigenschaften im geistlichen Organ, dem Charakter, "ansiedeln", so wohnen die Tugenden im Herzen. Mit anderen Worten sind Laster die Krankheit des Charakters und des geistlichen Herzens. Man könnte bei jeder einzelnen guten Eigenschaft und Tugend gesondert zeigen, worin ihre Funktion besteht und was eine Erkrankung dieses speziellen Organs für Leiden hervorruft.

Unter den Tugenden unterscheiden wir die sog. theologischen Tugenden Glaube, Hoffnung und Liebe, die den Menschen direkt auf Gott ausrichten. Sie sind eine besondere Gabe Gottes an den Menschen. Neben diesen Tugenden gibt es die sog. Kardinaltugenden, nämlich Mäßigung, Klugheit, Stärke und Gerechtigkeit. Neben diesen gibt es noch zahllose andere. Tugend meint die ständige starke Befähigung, Gutes tun zu können. Gute Eigenschaften sind erworbene, verstandes- und glaubensorientierte Fähigkeiten, mit denen wir unser Leben zu ordnen suchen. Sie erhält man durch menschliche Bemühungen. Sie sind Früchte von und neue Samen für gute Taten. Alle zentrieren sich um die Kardinalstugenden. Die Mäßigung zügelt die Attraktivität sinnenhafter Genüsse und hält den Gebrauch geschaffener Güter in Waage. Die Stärke ermöglicht es, in Schwierigkeiten in Geduld auszuharren und ungebrochen nach Gutem zu streben. Die Gerechtigkeit lässt auch den anderen zukommen, was wir für uns selber erwarten. Die Klugheit betrifft den praktischen Verstand, bei jeder Gelegenheit das Gute zu erkennen und passende Mittel zu seiner Verwirklichung zu finden.[37]

Neben den erwähnten Tugenden gibt es auch die Gaben und Früchte des Geistes. Üblicherweise nennen wir sieben Gaben des Geistes, aber das Neue Testament kennt viel mehr. Die Früchte des Geistes sind Fähigkeiten, die der Hl. Geist im Menschen bewirkt, Liebe, Freude, Friede, Langmut, Freundlichkeit, Güte, Treue, Sanftmut, Selbstbeherrschung und Reinheit.[38]

Wenn wir von Tugenden sprechen, denken wir an eine Art von geistlichen Mechanismen in der geistlichen Seele, über die der Geist den Menschen zu einer spezifischen Handlung befähigt. Eine verletzte Tugend verwandelt sich in ein Laster. So kommt es, dass sich das Böse dieser funktionalen Kräfte im Menschen bemächtigt und Negatives, Ungerechtigkeit, Unmäßigkeit, Hass, Leichtfertigkeit bewirkt. Ist das der Fall, befürchtet der Betreffende, dass sich die Laster gegen ihn selbst kehren und ihn schädigen. Darum leidet er. Außerdem plagen ihn Gewissensbisse, weil er es zugelassen hat, dass er sein Lebensziel verfehlt.

---

[37] Vgl. KKK Nr. 1804-1811.

[38] Vgl. KKK Nr. 1830-1845.

Der zerstörte Glaube

Die Laster im Bereich des Glaubens sind Angst und Aggressivität. Er ist die Fähigkeit, mit inneren "Sensoren" die absolute Güte Gottes zu registrieren und sich an ihr festzumachen. Der Glaube ist eine innere Intuition, ein Licht, eine Kraft, eine geistliche Sicherheit, dass er sich nicht täuscht, dass wahr ist, was Gott offenbart hat, was die Kirche verkündet. Es gibt auch die Erkenntnis des Glaubens. Sie ist nicht dasselbe wie die philosophische Erkenntnis des Intellekts.

Der Glaube kann natürlich, aber auch übernatürlich sein, d.h. er kann sich auf die Menschen oder auf Gott beziehen. Ein Kind hat eine Art Urvertrauen, es glaubt der Mutter, dem Vater, den Menschen seiner Umgebung. Mit der Zeit wird dieser Glaube aber verletzt, das Vertrauen wird von vielen Menschen enttäuscht, so wird es immer schwächer und verwundeter. Je schwächer der Glaube, desto unsicherer das Leben. Man hat niemanden, auf den man sich stützen könnte. Man hat den Eindruck, als wäre einem der Boden unter den Füßen entzogen, man schwebe über einem Abgrund. Wer aber glauben kann, erfährt sich als sicher. Er kann in die Zukunft planen, leben, arbeiten. Er spürt, sein Leben steht auf festem Fundament. Wer nicht glaubt, fühlt sich gefährdet. Er hat den Eindruck, alle können ihm etwas anhaben, er kann niemandem trauen oder er sieht überall Gefahren lauern. Wer auf das Gute in der Tiefe der Menschen vertraut, kann mit ihnen zusammenarbeiten, er kann helfen und Hilfe annehmen, Freundschaften schließen.

Das übernatürlich Organ des Glaubens ist eine gnadenhafte intuitive Sicherheit, mit der man sich auf das absolute Wesen, an Gott stützen kann, der unser

Vater ist, der in unermesslicher Liebe seinen Sohn für uns hingab.[39]

Je mehr Ablehnung und Betrug jemand in der Kindheit erfahren hat, desto weniger kann er Gott vertrauen, desto weniger kann er seinen Schutz erfahren, sich auf ihn stützen. Vor allem wer in früher Kindheit keine Liebe und Zärtlichkeit vonseiten der Eltern erfahren hat, der kann nichts und niemandem trauen, fühlt sich gefährdet unsympathisch, schuldig. Er sucht nach jemandem, der ihn liebt, ihn annimmt, um eine Begründung seiner Existenz zu haben. Diese Tatsachen erlebt er als existentielle Bedrohung, als fortwährenden Grund zur Angst. Er kann von den Menschen keine Liebe annehmen, kann nicht glauben, jemandem sympathisch zu sein. Er zieht sich in sich zurück, kann im Leben keinen wirklichen Sinn finden, wird depressiv, resigniert. Andere lehnen sich auf, werden aggressiv, und das bedeutet, sie haben den Eindruck, ums eigene Überleben kämpfen zu müssen. Glauben bedeutet also zu erkennen, dass dich jemand liebt. Glauben heißt, das Gute zu erwarten, daran festzuhalten, dass sich die eigenen Pläne und Erwartungen erfüllen werden. Der Glaube gibt eine Grundsicherheit und Frieden, woraus sich dann Kreativität entwickeln kann.

Wessen Glaube verwundet oder zerstört ist, kann bei anderen keine Liebe entdecken, kann nicht glauben, dass ihn jemand versteht, dass jemand auf seiner Seite ist, ihn kostbar findet. Er wartet nicht auf die Erfüllung seiner Sehnsüchte, sondern auf Gefahren und Tod. Er kann auch nicht glauben, dass ihn Gott liebt, dass er ihm seine Sünden vergibt, dass er ihn aus Liebe geschaffen hat, dass er mit ihm rechnet. Wer im Bereich des Glaubens verletzt ist, gerät darum in Panik, er fühlt sich schuldig,

---

[39] Vgl. KKK Nr. 1814-1816.

wird aggressiv, muss sich vor anderen verteidigen, weiß nicht, wo er Frieden finden kann. Er würde Gott und den Menschen gern glauben, aber er kann es nicht. Er sucht nach Rettung, findet sie aber nicht. - Es handelt sich also um Menschen, die tief leiden, mit denen man viel Geduld braucht, damit in ihnen Vertrauen wachsen kann.

Die verlorene Hoffnung

Die Verkehrung im Bereich der Hoffnung sind Verzweiflung und Selbstmord. Die Hoffnung ist die Verbindung zwischen Glaube und Liebe. Mit ihr halten wir entschlossen daran fest, dass wir in den Himmel kommen. Im Glauben sieht der Mensch das Ziel vor sich, in der Liebe ist er bereits am Ziel, und in der Hoffnung verwirklicht er das, was er im Glauben sieht und was die Liebe realisiert. Die Hoffnung ist darum eine feste Kraft und die Ausrichtung des Glaubens auf die Verwirklichung dieses Glaubens. Sie ist eine Kraft, die die guten Vorsätze des Menschen verwirklicht. Darum ist sie die Möglichkeit, alle Güter zu erringen. Mit ihr kann der Mensch seine Humanität verwirklichen und zu Gesundheit gelangen. Die Hoffnung ist also eine wirklich notwendige praktische Tugend des Lebens.

Die Hoffnung ist die grundlegende Ausrichtung des Menschen auf seinen Schöpfer hin. Sie ist die Überzeugung, dass Gott treu ist. Sie gibt Kraft, sich Gott zu öffnen. Sie ist die Absicherung gegen ein Abgleiten in Sünde und Laster. Da ihr Objekt Gott selber ist, ist sie unzerstörbar. Man kann sie immer aktivieren, und das bedeutet, dass niemand ewig verloren geht, wenn er es nicht selber will.[40]

---

[40] Vgl. KKK Nr. 1817-1821.

Daraus folgt, dass es am gefährlichsten ist, die Hoffnung aufzugeben. Sonst fällt man in Verzweiflung, und der Kern der Verzweiflung ist der Atheismus, die Verzweiflung an der Liebe und Treue Gottes. Hoffnungslosigkeit raubt dem ganzen Menschen, seinem psychophysischen und geistlichen Organismus die Energie, sich gegen Krankheit und Tod zur Wehr zu setzen. Hoffnungslosigkeit ist darum die schwerste Krankheit des geistlichen Seele. Der hoffnungslose Mensch ist für das Gute in der Welt blind, darum ist er unrealistisch. Er verschließt die Augen davor, dass Gottes Hilfe niemals ausbleiben kann. Hoffnungslosigkeit ist darum auch eine Art Entscheidung, und darum ist sie auch schuldhaft. Sie entsteht dort, wo schon andere Kräfte und Tugenden verschwunden sind, so dass der Betreffende den ausgestreckten Arm Gottes, den Lichtstrahl nicht wahrnehmen kann. Ein Zeichen, dass Hoffnung im Schwinden ist, sind negative, pessimistische Worte, Resignation, mangelnder Widerstand gegen das Böse.

Der Verlust der letzten Hoffnung führt zur Verzweiflung. Sie entsteht aus dem Gefühl der Sinnlosigkeit. Sinnlosigkeit ist Blindheit für die Liebe Gottes, für die Nähe Gottes in jedem Augenblick des Lebens und für den Schoß Gottes, der uns am Ende erwartet. Verzweiflung ist wie ein Fahren gegen eine Mauer, die Unfähigkeit, wenigstens an etwas Liebe zu glauben, das Gefühl, dass sich einem alles und alle entgegenstellen. Verzweiflung resultiert aus der Annahme unverzeihlicher Schuld und Gottferne, dass es keine Möglichkeit gibt, sein Leben zu bewahren. Der einzige Ausweg scheint der Selbstmord zu sein. Suizidales Handeln wird auch beim Drogenkonsum spürbar, bei der Teilhabe an gefährlichen Sportarten, bei waghalsigen Autorennen, beim Amoklauf, bei der Provokation des Zornes Gottes durch Fluchen und blasphemische Handlungen. Die Betreffenden hoffen, außerhalb der physischen Grenzen ihrer Existenz zum Heil zu gelangen. Denn der Mensch kann nie aufhören, für die Erhaltung seines Lebens zu kämpfen. Manchmal handelt sich um Menschen, die trotz ihres Edelmutes von ihren Mitmenschen nicht verstanden wurden. Andere litten unter posttraumatischem Stresssyndrom oder posttraumatischem Abortivsyndrom oder unter ähnlichen schweren Störungen. Ihr Leid ist vielseitig, aber sie finden bei ihren Mitmenschen oft nur Verachtung statt Verständnis und mitfühlende Annahme.

Hass

Die Verkehrung im Bereich der Liebe ist Bedrängnis, Misstrauen, Angst, Aggressivität, Deviation im Bereich der Geschlechtlichkeit, Unvermögen zu echter Freundschaft. Der Betreffende sucht nach einem Ersatz der Liebe, wird materialistisch, gefühllos, unmoralisch, gefährlich. Da der Mensch aber nach dem Bild Gottes geschaffen ist, ist seine Beziehung zu Gott von wesentlicher Bedeutung, und das heißt wieder, dass diese Beziehung zur Konstitution seines Wesens gehört, seines Seins. Die Liebe ist die Sehnsucht, dass sich jemand in einen anderen ganz verströmt, dass er sich mit dem anderen vereint, und zugleich die Sehnsucht, den andren ganz in sich zu assimilieren. Indem man sich dem anderen schenkt, erfährt man sich als besonders wertvoll und vertrauenswürdig. So fühlt man sich im anderen geschützt. Indem man den anderen in sich aufnimmt, erfährt man, wie man ihm die Existenz ermöglicht und dass man selber nicht mehr allein ist. Dadurch dass ihn der andere aufnimmt und sich ihm wieder schenken will, erlebt man seinen Wert und die Absicherung der eigenen Existenz.

Darum ist die Liebe geistliche Erkenntnis, in anderen immer verbleiben zu können. Der Mensch verwirklicht diese

Erkenntnis in Vertrauen und Hoffnung. Damit sich die Liebe im Menschen verwirklichen kann, braucht man als erstes den Glauben als Erkenntnis, dass man zu anderen Vertrauen haben kann und dass man von ihnen geliebt wird. Um so weit zu kommen, braucht man die Kraft der Hoffnung. So wachsen Glaube, Hoffnung und Liebe wie ein einziges geistliches Leben und ermöglichen das Leben des Menschen.

Wenn jemand vonseiten der Menschen Liebe erfährt, ermöglicht es sein Geist, die bedingungslose Liebe Gottes zu erkennen und sich mit ihr zu vereinen. Gott hat Sehnsucht nach dem Menschen. Er begegnet dem Menschen, indem er sich ihm schon in der Schöpfung offenbart, dann in Ansätzen auch in den diversen Religionen, und schließlich in der Fülle in seinem Sohn Jesus Christus, der alles der Kirche anvertraut hat. Außer seinem Wort hat uns Gott auch seine Kraft gegeben, damit wir zu ihm kommen können. Das Wort Gottes ist Jesus Christus, die Kraft Gottes der Hl. Geist. So kann sich der Mensch durch das offenbarte Wort und die Kraft des Heiligen Geistes schrittweise mit dem himmlischen Vater vereinigen. So wird er gerettet, d.h. er ist frei von Ängsten und Depressionen, am Ziel seiner Sehnsüchte.[41]

Daraus wird ersichtlich, dass selbst die Verletzung des Liebesorgans den Menschen in sich selbst verschließt, in ihm Schutzmechanismen, Misstrauen und Angst hervorruft. Er wird oft auch aggressiv, um sich an denen zu rächen, die ihm die Liebe versagen. Untersuchungen zeigen, dass jedes Trauma im Bereich der Liebe, erst recht die Krankheit, die durch Ablehnung in der Frühzeit der Existenz entsteht, Lustlosigkeit erzeugt und physisch welken,

[41] Vgl. KKK Nr. 1822-1829.

psychisch entarten und geistlich verkommen lässt. Der Betreffende erlebt sich als isoliert, er hat niemanden, zu dem er gehört. Er fühlt sich wie in der Hölle. Darum klagt er Gott und die Welt an, er hat den Wunsch, alles zu zerstören, um sich so für den Mangel, den er erlitten hat, zu rächen.

Das Manko an Liebe und Zärtlichkeit in früher Kindheit macht unsensibel für die Zuwendung und Sympathie, die jemand später erfährt. Darum ist der erste Schritt der Heilung, die geistlichen Augen für das Gute zu öffnen. – Schauen wir kurz auf die Laster, die den Kardinaltugenden Mäßigung, Klugheit, Stärke und Gerechtigkeit entgegenstehen.

Unmäßigkeit

Das Laster, das im Bereich der Mäßigkeit entstanden ist, ist die Unmäßigkeit beim Essen und Trinken, eine Abhängigkeit, die Unfähigkeit, sich zu beherrschen, die sich in ihrer Extremform als Anorexie oder Bulimie zeigt. Das Laster zeigt sich aber auch in mangelnder Kontrolle des Redens und Horchens und in falscher Bindung an Mitmenschen und die Natur. Menschen, die davon befallen sind, übertreiben in allem, im Guten wie im Bösen, in der Frömmigkeit und in der Sünde, in der Beurteilung der Menschen und der Welt, in ihrer Beziehung zu Gott und in diversen Lebenssituationen. Sie generalisieren einzelne Übertretungen, haben Angst vor Gott, den Mitmenschen und sich selber. Sie fürchten sich vor gespenstischen Vorstellungen und Bildern. Sie erfinden phantastische Erzählungen und spielen sich in der Gesellschaft auf. Irgendwie finden sie nie zur Ruhe. Sie haben ihre Mitte verloren und können die Situationen nicht richtig einschätzen, ebenso die Worte und Aussagen der Hl. Schrift. Sie stellen dauernd Fragen, nehmen aber die Antwort nicht an, weil ihnen die innere Mäßigung des Geistes fehlt. Sie sind Opfer eigener Vorstellungen und Lebenssituationen. Sie geraten in Panik, alles und jedes macht ihnen zu schaffen, so dass sie sehr zu leiden haben.

Mangel an Klugheit

Maßlosigkeit führt dazu, dass man nicht Maß halten kann. Unklugheit kann das rechte Maß nicht finden. Es fehlt die theoretische und praktische Vernunft. Die Tugend befindet sich in der goldenen Mitte, doch unkluge Patienten können sie nicht aufspüren. Sie bleiben im einen oder anderen Extrem haften. Die Extremform dieses Leidens ist die Schizophrenie, wo der Patient seine Wesensmitte ganz und gar verloren hat und sich darum nicht zurechtfindet.

Schwäche

Das Gegenteil zur Stärke ist Labilität, Unbeständigkeit, Unbelehrbarkeit und Treulosigkeit. Stärke ist ein inneres Wissen um die Grundbedingungen des Daseins, die Beständigkeit in den Transzendentalien, die Verwurzelung im Guten und in der Wahrheit. Das Laster besteht darin, zu erleben, wie die Fundamente des Lebens eingerissen wurden, so dass man „in der Luft hängt". Es gibt nichts, worauf man bauen, wofür man sich entscheiden, worauf man bestehen könnte. Solche Patienten haben keine Basis, keine Stütze, sie fühlen sich schwach, zerbrechlich, traurig und depressiv. Oft sind sie kleinlaut und niedergedrückt, den Kopf eingezogen getrauen sie sich nicht aufzublicken. Sie versprechen hundertmal, können es aber nicht halten. Sie treffen Entscheidungen, aber sie stehen nicht zu ihnen. Sie sagen sich los von ihrem Unvermögen, aber sie fallen wieder. Sie betteln geradezu um Verständnis, Liebe und Zuwendung, denn sie wollen eigentlich mutig sein und sich ein Herz fassen, aber in Wahrheit können sie es nur versprechen, aber nicht halten.

Ungerechtigkeit

Das Laster liegt hier in der Korrumpierung infolge von Abhängigkeit von Geld und Erfolg, selbst um den Preis der eigenen Seele. Menschen mit einem solchen geistlichen Leiden gieren nach einer Karriere, nach Applaus, Ansehen, öffentlicher Anerkennung, kümmern sich um keine Gerechtigkeit und Ehrbarkeit. Sie verteidigen ihr Benehmen und greifen sogar jemand an, der sie zurechtweisen möchte. In der Regel handelt es sich um Menschen ohne entsprechendes Urvertrauen, oder um solche, die etwas zu verbergen haben, aber durch materielle Güter und Wichtigtuerei bedecken wollen. Sie haben die Stimme ihres Gewissens zum Schweigen gebracht und lehnen die Grundsätze von Ehre und Moral ab. Um das zu bemänteln und ihre Rechtschaffenheit zu beweisen, geben sie manchmal der Kirche und sozialen Einrichtungen Geldsummen. Ihre Seele ist aber verdorben und ihre Situation manchmal hoffnungslos. Sie brauchen eine besondere Gnade Gottes und ausdauernde hagiotherapeutische Zuwendung.

Es würde zu weit gehen, wollten wir alle Laster und verkehrten Strebungen beschreiben und analysieren. Es ist wichtig zu verstehen, dass die guten Eigenschaften und Tugenden stabile geistliche Mechanismen sind, die Kraft schenken, sein Leben nach ethisch moralischen Werten auszurichten. Tugenden sind Gaben, die Gott den Gläubigen schenkt, damit sie mit ihm Beziehung pflegen und diese auch bezeugen können. Das heißt, dass die guten Eigenschaften, die wir durch Entscheidung und Training erwerben können, und die Tugenden, die wir von Gott erbitten können, den Menschen mit dem Dasein und mit den Transzendentalien verbinden, so dass sich der Mensch sicher fühlt und in seinem Bestand unzerstörbar. So jemand kann vielseitig kreativ sein und das Leben genießen, denn er hat sein Leben auf Fels gebaut (vgl. Mt 7,25).

Das Gegenteil von guten Eigenschaften und Tugenden sind Laster, zerstörte oder nicht entwickelte positive Eigenschaften oder Tugenden. Jemand, der sein Leben lasterhaft gestaltet, hat kein Fundament unter seinen Füßen. Er ist ein Verlierer, wer hat Angst und Schuldgefühle und leidet auch unter der Verurteilung durch andere und ihre Verachtung. Er muss seine Schuld einsehen und umkehren. Aber er ist auch ein Patient und benötigt Heilung. Jede verkehrte Eigenschaft bereitet Schmerzen, Unruhe und Angst, so dass der Betreffende Hilfe braucht. Bei der Diagnose muss man festhalten, um welche Verkehrung es geht und was man durch Entscheidung, Übung und Gebet rehabilitieren soll. Entschiedenheit und der Glaube an das Gute führt zu guter Gesundheit dessen, der unter besagten geistlichen Krankheiten leidet.

5. Traumen der geistlichen Seele

Geistliche Traumen sind Verletzungen auf dem geistlichen Sektor des Menschen. Der Mensch kann sich solche selber zufügen, oder er kann sie durch andere bekommen. Sich selber traumatisiert man, wenn man sündigt, wann man sich Misserfolge im Leben selber zuschreiben muss, wenn man naiv lebt, auf seine Gesundheit nicht achtet, sich nicht um ein tugendhaftes Leben bemüht.

Andere fügen uns Traumata zu durch Verletzungen, Beleidigungen, Untreue, Bedrohung, Angriff, Nötigung, Verfolgung oder allgemein durch Hass und Ungerechtigkeit. Traumen können aber einfach auch entstehen, weil sich im menschlichen Leben Gutes mit Bösem, Glück mit Unglück mischt. Zu schönen Erlebnissen kommen Erfahrungen von Unglück und Katastrophen, vom Tod geliebter Menschen, von Krankheit und Not, von Hilflosigkeit und hoffnungsloser Lage.

Bei den Traumen handelt es sich nicht um die Krankheit eines geistlichen Organs, sondern um seine Verwundung. Wenn man sie zu heilen beginnt, werden daraus Narben, die zeitweilig Schmerzen verursachen. Traumen sind eine Art Mechanismus, der auf bestimmte Worte, Gesten, Situationen reagiert, aggressiv oder angstvoll. Sie sind wie ein Code, der ohne Beeinflussung durch den Willen, automatisch negative Reaktionen im Menschen hervorruft. So ist der Mensch in der Regel davor nicht gefeit. Wenn die Reaktion nicht nach außen geht, wird der Betreffende von innen "zerfressen", seine Kräfte schwinden immer mehr und er befindet sich ständig in Alarmbereitschaft.

Traumen sind zugleich ein Grund dafür, warum jemand nicht an die Liebe Gottes glauben kann, warum er nicht in die Kirche gehen will, oder überhaupt in die Öffentlichkeit. Traumata kann man an einer bestimmten Art des Sprechens, des Benehmens, des Gehens, des Agierens und Reagierens, an einer bestimmten Lebensweise erkennen. Das schwerste Trauma ist sicherlich die existentielle Ohnmacht des Menschen, über sein Schicksal zu verfügen, ebenso die seelische Verwundung an der Basis seines Lebens. Jedes geistliche Organ kann traumatisiert sein. Und doch reagiert nicht bloß das geistliche Organ, sondern der ganze Mensch. Der ganze Mensch fühlt sich wegen seiner Traumen verletzt, entehrt, gefährdet, geängstigt, eingeengt.

Die Therapie besteht darin, dass man dem Leidenden zuerst aufzeigt, was in ihm vorgeht. Dann verweist man ihn darauf, dass er von Gott Schutz, Zärtlichkeit, Liebe, Kraft bekommen und spürbar erfahren kann und wie es konkret möglich wird.

6. Das Leiden der geistlichen Seele

Leiden ist der Zustand eines Menschen, der von Schmerzen erfüllt ist. Die Krankheit ist etwas, was ein Organ befällt, das man heilen muss. Ein Symptom der Krankheit ist der Schmerz, während das Leiden oft der aussichtslose Kampf des Menschen gegen das Böse ist. Leiden entsteht, wenn jemand von Krankheit erfasst wird, wenn ihn Unglück trifft, wenn er von anderen verfolgt wird, wenn jemand von den Seinen erkrankt ist. Der Mensch leidet, wenn er sich von Gewissensbissen nicht befreien kann, wenn er von Armut geplagt wird, wenn er gefährdet ist oder ausgenützt wird, wenn er verleumdet oder fälschlich bezichtigt wird, wenn er von seiner Umwelt abgelehnt, verspottet und verlacht wird, wenn er einsam ist, bei Untreue und Undankbarkeit. Man leidet immer, wenn man ein drückendes Übel erfährt. Das griechische Wort *paschein* bedeutet, sich in einer schlimmen Lage befinden, ein Übel erleiden. Davon kommt über das lateinische *patior* das Wort Patient, und das ist jemand, der Leid erfährt und damit zum Subjekt des Leidens wird.[42]

Besonderes Leid gibt es dort, wo der Druck durch das Böse und den Schmerz anhält, eine schwere Last bedeutet, wo man oft keinen Ausweg erkennen kann. Man leidet, wenn man ein Ziel lange erstrebt, es aber nicht erreicht.

---

[42] Vgl. Johannes Paul II., SD 7.

Ein wichtiger Schritt in Richtung Heilung besteht darin, dem Leidenden zu zeigen, dass das Leben immer Sinn hat, auch im Leiden. Er muss davon überzeugt werden, dass das Leid kein Zeichen eines besonderen Fluchs ist, dass Gott immer aufseiten des Leidenden steht, dass die Leidenden eher die Lieblinge Gottes sind. Der Sohn Gottes hat menschliches Leid auf sich genommen, und man kann Gott gerade darin begegnen. In diesem Sinn gibt es kein auswegloses Leid. Das Leiden wird so als Tunnel, als kurze Operation gesehen, wonach Licht und Gesundheit kommen.

7. Deviationen

Eine Deviation ist eine Ablehnung der Gesetzmäßigkeit des eigenen Organismus und des Zentrums des Lebens. Das Gewissen sagt, dass es notwendig ist, das Gute zu tun, aber es sagt nicht, was das konkret heißt. Es gibt Kriterien, nach denen man beurteilen kann, was gut ist. Deviationen bedeuten die Unfähigkeit festzustellen, ob etwas gut ist oder nicht. Sie sind ein Mangel an Wertkriterien. Dann kommt es zu einer Vermischung von Tugend und Sünde, von Gott und Götzen.

Man kann nicht nur im Ethisch-Moralischen fehlgeleitet sein, sondern auch in Alltagssituationen etwas Negatives für gut halten, Diebstahl für unumgänglich notwendig, Ehescheidung für vernünftig, Ehebruch für normal, Abtreibung für das kleinere Übel, Euthanasie für eine Hilfsmaßnahme an alten und kranken Menschen. Deviante unterscheiden nicht zwischen Mitleid für Menschen und Mitleid für Tiere, zwischen Religion und Magie, zwischen Christentum und diversen Religionen, zwischen Taufscheinchristen und heiligmäßig lebenden, zwischen formelhaftem, oberflächlichem Beten und Herzensgebet. Dann sieht man nicht, was glücklich und was unglücklich macht, was eine erziehende Maßnahme ist und was bloß Egoismus, was wirklich hilft und was bloß eine scheinbare Erleichterung ist.

Deviationen machen den Menschen blind und taub, oft auch unverständig. D. Bonhoeffer sagt, es sei am schwersten, gegen die Dummheit zu kämpfen. Und doch gibt es auch hier entsprechende Hilfe. Da ist es wichtig, Überzeugungsarbeit zu leisten, in Geduld zu helfen, die Werte auseinander zu halten: materiellen Reichtum und Sicherheit in Gott, Ansehen bei den Menschen und Wert vor Gott. Wo das Reden nicht hilft, hilft Gebet. Deviante Menschen sind ja in ihrer Unterscheidungsfähigkeit blockiert. Sie sind von magischen, okkulten oder anderen geistlichen Mächten gebunden und werden von ihnen in Sackgassen geführt. Gegen die Götzen richtet nur Gott etwas aus.

8. Suizid (Selbstmord)

Beim Suizid handelt der Mensch gegen das Lebensgesetz. Statt dass er sein Leben zu bewahren und zu behüten sucht, will er es zerstören. Das ist etwas Unnatürliches. Das Leben ist nach dem Verständnis und dem Gefühl der Menschen ja der oberste Wert, ebenso nach der Aussage der Bibel. Jesus sagt: "Was nützt es einem Menschen, wenn er die ganze Welt gewinnt, dabei aber sein Leben einbüßt?"

Für den Suizid gibt es verschiedene Ursachen. Manchmal ist es ein Nervenleiden, eine psychische Störung, eine lange, schwere oder unheilbare Körperkrankheit, manchmal war der Auslöser dazu der Verlust eines geliebten Menschen, manchmal führt eine Erbanlage, eine unheilbare Sucht, die Beschäftigung mit Magie, das Empfinden von Sinnlosigkeit zum Selbstmord. Oft sind

Schuldgefühle die Ursache dafür. Die Gründe liegen also auf physischer, psychischer und geistlicher Ebene, und darum ist die Zusammenarbeit auf allen Ebenen nötig.

Die Anzeichen für einen drohenden Selbstmord (versuch) sind ebenfalls verschieden. Manche sagen, sie befürchten, dass sie sich eines Tages das Leben nehmen. Andere behaupten, Stimmen zu hören, die sie zum Selbstmord drängen, und dass diese Stimmen stärker seien als sie selbst. Manche verlieren den Verstand und die Kontrolle über sich, andere fühlen sich ins Dunkel getaucht. Große Angst und Depression sind ebenfalls Zeichen von möglichem Suizid. Manche haben den Eindruck, vor einer Wand zu stehen oder "eingemauert" zu sein, und der Selbstmord scheint ihnen ein Weg in die Freiheit und nicht die Zerstörung des Lebens. Wer seine Absicht zum Selbstmord ankündigt, führt ihn in der Regel aus. - Wie kann man helfen? Durch liebevolle Zuwendung, Medikamente, überzeugende Aussagen. Man muss dem Kranken sagen, dass er damit seine Probleme nicht löst, sondern womöglich noch größere bekommt. So ist ihm selber nicht geholfen, und auch seine Angehörigen sind in vieler Hinsicht geschädigt.

9. Mediumpsychose

Unter der Mediumpsychose versteht man Störungen, Verirrungen und Krankheiten, die infolge der Beschäftigung mit esoterischen Praktiken, mit Magie, Okkultismus und manchen Sekten entstehen.

Einiges davon erforscht die Parapsychologie, wie z.B. die Radiästesie, Rhabdomantie, Wünschelrute, Bioenergie, verschiedene östliche Heilmethoden wie Akupunktur, Akupressur, Visualisation, Materialisation. Die Akupunktur bzw. die Akupressur sind Heilungsversuche, bei denen man auf Nervenknoten durch Nadeln bzw. durch Fingerdruck einwirkt. Diese Heilungsversuche sind darum nicht von vornherein negativ, außer wenn zusätzlich noch chinesische religiöse Praktiken angewendet werden. Die Visualisation ist die Einwirkung auf andere mittels der Gedanken. Die Materialisation ist die Annahme, man könne geistliche Wirklichkeiten in sichtbare Materie verwandeln. Besonders gefährlich ist die Astralprojektion, das "Austreten" der Seele aus dem Leib.

Auch magisch-okkulte Praktiken sind gefährlich, unter ihnen die Astrologie und das Horoskop, wo man die Zukunft und das Schicksal des Menschen aus den Sternen zu lesen versucht, die Wahrsagerei, wo das mittels Handlesen oder Kartenaufschlagen geschehen soll. Zu nennen sind auch Verhexungen, um jemandem durch magische oder okkulte Kräfte zu schaden, der Spiritismus, d.h. die Anrufung von Geistern mittels Pendel, Wünschelrute, Glas, Buch, Tischchenrücken und Menschen als Medien. Darum heißt die besagte Krankheit auch Mediumpsychose, wobei es durch unbekannte oder dämonische Kräfte und Geister zu Störungen, Traumen der Seele und diversen Krankheiten kommt. Kabala ist der Glaube, dass aus den Zahlen der Bibel die Zukunft zu enträtseln sei. Der Satanismus bedient sich auch der schwarzen Magie, um Menschen zu schaden. Bei der Nekromantie werden Geister der Verstorbenen angerufen, um sie für sich verfügbar zu machen. Die Alchimie sucht aus gängiger Materie ein Lebenselixier zu schaffen.[43]

Diese und ähnliche Praktiken führen die Menschen von Gott weg, binden sie an Materielles und verkehren

---

[43] Für eine detailliertere Information vgl. T. Ivančić, *Religija i religije*, Teovizija, Zagreb, 1998, S. 18-22.

oft ihre Moral. Das größere Problem liegt aber darin, dass die Betreffenden in der Folge psychische Störungen aufweisen, geistlich traumatisiert und krank werden. Wer sich damit befasst oder wer aus Familien stammt, wo man sich vielleicht schon seit Generationen damit befasst, bekommt Störungen auf dem gesamten geistlichen Organismus. Solche Leute hören geheimnisvolle Stimmen und sehen eigenartige Phänomene, leben mit der Zeit in großen Ängsten, fühlen sich in starker Bedrängnis. Der römische Exorzist G. Amorth berichtet, dass solche Menschen manchmal Blut husten, wenn sie Hilfe suchend zu ihm kommen.[44] Wer sich - manchmal aus Unwissenheit - in solche Bereiche begibt, kann von unbekannten geistlichen Mächten total abhängig werden. Die Erfahrung zeigt, dass es wirklich gefährlich ist, sich damit zu befassen, dass die Kirche immer schon die Gefahren kannte und darum davon dringend abriet. Verschiedene östliche Sekten wie Sai-Baba versprechen, geistliche Wirklichkeiten z. B. als kosmischen Staub oder in Form von Schmuckstücken zu materialisieren, sie verführen leichtgläubige, naive Menschen, darin Gesundheit und Ruhe zu finden. So kehren sich auch Christen von Jesus ab, nehmen leichtfertig drohende Gefahren in Kauf und verkommen mit der Zeit.

Das Wesen dämonischer und satanischer Mächte ist es, die Erkenntnis und Moral des Menschen zu untergraben. Es handelt sich um Mächte der Finsternis, Gott aber ist Licht. Es sind böse Mächte, Gott aber ist Güte und Liebe. Sie versklaven den Menschen, Gott aber schenkt Freiheit. Er schenkt geistliches Leben und Ewigkeit. Sie geben vor, dem Menschen zu helfen, in Wirklichkeit aber möchten sie ihn ins Verderben stürzen.

---

[44] Vgl. G. Amorth, *Ein Exorzist erzählt*, Maria aktuell, 1994.

Doch diese Mächte sind bloß Geschöpfe, begrenzt in ihren Möglichkeiten, Gott aber ist der absolute Herr des Himmels und der Erde, allmächtig und ewig. Darum kann er auch aus der Mediumpsychose befreien.[45]

10. "Genetische" Krankheiten - Ererbte Neigungen

"Genetische" Krankheiten entstehen durch ererbte Neigung zu einer Krankheit. So wird auch die Erbsünde durch die Geburt weitergegeben. Es gibt ja auch die Neigung zu bestimmten Körperkrankheiten, die übertragen werden. "Die Väter essen saure Trauben, und den Söhnen werden die Zähne stumpf", sagt die Bibel. Einige christliche Therapeuten mühen sich, den "Stammbaum", die Familienerbschuld zu heilen. Es ist unumstritten, dass es die Neigung zu einer bestimmten Denkweise, zu Sünden, geistlichen Krankheiten und Leiden gibt. Das lässt sich in Untersuchungen klar und deutlich nachweisen. Dabei geht es um die Leiden Unschuldiger, um Sünden, die jemand nicht begehen will, um Abhängigkeiten, die durch Nötigung entstanden sind. Die Betreffenden handeln dann unter innerem Zwang, es läuft in ihnen eine Art Mechanismus ab, sie sind manchmal sogar wie besessen, und handeln dann gegen ihr Gewissen und ihr Wesen. Wenn jemand erschöpft und abgeschlafft ist, nur wenig Widerstandskraft hat, dann beginnen sich "genetische" Vorgaben zu entfalten.

[45] Um diese Krankheit eingehender zu studieren, vgl. folgenden Abschnitt des Buches: T. Ivančić, *Begegnung mit dem lebendigen Gott*, Grafocommerce, Salzburg, 1993, S. 179-200.

Es gibt verschiedene Arten von geistlicher Therapie. Am wichtigsten ist es immer, seinen Vorfahren zu vergeben und für sie zu beten.

10. Abhängigkeiten

Fast jede geistliche Krankheit trägt eine Dosis Abhängigkeit in sich. Jesus sagt: "Wer die Sünde tut, ist Sklave der Sünde" (Joh 8,34). Da es um moralisches Leiden geht, ist es logisch, dass alle diese Krankheiten auch ein Zeichen von Abhängigkeit sind.

Hier sprechen wir von der Abhängigkeit im Sinne einer geistlichen Krankheit. Sie hat ihre Wurzeln im geistlichen Bereich, aber sie äußert sich auch auf dem psychophysischen Sektor. Da befinden sich auch die Agentien wie der Alkohol, illegale Drogen und alles andere, wovon man abhängig sein kann. Abhängigkeit bewirkt Leid, denn sie nimmt die Möglichkeit, über seine Freiheit zu verfügen. Abhängigkeit bewirkt auch Gewissensbisse, weil man fühlt, dass man wegen eines kleinen Guts ein großes verspielt hat, dass man wegen eines kurzen Genusses seine Freiheit "verkauft" hat. Der Schmerz des Süchtigen resultiert aus der Verwundung seines geistlichen Organismus, aber auch aus diversen Störungen auf psychophysischer Ebene. Um sich die Droge beschaffen zu können, begehen viele immer öfter illegale Handlungen. Schmerz verursacht auch die Tatsache, dass der Süchtige seine Philosophie der Umwelt aufdrängen muss, um sein Verhalten zu kaschieren oder zu rechtfertigen. Er leidet einfach darunter, dass er nicht normal, nicht frei ist, dass er zu einer Belastung für sich selbst und für andere geworden ist und es immer mehr wird. So sehen sie keinen Ausweg für sich auf ihrem Sturz in den Abgrund.[46]

12. Symptomatische geistliche Krankheiten

Unter symptomatischen geistlichen Krankheiten verstehen wir physische und psychische Krankheiten, die ihre Urasche auf geistlicher Ebene haben. Es sind spezifische Krankheiten des Menschen.[47] Als symptomatisch kann man auch geistliche Krankheiten bezeichnen, deren Ursache auf somatischer oder psychischer Ebene liegt. Verschiedene geistliche Bedrängnisse, Gewissensbisse, Ängste und traumatische Zustände können auf Psyche und Leib so wirken, dass an ihnen Wunden und Krankheiten entstehen. Auf psychischer und somatischer Ebene kann man dabei nur Symptome zu beseitigen suchen. Auf geistlicher Ebene kommt man aber an die Wurzel heran. Das heißt: Man kann durch geistliche Therapie Ursachen einiger somatischer und psychischer Krankheiten heilen. Jores ist der Meinung, dass 60 bis 70 Prozent somatischer und psychischer Krankheiten nur symptomatisch sind, was eine wirklich hohe Zahl darstellt. Darüber gibt es eine grundlegende Arbeit vom Mediziner und Theologen M. Beck, wo er nachweist, dass die Suche nach dem geistlichen Faktor des Krankheitsphänomens durchaus legitim sei.[48] Die

[46] Für ein besseres Verständnis dieser Materie kann man nachlesen in T. Ivančić, *Aggressivität und Vertrauen*, Salzburg, 2001; dann auch: *Wer ist der Mensch?* Salzburg, 2001; ebenso: *Dem Menschen geistlich helfen*, Salzburg, 2000.

[47] Vgl. A. Jores, *Der Mensch und seine Krankheit, Grundlage einer anthropologischen Medizin, Klettverlag, Stuttgart, 1970,* S. 168ff.

[48] M. Beck, *Seele und Krankheit. Psychosomatische Medizin und theologische Anthropologie,* S. 285.

Krankheit bedeute kein neutrales Leid, sondern fordere vom Menschen eine Übernahme der Verantwortung. M. Beck spricht nicht direkt von geistlichen Krankheiten, aber er sieht in ihnen Ursachen somatischer und psychischer Krankheiten. Das Sein, das einzig, wahr, gut und schön sei, sei geistlicher Natur, und ein Manko im Bereich des Seins werde auf die geistliche Seele reflektiert. Wegen ihrer Einheit mit Psyche und Leib komme es dann zu psychosomatischen Krankheiten. Die letzte Ursache symptomatischer Krankheiten liege auf der Ebene des Geistes und des Seins.[49] Auf der Basis der Seelenforschung von J.V. Uexüll und V.V. Weizsäcker und der philosophischen Anthropologie von K. Kahn und H. U. v. Balthasar zeigt Beck, dass die psychosomatische Diagnose bei der äußerlichen *causa efficiens* verbleibe und nicht zur *causa formalis* vordringe.

Daraus ziehen wir den Schluss, dass die Hagiotherapie auch für Krankenhäuser und Psychiatrien von wichtiger Bedeutung ist. In unserer Praxis hat sich gezeigt, dass viele der folgenden Beschwerden und Krankheiten symptomatisch sein können: Anorexie und Bulimie, Epilepsie, diverse Knochenkrankheiten, Herzbeschwerden, manche Kopfschmerzen, auch manche bösartigen Krankheiten. Viele dieser Krankheiten nennt auch die Bibel als das Resultat geistlichen und moralischen Leidens. Zahlreiche symptomatische Krankheiten werden durch Spendung der Krankensalbung oder durch Gebete für die Kranken aufgedeckt.

Wir haben die geistlichen Krankheiten unter verschiedenen Aspekten betrachtet. Allen gemeinsam ist, dass sie Schmerzen geistlicher Natur verursachen, dass sie

[49] M. Beck, *Seele und Krankheit,* S. 316.

Funktionen der geistlichen Dimension stören, dass sich in ihnen die Macht des Bösen zeigt. Sie befallen den Menschen schon in seiner Existenzgrundlage, schmälern oder zerstören sein Grundvertrauen, behindern oder hintertreiben die Wirksamkeit der geistlichen Organe und verursachen Leid und Schmerz. Sie wirken auch dispersiv, und das bedeutet, dass sie auch übertragbar sind. Doch ist es wichtig, dass es für sie alle auch eine Arznei gibt.

Am Ende muss man noch hinzufügen, dass der Mensch in der Tiefe seiner geistlichen Leiden das Böse erlebt, aber auch den Bösen. Die Patienten machen die Erfahrung, dass sie jemand, und nicht nur etwas verführt, dass er sie versklavt, dass er ihnen zuflüstert oder sie bedroht, dass er sie beschuldigt, auch wenn sie die Sünde bereut und gebeichtet haben. Die Tatsache, dass bei geistlich Leidenden der Böse agiert, weist deutlich darauf hin, dass es ohne Gott, den Schöpfer und Erlöser nicht zur vollständigen Heilung kommen kann. Die Hagiotherapie erkennt klare Zeichen dafür, dass Gott für den Menschen konstitutiv notwendig ist, damit er als menschlich leben kann, dass er erst zum Menschen geworden ist, als Gott ihm seinen Atem gegeben hat, und dass es einen Ausweg aus allen geistlichen Krankheiten gibt, wirklich aus allen, weil der Sohn Gottes Mensch wurde und sein Leben für ihn hingab. Es ist nunmehr an der Zeit, endlich mit wissenschaftlicher Akribie auf dem Prinzip der Humanwissenschaften die göttliche Wirklichkeit und Heilkraft zu zeigen. Unerlässlich ist es, sich von Ideologien zu verabschieden, die den Verstand westlicher Wissenschaftler vernebelt haben, dass sie vor wissenschaftlichen Erkenntnissen und Resultaten, die das Wirken Gottes bei der Befreiung des Menschen und ganzer Völker deutlich machen, zu flüchten versuchen.

2. KAPITEL

URSACHEN GEISTLICHER KRANKHEITEN

In der Pathologie der geistlichen Seele muss man zwischen dem *Ursprung* und der *Ursache* geistlicher Krankheiten unterscheiden.

URSPRÜNGE

Die *Ursprünge* sind Orte, von denen aus die Verursacher der Krankheit den Menschen angreifen. Es gibt drei Quellen für das geistliche Leid eines Menschen:

a) der Betreffende selbst,
b) andere Menschen
c) böse Mächte, böse Geister

Das Böse und das Begehren verführen den Menschen zur Sünde und Bosheit, zur Verachtung und Ablehnung seiner selbst, und das verursacht Wunden. Doch auch die Mitmenschen und böse Geister können jemanden zum Bösen verführen, ihn verletzen, verachten, hassen, bedrohen, und ihm so geistliche Schmerzen zufügen. Schließlich ist der Zustand der Welt nach der Erbsünde so, dass der Mensch gegen das Böse, gegen Angriffe, Hass, Krankheiten und Tod nicht mehr ganz immun und widerstandsfähig ist. Die Welt ist dem Bösen unterworfen, sagt die Bibel. Es ist also nötig, diese Ursprünge geistlicher

Leiden wahrzunehmen und die eigene Immunität durch weitere Entfaltung seines geistlichen Lebens zu stärken.

URSACHEN

Wie überhaupt in der Medizin so gibt es auch auf dem geistlichen Sektor *Ursachen* geistlicher Krankheiten. Wir unterscheiden zwischen *grundlegenden* und *unmittelbaren* Ursachen. Es gibt drei *Grundursachen: das Böse oder der Böse*, das *Begehren* und die *Beleidigung. Unmittelbare* Ursachen sind *Gelegenheiten* und *Situationen*, in denen oder aufgrund derer die geistliche Krankheit oder das geistliche Trauma entstanden ist. Unmittelbare Ursachen sind eigentlich die Art und Weise, wie das Böse, das Begehren und die Beleidigung Schmerz verursachen. Schon daraus kann man entnehmen, dass es sehr viele dieser Ursachen gibt.

Die drei Grundursachen der geistlichen Krankheit kann man mit den Verursachern von Krankheiten auf dem somatischen Gebiet vergleichen: der Böse ist wie ein Parasit, das Begehren wie ein Virus, und die Beleidigungen wie verschiedene Infektionen.

Grundursachen geistlicher Krankheiten

Das Böse

Wie schon gesagt, ist das Böse philosophisch betrachtet ein Mangel an Gutem, ein Manko an Existenz. Es hat keine eigene Existenz, sondern "haftet" an einem Gut, an einer Existenz. Das Böse ist im allgemeinen Sinn etwas Negatives, was Schmerz verursacht, was auf irgendeine Weise quält und das Leben bedroht. Davon wird der Mensch traurig und unglücklich.

Wenn wir vom Bösen als Ursache geistlicher Krankheiten sprechen, denken wir an die *Bosheit als Quelle des Leidens*, an das *Böse als Aktivität*, als eine Wirkung, als etwas, was genießt, wenn es die Existenz zerstören kann. Die Bibel spricht von zwei Arten des Bösen. Das erste ist der Böse, der Teufel, Satan. Das zweite ist die Sünde. Der Böse verführt zum Bösen, er ist neidisch, ein Dämon, ein Feind Gottes und der Menschen, aller, die mit Gott verbündet sind. Er zeigt sich bereits in der ersten Frühzeit der Menschheit, verführt die ersten Menschen dazu, etwas zu tun, was ihnen verboten war. Er verführt sie dazu, sich von Gott zu trennen, sich ihm zu widersetzen und sich selbst zu Göttern zu erklären. Er nutzt jede Gelegenheit, jede Begrenztheit, jede Schwäche, um den Menschen anzugreifen. So agiert er auch bei der Versuchung Jesu. Er tritt an ihn heran, als dieser nach langem Fasten hungrig wird und sein physischer Organismus geschwächt ist.

Der Mensch ist ein begrenztes Wesen, Gott allein kann absolut sein. Darum hat der Mensch in bestimmter Weise schon ein Manko. Um in der Fülle leben zu können, um keinen Mangel zu haben, braucht er ein Bündnis mit Gott. Er kann niemals vollkommen sein, absolut, vollendet. Er ist immer ein Wesen im Projektstadium, aber er kann ins Unendliche wachsen. Er kann seine Sehnsüchte nie endgültig erfüllen, aber diese erfüllen sich immer von neuem. Darum ist er ein Wesen, das Gott sucht, und inwieweit er ihn sucht, findet er ihn.

Andererseits ist der Mensch irgendwie außerhalb von Gott geschaffen. Er hat seine Identität und Selbständigkeit in sich, er ist irgendwie von Gott entfernt, und darum immer in Gefahr, Gott zu vergessen, sich selber zu Gott zu erklären, gegen Gott zu handeln. Außerdem hat Gott zu den ersten Menschen gesagt, sie könnten über alles verfügen außer über den Baum der Erkenntnis.[50] Sie sollten also nicht an das Gewissen rühren, denn sonst müssten sie sterben. Sie sollten auch nicht nach dem Baum des Lebens greifen, denn das Leben kann ihnen nur Gott schenken.

Der Böse nützte also diese Situation, in der sich die Menschen befinden. Er redete ihnen ein, sie könnten sich von ihrer Begrenztheit, ihrer Abhängigkeit von Gott befreien. Der Böse meldet sich also wie das Böse, er freut sich, wenn er die göttliche Wirklichkeit und alles, was bei den Menschen gut ist, vernichten kann. Er erweist sich aber als Lügner, denn er verspricht, dass die Menschen Götter werden können. Wenn sich der Mensch von Gott trennt, wird er wie ein Fluss, der von seiner Quelle getrennt ist. Er hat weder einen Sinn, noch weniger eine bleibende Existenz. Ohne einen Schöpfer gibt es kein Geschöpf. Der Böse richtet sich im Menschen also gegen Gott, gegen die Wahrheit und das Leben. Er richtet sich gegen den Einklang des Menschen mit der Natur und ihren Schöpfer. Er ist also ein Zerstörer und ein Mörder.

Der Mensch ist ein Wesen, das denkt und glaubt. Er ist kreativ durch rationales Denken, aber er ist in manchem auch auf Glauben und Vertrauen angewiesen. Er vertraut z.B. darauf, ein Ziel zu erreichen, das er sich gestellt hat. Er vertraut einem Menschen, mit dem er ein gemeinsames Leben beginnen will. Er muss sich in vielem auf Aussagen anderer verlassen und den Betreffenden glauben. Solange sich jemand Gott gegenüber öffnet, das heißt, solange er Gott glaubt, bekommt er von ihm alle Informationen, mit ihnen auch Kraft und Leben, Wahrheit und Liebe.

---

[50] Vgl. Gen 3.

Wenn er Gott nicht traut, verschließt er sich seinen Gaben. Wenn er Gott nicht traut, setzt er auf jemand anderen. Da der Mensch dem Satan geglaubt hat, hat der Böse von Bereichen seiner Seele Besitz ergriffen, und der Mensch wurde ihm untertan. Seither sind die Menschheit und die ganze Natur Sklaven des Bösen, sie sind nicht mehr imstande, sich von Lüge, Hass, Feindschaft und Krieg zu befreien. Der Mensch hat dem Bösen Vertrauen geschenkt und versucht jetzt mit seinen Mitteln zu einem schöneren Leben zu gelangen. Er lebt in einer Kontradiktion: Er versucht sich zu verwirklichen, indem er sich zerstört.

Da der Mensch dem Bösen Glauben geschenkt hat, und der Glaube ist eine der wichtigsten Fähigkeiten des Menschen, wurde der Mensch vom Bösen abhängeg. Statt in der Wahrheit zu leben, lebt er in der Lüge. Doch die Wahrheit ist das Leben und die Existenz. Die Lüge hingegen ist ein Mangel an Existenz, d.h. der Tod. "Durch den Neid des Teufels kam der Tod in die Welt", sagt das Buch der Weisheit (vgl. Weish 2,24). Seither handelt der Mensch böse, er zerstört sich und die Welt.

Also brachte der Teufel die Lüge in die Welt, ebenso den Neid, den Hass, Hochmut, Streit und Krieg, alles wodurch die Menschen einander Leid zufügen, womit sie die Natur zerstören, womit sie sich gegen den Himmel auflehnen. Der Böse verwundete den Menschen existentiell, an der Basis. Er machte ihn unfähig zum Leben, blind für wahre Schönheit und Güte. Der Böse ist mit anderen Worten der Urheber aller geistlichen Krankheiten.

"Wer die Sünde tut, ist Sklave der Sünde", sagt Jesus. Die Sünde ist hier nicht als Frucht menschlicher Schwäche, auch nicht als ein Objekt, sondern als etwas Lebendes dargestellt. Der Böse verführt zur Sünde, aber diese ist an die freie Entscheidung des Menschen gebunden, an die Annahme der Verführung, und damit gehört sie zu seinem Verantwortungsbereich, sie ist seine

Schuld. Der Mensch hat sich für das Negative entschieden, dafür, jemandem Schmerzen zuzufügen, etwas zu zerstören. Damit hat er sich zugleich für den "Fürsten dieser Welt" entschieden, für den Bösen, und er wurde zu seinem Sklaven, zum Sklaven seiner Sünde. Er kann nicht mehr anders handeln, als es sein Herr befiehlt, d.h. er kann nur mehr sündigen. Die Sünde aber bewirkt Schuldgefühle. Im geistlichen Organismus des Menschen entsteht ein Konflikt und Schmerz. Von diesem kann er sich aber nicht befreien, weil er durch seine Entscheidung an das Böse gebunden ist. Durch seine Entscheidung wurde er auch zum Feind Gottes, und damit zum eigenen Feind und zum Feind seiner Umwelt. Die Krankheit, die durch das Böse entsteht, bedeutet demnach eine leidvolle Schmälerung des Lebens.

Das Böse ist eine Macht, der der Mensch nicht gewachsen ist. Er kann die Krankheit, sein Altern, seinen Zerfall, seinen Tod nicht aufhalten. Er kann sich selber nicht bessern, noch weniger kann er andere verändern. Das Böse hält den Menschen in seiner Gewalt, er hat von sich aus keine Möglichkeit, ihm zu entrinnen. Als wäre er in einen Abgrund gestürzt, aus dem er sich nicht retten kann. Seine Schuld ist ungeheuer groß. Sie ist ähnlich groß wie Gott, gegen den er gesündigt hat.

Das Böse, das sich in den Menschen und in die Welt eingeschlichen hat, wird als eine Macht erlebt, die den Menschen in ihren Bann zieht. Um sich von der Schuld zu befreien, wollen Menschen alle töten, an denen sie schuldig geworden sind und die ihnen Vorwürfe machen könnten. So verstricken sie sich immer mehr in Schuld. Sie kommen aus dem Teufelskreis nicht heraus. Ihre eigenen Kräfte reichen nicht aus, sie können auch nicht zu Gott gehen, da sie sich ja gegen ihn gestellt haben.

Den Zustand, in dem sie sich befinden, beschreibt die Bibel im dritten Kapitel der Genesis. Der Teufel versprach den Menschen, sie würden wie Gott, wenn sie sein Wort nicht beachten. Nach dem Sündenfall gehen ihnen aber die Augen auf, und sie erkennen, dass sie getäuscht wurden. Sie wurden nicht zu Göttern, vielmehr sahen sie sich nackt. Um ihr Elend zu bedecken, flüchten sie vor Gott und bezichtigen einander. Das heißt: Sie tun genau das Gegenteil von dem, was ihnen helfen würde. Sie sollten vor Gott nicht fliehen, sondern ihm ihre Schuld eingestehen. Sie sollten einander verzeihen, denn das ist der einzige Weg, um aus dem Verderben herauszufinden. Der Böse spiegelt ihnen vor, sie könnten sich durch Schuldzuweisung helfen und so den Glückszustand wieder herstellen, und die Menschen fallen von neuem auf seine Lügen herein.

Die Ursünde hat sich in zahllose andere Sünden zersplittert, sagt der hl. Augustinus. Sie ist wie eine explodierende Granate, die nach allen Seiten ihre Splitter verstreut und Schaden anrichtet. Alle Menschen nehmen durch die Geburt teil an der Verwundung, der Verlorenheit, der Schuld, dem Leid der ersten Menschen.

Nach ihrer Schuldverstrickung wurden die Menschen aber aus dem Paradies vertrieben, damit sie nicht vom "Baum des Lebens" essen und auf immer verflucht bleiben. Ihre Hoffnung liegt darin, dass sie nur vom Baum der Erkenntnis von gut und böse aßen, nicht aber vom Baum des Lebens. So haben sie noch immer einen Weg, zu Gott zurück zu kehren. Die Menschen sind also nicht endgültig tot. Sie haben die Chance, Heilung zu erlangen und ins Leben zurückzukehren.[51]

---

[51] Vgl. T. Ivancic, *Begegnung mit dem lebendigen Gott. Christliche Grunderfahrung*. Zagreb 1993, S. 69.

Die Begierde

Die zweite Grundursache geistlicher Krankheiten sind die Begierden. Diese sind mit dem Menschen eng verbunden, dass er sie für die Quelle des Lebens hält. Das Begehren ist eine Macht, die ihn an den Hochmut, an leiblichen Genuss, an Reichtum bindet. Die Hl. Schrift beschreibt diesen Zustand in einer Szene: "Da sah die Frau, dass es köstlich wäre, von dem Baum zu essen, dass der Baum eine Augenweide war und dazu verlockte, klug zu werden."[52] Ihre Täuschung liegt in der Annahme, im Essen bzw. in glänzender Pracht sei der entscheidende Genuss zu finden. Sie würde Zugang zu jeder Art von Wissen haben und könnte werden wie Gott. Der hl. Johannes schreibt, in der Welt gebe es "die Begierde des Fleisches, die Begierde der Augen und das Prahlen mit dem Besitz."[53]

Die Begierden verdrehen die ethischen und moralischen Werte. Sie suggerieren dem Menschen, das Leibliche sei wichtiger als das Geistliche. Sie behindern seine freie Entscheidung. Wenn der Wert der Freiheit geringer ist als Genuss und Ansehen, kommt es zu ihrer Unterwerfung unter die Begierden. Es kommt zu einer verkehrten Einstellung. Auf Handlungen, die daraus resultieren, reagiert das Gewissen mit Vorwürfen. Für diese meint sich der Mensch trösten zu müssen, indem er neuerlich seinem Begehren nachgibt. So kommt es zu einem zerstörerischen Kreislauf, wo man immer tiefer ins Elend treibt. Abhängigkeit, Schuld und Leid wechseln einander ab. Wer sein Leben auf die Erfüllung des momentanen Begehrens gründet, bemerkt, wie er auf den Tod zurast. Das leibliche und das psychische Leben kann ja den Tod nicht über-

[52] Gen 3,6.

winden. Der Tod naht mit Riesenschritten, der Genuss kommt zu kurz. Darum versuchen viele den Genuss zu intensivieren, indem sie zu Alkohol und anderen Drogen greifen. Die Enttäuschung wächst aber nur noch mehr, was bei vielen Zorn und Aggressivität hervorruft oder auch zu Selbstmord führen kann.

Die Bibel beschreibt eine solche Auslieferung an das Begehren in der Begebenheit von Kain und Abel.[54] Kain ist auf seinen Bruder eifersüchtig, er meint im Leben zu kurz zu kommen und richtet seinen Zorn gegen Abel, den er schließlich tötet. Jetzt trägt er das Mal des Brudermörders an sich und muss sich vor jedermann in Acht nehmen. Doch Gott verspricht ihm, ihn zu beschützen. So sieht man, dass selbst in einem Wirbel von Unheil und Aggressivität, in Angst und Hoffnungslosigkeit von Gott noch Rettung zu erwarten ist.

Der Leib kann begrenzt genießen. Es kann sein, dass Menschen ihr Gewissen verkaufen, Verwandte und Freunde verraten, um so materiellen Besitz zu erlangen. Doch sie müssen schließlich erfahren, dass aus ihrer Tat Unheil erwächst, dass sie mit ungerechtem Besitz schon gar nicht ihr Leben zu retten vermögen. Die Enttäuschung wandelt sich und Verzweiflung, Aggressivität oder Autoaggressivität.

Hohes Ansehen unter den Menschen, eine hohe gesellschaftliche Position, die Mitgliedschaft in wichtigen Institutionen und Gremien, politischer Einfluss können Menschen so erstrebenswert erscheinen und so blenden, dass manche dem alles unterwerfen und dem Lügenideal frönen. Alle müssen aber früher oder später erkennen, dass der Beifall der Menge nur kurz dauert, dass sich bald Rivalen melden, die ihnen den Platz streitig machen, so dass sie ständig in Gefahr sind, zu verlieren, wofür sie alles geopfert haben. Die Spannung zwischen Applaus und Einsamkeit verursacht inneres Leid, das zur Depression und Selbstzerstörung führen kann oder zur Vernichtung anderer. Mit der Zeit wird ihnen jedes Mittel recht, um nur ja die Gegner zu eliminieren. Oft ist es schon recht spät, wenn die Betreffenden einsehen, dass das alles nur Lug und Trug war und dass es ihnen den Seelenfrieden geraubt hat.

Böses und Begierde sind oft gemeinsame Ursache geistlicher Krankheiten. So kann das Gewissen absterben und das "Organ des Sinnes", das dem Menschen mitteilen muss, was gut und böse, was menschenfreundlich und was inhuman ist, funktioniert nicht mehr. Der Betreffende findet keine Orientierung mehr, fällt auf die bloß tierische Ebene, ohne dass es ihm bewusst wird. Sein Gott ist der Bauch, sein Ruhm besteht in seiner Schande.[55] Statt auf sein Gewissen zu hören, das ihm sagt, was gut ist und was nicht, wird er zum Spielball seiner Leidenschaften und Triebe, fällt in Schuld und intellektuelle Verirrung, wo sich Wahrheit und Lüge decken, wo er schließlich und endlich ganz zu Fall kommt.

Die Begierden befallen Herz und Charakter, zerstören die positiven Charaktereigenschaften und Tugenden und verwandeln sie in Laster. Die Tugend ist eine Kraft, Gutes tun zu können, das Laster ist eine Kraft zum Bösen. Wie schon gesagt wurde, ist der Mensch so geschaffen, dass die Triebe und die psychophysischen Wünsche das Urteil und die Erlaubnis des Intellekts, des Gewissens und des Herzens erwarten, bevor sie sich aktivieren. Wie der tierische Organismus nach dem Instinkt abläuft, so wartet beim Menschen der Organismus auf seine Entscheidungen. Wenn sich jemand für das Böse entscheidet, dann zerstören sich die Triebe und Organe selber. Entscheidet er sich aber für das Gute, funktionieren sie ordnungsgemäß. Entscheidet er sich für gar nichts, kommt es im Organismus zu einer Störung, zu Unordnung und Krankheit. Die Entscheidung des Menschen ist also maßgebend, damit die Begierden von Nutzen sein können.

Beleidigungen

Die dritte Grundursache geistlicher Leiden sind Beleidigungen. Ein unbedachtes Wort, ungerechte Kritik, leichtfertiges Verhalten, Ablehnung, Misserfolg und ähnliches können eine tiefe Verletzungen hervorrufen und die innere Kraft zum Erlahmen bringen. Wenn die Eltern das Kind nicht gewollt haben, wenn das Kind nach einer Abtreibung empfangen wurde, wenn die Schwangerschaft für die Mutter beschwerlich war, wenn man das Kind von zu Hause weggegeben hat, wenn sich die Eltern scheiden ließen, dann ist der Betreffende traumatisiert und kann sein Leben lang ein geistlicher Krüppel bleiben. Enttäuschung, Untreue, Verrat, mangelnde Anerkennung, Ablehnung durch Altersgenossen oder andere Menschen erzeugen Minderwertigkeitsgefühle, führen zu Vereinsamung, innerer Bedrängnis und Traurigkeit. Man wird unfähig, nüchtern nachzudenken, einen Ausweg zu suchen, richtige Entscheidungen zu treffen. Überhaupt hat man es schwer, Sinn im Leben zu finden. Beleidigungen und Leiden können Verstand, Gewissen, Intellekt und Herz so verwirren, dass der Betreffende nicht mehr imstande ist, richtig zu funktionieren. Bei manchen können solche Erfahrungen die Ansicht verstärken, es habe keine Bedeutung, ob man gut, treu, gerecht, human ist oder nicht. Sie haben das Gefühl, es gebe keinen Gott, der Himmel sei nur ein Hirngespinst, Gebete würden kein freundliches Ohr erreichen.

Das Böse, Begierden und Beleidigungen behindern den Intellekt des Menschen, und er kann seine Existenz nicht erkennen, noch weniger den Ausweg aus seinen existentiellen Problemen finden. Manche sind schon so weit in die Irre gegangen, dass sie nicht mehr allein zurückfinden können, sondern einen geistlichen Helfer brauchen, der ihnen den Weg zum Heil zeigt.

Lass uns eine kurze Schlussfolgerung machen! Alle drei Ursachen der geistlichen Krankheiten zeigen, dass man erst dann geistlich gesund bleibt, wenn man sich ständig aktiv um das Gute bemüht. Das Leben des Menschen auf der Erde ist offensichtlich ein Kampf, aber nicht nur auf geistlicher, sondern auch auf psychophysischer Ebene. Wenn die Menschen nicht auf die Reinerhaltung der Luft achten, wenn sie nicht gesunde Nahrung zu sich nehmen, werden sie physisch krank. Wenn sie ihre Emotionen mit negativen Eindrücken belasten, wenn sie ihren Willen nicht trainieren, um gegen das Böse zu erstarken, werden sie psychische Probleme haben. Wenn ein Sportler seine Muskeln nicht trainiert, werden sie abgebaut, er wird keine Leistungen mehr erbringen können. Wenn sich jemand nicht in Tugenden übt, wird er immer oberflächlicher, kraftloser, negativer.

Wir sind uns bewusst, dass das Böse in der Welt existiert. Doch woher das Böse kommt, bleibt ein Geheimnis. Klar ist auf alle Fälle, dass Gott als das absolute Gute weder selber böse sein noch zum Ursprung des Bösen werden kann. Klar ist außerdem, dass es kein absolutes Böses geben kann, sondern bloß ein relatives. Das Böse hat nämlich keine Existenz, weil das Wesen des Bösen gerade in der Beseitigung der Existenz besteht. Darum kann sich das Böse nur auf etwas Gutem entwickeln, es kann nur etwas schon Bestehendes vernichten. Das Böse ist ein Parasit wie Milben, Misteln oder andere Schädlinge. Daraus können wir schließen, dass das Böse nur ein Geschöpf sein kann. Es ist logisch ausgeschlossen, dass Gott ein böses Geschöpf erschaffen müsste. Die Genesis sagt: Alles, was er geschaffen hat, war gut. Das Böse kam also später auf und gegen die Schöpfung. Es ist ebenfalls klar, dass Böses nur dort entstehen kann, wo es einen freien Willen gibt, und das ist bei den Engeln und Menschen der Fall. Wir können also den Schluss ziehen, dass das Böse dort seinen Anfang nahm. Die Philosophie und die Naturwissenschaft können darüber keine Aussage treffen. Die christliche Offenbarung besagt, dass der Teufel, die alte Schlange, Satan, Luzifer auf Gott und die Menschen eifersüchtig war. Er wollte selbst Gott werden, was aber niemals sein kann, weil er ja ein Geschöpf ist. Dann verschwor er sich gegen den Schöpfer, indem er über die Menschen als freie Wesen die ganze Schöpfung zu zerstören und so Gott Widerstand zu leisten versucht. Wie konnte er sich dazu entscheiden? Es ist ja sinnlos und unrealistisch. Und doch musste das Böse irgendwo begonnen haben, auch wenn sein Unterfangen dumm war. Somit haben wir einen Hinweis darauf, dass das Böse immer unverständig und unlogisch ist.

Der Teufel hat auch den ersten Menschen vorgespiegelt, sie würden durch Ungehorsam gegenüber dem Schöpfer selber wie Gott. Sie gaben das logische Denken auf und schlossen sich der Argumentation der "Alten Schlange" an. Dieses negative Programm hat sich in den Genen des Menschen festgesetzt und wird auf die Nachkommenschaft übertragen. Das Begehren hatte einen Sieg über die Logik und die Freiheit errungen und das Böse war in die Welt gekommen.

Aber es ist schon im Vorhinein zum Untergang verurteilt, da das Gute absolut ist und nicht verschwinden kann. In der Welt ist Böses mit Gutem vermischt, es gibt Licht und Finsternis. Aber nur das Licht hat seine Existenz, die Finsternis ist nur ein Mangel an Licht, es hat keine Existenz. Und doch glauben Menschen oft, sie könnten durch finstere Taten, Sünden, Hass und Mord etwas Positives erreichen. Das aber ist im Grunde naiv. Weil Gutes mit Bösem vermischt ist, sind böse und gute Menschen oft naiv. Die Guten deshalb, weil sie Angst haben, gegen das Böse aufzutreten, und befürchten, dabei zu verlieren. Die Bösen sind naiv, weil sie hoffen, durch ihr Verhalten gegen die Guten und gegen Gott etwas auszurichten.

Die Finsternis rennt vergeblich gegen das Licht an, während das Licht die Dunkelheit im Nu beseitigt. Darum lässt sich die Bosheit am besten durch Güte überwinden.

Wer sich an die Gebote Gottes hält, besiegt das Böse und bleibt geistlich gesund. Doch der Mensch ist durch seine ungezügelten Triebe und die materiellen Güter in Versuchung geführt, das Ewige, Humane und Gute zu verraten. Versucht ist er auch durch Krankheit, Unglück, Sünden, so dass er in Gefahr ist, geistlich krank zu werden. Der Böse ist ständig auf der Lauer, das Begehren ist wach, und auch auf Beleidigungen muss der Mensch immer gefasst sein. Er wird auch ständig von Viren und Bakterien bombardiert, aber er bleibt gesund, wenn er sein Immunsystem stärkt. Es ist nicht die Aufgabe des Menschen, gegen den Bösen, gegen sein Begehren und die Beleidigungen zu kämpfen, sondern sich in guten Eigenschaften und Tugenden zu üben und den ganzen geistlichen Organismus zu stärken, um geistlich gesund zu bleiben.

Eine geistliche Krankheit entsteht so, dass die böse Macht, die Begierden und Beleidigungen in den geschwächten Organismus des Menschen dringen und ihm seine geistliche Kraft raubt. Er lebt in ständiger Gefahr, da es die Erbsünde gibt und den Bösen, persönliche Schuld und das Begehren als Schwachstellen im Menschen, da er immer auch durch Beleidigungen bedroht ist. Er schwimmt sozusagen in einem Meer von Versuchungen und Unheil; darum muss er seinen geistlichen Organismus ständig fit halten, um gesund bleiben zu können.

Unmittelbare Ursachen

Darunter verstehen wir konkrete Situationen, in denen das Böse, die Begierden und Beleidigungen den Menschen infizieren.

Bei den grundlegenden existentiellen Krankheiten beginnen Leid und Schmerz, wenn man nur das Negative, das das menschliche Leben mit sich bringen kann, ins Auge fasst, wenn man alles pessimistisch betrachtet. Auch eine schwere Sünde kann jemanden gänzlich aus der Bahn werfen. Anlass für geistliches Leiden kann auch eine momentane konkrete Beleidigung, eine unheilbare Körperkrankheit sein, alles, wodurch man auf den Gedanken kommt, das Leben hätte keinen Sinn und alles sei nur vorläufig.

Was die grundlegenden transzendentalen Krankheiten betrifft, kommt es dann zu geistlichem Leid, wenn Tugenden aufgegeben werden, wenn man nicht mehr an der Stärkung seines Charakters arbeiten will, wenn man verletzt oder zur Sünde verführt wird, wenn man sein Herz an vergängliche Güter hängt, wenn man verletzt wird und dann selber verletzt. Aber zu Situationen, in denen man zwischen Gut und Böse nicht unterscheiden kann, kann es auch durch Erziehungsfehler oder emotioneller Störungen kommen.

Basiskrankheiten entstehen bei Ablehnung in pränataler oder postnataler Zeit, weil etwa die Mutter durch schwere Arbeit oder Krankheit belastet war und das Kind nicht recht annehmen konnte oder wollte. Zur Erkrankung eines Kindes kommt es auch, wenn die Mutter vorher einen Abortus hatte, bei schwerer Schwangerschaft und besonderen Problemen bei der Geburt, wenn die Eltern ständig stritten, grob waren, zu wenig Liebe und Zärtlichkeit hatten, wenn das Kind früh ins Spital musste, wenn es nicht bei seinen Eltern aufwachsen konnte, wenn es verschiedene andere Traumata erlitt. So konnte sich in ihm das Urvertrauen nicht voll entfalten und es wurde geistlich krank.

Organische geistliche Krankheiten befallen primär jenes geistliche Organ, wo es zur "Infektion" kam. So verletzt der Ungehorsam dem Gewissen gegenüber das Organ des Gewissens. Deviationen im Bereich der Sexualität, das Streben nach egoistischem Genuss ruiniert unter anderem das geistliche Organ Erotik und Sexualität. Gelebter Materialismus schädigt das Organ der Religiosität. Enttäuschung verletzt das Organ des Vertrauens u.s.w.

Traumatische Störungen entstehen bei groben Verletzungen durch Mitmenschen oder bei negativen Lebenserfahrungen. So wächst im Kind allmählich die Überzeugung, man müsse gegen andere mit Gewalt vorgehen, um selber zu überleben, nur böses Verhalten führe zum Erfolg im Leben. Deviationen und Mediumpsychosen werden üblicherweise durch Verführung hervorgerufen.

Zur "genetischen" Erkrankung kommt es, wenn jemand von den Vorfahren pessimistisch, depressiv, aggressiv, hochmütig war, seine Mitmenschen gehasst hat, wenn er ein Atheist war oder Selbstmord beging. Man hat dabei den Eindruck, als hätte sich ein negatives Programm in die Gene eingraviert, das dann "genetisch" an die Nachkommen weitergereicht wird. Symptomatische Krankheiten an Psyche und Körper entstehen, wenn die negative Belastung geistlicher Organe lange anhält oder besonders stark ist.

Unmittelbare Ursachen sind negative Kräfte, die man beseitigen, denen man ausweichen oder gegen die man immun werden muss. Das wird möglich, wenn man ein geistliches Leben führt, das nicht nur auf der kognitiven, sondern auch auf praktischen Ebene stattfindet, wo das Richtige erkannt und auch in die Praxis umgesetzt wird.

3. KAPITEL

SYMPTOME GEISTLICHER KRANKHEITEN

Das Wort *Symptom* stammt aus dem Griechischen und bedeutet eine Begebenheit, einen Unfall. In der Medizin bedeutet es das Anzeichen einer Erkrankung, demzufolge die Diagnose gemacht wird.[56]

Hier möchten wir darlegen, an welchen Symptomen man geistliche Krankheiten erkennen kann. Der Geist kann sich durch keine eigenen Zeichen manifestieren, da er der räumlich-zeitlichen Welt nicht angehört und sich demnach nicht unmittelbar zeigen kann. Also erhebt sich die Frage, wie man dann geistliche Krankheit eruieren könne. Der Geist kann unmittelbar agieren, wie ja auch Mutter und Kind miteinander in Beziehung treten können, obwohl das Kind noch nicht verbalisieren kann, sondern nur rudimentär durch Zeichen bekannt gibt, was es empfindet. Der Mensch kann die Gegenwart Gottes unmittelbar registrieren, da sich der Geist dem Geist offenbart. Das lässt sich in unserer materiell-psychischen Welt jedoch nicht nachweisen. Heißt das aber auch, dass man geistliche Krankheiten nicht fassen und demzufolge auch nicht heilen kann?

Der Mensch erfährt den Geist über die geistliche Seele. Als Person mit freiem Willen, mit Gewissen, Herz und

[56] Vgl. *Das moderne Lexikon*, Bertelsmann, Bd. 18, S. 183.

Intellekt kann er dennoch verschiedentlich Symptome geistlicher Erkrankung zeigen. Daher kann man an geistlichen Organen Symptome geistlicher Leiden ablesen.

Jesus aus Nazareth sagte über die Propheten: "An ihren Früchten werdet ihr sie erkennen." Die Propheten erhalten ihr Wissen aus dem geistlichen, dem göttlichen Bereich. Wenn man also bei ihnen an Zeichen erkennen kann, ob sie tatsächlich eine göttliche Sendung haben oder nur aus ihrem Unterbewusstsein oder ihren Wünschen heraus reden, dann lassen sich auch geistliche Krankheit an Zeichen erkennen. Außerdem muss man sich ins Bewusstsein rufen, dass der Mensch eine Einheit aus Soma, Psyche und Pneuma ist. Sein somatischer und psychischer Bereich kommuniziert mit Gott, der ja Geist ist, über seinen Geist. Und sein psychischer Bereich kommuniziert mit dem somatischen und dem pneumatischen mit Hilfe somatischer und pneumatischer Befähigung. So zeigt sich auch der geistliche Bereich über den psychischen und den somatischen. Geistliche Befindlichkeiten können also an Psyche und Leib abgelesen werden. Dabei muss man aber zwischen geistlicher und psychischer Ursache der Symptome streng unterscheiden.

Damit man sich leichter zurechtfindet, wollen wir eine Unterscheidung treffen zwischen:

a) allgemeinen
b) spezifischen Symptomen.

Bei den allgemeinen unterscheiden wir:

1. Primäre
2. Sekundäre

Bei den spezifischen kennen wir:

1. Lokalisierte
2. Qualifizierte

Die allgemeinen Symptome verweisen allgemein auf das Bestehen einer geistlichen Pathologie. Die spezifischen konkretisieren diese geistliche Pathologie.

Die allgemeinen primären weisen auf typisch geistliche Krankheiten und Schmerzen hin, die sekundären gelten als Hinweis auf die geistliche Ursache einer psychischen oder somatischen Erkrankung. Sie können typisch oder atypisch sein.

Die spezifischen lokalisierten geistlichen Symptome deuten auf eine bestimmte geistliche Struktur hin, wo die geistliche Krankheit ausgebrochen ist. Die spezifischen qualifizierten Symptome zeigen die Qualität der Krankheit an, die durch die Symptome zum Ausdruck kommt.

1. ALLGEMEINE SYMPTOME DER GEISTLICHEN PATHOLOGIE

a) Primäre Symptome geistlicher Krankheiten

Gewissensbisse

An erster Stelle unter den Primärsymptomen können wir die *Schuldgefühle* nennen. Dabei denken wir an die objektive Schuld, derentwegen man Gewissensbisse verspürt. Bei falschen Schuldgefühlen und bei Skrupeln muss man sehen, inwiefern es sich um psychische oder somatische Störungen handelt und inwieweit es ein geistliches Problem ist. Man denke z.B. an die Abhängigkeit von einer Sünde, wo es nicht um objektive Schuld geht, weil der Betreffende gebunden ist und sich von seinen Fesseln nicht befreien kann, aber es blieben Gewissensbisse als Schmerz. Die Gewissensbisse verweisen auf die transzendente Ursache des Leidens, auf das Gewissen, über das der Mensch nicht verfügt. Man kann auf die Anordnung des Gewissens hören oder sie ablehnen. Im ersten

Fall gibt das Gewissen seine Zustimmung, im letzteren klagt es an. Es erinnert den Menschen daran, dass er gegen das Gesetz des Gewissens gehandelt hat, dass es also zu einem Konflikt gekommen war, zu einer geistlichen Wunde.

Die Gewissensbisse verweisen aber darüber hinaus noch auf etwas anderes: Da das Gewissen von existentieller Bedeutung ist, weil sich der Mensch in ihm verwirklicht oder aber zerstört, sind Gewissensbisse abhängig vom Guten an sich, vom Absoluten, von der Existenz als solcher. Das zeigt sich in der Mehrheit der Fälle, wo es nach einem Gesetzesbruch nicht genügt, nunmehr das Gute zu tun und damit dem Gewissen genüge zu tun, sondern wo man noch den Kontakt mit dem absoluten Wesen, mit Gott herstellen muss, damit das Gewissen geheilt werden kann. In der Praxis hat es sich gezeigt, dass es nicht ausreicht, dem Betreffenden zu sagen, seine Sünden seien vergeben, was zeigt, dass die Arznei des Gewissens das absolute Wesen ist, der Schöpfer des Gewissens und der menschlichen Existenz. Erst nachdem man mit ihm den Kontakt aufgenommen hat, beruhigt sich das Gewissen, verschwinden die Symptome und findet der Geist Heilung.

Abhängigkeit

Das zweite Primärsymptom geistlicher Krankheit ist die *Abhängigkeit*. Es gibt viele psychischen und physischen Ursachen, warum jemand abhängig werden kann, etwa von Alkohol, Drogen, Zigaretten, Spiel, Sex oder Mitmenschen, aber es ist eine Tatsache, dass dabei der freie Wille versklavt ist, und das heißt, dass eine Tugend, der geistliche Bereich verletzt ist.

Man kann vor allem von Sünden abhängig sein. Wer sich einmal freiwillig zu einer Sünde entschlossen hat, kann sich von ihr kaum lösen. Wenn jemand bloß unachtsam ist, wenn er sich nicht vor der Sünde schützt, kann er leicht von ihr abhängig werden. Wenn er das eine oder andere Mal bei der Arbeit nicht fleißig war, hat er schon eine Anlage zur Faulheit. Wenn er sich das eine oder andere Mal beim Essen oder Trinken nicht beherrscht hat, ist er schon nicht mehr Herr über sich. Das ist auch auf sexuellem Gebiet so. Wenn sich jemand seiner Phantasie überlassen hat, ein obszönes Bild betrachtet hat, kann er sich von solchen Bilder und Vorstellungen kaum lösen, und sein ganzer Organismus reagiert darauf. Manche kämpfen mit ganzer Kraft gegen solche Abhängigkeiten, aber es bleibt beim guten Vorsatz. Der menschliche Wille ist dabei zu schwach, die menschliche Kraft ist zu gering. Er ist einer transzendenten Macht ausgeliefert, die die Kraft des Menschen übersteigt. Die Begierden wurden zusätzlich durch die Macht der Sünde und des Bösen unterstützt.

Man kann sich auch an Menschen binden, etwa durch Eifersucht oder sexuelle Hörigkeit. Eltern können ihre Kinder an sich binden, starke Persönlichkeiten schwächere Menschen, das Ehepaar kann sich gegenseitig versklaven.

Abhängig kann man auch von verschiedenen Dingen sein, von Drogen, Geld, dann auch von Ruhm und Ansehen, von Arbeit, Fernsehen und Ähnlichem. Das nimmt oft den Platz Gottes ein und wird zum Götzen. Auch von okkulten Praktiken kann man abhängig werden, von Magie, Spiritismus, Esoterik, von bestimmten Ritualen, von Sekten, von Geistern, die bloße Geschöpfe sind. Die christliche Offenbarung bestätigt, dass es negative geistliche Mächte gibt, die den Menschen von Gott zu lösen und an das Böse zu binden trachten. Da es sich um geistliche Mächte handelt, kann man sie mit keinerlei Apparatur nachweisen. So kommt es, dass sie manche nicht zur Kenntnis nehmen oder übertrieben fürchten. Andere versuchen gegen diese Mächte mit eigenen Kräften vorzugehen, auf psychischer Ebene oder mit verschiedenen religiösen und esoterischen Praktiken. Aber nur Gott kann Freiheit schenken.

Man kann auch von Ängsten beherrscht sein, von üblen Gewohnheiten, von Aberglauben, verschiedenen Ideologien u.a., wo die menschliche Freiheit eingeschränkt ist.[57]

Leid

Das dritte Primärsymptom geistlicher Erkrankung ist *geistliches Leid*. Dieses kann auf verschiedene Weise entstehen. Da der Geist alle Teile des menschlichen Wesens durchdringt, kann sich geistliches Leid auch auf psychischer und somatischer Ebene spiegeln.

Besonders schwer ist das geistliche, das seelische oder moralische Leid. Physisches Leid entsteht infolge physiologischer Reaktionen, wenn die Integrität unseres Leibes gefährdet ist. Psychisches Leid ist ein Zeichen davon, dass ein reales Reagieren auf bestimmte Lebenssituationen nicht möglich ist. Geistliches Leid erfasst den Menschen in seiner tiefsten Tiefe.

Das Leid - egal in welchem Bereich - wirft im Menschen moralische Fragen auf. Wenn uns ein Mitmensch beleidigt hat, erleben wir das als Bosheit der Menschen. Wenn wir jemandem Leid zugefügt haben, verspüren wir Gewissensbisse, und so wendet sich der Schmerz des anderen auch gegen uns. Auch wenn Menschen, die uns nahe stehen, leiden müssen, quälen uns Fragen wie: Woher kommt das Leid, warum müssen wir leiden. So kann die

---

[57] Vgl. T. Ivančić, *Ovisnost i sloboda*, Teovizija, 2000.

ganze Situation noch bedrängender werden. Moralisches Leid ist dann besonders groß, wenn wir anderen Leid zugefügt haben. Aber es tut auch dann weh, wenn wir niemandem Leid zugefügt haben, aber mit dem Leid anderer konfrontiert werden. Schließlich leiden wir schon dadurch, dass es das Leid in der Welt überhaupt gibt. Immer neu stellt sich die Frage: Was hat das alles für einen Sinn? Existiert Gott wirklich? Ist er wirklich gut? Gibt es eine bessere Zukunft oder wird das Leid des endgültigen Sieg davontragen?

1. Geistliches Leid kann ***affektiv*** oder ***kognitiv*** sein.

a) Beim *affektiven* Leid reagiert der Mensch auf den Schmerz mit einem Gefühl von Unbehagen und Abwehr. So können Leidenschaften in uns ein angenehmes Gefühl, aber auch Schmerz hervorrufen. Das lateinische Wort *passio* bezeichnet Leid, aber auch Leidenschaft.

b) Kognitive moralische Leiden sind das Ergebnis intellektueller Erkenntnis hinsichtlich negativer Wirklichkeiten, die wir negativ erfahren haben, was eben zu geistlichem Leid führt. Auch das Bewusstsein der Sünden kann kognitives Leiden verursachen, ebenso das Wissen um die Bosheit nahe stehender Menschen und um das Böse, das der Welt und dem Leben zusetzt.

Es gibt verschiedene Arten, wie sich Schmerz und Leid äußern können.

2. Das Leid hat eine ***subjektive*** und eine ***objektive*** *Dimension*. Der Mensch ist in seinem Leiden völlig allein. Er befindet sich dabei in einem Bereich seiner Existenz, den er anderen nicht ganz beschreiben kann, und darum ist sein Leid noch verschärft. Er leidet an inneren Schmerzen und zugleich am Unverständnis der anderen.

a) In der subjektiven Dimension des Leidens fühlt sich der Mensch also einsam und allein.

b) In der objektiven Dimension fühlt er sich einerseits solidarisch mit allen Menschen, die leiden müssen. Zugleich aber erkennt er, dass nicht alle gleich viel zu leiden haben, und er empfindet es als Ungerechtigkeit, wenn er mehr zu leiden hat als andere. Warum kam jemand mit einer Behinderung auf die Welt? Warum ist ein anderer unschuldig in einen Verkehrsunfall verwickelt? Warum haben manche durch Katastrophen zu leiden? Warum leben manche in Ländern, wo es Krieg gibt? Warum kommt jemand aus der Armut nicht heraus, warum sind manche unheilbar krank, warum werden die einen verachtet, andere genießen Ansehen? So schwindet in den Betroffenen das Vertrauen in den Sinn des Lebens, das Vertrauen zu Gott. Sie fühlen sich von ihm verlassen, dem Bösen überlassen. Sie haben den Eindruck, die Ungerechtigkeit sei so groß, dass sie keiner ausgleichen kann. Schließlich gibt es auch die Erkenntnis, dass jeder Mensch und die ganze Natur vom Leid betroffen ist. Die ganze Menschheit kann sich - objektiv betrachtet - vom Leid nicht befreien. Über dem Leid verdichtet sich das Böse und treibt den Menschen in Depression und Verzweiflung.

Der Mensch ist vom Leid getroffen. Er will es nicht, er möchte sich davor schützen, aber es ereilt ihn dennoch. Statt in einer vollkommenen Welt zu leben, muss er mit einer unvollkommenen, ungerechten, von Hunger und Krieg gequälten Welt vorlieb nehmen. Er fragt sich: "Wer ist der Urheber solchen Leids", und wenn er keine Antwort findet, leidet er noch mehr.

Jeder will rechtschaffen leben. Aber statt dass er entsprechende Entgegnung findet, wird er übersehen, gedemütigt, verletzt. Er will das Seine ordentlich tun, bringt es aber dennoch nicht weit. Er versucht anderen beizustehen, ihm wird aber die Hilfe versagt. So kommt er leicht auf den Gedanken, das Gute sei zu schwach und das

Böse nehme überhand. Das Leid ist also nicht bloß ein Symptom, sondern ist die Krankheit selber, die man heilen muss. Und heilen kann man sie dann, wenn man die Ursache des Leidens herausfindet.

3. Das Leid kann den Menschen ***außen*** und ***innen*** treffen.

a) Von außen kommt irgendein Unglück, von außen begegnet ihm Lieblosigkeit, Hass, Undankbarkeit, die Bosheit der Mitmenschen.

b) Von innen trifft ihn eine Krankheit, Selbstmitleid, Depression. Darum fühlt sich der Mensch von außen und innen angegriffen, als ob ihn feindliche Mächte von überall bedrohen würden, so dass ihm nur ein enger Raum bleibt, auf dem er sich frei bewegen kann.[58]

b) Sekundärsymptome geistlicher Krankheiten

Hier geht es um die Symptome an Psyche und Leib, die jedoch durch langwierige geistliche Traumata verursacht sind. Es kommt zur so genannten Somatisation, wobei geistliches Leiden ein psychisches Trauma oder eine Körperkrankheit auslöst.

In der Heiligen Schrift werden solche Symptome genannt: bestimmte Erkrankungen der Knochen, der Nieren, des Herzens, weiters auch Erkrankungen an Augen, Kopf und Haut. So heißt es in den Psalmen verschiedentlich: "Mein Auge ist getrübt vor Kummer", "meine Glieder zerfallen", "weil ich gesündigt habe, blieb an meinen Gliedern nichts heil", "mir eitern die Wunden wegen meiner Torheit", "vor lauter Stöhnen und Schreien bin ich nur noch Haut und Knochen", "mein Herz war verbittert, mir bohrte der Schmerz in den Nieren".

[58] Vgl. das Buch Ijob.

Wir wissen aus der Praxis, dass geistlich Kranke oft große Kopfschmerzen haben, dass es ihnen vor den Augen flimmert, dass ihnen die Ohren sausen, dass sie sehr übermüdet sind, Magengeschwüre haben, an Leber- und Herzkrankheiten leiden, rheumatische Beschwerden oder sogar maligne Krankheiten haben. Die Erfahrung zeigt weiter, dass sich noch viele andere Krankheiten am Körper zeigen können - primär oder sekundär. Primär, dass es zum Ausbruch der Krankheit kommt, und sekundär, dass der Organismus erschlafft und dadurch für gewisse Krankheiten leichter anfällig wird. Wenn jemand seine physische Gesundheit mutwillig zerstört, auch das kann ein Zeichen einer geistlichen Krankheit oder zumindest einer geistlichen Störung sein. Auch Neurosen und andere psychischen Probleme können Symptome einer geistlichen Krankheit sein. Eine geistliche Krankheit kann also alle medizinischen Ebenen eines Menschen negativ beeinflussen. Darum muss man sie diagnostizieren und heilen.

2. SPEZIFISCHE SYMPTOME GEISTLICHER PATHOLOGIE

Geistliche Krankheiten entstehen an der geistlichen Seele und an ihren geistlichen "Organen", an der geistlichen Struktur, an den geistlichen Fähigkeiten. Es gibt Symptome, die anzeigen, welches geistliche "Organ" der geistlichen Seele betroffen ist. Hier werden wir das eine oder andere von diesen Symptomen nennen, die für die einzelnen Organe charakteristisch sind, an denen man die Erkrankung eines bestimmten Organs erkennen kann. Von Bedeutung ist auch, dabei zwischen psychischen und geistlichen Leiden zu unterscheiden. Nicht weniger bedeutsam ist es, vor allem schwere Erkrankungen, Selbstmordabsichten und Zwangshandlungen zu erkennen, und ob dabei die Hilfe eines Psychiaters oder Priesters vonnöten ist.

1. Lokalisierte Symptome

Person

Die persönliche Würde eines Menschen kann entweder von außen oder von innen - also entweder durch andere Menschen oder durch den Betreffenden selbst - verletzt werden. Von außen kann dies geschehen, indem jemand verleumdet, zu Unrecht beschuldigt oder kompromittiert wird. So ein Mensch fühlt sich verlassen, in ihm stauen sich Hass und Rachsucht auf. Daraus können sich in einer späteren Phase Selbstmitleid, Depression, Flucht in die Einsamkeit und Introvertiertheit, Misstrauen und Versponnenheit entwickeln. Der Mensch welkt dahin. Er braucht andere, die auf seiner Seite stehen und ihn unterstützen, damit er seinem Hass und Selbstmitleid nicht alleine überlassen bleibt.

Man kann sich auch selbst lächerlich oder unbeliebt machen und die Verachtung anderer auf sich ziehen. Dies passiert, wenn man in Laster und Abhängigkeiten verfällt oder wenn jemand ein „Handicap", eine Behinderung, Krankheit oder sonst einen Mangel an sich selbst nicht akzeptieren kann. Wer aber seine schwache Seite mit Humor annimmt, der hat sie bereits überwunden und wird auch von anderen Menschen respektiert.

Seine Würde kann man auf vielerlei Arten verlieren. Man kann sie „verkaufen", wenn man unter den Einfluss von Ideologien oder falschen politischen Richtungen gerät, die zu moralischen und ethischen Kompromissen nötigen, welche das Ansehen schädigen. Jemand kann sie verlieren, wenn er nur dem Prestige, Applaus und Reichtum, einflussreichen Positionen oder der Bekanntschaft berühmter Menschen nachjagt. Er gibt sie auf, wenn er seine Stellung in der Gesellschaft nicht bewusst annimmt oder sich über den Sinn seines Lebens und seinen Platz in der Welt nicht klar geworden ist. Er verliert sie weiters, wenn er sich von Leidenschaften, von Trieben hat fesseln lassen, wenn ihm weltliche Genüsse wichtiger als humane, moralische und ethische Vergnügungen sind, wenn er aufgehört hat, Herr seines Willens und Diener seines Gewissens zu sein. Die Würde eines Menschen wird auch zerstört, wenn er sich leichtfertig modernen Strömungen, Sekten und oberflächlichen Verlockungen hingibt, wenn er leicht beeinflussbar ist und ihm kritisches Denkvermögen und eigene feste Überzeugungen fehlen.

Menschen, die sich mit Spiritismus und Magie befassen, haben schwere Träume, sie fürchten sich, das Licht auszulöschen, haben den Eindruck, jemand käme in der Nacht in ihr Zimmer; sie haben das Gefühl, jemand spreche aus ihnen heraus; sie sind blockiert, können sich absolut nicht konzentrieren, haben Selbstmordgedanken, ständige große Versuchungen zum Bösen, zu kriminellen Handlungen, zum Fluchen und Verfluchen, zu starker Aggressivität. Wer sich mit Spiritismus beschäftigt hat, hat den Eindruck, innerlich zu brennen, spürt den Zwang, sich aus dem Fenster zu werfen, Böses zu tun. Die Kirche ist aufgerufen, die Welt aus der Verirrung, in der sie sich befindet, herauszuführen, sie neuerlich mit ihrem Schöpfer in Verbindung zu bringen, damit sie allseitig immer mehr gesunden kann.

Krankes Leben

Das geistliche Leben ist gefährdet, wenn sich jemand durch eine Todsünde von Gott trennt, der ja die Quelle des Lebens ist, oder wenn jemand seine Beziehung zu Gott ganz vernachlässigt.

Der Kranke wird dann an Ängsten leiden, er sieht überall Gefahren und Feinde und lebt in ständiger Anspannung. Oder er unterschätzt völlig die Bedeutung höherer Werte, des Glaubens, des Gebetes, der Kirche, er hält sich selber für gut genug. Oder er lebt sonst in der Welt der Lüge, wird kriminell, drogensüchtig, ohne Sinn des Lebens. Oder er hält alle für Feinde.

Krankes Gewissen

Zeichen eines erkrankten Gewissens sind Schuldgefühle, Selbstmitleid, Depression, Selbstmordgedanken, Aggressivität gegen Menschen und Gott. Der Kranke findet keinen Sinn im Leben, er murrt, beschuldigt seine Mitmenschen, ist verstimmt, zornig, bitter, frech, resigniert bald.

Oft versucht der Betreffende die Schuld zu vergessen oder zu verdrängen. So wandert sie ins Unterbewusstsein. In einer Stresssituation allerdings kommt sie wieder an die Oberfläche und verursacht Leid. Bei schweren Vergehen kann es auch zu psychischen Störungen kommen.

Das Gewissen reagiert auf unrechte Taten mit dem Gefühl der Schuld - der Mensch hat Gewissens"bisse". Betroffene sind in die Enge getrieben, unzufrieden, nervös und unruhig. Sie rechtfertigen sich unablässig und sind zornig, wenn jemand auf der Seite ihres Gewissens steht, weil er somit gegen sie ist. Deshalb sind sie aggressiv und reagieren scharf, übertrieben und wütend. Sie fühlen sich bedroht. Sie attackieren Kirche, Religion, Ethik, Moral und deren Vertreter. Für sie ist Gott ungerecht, die Heiligen sind heuchlerisch und die Gläubigen Pharisäer. Sie möchten alles ändern, nur sich selbst nicht. Sie neigen zu böswilligen Verdächtigungen, bezichtigen andere öffentlich irgend welcher Schandtaten, greifen auf offensichtliche Art an und fordern revolutionäre Veränderungen, aber immer nur von anderen und niemals von sich selbst. Alle sollten so denken und so sein wie sie. Alle anderen seien unbarmherzig, behaupten sie. Sie neigen dazu ihre Nationalität, Religion und Überzeugungen zu wechseln, allein um jene zu kränken, die für sie Zeugen ihres Gewissens repräsentieren, die also gegen sie und für die Stimme des Gewissens sind.

Andererseits kann das Gewissen Menschen verfolgen und plagen, es kann sie bis zum Äußersten treiben, sie in Selbstmitleid, Depression und in den Selbstmord stürzen. Ihre Sünde kommt ihnen so groß vor, dass sie durch nichts überwunden werden kann. Gott kann ihnen nicht verzeihen, da es „ein schreckliches" Gesetz gibt, das sie ächtet. Das überempfindliche Gewissen wird krank und ängstlich. Jemand, der sich ganz dem Laster hingibt, wird leichtfertig, nichts ist mehr eine Sünde für ihn, und den Menschen erachtet er als unschuldig und lediglich schwach. Solche Leute meinen, man müsse das Leben genießen, man solle keine Angst haben und sich nicht fragen, was gut ist und was böse. Dies kann zu teuflischen Konsequenzen führen, wenn sie bereit sind, alles zu beseitigen, was ihnen bei der Verwirklichung ihrer triebhaften Bedürfnisse und Wünsche im Wege steht.

Das Gewissen kann unfähig sein, den Unterschied zwischen Gut und Böse zu erkennen, es kann verkümmern oder sterben. Darum muss es wieder erzogen werden, um aufzuleben. Ist es zu sehr verletzt, erkrankt es schwer und erkennt entweder alles als Sünde oder sieht nirgends einen Fehler. Es gibt auch Abstufungen dieser Erkenntnisfähigkeit des Gewissens. Demnach spricht man von einem ethischen und moralischen oder einem unethischen und unmoralischen Menschen. Grundsymptom: Angst und Suizid.

Kranker Intellekt

Das erste Symptom eines kranken Intellekts ist Hochmut. Die Leidenden sind immer mehr darauf aus, Erfolg zu haben. Geld, Macht und Karriere werden zu ihren besonderen Götzen. Viele von ihnen sind von Alkohol, Drogen und anderen Süchten abhängig, "philosophieren" gern, entwickeln immer neue "Theorien", neigen zu Sekten oder zum Atheismus. Sie verabsolutieren ihre Meinung und bekämpfen die anderen mit allen Mitteln. So kommt es zu immer neuen Konflikten mit einzelnen und mit der Gesellschaft. Wenn sich jemand aus Eigennutz an eine Ideologie bindet, entsteht in seinem Intellekt ein Konflikt.

Der Intellekt zeigt pathologische Verhältnisse, wenn jemand statt der Wahrheit spontan die Lüge annimmt, statt der Tugend das Laster, statt der Würde den persönlichen Vorteil. Dies geschieht auch, wenn ein Mensch spürt, dass er untalentiert, unintelligent, naiv oder oberflächlich ist, sich aber unrealistisch hoch über diese Schwächen erhebt. Nur wer sich selbst annimmt, lebt in der Wahrheit, wer aber seine Realität nicht annimmt, der lebt in der Lüge. Es kann auch vorkommen, dass jemand intelligent, begabt und erfolgreich ist und deshalb hochmütig wird und sich hervortut, als sei alles ihm zu verdanken, als wisse er alles und könne alle Probleme der Welt lösen. Er verachtet andere, macht sich über sie lustig, sondert sich von der „massa damnata", von der Masse, dem Pöbel ab. Andererseits äußert sich dies auch in einer Lebensweise nach Art der Boheme und in einem oberflächlichen politischen oder öffentlichen Hervortun, was ein Anzeichen dafür ist, dass dieser Mensch sein Talent, vielleicht seine Genialität, verwahrlosen hat lassen, dass er nicht die Kraft hat, seine Talente zu nutzen, dass er sich schuldig fühlt und vor sich selbst davon läuft, dass er sich durch seine Lässigkeit, seine Überlegenheit zur Schau stellen will, in Wahrheit aber unterlegen, kraftlos und gebunden ist. Er wäre zu großen Taten geschaffen, ist aber unentschlossen, seinem Ruf zu folgen, zu arbeiten, zu lernen, sich weiterzubilden, zu studieren und sich zu bemühen, seine Lebensaufgaben zu erfüllen.

Der gesunde Intellektuelle ist demütig, und das heißt, dass er im Einklang mit der Wahrheit ist, die über ihm steht - nicht aber er über ihr. Das Grundsymptom ist Stumpfheit.

Kranker freier Wille

Der freie Wille ist ein Organ der Freiheit und Verantwortlichkeit, er ist Entscheidung und Initiative. An ihm liegt es, ob man gut oder böse wird. Denn es ist der freie Wille, der uns dazu bewegt, der Wahrheit zu folgen und uns von der Lüge abzuwenden. Er wirkt deshalb unmittelbar mit dem Gewissen und dem Intellekt zusammen. Er ist gesund, wenn er tut, was Gewissen und Intellekt als gut bewerten, und wenn er verweigert, was diese Organe als falsch, verlogen, schlecht und hässlich erkannt haben.

Wenn jemand in Disharmonie mit dieser Wertordnung lebt, wird er unglücklich, nervös, verdrießlich und unzufrieden. Die tiefsten seelischen Leiden aber entstehen aus dem Auseinanderklaffen von Erkenntnis und Wille, wenn das Gewissen und der Intellekt erkennen, was getan werden müsste, der Wille aber sich dazu nicht aufraffen kann oder sich gar für das Gegenteil entschließt. Mit dem Entschluss für das Böse, die Sünde, die Disharmonie, für die niederen auf Kosten der höheren Werte verliert der Mensch seine Freiheit und die Fähigkeit, sich künftig für das Gute zu entscheiden. Er wird abhängig, indem er sich für die niederen Werte entschließt, er untergräbt die

Freiheit, die eine der höchsten geistlichen Fähigkeiten des Menschen ist, und verliert sie gleichzeitig. Der freie Wille hört auf frei zu sein, er wird gebunden und unfähig, sich für das Gute zu entschließen. Ja, selbst wenn er es könnte, hätte er nicht mehr genügend Macht, all seine Kräfte auf die Verwirklichung dieses Entschlusses zu richten. Denn der Organismus des Menschen ignoriert ihn, das Gehirn widersetzt sich und die geistliche Kraft der Freiheit, die den Menschen antreiben würde, fehlt.

Zwischen Abhängigkeit und Leichtfertigkeit gibt es eine Reihe von Abstufungen, auf denen jemand mehr oder weniger in seiner freien Entschlussfähigkeit beschränkt agiert, an Interessen gekettet, träge, schwach, kraftlos oder einfach unentschlossen ist.

Der freie Wille wird durch eine falsche Lebensausrichtung, durch unrechtmäßige Entscheidungen und durch die Unfähigkeit, richtige Entschlüsse zu fassen und ein erfülltes Leben zu führen, verletzt. So ein Mensch fühlt, dass er aufgehört hat frei zu sein und dass er seiner selbst nicht mehr mächtig ist, er ist zum Sklaven der Sünde, der Triebe, der anderen Menschen, der Rücksichten, Verlockungen des Genusses und des „Weges des geringsten Widerstandes" geworden. Um damit zurande zu kommen, zimmert er sich seine Lebenstheorien zurecht, betont seine eigenen Ansichten und kreiert seine eigenen Lebensmaximen. Andererseits möchte er die Gefährlichkeit seiner Lage herunterspielen, indem er sich über sich selbst und seine Fehler lustig macht, Menschen kritisiert, die sich Mühe geben und arbeiten, die ihr Gewissen rein halten und gerecht entscheiden. Aber er verfällt, geistlich, moralisch und psychisch, häufig auch physisch. Ihm fehlt die Kraft, sich dem Bösen zu widersetzen, er treibt deprimiert auf den Tod zu und resigniert in der Überzeugung, nicht anders zu können. Es ist schwierig solchen Menschen zu helfen, wenn sie hochmütig sind und die Schuld an ihrem

Zustand anderen Menschen, Gott oder ihrer Veranlagung zuschreiben. Am Therapeuten liegt es, demütig und aufrichtig zu sein und den Zustand des Patienten zu verstehen und anzunehmen.

Der erkrankte freie Wille produziert Angst, Sinnlosigkeit, Abhängigkeit, Beklommenheit, Gleichgültigkeit und die Hingabe an das Böse. Da sich der Betreffende nicht zur Tugend aufschwingen kann, vollzieht er den tragischen Fall ins Böse, in Verbrechen, Hass, Vernichtung und Tod. Der böse Wille wird teuflisch stark, da alle destruktiven Kräfte gleichsam an den gefallenen Menschen gekettet sind und ihn zu Zerstörung, Gesetzlosigkeit, Mord, Denunzierung, Hass und Zynismus antreiben. Am tragischsten ist es, wenn jemand überzeugt ist, in der negativen Lebensorientierung und im Laster zu übermenschlicher Kraft gelangen zu können, und sich deshalb mit seinem gesamten freien Willen für das Böse entscheidet. Dann legt er sich die Theorie zurecht, dass der Teufel die Welt beherrsche, dass diese Welt nur durch Vernichtung zu retten und das Böse am mächtigsten sei. Dies ist eine völlige Umkehrung des Menschen und eine Verkommenheit.

Der freie Wille kann stark, schwach, machtlos oder böse sein. Anhand der Einstellung des Patienten zu Tugend, Sünde und zum Bösen lässt sich der Zustand des freien Willens am einfachsten diagnostizieren. Das Grundsymptom ist Sinnlosigkeit

Krankes geistliches Herz

Einen Hinweis darauf, dass jemand in seinen Affekten, in tiefen geistlichen Gefühlen verletzt ist, geben Phänomene wie Misstrauen, Hoffnungslosigkeit, Pessimismus, Depression, die Unfähigkeit, Gott zu erfahren oder die Liebe jemandes anzunehmen, erkaltete Beziehungen, Bosheit,

Hass, die ständige Absicht, sich zu rechtfertigen, Missmut, Passivität. Der Patient hat irgendwie den Eindruck, keine Gefühle zu haben und nur den Verstand einzusetzen. Darum ist er eingeschränkt, rationell, aber oft auch inhuman und fähig zu Grobheiten und Verletzungen. Das Grundsymptom ist der Rationalismus.

Kranker Charakter

Der Charakter stellt die Gesamtheit menschlicher Werte dar. Wenn eine der Tugenden im Menschen verletzt ist, spiegelt es sich in seinem Charakter wider. Er wird inhuman, ungerecht, untreu. Je nach "Bedarf" sagt er die Wahrheit, oder er lügt. Auf solche Menschen kann man sich nicht verlassen, sie selber misstrauen auch den anderen. Für sie ist es normal, ehrlose Kompromisse zu schließen, sich auf Kosten anderer zu bereichern.

Die Krankheit des Charakters äußert sich in der Lasterhaftigkeit des Lebenswandels. Betroffene Menschen sind „charakterlos", sie sind innerlich ausgebeutet und äußerlich verbraucht. Sie geben sich Lastern hin, dem oberflächlichen Leben, laufen vor Familie, Kirche, Schule, vor sich selbst und vor Freunden davon. Sie fühlen sich verloren. Sie haben Ängste, gestehen es sich aber nicht ein. Sie sehnen sich nach Liebe, haben aber nicht den Mut, dies auszusprechen. Sie haben eine negative Einstellung anderen Menschen und Institutionen gegenüber, da sie früher oder später vor allem oder jedem die Flucht ergreifen. Grundsymptome: Willenlosigkeit, Abhängigkeit

Kranke Religiosität

Menschen mit solcher Erkrankung kann man in zwei Gruppen einordnen:

a) Atheisten (Agnostiker) glauben nicht an Gott und suchen eigenen Sinn im Leben. Die Religiosität halten sie für eine menschliche Erfindung, gleichzeitig aber können sie z.B. an Fetische glauben.

b) Religiöse Fanatiker, Menschen, denen nur bestimmte religiöse Formen wichtig sind. Sie behaupten, besondere Offenbarungen zu haben, verbreiten "Prophetien" über den Untergang der Welt, sprechen andauernd vom Zorn Gottes. Sie können den Gott des Evangeliums nicht annehmen und schließen sich oft an Sekten an. Bei all dem leben sie in ständiger Unsicherheit und Angst und versuchen durch eigene schwere Bußopfer Gott zu besänftigen.

Die verletzte Religiosität äußert sich im Desinteresse gegenüber dem Glauben, in der Unkenntnis des eigenen Glaubens oder in der übertriebenen Betonung religiöser Formen. Menschen mit verletzter Religiosität können fanatisch sein, sie können sich in die Abhängigkeit von gewissen Bildern, Skulpturen, Wallfahrten und kirchlichen Würdenträgern begeben. Sie neigen zu parareligiösen Praktiken und Lehren, zum Verkauf von Texten und Bildern vermeintlicher Lehren, Botschaften, Prophezeiungen und Stimmen und lassen sich davon nicht im Geringsten abbringen.

Wie Atheisten rechtfertigen sie sich mit der allgemeinen Situation der Gesellschaft, mit Geschäften, Pflichten und ihrer Enttäuschtheit. Oder sie haben ihre eigene Religiosität, ihre eigenen Begriffe von Gott und dem Leben, von Gewissen und Moral. Die einen sind überempfindlich und überängstlich, die anderen sind unempfindlich für die Stimme des religiösen Gewissens. Einmal nörgeln und verdammen sie, dann wieder nennen sie sich Gläubige und mischen sich in nationale und religiöse Angelegenheiten ein. Oder sie sind wohl wollend, finden sich aber im Glauben nicht zurecht, verstehen ihn falsch und leben im Gegensatz zu Gottes Geboten. Grundsymptome: Atheismus, Fanatismus.

Gestörte geistliche Kreativität und Kultur

Ein Mensch, der „keine Kultur hat", hat kein Verständnis für die Kunst, er hat weder Geschmack noch Ordnung, was seine Kleidung, seinen Haushalt, seine Sprache und seine Arbeit betrifft. Er interessiert sich nur für oberflächliche Aktivitäten, wie Sport, Politik und Unterhaltung. Solche Menschen machen sich wichtig, sie sind leicht beleidigt, ihnen fehlen geschliffene Umgangsformen, und sie können wegen Kleinigkeiten explodieren. Sie plagen sich ab, um reich zu werden, und schätzen Verbindungen mit bekannten Persönlichkeiten. Sie können unhöflich und unangenehm sein. Sie sind naiv und „schwierig". Das Grundsymptom: Sinnlosigkeit.

Kranke Geschlechtlichkeit

Der Patient verwechselt Liebe mit Sex, kann sich nicht zurücknehmen, denkt, betrachtet und spricht Schamloses. Oder er hat vor seiner Geschlechtlichkeit Angst. Zeichen einer erkrankten Geschlechtlichkeit sind auch Homosexualität, lesbische und sadomasochistische Verirrungen, Transvestismus, Selbstbefriedigung, Partnerwechsel, Prostitution, Ehebruch.

Die erkrankte Sexualität kann sich in Frigidität oder in sexueller Ungezügeltheit äußern. Die einen sind zu schamhaft, sie können überhaupt nicht über ihre Sexualität sprechen. Manche sind Sklaven ihrer Sexualität, andere rechtfertigen sich unausgesetzt ihretwegen, und wieder andere wundern sich, dass sie darüber in der Beichte befragt werden. Manche fühlen sich als moderne Menschen, weil sie ihrem Sexualtrieb unbegrenzten Freilauf lassen, weil sie ihre Ehe aufgelöst oder ihr Einverständnis zu einer Abtreibung gegeben haben. Manche betrachten sexuelle Deviationen als natürliche und normale Erscheinungen. Manche sind besessen von sexuellen Themen, Phantasien und Gedanken. Andere sehen in jeder Belanglosigkeit gleich Sünde, Schuld und Böses. Das Grundsymptom: Geschlechtlichkeitsabhängigkeit.

Kranke geistliche "Augen" und "Ohren"

Wenn jemand aus der Schöpfung nicht ihren Schöpfer erkennen kann, wenn er Gott nicht begegnen kann, hat er eine Behinderung an seinen geistlichen Augen und Ohren. Er ist blind für geistliche Wirklichkeiten. So erscheint ihm z.B. die Liebe überhaupt als unecht. Das Grundsymptom: Blindheit für Werte.

Misstrauen und Angst

Der Glaube ist die Erkenntnis, geliebt zu sein. Unglaube ist die Erkenntnis, nicht angenommen zu sein, abgelehnt und gehasst zu werden. Die Angst ist der Versuch, vor dem davonzulaufen, der mich nicht mag. Wer an mangelndem Vertrauen krankt, wird aggressiv oder depressiv.

b) Qualifizierte Symptome

Existentielle Pathologie

Die existentielle Pathologie äußert sich in einem gewissen Hochmut des Geistes, einer Arroganz und Überheblichkeit, aus der heraus die menschliche Seele auf eine Weise spricht, als hätte sie die Sinnlosigkeit des Lebens, die Abwesenheit Gottes und die Notwendigkeit, dass der Mensch den Sinn des Lebens selbst bestimmen müsse, erfasst. Dies äußert sich auch in Aggressivität und der Verhöhnung positiver Lebensanschauungen und religiöser Überzeugungen. Ein solcher Mensch ist intellektuell selbstsüchtig, er ist ausschließlich von seinen eigenen Erkenntnissen überzeugt, ist unflexibel und unfähig, andere Argumente anzuhören. Seine Einstellung zum Leben ist geprägt von Gleichgültigkeit und Leichtfertigkeit, er engagiert sich nicht für andere und hat keinerlei Werte und Ideale.

Andererseits werden Menschen, die ihre Existenz als „Krankheit zum Tode" auffassen, pessimistisch und depressiv, sie neigen zu Abhängigkeiten, zur Untätigkeit und dazu, sich den Niederungen des Lebens passiv zu überlassen. Sie sind innerlich leer, inaktiv, schmarotzerhaft, unentschlossen und überzeugt, dass ohnehin nichts getan werden könne. Sie neigen zu langen Diskussionen über den „Sumpf" ihres Lebens, stellen sich als Opfer anderer Menschen und des Lebens dar und benötigen tatsächlich Unterstützung, um sich aufrichten und am Leben wieder Anteil nehmen zu können. Sie leiden oft unter Existenzängsten und apokalyptischen Erwartungen, sie fürchten den Tod, das Leiden und die Zukunft. Äußerlich wehren sie die Liebe und den Glauben ab, innerlich aber schreien sie um Hilfe. Es bedarf der Beharrlichkeit des Therapeuten, um ihnen zu helfen. Das Grundsymptom: Angst.

Transzendentale Pathologie

Die transzendentale Pathologie äußert sich in einer gebrochenen Lebenskraft, in der Neigung zum Alkoholismus und anderen Lastern, in Behauptungen wie jener, dass das Leben widerwärtig sei, dass es keine Schönheit gebe und dass die Wahrheit nicht erkannt werden könne, im Agnostizismus sowie in der Überzeugung, dass es sich nicht lohne, gut zu sein, und ohnehin alles im Leben vorherbestimmt sei. Für solche Kranke existiert Gott nicht, und sich selbst sehen sie als Missgeburt, als Sumpf, als Unglück an. Sie leben auf Kosten anderer oder tun sich mit anderen zusammen, um Übeltaten zu begehen. Manche von ihnen schaffen in der Kunst negative, abstoßende Bilder, in der Philosophie ausweglose Perspektiven. Sie betonen das Widerwärtige, das Düstere, die Lüge, die Bosheit, die Vergänglichkeit und das Geworfensein ins Leben. In ihnen sind Leere und Angst, Laster statt Tugenden, Schwäche statt Kraft und das Bedürfnis, durch Mode und Verhalten hervorzustechen. Sie sind voll hässlicher Erlebnisse und Entscheidungen, sind innerlich ausgebeutet und desorientiert. Ihr lasterhaftes Leben verführt sie dazu, auch andere auf den Weg des Lasters und der Sinnlosigkeit zu locken. Wenn Menschen sie bedauern, kann dieses Mitleid sie wieder auf den richtigen Weg bringen. Sie sind jenseits von Tugend, Werten und Tüchtigkeit. Und doch ist in ihnen die Sehnsucht nach dem Sinn, der Liebe, dem Verständnis und dem Vertrauen. Äußerlich aber scheint es, als würden sie dies alles abwehren. Das Grundsymptom: Schuld.

Basispathologische Zustände

Basispathologische Zustände äußern sich in Ängsten, Beklommenheit, Misstrauen und Zynismus. Solche Menschen sind aggressiv, besitzergreifend und depressiv, sie benötigen das Verständnis und Vertrauen jemandes, der sie nicht verurteilt. Ihr Leben welkt dahin, was sich manchmal auch in Krankheiten wie Anorexie oder Bulimie äußert, in Lustlosigkeit, Lebensuntüchtigkeit, Hass, Destruktivität, Neid und Selbstmordgedanken. Sie sind unfähig zu affektiven, emotionalen und intuitiven Erfahrungen und verlassen sich ausschließlich auf den Verstand, was ihnen Konflikte mit ihrer Umgebung einbringt. Dabei können sie gefühllos, unmoralisch und rücksichtslos erscheinen. Sie sprechen vollmundig von der Liebe und sind doch nicht in der Lage zu lieben und treue Freunde zu sein. Sie reden von Zärtlichkeit und meinen doch nur körperlichen Kontakt ohne Herz und Seele. Äußerlich sind sie liebenswerte Menschen, innerlich jedoch sind sie berechnend, unbeständig, untreu und zu gemeinsten Beleidigungen fähig, ohne dabei Schuldgefühle aufkommen zu lassen. Glaube, Hoffnung und Liebe können sie nur verstandesmäßig begreifen, nicht jedoch mit Herz und Seele. Sie sind normalerweise schwierige Menschen, haben keine Freunde oder haben nur so lange Freunde, bis diese sie durchschauen. In ihrem Inneren sind sie eigentlich großmütig und brauchen Liebe, können sich jedoch nicht dazu „herablassen", Hilfe und Vertrauen bei wem auch immer zu suchen. Grundsymptome: Angst und Misstrauen.

Jede Krankheit hat also mehrere Symptome. Um die Krankheit und ihre eigentliche Ursache ausfindig zu machen, muss man die Grundsymptome kennen, das heißt: Symptome, die nur einer bestimmten Krankheit zuzuordnen sind.

IV.
TEIL

DIE DIAGNOSE

EINLEITUNG

Bei der medizinischen Diagnose (griech. diagnosis) werden Art und Ursachen einer Erkrankung durch eine genaue Untersuchung des Kranken festgestellt. Die Diagnose wird auf der Basis von Krankenanamnese, Symptomanalyse und Untersuchung erstellt.

Im Zuge der Anamnese werden Informationen über den Kranken gesammelt, die über die Umstände, die der aktuellen Situation des Kranken vorausgegangen sind, Auskunft geben sollen. Dazu gehören etwa überstandene Krankheiten, Erbanlagen des Kranken, seine Lebensumstände während der Erkrankung, Maßnahmen, die er gegen die Krankheit unternommen hat, und die Gründe, die ihn dazu bewogen haben, den Arzt aufzusuchen. Es handelt sich somit um die Vorgeschichte und Geschichte der Krankheit.

Symptome sind im allgemeinen Sinn des Wortes Anzeichen, die auf ein Ereignis hinweisen. In der Medizin sind sie die Krankheitszeichen, auf deren Grundlage die Diagnose erstellt wird. Das Symptom ist auch die spezifische Erscheinungsform einer Krankheit, aufgrund derer sie erkannt und klassifiziert werden kann. Symptome können physische oder seelische Schmerzen sein, sie können aber auch in einer neuen Krankheit bestehen, die durch eine andere Krankheit hervorgerufen wurde. Im letzteren Fall muss nicht nur die Krankheit, sondern auch ihr Symptom geheilt werden. Werden jedoch ausschließlich die Symptome eines Kranken behandelt, nicht aber die Krankheit selbst, so handelt es sich um eine symptomatische Behandlung. Dies ist eine Therapie, die auf eine Ausmerzung der Symptome, nicht aber der Krankheitsursache abzielt.

Die Krankenuntersuchung besteht in einer eingehenden Überprüfung all jener Teile des Organismus, in denen Symptome und Krankheitsfolgen erkennbar sein könnten, aber auch die Krankheit selbst, ihre Ursachen und Ausmaße sowie die Möglichkeiten, heilend einzugreifen.

In der geistlichen Therapie geschehen Anamnese und Krankenuntersuchung im Rahmen eines Tests, den ein Anamnesekundiger entweder mit dem Kranken oder einer ihm nahe stehenden Person durchführt. Zur Anamnese gehören Angaben über die Vorfahren und Eltern des Patienten, über Verwandte, die die gleiche oder eine ähnliche Krankheit hatten, weiters über bereits überstandene geistliche Krankheiten, Neigungen zu bestimmten geistlichen Krankheiten und über die aktuelle Lebenssituation des Patienten. Der Patient wird außerdem befragt, wann die Krankheit oder ihr Symptom erstmals aufgetreten ist und ob es ein Ereignis gegeben hat, das sie auslöste. Danach wird mit einer gründlichen Untersuchung begonnen, in deren Rahmen nach den ursprünglichen Symptomen, der Krankheit selbst und ihren speziellen Ausformungen und Ursachen gesucht wird. Dabei sind auch die Reaktionen des Patienten und die Möglichkeit des Vorliegens einer symptomatische Erkrankung der Psyche oder des Körpers zu berücksichtigen. Schließlich sollen Therapiemöglichkeiten und ein Therapieplan skizziert werden.

Anamnese, Symptomanalyse und Untersuchung werden also mit Hilfe eines speziellen Tests erkannt. Diese Vorgangsweise setzt voraus, dass der Hagiotherapeut das Zusammenspiel von Krankheit, Symptom und Patientenreaktion bei seiner Auswertung angemessen berücksichtigt.

Um eine fehlerfreie Diagnose zu erstellen, ist es nämlich unumgänglich, genau abschätzen zu können, inwieweit die Krankheitsursache, die Krankheit selbst, die Symptome und die persönliche Reaktion des Patienten wechselseitig miteinander wirken. Aus dem Bild, das der Test vom Zustand des Patienten ergibt, muss der Therapeut schließen, welche dieser Erscheinungen parallel verlaufen, welche wiederum von anderen abhängig sind oder gar durch sie bedingt wurden. Daraus ergeben sich fundierte Hinweise dafür, welche pathologischen Verhältnisse an welchen geistlichen Organen zu spezifischen geistlichen Krankheitsverursachern wurden.

1. KAPITEL

DER PROZESS DER SYSTEMATISCHEN DIAGNOSE

Das Ziel der Diagnose ist die Heilung der geistlichen Krankheit. Daher müssen alle Faktoren gefunden werden, die für diese Heilung relevant sind. Die ersten Aufschlüsse über die Krankheit können bereits bei der Ankunft des Patienten oder der Person, die für ihn sprechen wird, gewonnen werden. Oft kann ein erfahrener Therapeut schon beim ersten Anblick des Patienten Anzeichen dessen erkennen, was den Patienten bedrückt. Vieles, was in der Seele und im Geist vor sich geht, findet seinen Ausdruck auch im Gesicht des Menschen. Wie ein Sprichwort sagt, sind die Augen Fenster unserer Seele. Der Körper ist ein Zeichen des Geistes, sagt die Philosophie, und das Medium, durch das der Geist seinen Ausdruck auf psychosomatischer Ebene findet. Daraus folgt, dass es möglich ist, bereits von der Haltung, den Gesten, den ersten Worten, dem Aussehen und den Augen des Patienten auf ein geistliches Leiden zu schließen.

Der Patient oder seine Begleitung haben einen bestimmten Grund, warum sie Hilfe bei der Hagiotherapie suchen. Sie wissen bereits etwas über diese Heilmethode und vermuten, dass ihre Krankheit durch sie geheilt werden könnte. Deshalb ist es wichtig, die Begründung des Patienten oder seiner Begleitung anzuhören, warum sie ausgerechnet die Hilfe eines Hagiotherapeuten suchen. Denn in diesem Abschnitt der Diagnose kann in Erfahrung gebracht werden, wie der Patient sein geistliches Leiden erlebt und worin er ein Heilmittel dafür sieht. Offensichtlich begreift er, dass sein Leiden geistlicher Art ist. Daraus kann der Therapeut wertvolle Informationen über die Krankheit des Patienten schöpfen. Dabei ist es notwendig, den Patienten über Beweggründe seines Kommens sprechen zu lassen, da er auch darüber Auskunft geben wird, wie er sich fühlt, wie er auf die geistliche Krankheit reagiert, welche Symptome es gibt und welche Entwicklung sein seelisches Leiden genommen hat. Auf diese Weise werden spezifische Informationen gewonnen, die für den Therapeuten bei der Entscheidung für eine bestimmte Therapie äußerst wertvoll sind.

Danach ist es wichtig herauszufinden, wie sich der Patient fühlt oder wie es den Menschen um ihn herum geht. Dadurch gewinnt man Aufschluss über das subjektive Verhältnis des Patienten zu seiner geistlichen Krankheit. Dabei darf der Therapeut keinesfalls versuchen, den Kranken auszubessern oder auf seine Art die subjektiven Aussagen des Patienten umzuinterpretieren, da er dadurch zu einer fehlerhaften Einschätzung des geistlichen Traumas des Patienten käme. Er muss vielmehr genau zuhören und dadurch lernen, auf neue Weise die Schmerzen des Patienten zu diagnostizieren. Geistliche Krankheiten sind nämlich weit umfassender und tiefer, als es in einer wissenschaftlichen Abhandlung darstellbar wäre. Außerdem ist jeder Patient eine individuelle Persönlichkeit, und seine Krankheit ist von dieser Individualität geprägt und sperrt sich gegen Versuche, in einen allgemeinen Rahmen gepresst zu werden. Das Wissen des Therapeuten geht über ein Basiswissen, über elementare Grundkenntnisse nicht hinaus. Es ermöglicht ihm, den Patienten zu verstehen, aber es ist kein vollständiges Wissen. Deshalb ist es kontraindiziert, den Patienten auszubessern oder ihm zu widersprechen, wenn er von seinen geistlichen Erfahrungen spricht, von Stimmen, die er aus einer anderen Welt vernimmt, von seinen Visionen. Dies alles gehört zum Wesen des Patienten.

Dann sollte der Patient danach befragt werden, wie er und seine Umgebung anfangs auf das Auftreten der Krankheit reagierten. Seine Aussagen werden häufig Aufschluss darüber geben, in welcher Umgebung er lebt, in welchem intellektuellen, religiösen und geistlichen Umfeld er sich bewegt. Daraus kann man erfahren, ob der Patient aus einer atheistischen, einer religiösen, einer christlichen, einer lebendigen oder aus einer übertrieben religiösen, fanatischen Kirchengemeinschaft kommt, ob er etwa aus einer Umgebung oder Familie stammt, die den Prinzipien neuer religiöser Bewegungen, dem New Age, esoterischen Lehren oder okkulten Praktiken anhängt. Hier kann man auch erfahren, ob der Patient aus einer wohlhabenden oder armen Familie, aus einer Familie von Intellektuellen, von Arbeitern oder Bauern stammt oder aus dem Mittelstand. Es ist wichtig zu erfahren, ob er sich in einer liberal-szientistischen, einer extrem wissenschaftsgläubigen oder einer politisch engagierten Umgebung bewegt, ob er aus einer Familie stammt, die um ihr Prestige besorgt ist und womöglich Angst hat, dass etwas von seiner Krankheit bekannt werden könnte, die einfach an die Heilkraft der Hagiotherapie nicht glaubt oder die fundamental atheistisch ist. All diese Angaben helfen dem Therapeuten Ansatzpunkte und Richtungen für die Therapie zu finden, aber auch die Umgebung einzuschätzen, in der sich die hagiotherapeutische Behandlung des Patienten bewegen wird.

Nun sollte auch in Erfahrung gebracht werden, ob der Patient lediglich gekommen ist, um Informationen über seinen Zustand und über die Hagiotherapie zu erhalten, oder ob er sich bereits dazu entschlossen hat, den Prozess der Therapie zu beginnen. Deshalb sollte der Therapeut den Patienten in groben Zügen über die Prinzipien der Hagiotherapie aufklären, über ihre wissenschaftlichen Grundlagen, ihre Wirksamkeit, die Heilmethode und die Aufgaben, die den Patienten erwarten. Diese Information stellt einen Zusatz zur Diagnose, aber auch zur Therapie dar.

Der nächste Schritt besteht in der Erfassung der Symptome, mit denen der Patient konfrontiert ist. Diese können physischer, psychischer oder geistlicher Art sein und Phänomene wie Schmerz, Abhängigkeit, Hilflosigkeit, Angst oder Krankheit umfassen. Die ersten Symptome erfährt der Therapeut gleich zu Beginn des Gesprächs, doch erst durch den Test wird er in der Lage sein, auch andere Symptome zu entdecken, die das ganze Ausmaß der Krankheit offenbar machen.

Nachdem die ersten Symptome oder auch die Ursachen der Krankheit ergründet wurden, kann man dem Patienten den Test anbieten, auf dessen Fragen er in Ruhe seine Antworten formulieren kann. Häufig wird der Patient Krankheitsursachen und Symptome vertauschen oder vermischen. So mancher wird die Therapie aufsuchen, nachdem er an einer spiritistischen Séance teilgenommen hat und so die Ursache eines mächtigen inneren Traumas preisgeben. Ein anderer wird von Schwierigkeiten und Depressionen erzählen und vielleicht äußern, dass diese nach der Einnahme von Alkohol oder Drogen auftraten, nach einem Streit, dem Verlust einer geliebten Person, nach einem Misserfolg oder einer physischen Krankheit und wird damit Symptome und Ursachen zur Sprache bringen. Wieder andere werden nur über ihre existentielle Angst und über Gewissensbisse sprechen und den Wunsch haben, sich von diesem Symptom zu befreien.

TEST

Der Test besteht aus Fragen, mit denen der Therapeut jene Umstände in Erfahrung bringen kann, die ihm für eine korrekte Diagnose und Therapie als besonders relevant erscheinen. Deshalb wird die erste Frage wohl sein, ob jemand aus der nahen oder entfernten Verwandtschaft des Kranken ähnliche Probleme hatte. Man kann mit den Fragen weiter in Erfahrung bringen, welche Vorfahren der Patient hatte und wie deren Leben, Beruf, Moralität und Religiosität ausgerichtet waren. Dabei ist es wichtig, zielorientiert vorzugehen. Das heißt, dass der Therapeut nicht einfach wahllos alle möglichen Auskünfte einholen, sondern nur das erfragen sollte, was offensichtlich in Verbindung mit dem Leiden des Patienten steht. Der Therapeut muss also äußerst diskret vorgehen und sich dessen bewusst sein, dass er durch ein Berufs-, ja sogar durch eine Art Beichtgeheimnis gebunden ist.

Die nächsten Testfragen werden die ersten Momente im Leben des Patienten, von der Empfängnis bis zur Geburt, betreffen. Die Aussagen des Patienten sind zwar wertvoll, stellen aber subjektive Urteile dar. Deshalb ist es wichtig, auch die Eltern und Nahestehenden zu fragen, ob der Patient ein Wunschkind war, ob die Schwangerschaft schwierig, die Mutter während dessen krank war oder schwer gearbeitet hat, ob sie Traumata oder Schocks erlitt, ob sie sich über das Kind, das sie trug, beschwerte oder es gar verwünschte. Jeder Hinweis über diesen Zeitabschnitt ist wertvoll, da das Kind der Mutter und ihren Erlebnissen total ausgeliefert ist und gleichzeitig in seiner geistlichen Seele alles unmittelbar miterlebt und sich einprägt.

Der Test sieht weiters detaillierte Fragen über die Geburt sowie über alle wichtigen Vorkommnisse bis ins dritte oder gar fünfte Lebensjahr vor. Die Geburt ist ein großer Schock, da das Kind mit einer todesähnlichen Erfahrung konfrontiert wird, nämlich dem Übergang aus dem Mutterleib in eine Welt voll Unsicherheiten. Dies ist ein dramatisches und schmerzhaftes Ereignis für Mutter und Kind, und es ist anzunehmen, dass jeder Mensch diese erste schockierende Erfahrung unbewusst auch weiterhin in sich trägt. Der Eindruck, den dieses Ereignis hinterlässt, kann desto tiefer sein, je länger die Geburt dauerte und je schwerer die Niederkunft war. Eine Frühgeburt kann ähnliche Effekte haben. Auch andere traumatische Ereignisse der Kindheit sollten notiert werden. Erlebte das Kind Bedrohungen, Einsamkeit oder Verlassenheit? Ist es schwer erkrankt, musste es längere Zeit im Krankenhaus verbringen, oder war es von den Eltern getrennt? Es ist vor allem wichtig festzustellen, ob die Eltern herzlich und zärtlich oder kühl und distanziert waren. Traumatisch kann auch die Erfahrung sein, dass die Eltern ihr Kind nicht verstehen, es ungerecht bestrafen oder ihm ihren Willen aufzwingen.

Auch nach der frühen Kindheit gibt es eine Reihe von Ereignissen, die relevant für die Diagnose sind: der Verlust einer geliebten Person, tödliche Krankheit, Flucht, Gefangenschaft, Vergewaltigung, Misshandlung, ein Fehlurteil, Verleumdung, Midlife Crisis, Sinnverlust, Mangel an Nachkommen, ein Unglücksfall. Häufig ist dies auch Angst vor dem Alter, der Einsamkeit und dem Sterben. Viele leiden an Gewissensbissen wegen einer Jugendsünde oder weil jemand ihretwegen gelitten hat. Viele fühlen, dass ihr Leben verfehlt ist, oder haben Missachtung und Demütigung erfahren. Gewiss können solche Erfahrungen Ursachen geistlicher Traumata und Krankheiten sein, sie können aber auch als Katalysatoren wirken, die eine verborgene Krankheit erst zutage förderten. Es ist wichtig, den Patienten zu fragen, wovor er am meisten Angst hat, was ihn am stärksten bedrückt, was er aus seinem Leben am liebsten ungeschehen machen würde, welche Menschen in ihm Wut oder Angst hervorrufen, ob er sich vor Gott fürchtet oder davor, ihm nach dem Tod entgegen zu treten.

Vor oder zu Beginn des Tests sollte unbedingt nach dem Zeitpunkt des Ausbruchs der Krankheit und der Symptome, über die der Patient klagt, gefragt werden. Wann trat das Problem oder Symptom auf, wann spürte es der Patient, wann begann es ihn zu stören, wann wurde es unerträglich?

Der Therapeut wird bereits während der Durchführung des Tests spüren, welche Angaben relevant sind und welche Diagnose zutreffen könnte. Deshalb sollte er die Wirkungsweise unterschiedlicher Traumata, Kränkungen und Bosheiten kennen und wissen, welche Symptome Traumata geistlicher Organe hervorrufen. Nun folgt die Analyse und Auswertung des Testmaterials. Die im Test ausgewiesenen Symptome werden eine Identifikation der geistlichen Wunde oder Krankheit ermöglichen. Gleichzeitig kann man von den Symptomen sowohl auf die Hauptursache als auch auf unmittelbare Anlässe der geistlichen Krankheit schließen. Häufig wird der Patient selbst die Ursache seines Zustandes sofort benennen können. Noch häufiger aber wird sie durch den Test offenbar. Doch manchmal ergibt sich erst im Zusammenspiel aus fundierter Analyse und der Erfahrung des Therapeuten die Bestimmung der Krankheit und, noch wichtiger, ihrer Ursache. Der Therapeut muss sich aber dessen bewusst sein, dass nicht nur die Ursache der Krankheit behandelt oder beseitigt werden muss, sondern dass auch die Krankheit, die entstandene Wunde, das Symptom der Krankheit, die Schmerzen sowie die Reaktion des Patienten fürsorglich behandelt werden müssen.

2. KAPITEL

SPEZIELLE DIAGNOSEFÄLLE

Bei bestimmten Patientengruppen muss die Diagnose mit besonderer Vorsicht und Sachkenntnis erfolgen.

1. PSYCHISCHE PATIENTEN

Dazu zählen an erster Stelle psychisch kranke Patienten. Diese müssen sehr behutsam zu ihren Traumata und Symptomen befragt werden. Der für psychisch Gesunde vorgesehene Test darf keinesfalls bei psychisch kranken Patienten angewendet werden. Solche Befragungen könnten unterbewusste und unbewusste Wunden aktivieren und den Patienten in einen noch schlimmeren Zustand hinabstoßen. Ebenso wenig dürfen bei diesen Patienten negative und traumatische Umstände erörtert werden, da sie sich sonst zu sehr darauf fixieren und nicht mehr davon befreien können. Die Arbeit mit diesen Patienten muss vielmehr in einem positiven Gespräch bestehen, in dem der Therapeut versichert, dass Menschen mit ähnlichen Krankheiten bereits geholfen werden konnte und dass Gott stärker ist als ihre Krankheit und Hoffnungslosigkeit. Schon "normale Patienten" sollten davon abgehalten werden, allzu weitschweifig von ihren Traumen zu erzählen, sondern zu kurzen Anworten auf die gestellten Fragen ermuntert werden. Bei psychisch kranken Patienten ist dies besonders nachdrücklich und streng geboten.

2. PTSP

Respekt, Ruhe und Vorsicht sind auch im Umgang mit Patienten vonnöten, die am posttraumatischen Stresssyndrom leiden. Einerseits benötigt man ein offenes Herz und Ohr für das, was sie erzählen möchten und noch niemandem sagen konnten, weil sie spürten, dass andere Menschen sie nicht verstehen. Andererseits darf nicht an ihre Wunden und Erfahrungen aus Krieg, Unglücksfällen und schmerzhaften Situationen gerührt werden. Vielmehr sollte versucht werden, durch kurze Fragen eher intuitiv eine Diagnose für sie zu erstellen. Diese Patienten sind anfangs misstrauisch und benötigen deshalb besonders viel Geduld. Es ist wesentlich für den Therapeuten, sich in die Seele des Patienten einzufühlen und darauf zu vertrauen, dass diese Seele ihn respektiert. Mit Vertrauen und nach manchmal sehr langer Zeit kann der Therapeut versuchen, eine Diagnose zu stellen.

3. KINDER

Auch Kinder, vom Säuglingsalter bis in die Pubertät, sind besondere Patienten. Die Diagnose ist für gewöhnlich von den Eltern oder von Personen zu erfahren, die den Kindern nahe stehen. Aber soweit Alter und Ausdrucksfähigkeit des Kindes es zulassen, sollte man auch seine Interpretation des eigenen Leidens oder des Grundes dafür, warum die Eltern es zum Hagiotherapeuten gebracht haben, anhören. Es ist sehr wichtig, das Kind lieb zu gewinnen, seine "Ausfälle" unbeachtet zu lassen und nicht davon beleidigt zu sein - im Wissen, dass diese zum Arsenal der kindlichen Abwehrmechanismen gehören, mit denen es sich vor der Vielwisserei der Erwachsenen schützt. Das Kind braucht das Gefühl, erwünscht zu sein, angenommen und verstanden zu werden. Geduldig muss der Therapeut darauf warten, dass das Kind seinen Möglichkeiten entsprechend zu erzählen beginnt. Allerdings wird man meistens keine zutreffende Diagnose stellen können. Häufig öffnet sich da die Wunde der kindliche Seele, und das Kind fasst Vertrauen zum Therapeuten. Nun erst möchten viele Kinder noch etwas erzählen, oder sie wünschen sich, dass weiter für sie oder mit ihnen gebetet wird.

4. ÄLTERE MENSCHEN

Patienten mit besonderen Ansprüchen können auch ältere Menschen sein, vor allem wenn sie bereits an Demenz leiden. Ältere Menschen erzählen sehr oft alles Mögliche, nur nicht das, was das wirkliche Problem ist, sodass es schwierig ist, korrekte Angaben für die Diagnose zu erhalten. Aber im Gebet für sie und mit ihnen wirken der Geist und die Gnade sehr unmittelbar, und die älteren Patienten fühlen sich sehr schnell erfrischt, verstanden und angenommen und spüren bald, dass sie auf dem Weg zur Heilung sind.

5. FÜHRUNG DER PATIENTEN

Es wird vorkommen, dass ein Patient seiner Familie zuliebe zur Hagiotherapie kommt, ohne aber innerlich bereit zu sein, offen über seine Probleme zu sprechen. In einigen Fällen wird man darauf schließen können, dass diese Person tatsächlich an einer Wunde, einem Trauma oder einer geistlichen Krankheit leidet und wirklich Hilfe braucht. Im offenen Gespräch ist so ein Patient normalerweise bereit, über seine Probleme zu sprechen und sich helfen zu lassen. Aber in vielen Fällen ist nicht der vermeintliche Patient das Problem, sondern vielmehr jene

Person oder Personen, die ihn zur Therapie überredet haben. Deshalb sollte man sich mit beiden Seiten getrennt unterhalten. Dabei wird sich herausstellen, warum sich der oder die anderen durch den vermeintlichen Patienten gestört fühlen. Der Therapeut sollte sie davon überzeugen, dass auch ihnen geholfen werden kann. Hier ist es wichtig, sehr diskret vorzugehen, damit sich niemand beleidigt fühlt oder auf Kosten der anderen rechtfertigt. Dazu benötigt der Therapeut äußerstes Feingefühl.

6. MENSCHEN MIT VORURTEILEN

Die Erfahrung hat gezeigt, dass Menschen, die behaupten, keine Hilfe zu brauchen, oft geradezu nach Hilfe schreien, jedoch zu empfindlich sind, dies zuzugeben. Am Therapeuten liegt es dann, sie in der Liebe Christi anzunehmen und lieb zu gewinnen. Manchmal genügt es, ins Gespräch zu kommen, damit der Patient Vertrauen fasst und seine Angst ablegt, er könnte etwas verlieren, wenn er sein Herz öffnet. Als besonders nützlich hat es sich erwiesen, dem Patienten Ziel und Methode der Hagiotherapie zu erklären, damit er eventuell bestehende Vorurteile gegen sie abbauen kann.

7. NICHTCHRISTEN, ATHEISTEN

Ist der Patient kein Christ oder ist er Atheist, so wird mit ihm wie mit allen anderen Patienten verfahren. Ihm sollte jedoch versichert werden, dass an seiner religiösen oder nichtreligiösen Überzeugung keineswegs gerüttelt wird. Auf diese Weise kann dem möglichen Vorurteil eines solchen Patienten, die Hagiotherapie sei nur für Christen oder Katholiken da, begegnet werden. Wie bereits erwähnt wurde, folgt die Hagiotherapie demselben Prinzip wie die Caritas - sie ist für alle Menschen da.

8. ABHÄNGIGE

Besondere Sorgfalt bei der Diagnose ist auch bei allen Arten von Abhängigen geboten. Diesen Menschen muss zu Beginn erklärt werden, welche Resultate die Hagiotherapie bei Abhängigkeiten erzielen kann und wie sie dabei vorgeht. Auch muss Abhängigen vollständige Diskretion zugesichert werden. Menschen, die der Magie oder esoterischen Praktiken verfallen sind, brauchen besonders viel Geduld, da sie normalerweise davon überzeugt sind, auf dem richtigen Weg zu sein. Kontraindiziert ist, ihnen auseinander zu setzen, dass okkulte Praktiken gefährlich, antireligiös oder gottlos sind. Im Gegenteil muss der Therapeut allein aus dem Kommen des Patienten verstehen, dass er damit Probleme hat. Danach müssen im Gespräch mit dem Patienten Probleme, Traumata und Sorgen, die im Zusammenhang mit diesen Praktiken entstanden sind, aufgearbeitet werden. Auf diese Weise wird der Patient langsam Vertrauen fassen, sein Herz öffnen und auch wirklich wollen, dass ihm geholfen wird. Erst dann kann mit zielgerichteten Testfragen begonnen werden.

9. SELBSTMÖRDER

Besondere Patienten können auch Menschen mit Selbstmordneigungen sein. Wie Erfahrungen aus der Psychologie und Psychiatrie gezeigt haben, ist es empfehlenswert, diesen Patienten sofort zu sagen, dass sie durch Selbstmord ihr Problem keinesfalls lösen, sondern lediglich weiter komplizieren werden. Der Tod ist nicht das Ende, deshalb sollte man mit seinen Problemen hier zurande kommen. Weiters sollten die Patienten darüber aufgeklärt werden, dass der Selbstmord ein Unrecht darstellt, da das Leben ein Geschenk Gottes ist. Wenn wir bereit sind, unser Kreuz zu tragen, dann kann uns dies stärken und erhöhen. Der Selbstmord führt nicht in den Himmel, sondern an den Ort der Leiden. Es ist auch wichtig zu betonen, welches Leid Selbstmörder in Familie, Verwandtschaft und Freundeskreis anrichten und welchen Makel sie auf sich laden und ihren Nachfahren hinterlassen. Wie Erfahrungen gezeigt haben, hilft dies dem Patienten, vom Selbstmord Abstand zu nehmen und gegen die Situation anzukämpfen, die ihn auf diesen Gedanken gebracht hat. Danach kann man mit ihm über seine Probleme sprechen und auf Basis des Tests Fragen stellen, jedoch immer mit derselben großen Vorsicht, wie sie auch bei psychisch Kranken geboten ist.

10. TRAUER

Sonderfälle sind auch Menschen, die den Verlust einer geliebten Person erlitten haben. Ihr Problem besteht darin, dass sie sich auf das Bild des Verstorbenen im Augenblick des Todes, des Unglücks und der Trennung fixiert haben. Man sollte den Patienten deshalb gleich am Anfang erklären, dass ihre Liebe dem Verstorbenen hilft, in den Himmel zu gelangen. Er lebt nun im Frieden und in der Freude der Ewigkeit, ist von Licht umgeben und von Menschen, die er in diesem Leben kennen gelernt hat. Der Verstorbene sieht uns auf der Erde und kann keine Ruhe finden, wenn seine Nächsten um ihn trauern. Sieht er aber, dass sich seine Nächsten gut zurechtfinden und seine Arbeit fortsetzen, dass sie tapfer sind und ihm den Frieden und die Freuden des Himmels wünschen, dann ist er glücklich und kann sich dem Gebet und der Fürbitte für sie im Himmel widmen. Er ist in Fernen gereist, in die wir alle gelangen und wo wir einander wieder treffen werden. Außerdem sollten die Nächsten des Verstorbenen für ihn beten und opfern, damit er immer mehr Glück im himmlischen Leben erfahren möge. Solche Gedanken befreien den Patienten normalerweise von seiner Depression und seiner Ablehnung der Hilfe. Ein Gespräch voll Verständnis wird langsam zu einer Annahme des Tests und zur Diagnose führen.

11. TRAUMATISIERTE

Einen besonderen Fall stellen auch jene Menschen dar, die schwere Traumata und Schocks erlebt haben und alleine nicht in der Lage sind, sich davon zu befreien. Sie haben oft das Gefühl, von allen Seiten eingemauert zu sein, und können nicht glauben, dass auch ihnen geholfen werden kann. Mehr noch, sie sind überzeugt davon, dass das Leben für sie keinen Sinn mehr hat. Ihre Gefühle sind verdüstert, und sie empfinden nur noch Sinnlosigkeit und Ohnmacht. Zuallererst muss für sie eine Art Fenster aufgestoßen werden, damit sie das Licht wieder sehen. Man kann ihnen von Menschen mit ähnlichen Schicksalen erzählen, die wieder vollständig gesund wurden, von Gottes Liebe zu ihnen oder von den neuen Aufgaben, die das Leben für sie bereit hält. Danach ist es gut, mit ihnen und für sie halblaut oder laut zu beten. Für gewöhnlich wird die Liebe des Therapeuten ihre Herzen öffnen, und so wird nach einem kurzen Gespräch der Diagnoseprozess beginnen können.

Letztendlich kann man sagen, dass wirklich jeder Patient einzigartig ist und daher auch ein besonderer Fall in der Hagiotherapie. Dies kann einen unerfahrenen Therapeuten vielleicht erschrecken. Doch Liebe, Verständnis und milde Beharrlichkeit können sogar die Tore öffnen, die am hartnäckigsten verschlossen sind. Dabei ist nie zu vergessen, dass ein Therapeut nicht nur dann erfolgreich ist, wenn Diagnose und Heilungsprozess Wirkung gezeigt haben. Gottes Wege sind oft unerfindlich. Deshalb ist allein schon das Erscheinen des Patienten bei der Hagiotherapie der erste Schritt auf dem Weg, den Gott für die Rettung und Gesundung dieses Patienten vorgezeichnet hat.

3. KAPITEL

VON DER ANALYTISCHEN ZUR SYNTHETISCHEN DIAGNOSE

Im Laufe der Diagnose sammelt der Therapeut eine ganze Reihe von Daten des Patienten. Jedoch sind diese Daten verwirrend und unnütz, wenn sie keinen Hinweis auf die richtige Diagnose geben. Die Daten müssen einer Analyse unterzogen werden, bei der Bedacht genommen wird auf die geistliche Struktur des Menschen, die geistlichen Krankheiten, ihre Ursachen und vor allem ihre Symptome. Wenn der Therapeut all diese Faktoren in seine Analyse mit einbezieht, dann wird er bestimmte Symptome mit bestimmten Krankheiten und bestimmten Ursachen verbinden können. So führt ein Symptom direkt zur Erkennung der Krankheit, die geheilt, und zur Ursache, die ausgemerzt werden muss. Die Analyse kann vom Therapeuten schriftlich oder mündlich durchgeführt werden, sie kann auch gleich direkt in Anwesenheit des Patienten erfolgen. Der Therapeut kann den Patienten aber auch bitten, in einem anderen Raum zu warten, bis er seine Analyse fertig gestellt hat. Tatsächlich geschieht es in den meisten Fällen, dass der Therapeut durch seine Erfahrung und Sachkenntnis bereits während des Gesprächs mit dem Patienten erkennt, wo sich die Krankheit und ihre Ursache verbergen. Er kann aber auch seine Vermutungen über die Probleme des Patienten in einer nur vorläufigen Diagnose äußern und diese erst in einer späteren Phase des Heilsprozesses bestätigen oder korrigieren.

Für eine erfolgreiche Analyse ist die Kenntnis der spezifischen Symptome der existentiellen und transzendentalen Krankheiten sowie der grundlegenden Krankheit an der Basis des Lebens, der organischen, traumatischen und aller übrigen notwendig. Der Therapeut kann entdecken, dass dieselben Symptome Anzeichen unterschiedlicher Erkrankungen von unterschiedlichen geistlichen Organen sein können. Es ist ein Faktum, dass jede Krankheit mehrere Symptome aufweisen kann und dass es manchmal ausreichend ist, wenn man in mühevoller Arbeit eben ein spezifisches Symptom gefunden hat. Daher stört es nicht, wenn der Therapeut zum Schluss gelangt, dass es sich auch um mehrere Arten von Krankheiten oder erkrankter oder verwundeter geistlicher Organe handelt.

Doch die sicherste Methode, um zu einer korrekten Diagnose zu gelangen, ist der so genannte Weg der Konvergenz. Das bedeutet, dass der Therapeut die charakteristischsten Symptome zusammenfasst und herausfindet, zu welcher spezifischen Krankheit und Krankheitsursache sie den Weg weisen. Manchmal wird ein kleines Symptom den Weg zur Diagnose zeigen.

Erleichtert wird die Aufgabe des Diagnostizierens, wenn ein Patient wünscht, sich von einer bestimmten Krankheitsursache zu befreien. Dann wird sich die Diagnose von der Ursache zur Krankheit und von der Krankheit zum Symptom bewegen, und so wird sich herausstellen, wie all dies geheilt werden kann.

Die Analyse ist die Untersuchung der einzelnen Symptome, Krankheiten und Ursachen. Die Synthese ist die konkrete Schlussfolgerung bezüglich der Krankheit und ihrer Ursache auf Basis der in der Analyse gewonnenen Daten. Für die Synthese ist ein gewisses Abstrahieren notwendig, das Absondern von all dem, was von einer korrekten Diagnose wegführt, und die Konzentration auf all das, was einen Schritt hin zur richtigen Diagnose darstellt.

Es wird vorkommen, dass sich auch nach fundierter Analyse und Synthese und nach der Konsultation anderer Therapeuten keine überzeugende Diagnose erstellen lässt. In diesem Fall wird die stufenweise Therapie zum Diagnoseweg. Der Therapeut kann versuchen, eine vermutete Krankheit zu heilen. Zeigt dies keine Wirkung, kann er beginnen eine andere Krankheit, die vorliegen könnte, therapeutisch anzugehen. Zeigen sich Anzeichen der Besserung oder einer Reaktion des Patienten, kann der Therapeut sicher sein, sich an die Krankheit "herangetastet" zu haben, und wird nun auch schnell die Ursache herausfinden.

Dies bedeutet, dass die Therapie wichtiger ist als die Diagnose, denn sie ist es, und nicht die Diagnose, die dem Patienten hilft. Es bedeutet aber auch, dass der Therapeut sich nicht zu beunruhigen braucht, wenn es ihm nicht sofort gelingt, zu einer Diagnose zu gelangen. Wesentlich ist es, dem Patienten zu helfen. Die Diagnose wird sich wahrscheinlich auch später ergeben.

SCHLUSSFOLGERUNG

Die Diagnose dient der Therapie. Es sollten so viele Daten bei der Diagnose gesammelt werden, wie für die Erstellung der Therapie nötig sind. Deshalb ist der Versuch, *alle* erdenklichen Angaben über den Patienten zu erfassen, unangebracht, da viele von ihnen bei der Auswahl der Therapie überflüssig sind. Es ist also unsinnig, dem Patienten, ohne Rücksicht auf das Diagnoseziel und die Therapie, der Reihe nach alle Testfragen vorzulegen. Vielmehr sollte der Hagiotherapeut zielgerichtete Fragen stellen und darauf achten, dass die Intimsphäre des Patienten möglichst gewahrt bleibt, aber auch darauf, dass die Diagnose so schnell wie möglich erstellt und damit die Therapie in die Wege geleitet wird - bevor nämlich der Patient beginnen kann, sich selbst mit seiner Diagnose zu beschäftigen. Der Patient wird durch die Therapie geheilt, die Diagnose aber kann ihn beunruhigen. Deshalb sollte man die Diagnose schnell erstellen und noch schneller zur Therapie übergehen, um die Aufmerksamkeit des Patienten ganz auf die Therapie zu lenken.

V.

TEIL

DIE GEISTLICHE THERAPIE

EINLEITUNG

Der Begriff "Therapie" stammt vom griechischen Wort *therapeuo*, was so viel bedeutet wie "ich diene, pflege, heile, mache gesund". Heilen bedeutet, etwas, was verstümmelt ist, wieder ganz zu machen. Die Therapie bewirkt, dass aus einem kranken ein gesunder Mensch wird, dass der Mensch von einer Krankheit, ihren Ursachen und Symptomen und vom Leiden erlöst wird. Durch die Wirkung des Geistes wird die Einheit wiederhergestellt. Krankheit ist ein Mangel an Gesundheit, Tugendhaftigkeit, Kraft und Freude. Die Krankheit verstümmelt also die Einheit des Menschen, das ganzheitliche Funktionieren und Leben. Die Therapie aber bewirkt, dass der Mensch wieder *ganz* wird. Sie gleicht also einen Mangel aus - an Gesundheit, Frieden, Zufriedenheit, Sinn und Liebe. Sie bringt die verlorene Gesundheit wieder. Wie kann dies aber auf geistlicher Ebene bewirkt werden?

Das Ziel der bisherigen Ausführungen war es, die geistliche Therapie vorzubereiten und zu ermöglichen. Dabei ist der Begriff der geistlichen Seele von zentraler Bedeutung. Der Geist selbst ist vollkommen einfach, und doch ist es unmöglich, ihn unmittelbar zu beschreiben. Deshalb ist er am besten durch seine Wirkung in der geistlichen Seele sichtbar. Gerade weil der Geist der menschlichen Seele innewohnt und mit ihr verbunden ist, ist er ein menschlicher Geist. Der Mensch jedoch ist kein reiner Geist, wie etwa die Engel, sondern "beseelter Geist", Geist in der Seele. Der Begriff der "geistlichen Seele" stammt aus der christlichen Philosophie der Neoscholastik, aber auch aus dem Lehramt der Kirche.[1] Die geistliche Seele als Form des Körpers bedingt und begründet die wesentliche Einheit des Menschen. Um den Begriff der geistlichen Seele von jenem der psychischen Seele zu unterscheiden, müssen wir uns vor Augen halten, dass die psychische Seele ein Begriff des sensitiven Le-bens ist, während die geistliche Seele einerseits das onto-logische Prinzip der Einheit im Menschen darstellt, ande-rerseits das transzendentale Prinzip des "Ich", in dem sich das Bewusstsein des Menschen abspielt. Die geistliche Seele ermöglicht die Entfaltung des vitalen, gefühlsmäßigen und geistlichen Lebens im Menschen. Sie ist der Kern des Menschen.

Wenn die Scholastiker zwischen der geistlichen Seele und dem menschlichen "Ich" unterscheiden, dann definieren sie die geistliche Seele als Einheit des körperlichen und geistlichen Lebens, das "Ich" jedoch als Mittelpunkt der menschlichen Persönlichkeit, das die Einheit des Bewusstseins bedingt. Die geistliche Seele ist also ein ontologisches Prinzip, das gleichsam von innen die Einheit von Körper und Geist begründet. Das "Ich" ist im Gegensatz dazu ein transzendentales Prinzip, das die Einheit des Bewusstseins verkörpert. Das "Ich" ist jener Punkt, in dem sich die geistliche Seele ureigenst reflektiert, in dem sie "bei sich selbst sein" kann oder, wie der hl. Thomas von Aquin sagt, sie ist *reditio completa in se ipsum*. In diesem "Ich" wird gewissermaßen ein erhellter Bereich des Bewusstseins geschaffen. Dies ist im Grunde die höchste Fähigkeit der geistlichen Seele, dass sie sich ihrer selbst bewusst wird, dass sie über sich selbst nach-

[1] Vgl. E. Coreth, *Was ist der Mensch? Grundzüge einer philosophischen Anthropologie,* Tyrolia, 1986, S. 75 und 125-131. Ebenso: GS 14: "Wenn er die Geistigkeit und Unsterblichkeit seiner Seele bejaht..."

denkt, sich selbst reflektiert und gleichzeitig Taten und Werke vollbringen kann, die den geistlichen Kern des Menschen offenbaren und verwirklichen. Der Mensch wird sich also seiner selbst nicht in der geistlichen Seele bewusst, sondern im "Ich" als dem Gipfelpunkt der geistlichen Seele, das die Identität von Sein und Erkenntnis herstellt, das das Bewusstsein von der geistlichen Dimension des Menschen bildet.[2]

Die christliche Philosophie ist daher überzeugt, dass der Mensch die Fähigkeit besitzt, seine Geistlichkeit zu erfahren, seine geistlichen Handlungen zu analysieren, sich selbst zu beobachten, zu beurteilen und zu bestimmen. Deshalb kann sich der Mensch dessen bewusst sein, ob er sein geistliches Leben vernachlässigt oder pflegt, ob seine Seele verletzt oder fröhlich ist. Der Mensch ist in der Lage, sein Gewissen zu erforschen, er ist sich seiner geistlichen Erkenntnisfähigkeit und auch der Stimme Gottes bewusst.

Der Mensch erkennt und entscheidet. Seine geistliche Erkenntnis und seine geistlichen Entscheidungen machen ihn als Ganzes aus, sie machen ihn zu einem guten oder bösen Menschen. Der Mensch ist indes ein begrenzter und kein absoluter Geist. Diese Begrenztheit gilt nicht nur für den Bereich der Erkenntnis, sondern auch in axiologischer, moralischer Hinsicht. Der Mensch kann sich und andere verletzen, er kann seine Seele in Trauer stürzen, er kann sie ethisch-moralisch lähmen. Die Freiheit des Menschen ist gleichermaßen begrenzt, auch sie ist keinesfalls absolut an das Gute gebunden und kann deshalb das Gute verfehlen. Der Mensch ist ein materiell-geistliches Wesen, und deshalb kann er aufgrund seiner relativen Erkenntnis das geistliche Wohl mit dem materi-

[2] Vgl. E. Coreth, *Was ist der Mensch?*, S. 130f.

ellen verwechseln, er kann das moralische Wohl gering schätzen und dafür das körperliche bevorzugen. Dies bedeutet, dass die geistliche Seele des Menschen beschädigt, verletzt, krank und traurig sein kann. Die Erbsünde hat die geistliche Kraft des Menschen geschwächt, und nun neigt der Mensch zum Abfall von Gott und zur Huldigung der Götzen. So verliert die geistliche Seele den Quell ihrer Kraft, den Schöpfer, und erlebt Sinnlosigkeit, Kraftlosigkeit und Angst.

Was sich so dagegen sperrt, in wissenschaftliche Begriffe gefasst zu werden, scheint leichter durch die Alltagserfahrung erklärbar. Dem Menschen ist bewusst, dass er Gewissensbisse hat, dass ihm die Lüge wehtut, dass er ein Unmensch ist, wenn er die Humanität mit Füßen tritt, dass es sich nicht lohnt, Böses zu tun. Er fühlt es, wenn seine Seele trauert und wenn sein ganzes Wesen sich danach sehnt, zu bereuen und ein redliches Leben zu beginnen. Schließlich spüren die Menschen selbst, dass sie geistliche Hilfe benötigen, dass ihre Seele schmerzt und dass ihnen weder Ärzte noch Psychiater helfen können, sondern Gott allein. Somit ist das Bewusstsein von der geistlichen Seele, sind ihre Handlungen und Zustände, sowohl in wissenschaftlicher Hinsicht als auch aus der Sicht der Alltagserfahrung, hinreichend geklärt.

Es ist notwendig, zuerst die geistliche Seele zu *retten*, dann aber bedarf sie auch der *Therapie*. In der Moraltheologie unterscheiden wir zwischen schweren, also Todsünden, und leichten Sünden. Von den Sünden müssen die Menschen gerettet werden, aber von den Wunden, die diese hinterlassen, müssen sie geheilt werden, da die einen wie auch die anderen Sünden Schmerzen, Gewissensbisse, Schuldgefühle und Ängste hinterlassen. Den Menschen schmerzt seine Seele oft auch, nachdem er durch Beichte und Buße "gerettet" wurde. Denn unsere Seele leidet, wenn uns ein Nahestehender verletzt, wenn uns unrecht getan wird oder wenn wir einen lieben Menschen verlieren. Und furchtbar ist der Schmerz, der entsteht, wenn aus Liebe Hass wird. Äußerst peinvoll kann es auch sein, wenn jemand erkennt, dass er Gutes tun sollte und es auch will, stattdessen aber Böses tut, obwohl er es nicht wollte. Der Mensch muss also nicht nur gerettet, sondern er muss auch geheilt werden, und zwar in seiner geistlichen Seele. Hier ist deshalb jede Diskussion darüber, ob die geistliche Dimension des Menschen oder der Geist krank sein könnten oder nicht, überflüssig, wenn man wirklich erfasst, worauf sich die geistliche Therapie bezieht. Es geht um das Leiden geistlicher Natur, wovon auch Papst Johannes Paul II. in der Enzyklika *Salvifici doloris* spricht. Dieses sei schwieriger zu diagnostizieren als andere Leiden des Menschen, sagt der Papst, und es sei schwieriger durch die Therapie zu erreichen. Es ist offensichtlich, dass dazu eine grundlegende Vorbereitung notwendig ist. Unser wichtigster Orientierungspunkt in der geistlichen Therapie ist die geistliche Seele des Menschen, wie sie in der scholastischen Philosophie genannt wird. Sie kann man erfahren und erkennen, in ihr können Leiden und Schmerzen diagnostiziert werden, und sie kann auch geheilt werden. Wissenschaftliche Untersuchungen und die Alltagserfahrung führen uns zu dem Schluss, dass die geistliche Ebene des Menschen verletzt und krank sein kann und geistlicher Hilfe zugänglich ist. Davon sprechen die kirchlichen Schriften, davon ist auch in der Liturgie, die voll von Andeutungen über Arzneien für die Seele ist, die Rede, und auch katholische Theologen betonen immer öfter die Notwendigkeit der Entwicklung einer therapeutischen Theologie.

Wenn wir auch sagen, dass den Menschen die Seele schmerzt und dass wir den Menschen heilen, so ist es doch klar, dass es konkrete "Stellen" im Menschen gibt, die geistlich geheilt werden müssen. Unterschiedlich sind die Schmerzen, vielfältig die Leiden der Seele, verschieden ihre Funktionen, die versagen können, und mannigfaltig die Wunden, Deviationen und Gewaltakte, denen der Mensch ausgesetzt ist.

In der Welt sind Gut und Böse vermengt, in der Welt gibt es das Leiden, sie ist ein "Tal der Tränen", wie ein Gebet sagt. Bei der Therapie müssen diese Quellen geistlicher Leiden berücksichtigt werden, und falls sie nicht beseitigt werden können, muss der Patient zumindest dagegen immunisiert werden. Der Hagiotherapeut kann dem Patienten auch die Anleitung dazu geben, wie er in jedem Moment seines Lebens Mittel bei sich haben kann, um geistliche Leiden, die ihn betreffen, zu lindern.

Es stellt sich die Frage, wer geistliche Leiden heilen könne. Sicherlich muss dies jemand sein, der ein Experte und Kenner der geistlichen Dimension des Menschen und der Pathologie der menschlichen Seele ist; vor allem aber jemand, der sowohl die Gewandtheit als auch die Kraft besitzt, die für die geistliche Therapie notwendig sind. So wie man auch kein Arzt oder Psychiater werden kann, ohne die notwendige Ausbildung dazu absolviert zu haben und über entsprechende Kenntnisse zu verfügen, so ist auch hier ein Experte gefragt. So ein Experte muss "durchlässig" sein für die Arznei, die bis zum Patienten gelangen muss. Denn das Böse und die Sünde sind stärker als der Mensch. Die Abhängigkeit ist eine Macht, gegen die die Gewandtheit und Kraft eines Menschen kaum ankommen können, und den Sinn des Lebens kann uns kein anderes Geschöpf geben, da der Geist des Menschen auf das Unendliche ausgerichtet ist. Deshalb kann das Heilmittel für die menschliche geistliche Dimension kaum ein Mensch sein, wohl aber kann es der absolute Geist sein, der Schöpfer der Welt. Wir schließen dies daraus, dass dem biblischen Bericht zufolge der Mensch aus zwei Elementen geschaffen wurde, dem göttlichen und dem irdischen. Gott hat den Menschen zuerst aus Erdenstaub geschaffen und gab ihm dann von seinem Lebensatem.[3] Es ist verständlich, dass das Erdgeschaffene in einem gewissen Maße von Menschen geheilt werden kann, das Gottgeschaffene aber die menschliche Kraft übersteigt. Es muss betont werden, dass die wahre Arznei für die geistliche Seele und den ganzen Organismus des Menschen der Geist Gottes und seine Gnade ist. Dies bedeutet, dass der Therapeut fähig sein muss, in seiner geistlichen Dimension ein Mittler oder Leiter dieser göttlichen Arznei für den Patienten zu sein.

Auf die Frage, wie dies nun bewerkstelligt werden könne, lautet die Antwort, dass der Hagiotherapeut den Patienten für die Tugend, Reue, Bekehrung und das Gebet öffnen soll. Bei Patienten, die nicht beten können und die keine Gläubigen sind, genügt es, dass sie sich für die Tugend und gegen das Laster entscheiden, um sie für die geistliche Arznei zu öffnen. Das Sein ist einzig, wahr, gut und schön, sagt die Philosophie. Diese Werte sind Transzendentalien des Seins. In der Theologie ist das Sein ein lebendiges Wesen, der Schöpfer der Welt. Demnach verbindet sich jeder Mensch mit dem Schöpfer der Welt oder mit dem absoluten Sein, wenn er sich für die Transzendentalien des Seins, also für das Gute, Schöne und Wahre entscheidet. Atheisten und Nichtchristen werden deshalb ihre Orientierung im Hinblick auf die Transzendentalien - Tugenden und die Humanität - vornehmen. Auf diese Weise werden sie mit dem Geist Gottes in Berührung kommen und vom Bösen befreit werden, sie werden Widerstandskraft gegen die Begierde gewinnen und Verletzungen überwinden, die sie sonst zu Rache und Hass verleiten würden. Im Alten Testament trägt Gott ver-

[3] Vgl. Gen 2, 7.

schieden Namen wie Gerechtigkeit, Zärtlichkeit, Liebe und Friede. Bei der Entscheidung für die Tugenden erfasst der Mensch Gott auf gewisse Weise unter diesen Namen. Was Gläubige anderer Religionen betrifft, so spricht die katholische Theologie heute von unterschiedlichen Beziehungen zwischen dem Christentum und anderen Religionen, wie etwa exklusivistischen, inklusivistischen, pluralistischen oder einer solchen, wie sie H. Küng anbietet, nämlich, dass die Religion, der ein Gläubiger angehört, für diesen das einzige Mittel zu seiner Rettung darstellt. Wir übernehmen jene Deutung, die das II. Vatikanische Konzil in der Konstitution *Gaudium et spes* artikuliert, der zufolge Jesus Christus der einzige Retter der Welt ist, der das Heil aber auf verschiedenen Wegen allen überbringen kann. So wie sich Christen durch die Taufe mit Jesus Christus verbinden, so verbinden sich alle Menschen auf gewisse Weise mit ihm durch die „Begierdetaufe“. Indem sie gerecht handeln, richten sie ihr Gewissen auf Rettung durch Christus aus, auch wenn sie dies nicht wissen. Für sie ist Christus ein anonymer Gott, und so nennt K. Rahner sie "anonyme Christen". Das zweite Vatikanische Konzil stellt fest, dass Gott alle Menschen auf geheimnisvolle Weise mit dem Paschamysterium verbinde, also mit Jesu Opfer auf dem Kreuz, mit seinem Tod und seiner Auferstehung und Rettung.[4] Dieses Konzil sagt weiter, dass sich Christus durch seine Menschwerdung mit allen Menschen der Geschichte verbunden habe. Dadurch, dass er die menschliche Natur angenommen hat, hat er sich mit allen Menschen verbunden.[5] Die Kirchenväter sagen, dass Jesus, als er das Kreuz trug, alle Menschen - wie der Samariter den Kranken - getragen hat.

---

[4] Vgl. GS 22.
[5] Vgl. GS 22.

Grundsätzlich kann die Hagiotherapie auf jeden Menschen angewandt werden, ohne dass die Freiheit seines Gewissens verletzt wird, so wie etwa Mutter Teresa Hinduisten Gutes erwiesen hat, ohne sie zum christlichen Glauben bekehren zu wollen, oder wie die Kirche durch die Caritas nicht nur Angehörigen der Kirche hilft, sondern auch Nichtchristen und Atheisten. So will auch die Hagiotherapie allen Menschen kraft der Mission der Kirche helfen. In der Hagiotherapie wird der Patient zur geistlichen Gesundheit, zur Einheit seines geistlichen Organismus geführt. Dies geschieht dadurch, dass Störungen der geistlichen Seele durch das Wirken des Schöpfers beseitigt werden. Durch die Hagiotherapie wird die Funktion geistlicher Organe, die wegen einer geistlichen Krankheit gestört war, wiederhergestellt.

Gläubige Christen werden als Patienten ihre geistliche Seele den Worten Christi öffnen - durch ihre Bekehrung, ihr Gebet und ihre Reue - und so die Arznei für ihre geistliche Dimension empfangen können.

Selbstverständlich muss der Hagiotherapeut selbst ein freundschaftliches Verhältnis zum Schöpfer und dessen Geist pflegen, um durch seine Fürbitte und seine Vermittlung die göttliche Arznei für den Patienten zugänglich zu machen. Der Hagiotherapeut sollte ein Mensch der Bekehrung und der Buße sein, er sollte ein Kenner des Wortes Gottes sein, erfahren im Gebet und in der Heilung eigener Traumata, Krankheiten und Leiden. Es genügt also nicht, dass er ein Theologiediplom und ein Zeugnis über die vollendete Ausbildung zum Hagiotherapeuten hat, sondern er muss über eingehende Kenntnisse und Erfahrungen der geistlichen Dimension verfügen sowie über die Erfahrung der Gnade. Der Hagiotherapeut ist ein Diener der Hagiotherapie. Er steht zwischen dem Patienten und dem Heiligen Geist. Der heilige Paulus nennt sich selbst den "Diener" oder "Knecht Jesu Christi". Hagiotherapeuten sind "Diener geistlicher Hilfe", ganz nach Jesu Worten:

"Wer bei euch der erste sein will, soll euer Sklave sein."[6] Der Hagiotherapeut muss deshalb vom Profanen ins Heilige überwechseln, er muss den Menschen und er muss Gott aufs allerhöchste achten und gleichzeitig vor sich selbst Ehrfurcht haben, da auf gewisse Weise Gottes Hand über ihm ist. Er muss demütig sein, da alles, was er ist und was er kann, von Gott kommt.

In der Hagiotherapie ist Jesus Arzt und Arznei. Er übergab der Kirche die Sendung, zu tun, was er getan hat. "Dann rief er die Zwölf zu sich und gab ihnen die Kraft und Vollmacht, alle Dämonen auszutreiben und die Kranken gesund zu machen. Und er sandte sie aus mit dem Auftrag, das Reich Gottes zu verkünden und zu heilen."[7] Beim Sakrament kommt die Gnade *ex opere operato*, da sie nicht von der Heiligkeit des Vermittlers abhängt. In der Hagiotherapie ist dies aber anders. Die Heilung kann nicht geschehen, wenn der Hagiotherapeut nicht durchlässig für Gottes Gnade ist, wenn er geistlich und moralisch nicht gesund ist. Was ihn blockiert, das blockiert auch die Wirkung der Gnade im Patienten.

Verglichen mit der Diagnose geht die Therapie in umgekehrter Reihenfolge vor. Die Therapie zielt zuallererst darauf ab, die Quellen der Krankheit zu beseitigen, dann den Anlass - auch hier zuerst den grundsätzlichen, dann den unmittelbaren -, und danach wird die Krankheit selbst geheilt, die den geistlichen Organismus befallen hat. Danach werden die Symptome beseitigt, wird der Patient von objektiven Leiden befreit und zum Schluss das subjektive Gefühl der Gesundheit wiederhergestellt.

So wissen wir also, wo die geistliche Krankheit lokalisiert ist, wer sie heilen kann, wer die Arznei ist und auf welche Weise sich die Therapie entwickelt.

---

[6] Mt 20, 27.

[7] Lk 9, 1f.

1. KAPITEL

GEISTLICHE ARZNEIEN

Unter geistlichen Arzneien verstehen wir Wirkstoffe, die geistliche "Agenzien" zur Abwendung geistlicher Krankheiten beinhalten. So wie in der Medizin durch die Injektion dem Körper eine heilende Substanz verabreicht wird, so wird auch durch die geistliche Arznei eine Kraft in der Seele freigesetzt, die geistliche Krankheiten bekämpft. So wie medizinische Kapseln bei weitem nicht durch jeden ihrer Bestandteile, sondern nur durch ihren Inhalt heilsam wirken, so wirken auch Gebete und Sakramente auf geistlicher Ebene gleichsam als Träger, als Hülsen für die Gnade Gottes, damit diese ihre Heilkraft im Körper entfalten kann.

Auf geistlicher Ebene unterscheiden wir vier Arten von Arzneien: das **Wort**, die **Metanoia** (Bekehrung), das **Gebet** und die **Sakramente**.

1. DAS WORT

Das ***Wort*** kann von Gott oder von den Menschen stammen. Das menschliche Wort vermittelt philosophische und ethische Erkenntnisse, Lehren und Ratschläge. Das Wort Gottes oder Wort der Heiligen Schrift übermittelt uns Gottes Botschaft, es berät den Menschen und überbringt ihm die gnadenvolle Kraft Gottes zu seiner Erlösung. Das Wort Gottes ist auch das Wort der Kirche, welches durch die Tradition übertragen wurde. Dies ist die so genannte übernatürliche Offenbarung. Daneben gibt es auch die natürliche Offenbarung. Durch das Wort Gottes wurde der Himmel geschaffen, heißt es im Psalm. Gott schuf, indem er sprach. Das bedeutet, dass die gesamte Schöpfung das verkörperte Wort Gottes ist. Wenn wir das Wort Gottes in der geschaffenen Welt entdecken können, wenn wir es in den Naturgesetzen, in der Schönheit der Wiesen, der Berge und des Sternenhimmels erkennen, dann können wir dem Menschen die Nähe Gottes und Seinen Geist vermitteln, damit der Mensch die Verletzungen seines Geistes überwinden kann. Deshalb ist es möglich, nicht nur theologisch, sondern auch philosophisch die Mittel zu verkünden, die in der natürlichen und übernatürlichen Offenbarung enthalten sind.

Das *Wort Gottes* muss dem Patienten verkündet werden, um als Arznei wirken zu können. Dies kann in der Form der Kirchenpredigt oder der Unterweisung durch den Therapeuten geschehen. Der Patient kann die Arznei auch durch den Rat seines Beichtvaters oder des Hagiotherapeuten empfangen sowie durch die Lektüre der Heiligen Schrift und geistlicher Bücher, vor allem solcher, die sich speziell mit der geistlichen Heilung befassen.

2. DIE METANOIA

Die zweite geistliche Arznei ist die *Metanoia* oder Bekehrung. Metanoia bedeutet die Erkenntnis des Menschen, dass er vom rechten Weg abgekommen ist, und seinen Entschluss, auf diesen wieder zurückzukehren. Es ist die Wendung des Menschen vom Bösen zum Guten, von der Lüge zur Wahrheit, von der Hässlichkeit zur Schönheit. Die Metanoia ist der umfassende, grundlegende Entschluss des Menschen in seine "Urheimat" zurückzukehren, heimzukommen, zu sich zu kommen und zur Erfüllung seiner Sehnsüchte zurückzufinden. Es ist die Wiederkehr der "ersten Liebe". Die Metanoia ist die Zurückweisung des Lasters, die Übung in den Tugenden und das Gebet um Tugendhaftigkeit. Der erste Schritt in der Metanoia ist:

a) Die Erkenntnis

Die Erkenntnis des Menschen, dass er sich auf dem falschen Weg befindet, dass er sich verirrt hat und nun in der Finsternis und in der Hand des Bösen und der Begierde ist, dass er vom Weg Gottes und der Humanität abgekommen ist und gegen die Gesetzmäßigkeiten seines geistlichen Organismus verstoßen hat. Es ist der Entschluss des Menschen, schwer verwundet zum Vater zurückzukehren, schmutzig und ausgezehrt nach Hause zu kommen und ganz von neuem zu beginnen. Der zweite Schritt ist

b) Die Entscheidung

Sie kann zweifach sein: *grundlegend*, als "fundamentale Option". Oder sie kann *alltäglich* sein, wenn der Mensch sich stets von neuem nach dem rechten Ziel ausrichtet.

Zur Metanoia sind christliche Gläubige und alle anderen Menschen gleichermaßen in der Lage. Christen werden beim Vollzug der Metanoia von der reichen Erfahrung der Kirchentradition profitieren. Zuallererst werden sie das Wort des Evangeliums lesen und die Aufforderung Jesu zur Bekehrung, dann werden sie sich für die Umkehr in ihrem Leben entscheiden, vor allem was die Moral und die Erkenntnis betrifft. Sie werden ihre Verirrungen und Sünden einsehen und eine gute Beichte ablegen, oder wenn sie dazu nicht in der Lage sind, das Sakrament der Krankensalbung empfangen. Gemeinsam mit anderen Gläubigen und gestärkt durch deren Unterstützung, Zeugnis und Gebet werden sie schnell zu geistlicher Gesundheit und einem freudvollen Leben zurückfinden.

Teile der Metanoia sind das Fasten, die Askese, das Wachen und das Opfer. Der heilige Petrus Chrysologus sagt, wenn das Gebet etwas nicht vermag, dann vermag es das Fasten, und wenn das Fasten etwas nicht vermag, dann vermag es das Opfer. Die Heilige Schrift sagt, dass das Opfer die Zahl der Sünden vermindere.

c) Das Fasten

Das Fasten heilt nicht nur die Seele, sondern auch den Körper.

d) Das Wachen

Das Wachen ist besonders wirksam, weil es dem Menschen zur Wachsamkeit und zum stetigen Fortschritt im Gebet und im geistlichen Leben verhilft.

e) Die Askese

Die Askese ist ein Training, das die Tugendhaftigkeit zum Ziel hat. Durch sie wird der Mensch tapfer, kühn und stark. Die Askese ist der universelle Verzicht. Sie befreit den Menschen von der Abhängigkeit, von der Begierde und vom Bösen. Deshalb wird der Mensch durch das Verzichten selbstbewusst, frei, zuversichtlich und gewissermaßen Herr im eigenen Haus. Die Askese rückt im Menschen die Dinge wieder an ihren rechten Platz und stellt die Hierarchie der Werte wieder her, sie heilt den Menschen von Grund auf und gibt ihm seine Einheit wieder. Ohne Verzicht und beharrliche Übung kann man weder im Sport noch in der Arbeit, weder im Unternehmen noch im Alltag erfolgreich sein, und in ganz besonderem Maße gilt dies auch für die geistliche Ebene.

f) Das Almosen

Das Almosen befreit den Menschen vom Egoismus und öffnet sein Herz für den anderen. Auf diese Weise bleibt das Herz des Menschen für Gottes Gaben geöffnet, und er empfängt im Grunde hundertmal mehr als er gibt. Ein Sprichwort sagt: "Willst du reich werden, so gib reichlich." Jesus sagt, dass wir nach dem Maße erhalten werden, mit dem wir selbst gemessen haben, ja, dass wir sogar noch mehr als das, nämlich ein Leben in Überfluss erhalten werden. Es liegt in den Gesetzmäßigkeiten des Geistes, dass der Mensch verarmt, wenn er nicht in der Lage ist, von dem, was er hat, etwas abzugeben. Andererseits verlieren jene, die den egoistischen Wunsch haben, zu besitzen und Milliardäre zu werden, sowohl ihre Seele als auch ihr Gewissen und ihr Geld. So können das Fasten, das Wachen, die Askese und das Almosen die effektivsten Heilmittel in der Hagiotherapie sein. Es genügt, den Fastenzeitteil des Missale oder des Breviers durchzublättern, um sich davon zu überzeugen, wie hoch die Kirche diese vier Übungen schätzt und welchen Wert sie ihnen als Arzneien für Seele, Herz und Geist beimisst.

Die *Metanoia* ist, wie bereits erwähnt, das Bewusstsein, sich auf dem Irrweg zu befinden und seiner Seele dadurch Schaden zugefügt zu haben. Sie ist auch die Erkenntnis der Möglichkeit einer Rückbesinnung. Die Metanoia ist das Gefühl der Reue, das Eingeständnis der eigenen Schuld, die umfassende Buße und der Entschluss, zum richtigen Weg und zu den Tugenden zurückzukehren. Sie ist die Einsicht, dass es dem Menschen im Verein mit Gott gut geht und dass Gott des Menschen einziger wahrer und treuer Wohltäter ist. Daher entsteht in einer solchen Situation das Gefühl der Reue, und der Betroffene betet zu Gott, er möge ihm verzeihen, weil er ihn verletzt und verlassen hat und gegen irdische und göttliche Gesetze verstoßen hat. Die Metanoia wird von der sicheren Hoffnung begleitet, dass Gott den Menschen liebt, dass er ihm vergeben wird, dass er ihm wie die treueste Mutter zärtlich entgegenkommen, ihn reinigen, umkleiden und seine Wunden verbinden wird, dass er ihm eine Arznei geben und seinen Stolz und seine Würde als dem Freund Gottes wiederherstellen wird. Deshalb ist die Metanoia der Übergang vom Tod ins Leben, von der Krankheit zur Gesundheit und vom Leiden zur Freude. Die Metanoia ist die Rückkehr in die Gesellschaft Gottes und der Menschen.

3. DAS GEBET

Die dritte geistliche Arznei ist das *Gebet*. Es ist der bewusste Versuch des Menschen, mit Gott zu kommunizieren. Es ist das Echo vom Wort Gottes oder die Antwort des Menschen auf das Wort Gottes in der Wechselbeziehung von Erschaffung und Erlösung. Mit dem Gebet dankt der Mensch gleichzeitig dafür, dass ihn Gott besucht hat, dass er ihm nahe ist und dass er ihn mit allen möglichen Gaben beschenkt hat. Das Gebet ist eine Brücke zu Gott, es ist eine Begegnung zwischen den Worten Gottes und denen des Menschen, es ist die Verbindung des menschlichen mit dem göttlichen Geist, es ist die Ankunft des Patienten beim Arzt, es ist die Einnahme der göttlichen Arznei gegen das menschliche Leid.

Die Verschiedenartigkeit und Mannigfaltigkeit der Gebete ist beinahe unendlich, so wie auch die Leiden der Menschen und ihre Beziehung zu Gott und sich selbst äußerst vielfältig sein können. Während das Wort Gottes dem Patienten offenbart wird, spricht der Patient ein Gebet und erwidert so auf das Geschenk Gottes. Daraus, dass das Gebet durch die Gnade und die Kraft des Heiligen Geistes unterstützt wird, der für uns vermittelt, wenn wir nicht wissen, wie oder was wir beten sollen, können wir schließen, dass es Gottes gnadenvolle Substanzen zur Heilung der geistlichen Leiden des Menschen transportiert. Das Gebet berührt Gott gleichsam, es ist wie ein Kanal zwischen Gott und dem Patienten, und Gottes Mildtätigkeit, Zärtlichkeit und Kraft fließen im Gebet in den Patienten über. Das Gebet ist dann am stärksten, wenn es eine Widerspiegelung des empfangenen göttlichen Wortes ist, da es dann eine Begegnung zwischen Gott und Mensch, zwischen seinem Wort und dem menschlichen Wort ist. Deshalb ist das Gebet das allerstärkste Mittel zur Heilung der geistlichen Leiden des Menschen.

Es ist anzunehmen, dass auch Atheisten auf gewisse Weise beten können. Die Kirchenväter, besonders Tertullian, meinen, dass sogar Tiere und Pflanzen beten. Indem sie ihre Natur annehmen, singen und sich über sie freuen, heißen Vögel ihren Schöpfer willkommen und sind im harmonischen Einverständnis mit ihm. Wenn ein Atheist mit seinem freien Willen und seiner Erkenntnis die Gesetzmäßigkeiten der Welt und der menschlichen Existenz annimmt, wenn er sich zu den Forderungen des Gewissens und der Humanität bekennt, wenn er bereit ist, seinen Lastern abzuschwören und Werte und Tugenden anzunehmen, dann stellt er den Kontakt mit dem Schöpfer her, obwohl er ihn nicht kennt, und nimmt zugleich das Wort Gottes an, unterwirft sich diesem und wird zu seinem Freund. Auf diese Weise gleicht er die Störungen seines geistlichen Organismus aus und ermöglicht es der Gnade Gottes, seine Wunden zu heilen und geistliche Schmerzen zu lindern. Ähnliches kann man auch über die Angehörigen anderer Religionen sagen, dass auch sie, sofern sie das tun, was in ihrer Religion dem Gewissen, der Ethik und Moral, den guten Eigenschaften und Tugenden entspricht, dadurch mit Gott in Kontakt treten und von ihm die Heil bringende Gnade erhalten, die ihre geistlichen Wunden heilt.

Das Wort Gottes ist also auf verschiedene Arten überall zugegen, und deshalb lädt es alle Menschen, an allen Orten und Zeiten, mit den verschiedensten Überzeugungen und Weltanschauungen dazu ein, ihm zu antworten und so in den Zustand des Gebets überzugehen. Das Gebet wird auf diese Weise zum Mittler zwischen Gott und dem Menschen, zum Träger der Heil bringenden Gnade Gottes. Es ermöglicht die Begegnung zwischen Gott und Mensch, zwischen Sünder und Erlöser, zwischen Geschöpf und Schöpfer, zwischen dem Kranken und dem göttlichen Arzt. Der heilige Jean-Marie Vianney sagt, dass das Gebet ein unaussprechliches Gottesgeschenk sei, in dem Gott und der Mensch einander umarmen und in dem der Mensch alles von Gott erhalten könne. Das Gebet ist allen Menschen zugänglich, nicht nur Christen. Deshalb ist es ein allgemeines Heilmittel für die geistliche Dimension des Menschen.

Das *Gebet* kann gesprochen werden, es kann jedoch auch im Geist, in Gedanken oder im Herzen geäußert werden, es kann spontan erfolgen, und es kann im Schweigen bestehen. Es kann ein Hilferuf oder ein Aufschrei sein, kann Danksagung oder Lobpreis Gottes sein. Es kann Reue, Bitte oder Flehen sein, es kann die Lebensweise des Betenden sein, kann Ausdruck seiner Freude oder seines Kummers, kann eine Erzählung über sich selbst sein oder die Suche nach Schutz, Mitleid und Zärtlichkeit. Das Gebet erlernt der Patient in der Kirche oder im Elternhaus. Er kann es auch aus einem Gebetbuch oder vom Hagiotherapeuten erlernen. Das Gebet kann eine

Fürbitte sein, wenn der Hagiotherapeut für den Patienten betet. Der Patient kann auch alleine beten, leise oder laut, während der Therapie, zu Hause oder in der Kirche. Die normale Gebetshaltung ist das Stehen oder das Knien, doch beten kann man auch im Sitzen, Liegen, Gehen oder während der Arbeit. Das Gebet kann in Worte gefasst sein, es kann im Nachdenken über das Wort Gottes bestehen, es kann ein Lied sein oder auch der Dauerzustand der Seele in der Kommunikation mit Gott. Es gibt allgemeine Gebete, aber auch speziell therapeutische für verschiedene Arten von Krankheiten und für unterschiedliche geistliche Organe.

4. DIE SAKRAMENTE

Die vierte geistliche Arznei sind die *Sakramente*. Das Sakrament ist ein sichtbares Zeichen, das von Jesus Christus geschaffen wurde und das auch bewirkt, was es sinnenhaft darstellt. Es gibt sieben solcher Zeichen in der Kirche: Taufe, Firmung, Eucharistie, Beichte, Krankensalbung, Priesterweihe und Ehe. Die Sakramente sind wirksame Spender göttlicher Gnade und deshalb auch Quellen geistlicher Kräfte zur Heilung der geistlichen Dimension des Menschen. Die Sakramente sind Orte, an denen der Gläubige Jesus Christus begegnet und von ihm die Kraft der Gnade erhält. Sie sind ein Zeichen der Anwesenheit und Wirkung Gottes. Die Taufe macht den Menschen zum Kind Gottes, und die Firmung gibt ihm Kraft, die Sünde und das Böse zu besiegen. In der Eucharistie nimmt der Gläubige Platz am Tisch Gottes, er begegnet Jesus Christus und tritt in das Ostermysterium ein, was bedeutet, dass er mit Christus den Tod und die Auferstehung durchschreitet und so in das "gelobte Land" eintritt. Im Sakrament der Buße wird erneut betont, dass der Mensch ein Kind Gottes ist, und im Sakrament der

Krankensalbung werden die Wunden des Geistes und des Körpers geheilt, damit der Kranke wieder konstruktiv und Heil bringend in der Welt aktiv sein kann. Durch die Priesterweihe wird der Gläubige dazu befähigt, Christus als dem Herrn der Kirche zur Weihe der Gläubigen zu dienen, und im Sakrament der Ehe erklärt er sich bereit, die Vereinigung und Liebe Christi und der Kirche zu leben und zu bekennen. Es ist offensichtlich, dass die Sakramente wunderbare Arzneien gegen das menschliche Leiden sind. Durch sie gelangt der Mensch von der Erde in den Himmel, vom menschlichen ins göttliche Leben, von der Knechtschaft zum Sieg, von der Verlorenheit zur Erlösung. Es wird für gewöhnlich angebracht sein, dass christliche Patienten zuallererst die Sakramente der Beichte und der Krankensalbung empfangen, damit die Sakramente in voller Kraft wirken können. Die Beichte ist der Vollzug der Metanoia, sie ist ein Zeichen der Entscheidung des Menschen für die geistliche Gesundheit, sie befreit den Menschen von der Schuld, von der Feindschaft gegen Gott und den Menschen und heilt ihn von Ängsten, Beklemmungen, stressbedingten Störungen und geistlichen Krankheiten. Das Sakrament der Krankensalbung wirkt überhaupt speziell therapeutisch auf den ganzen Menschen, außerdem erlässt es ihm seine Sünden und trägt auf diese Weise zu seiner Rettung bei.

Atheisten und Nichtchristen

Die *Sakramente* sind für die Gläubigen bestimmt, und diese können sie vom Priester in der Kirche empfangen. Doch so wie das Wort Gottes auch für Atheisten und Nichtchristen da ist, und mit ihm das Gebet und die Metanoia, so gibt es auch eine Art zeichenhaften Heilsweg für Atheisten und Nichtchristen. Die Natur ist ein Zeichen für Gottes Anwesenheit. Gott hat die Welt nicht nur erschaffen, sondern er erhält sie auch. Er ist also in jeder Naturerscheinung gegenwärtig, er hält die Naturgesetze aufrecht, er ist die Quelle der Energie und der Naturkräfte, und sein Geist bündelt die Materie, um sie am Zerfall zu hindern und an der Zerstörung der universellen Harmonie. Deshalb kann auch ein Atheist angesichts der Harmonie, Schönheit, Wahrheit und Güte in der Natur und in zwischenmenschlichen Beziehungen die Zeichenhaftigkeit von Gottes Anwesenheit und Wirkung erleben. Indem er die Wahrheit, die Liebe und das Vertrauen annimmt, nimmt er in diesen Zeichen auch Gottes Anwesenheit und Kraft an. Indem er die Schönheit der Blumen, die Pracht des Wasserfalls, der Wiesen und des Sternenhimmels bewundert, indem er sich am Genuss von Speis und Trank, am Reisen und am Gesang erfreut, kommt er in Berührung mit den Zeichen, in denen Gott und sein tatkräftiger Geist sich äußern. Indem er sich den Forderungen des Gewissens und der Tugend unterwirft, indem er das Leben und die Persönlichkeit jedes Einzelnen achtet, indem er in seinem Menschenvertrauen wächst, empfängt er in diesen Zeichen, gleichsam auf sakramentale Weise, Gottes Kraft zur Gesundung seines geistlichen Seins. Der Hagiotherapeut muss für die vielfältigen Spielarten der Zeichenhaftigkeit der Natur und der Welt, der Individuen und der Gesellschaft offen sein, um auch nichtchristlichen Patienten den Kontakt mit Gottes geistlichen Arzneien zu ermöglichen.

DER HAGIOTHERAPEUT ALS ARZNEI

Auf gewisse Weise könnte man sagen, dass die erste Arznei für die geistliche Gesundung des Patienten der Hagiotherapeut selbst darstellt, der Jesus und die Kraft seines Geistes angenommen hat und in ihr lebt. Es wird oft vorkommen, dass sich im Patienten etwas bereits dadurch ändert, dass er dem Hagiotherapeuten begegnet ist. Selbst wenn jemand zur Therapie kommt, ohne innerlich dazu bereit zu sein, wird er als ein anderer nach Hause gehen, da er im Hagiotherapeuten Jesus Christus begegnet ist und ihm dies geholfen hat. Der Hagiotherapeut ist für den Patienten der Vertreter Gottes und der Kirche. Er ist ein Beweis für den Patienten, dass Gott existiert und ihn nicht verurteilt, dass ihn auch die Menschen akzeptieren, dass er gesund werden und erlöst werden kann, dass er in seinem Leiden nicht alleine ist, dass er für jemanden wichtig ist und ihn jemand gern hat. Es ist wichtig, dass der Hagiotherapeut sich Jesus hingibt, damit Jesus durch ihn zum Patienten gelangen kann. Einerseits ist Mitleid dem Patienten gegenüber angebracht, andererseits auch Jesus gegenüber, der in diesem Patienten leidet. Denn Jesus würde den Patienten gerne retten, er möchte ihm zum Glauben verhelfen, dass er zur Kirche und zur Erfülltheit seines geistlichen Lebens zurückfinden kann. Jesus braucht also den Hagiotherapeuten, um dem Patienten zu helfen und seinen Glauben zu kurieren.

Außerdem ist der Hagiotherapeut Zeuge: Er bezeugt durch seine große Erfahrung, dass es möglich ist zu heilen, dass andere Patienten bereits geheilt wurden, dass auch in der Heiligen Schrift Heilungen vorkommen, welche Gott auch heute noch wirkt, wie etwa jene von Zachäus, Petrus, Maria Magdalena und Paulus.

2. KAPITEL

DIE GEISTLICHE THERAPIE

Die Therapie ist ein Prozess, der sich von der Einnahme der Arzneien durch den Patienten bis hin zu seiner Gesundung erstreckt. In der Hagiotherapie unterscheiden wir drei Arten geistlicher Therapie: die kognitive, die axiologische und die theologisch-anthropologische Therapie. Unter der kognitiven Therapie verstehen wir ein Verfahren, das über den Verstand und die Intelligenz des Patienten heilsam auf die Gesundung geistlicher Leiden einwirkt. Die axiologische Therapie besteht im Wesentlichen in der Entscheidung des Patienten für Tugend und Werte und gegen die Sünde und Krankheit, was insgesamt zur Befreiung von Schmerzen und zur Gesundung führen soll. Unter der theologisch-anthropologischen Therapie verstehen wir Prozesse, die dem Patienten Gottes Gnade und Kraft zur geistlichen Heilung übermitteln.

Zur kognitiven Therapie zählen all jene Maßnahmen, die das Wort Gottes aus übernatürlicher und natürlicher Offenbarung und das menschliche Wort zu einer Begegnung mit dem Patienten zusammenführen sollen. Zur axiologischen Therapie gehören alle Mittel der Metanoia und solche, durch die man zu Tugenden gelangen kann. Zur theologisch-anthropologischen Therapie zählen Gebete und Sakramente, also alles, was dem Wirken des Heiligen Geistes oder der göttlichen Gnade den Weg öffnet. Therapie ist im Grunde das Wissen darüber, wie geistliche Arzneien am effektivsten zur Bekämpfung von geistlichen Krankheiten und Schmerzen eingesetzt werden können.

DIE KOGNITIVE THERAPIE

Die kognitive Therapie richtet sich nach der Art der Erkrankung des Patienten.

1. Bei ***fundamental-existentiellen geistlichen*** Krankheiten müssen dem Patienten grundlegende existentielle Fragen sowie mögliche Wege aus der existentiellen Krise und Sinnlosigkeit bewusst gemacht werden.

2. Bei ***fundamental-transzendentalen*** Krankheiten muss dem Patienten glaubhaft dargelegt werden, was "Transzendentalien" sind und warum diese Tugenden und Werte so wichtig für die geistliche Gesundheit sind.

3. Bei ***Basiskrankheiten*** muss dem Patienten erklärt werden, warum die Liebe so wesentlich ist für die Gesundheit der geistlichen Dimension des Menschen und für seine Existenz und wie unentbehrlich das Vertrauen, das aus der Liebe entsteht, für das Dasein des Menschen ist.

4. Im Falle von Erkrankungen unterschiedlicher ***geistlicher Organe*** muss der Patient darüber aufgeklärt werden, wodurch die einzelnen geistlichen Organe verletzt werden können und warum sich der Mensch in der Folge krank, nutzlos und verachtet fühlt.

5. Bei den ***Lastern*** muss darauf hingewiesen werden, dass gute Eigenschaften und Tugenden die Gesundheit darstellen, die Laster hingegen die Krankheit, die Zerstörung des Menschen und den Verlust des Lebens und der Existenz.

6. Bei ***traumatischen*** Problemen ist dem Patienten zu erläutern, warum Vergebung und Reue so wichtig sind und wie entscheidend gute zwischenmenschliche Beziehungen sowie ein freundschaftliches Verhältnis zu Gott für ein friedvolles und erfolgreiches Leben sind.

7. Bei Krankheiten, die sich in ausgeprägtem ***Leiden*** äußern, muss den Patienten vorgeführt werden, auf welche Weise sie verhindern können, in ihren Qualen unterzuge-

hen, und wie sie sich stattdessen aus ihrer depressiven Situation befreien können.

8. Im Falle von ***Deviationen*** empfiehlt es sich, dem Patienten die Gesetzmäßigkeiten der geistlichen Dimension und ihrer Organe vor Augen zu führen und ihm bewusst zu machen, dass alle Abweichungen und Verirrungen von moralischen und ethischen Gesetzen zuallererst den Menschen selbst zerstören.

9. ***Misshandlungen*** können zu Hass und Rachsucht führen, weshalb es wichtig ist, dem Betroffenen zu zeigen, wie Vergebung und Verständnis ihn vor diesen zerstörerischen Abgründen bewahren können. Indem er sich an die Wahrheit, Gerechtigkeit und Vergebung hält, bleibt der Patient unter dem Schutz des Allmächtigen, den Übeltäter aber, der ihn misshandelt hat, übergibt er dem Gericht der Wahrheit, sei es dem menschlichen oder dem göttlichen.

10. Die ***Mediumpsychose*** leitet Menschen in die Irre und macht sie abhängig, weshalb diese Patienten ausführlich darüber zu belehren sind, was magische, okkulte und esoterische Praktiken sind, wie sie die Nerven, den Verstand und die geistlichen Organe des Menschen zerrütten und so schwere Erkrankungen zur Folge haben können.

11. Den Patienten muss vor Augen geführt werden, wie die ***Abhängigkeit*** die Ideale eines Menschen zerstört und ihn zum Sklaven böser Geister, der Begierde und trügerischer Genüsse machen kann. Ihnen muss gezeigt werden, was Freiheit ist und welche Auswege aus der Abhängigkeit es gibt.

12. Letztendlich sind ***symptomatische*** Krankheiten ein starker Beweis dafür, dass alle geistlichen Krankheiten den Menschen selbst und seine körperlichen, seelischen und geistlichen Grundlagen am schnellsten und stärksten verletzen, quälen und zerstören. Die Wirkung geistlicher

Krankheiten beschränkt sich nicht nur auf die geistliche Dimension, sondern sie erstreckt sich auch auf andere Ebenen, wie die psychische und die somatische. Deshalb ist die Heilung der geistlichen Dimension der sicherste Weg zu physischer und psychischer Gesundheit.

13. Eine solche Aufzählung der Funktionen kognitiver Therapie zeigt, wie wichtig es ist, dass der ***Hagiotherapeut*** fundierte Kenntnisse der geistlichen Krankheiten, ihrer Ursachen, Quellen, Symptome und Arten sowie der Funktionen des gesunden menschlichen Organismus hat. Er muss zumindest die grundlegenden somatischen Krankheiten und Therapien kennen und sollte prinzipiell auch mit der psychischen Dimension des Menschen und ihren Krankheiten und Therapien vertraut sein. Ebenso sind Grundkenntnisse theologischer Disziplinen und philosophischer Richtungen unumgänglich. Doch am allerwichtigsten ist es für den Therapeuten, seine geistliche Erfahrung zu vertiefen, treu im Bund mit Gott zu bleiben, fest auf dem Boden der Kirche zu stehen und sein geistliches Leben vielseitig zu entwickeln, vor allem, was das Gebet und die Sakramente anbelangt. Der Hagiotherapeut muss immer von neuem in die Metanoia eingehen, er muss gleichsam die Welt der Verblendung verlassen und in die Welt der Wahrheit eintreten. Es sollte zu seinem täglichen Brot, zu einer Art Lebensgefühl für ihn werden, im Geist der Humanität zu leben, also Freundschaft mit Gott zu pflegen und Verständnis für die Menschen aufzubringen.

14. Es ist in der kognitiven Therapie wichtig, dem Patienten zuallererst zu erklären, ***worin sein geistliches Leiden besteht*** und wie er sich davon befreien kann. Bereits diese Erkenntnis wird den Patienten heilen, da er von der Unkenntnis über seinen Zustand und der Aussichtslosigkeit, die mit ihm verbunden ist, befreit wird. Zuerst muss der Patient zum Verständnis darüber gelangen, was die geistliche Dimension ist. Danach sollte ihm

erklärt werden, was die Folgen einer Verletzung der geistlichen Organe sind und wie der Geist des Menschen auf eigene Sünden, auf Beleidigungen und Misshandlungen durch Mitmenschen sowie auf Miseren, Unglücksfälle und Krankheiten reagiert. Wichtig ist es auch, dem Patienten zu veranschaulichen, warum der menschliche Geist auf das Böse, auf Süchte und auf Kränkungen reagiert. Dem Patienten müssen die Zusammenhänge zwischen Krankheitsursachen, Krankheit und Symptomen gezeigt werden, und er muss verstehen, was seine Reaktion auf die geistliche Krankheit ist, denn diese ist oft drastischer als die Krankheit selbst. All dies ist in kurzer Form darzulegen, um den Patienten nicht unnötig zu ermüden.

15. Es ist wichtig, dem Patienten zu erklären, ***dass er vom Leiden befreit werden kann***, und ihm auch zu sagen, wie dies geschehen soll. Dabei sollte bereits bei der Beschreibung seines Zustandes und später bei der Darstellung der Therapie eine negative Haltung vermieden werden, ebenso sollte die Erwähnung böser Geister oder die Betonung der Schwere der Krankheit unterbleiben, vielmehr sollte der Hagiotherapeut bei seinen Ausführungen darauf achten, dass die Hoffnung des Patienten wachsen kann, damit sein Vertrauen und seine Sicherheit, dass alles wieder gut wird, erstarken. Es sei besonders hervorgehoben, dass man dem Patienten von Gott, von seiner Allmacht und absoluten Güte, von seiner unermesslichen Barmherzigkeit und seinem Wohlwollen erzählen sollte, damit ihm klar wird, dass es keine Macht der Welt und keine Krankheit gibt, die durch Gottes Kraft nicht geheilt werden könnte. Schließlich sollte dem Patienten auch davon berichtet werden, wie Jesus Christus seine Stärke und heilende Macht bekundet hat. Christus hat diese Macht der Kirche übergeben, die auch durch die Hagiotherapie dem Patienten vielseitig helfen kann.

16. Es ist für den Patienten besonders hilfreich, wenn man ihm die ***Mentalität der Heiligen Schrift bzw. des Wortes Gottes*** veranschaulicht und ihm dazu einige Texte vorliest, welche direkt davon sprechen, dass Gott helfen kann und will. Dazu eignen sich vor allem folgende Stellen: "Ich habe dich beim Namen gerufen, du gehörst mir" und du bist in meinen Augen teuer und wertvoll und ich liebe dich.[8] "Kann denn eine Frau ihr Kindlein vergessen, eine Mutter ihren leiblichen Sohn? Und selbst wenn sie ihn vergessen würde: ich vergesse dich nicht. Sieh her: Ich habe dich eingezeichnet in meine Hände."[9] "Ich bin mit dir, um dir zu helfen und dich zu retten."[10] "Weil er an mir hängt, will ich ihn retten; ich will ihn schützen, denn er kennt meinen Namen. Wenn er mich anruft, dann will ich ihn erhören. Ich bin bei ihm in der Not, ich befreie ihn und bringe ihn zu Ehren."[11] Viel Unrecht hat der Gerechte zu erleiden. Der Herr lässt ihn aber nicht allein;[12] "Gott hat die Welt so sehr geliebt, dass er seinen einzigen Sohn hingab, damit jeder, der an ihn glaubt, nicht zugrunde geht, sondern das ewige Leben hat."[13] "Seht, wie groß die Liebe ist, die der Vater uns geschenkt hat: Wir heißen Kinder Gottes und wir sind es."[14] Jesus sagte zu seinen Jüngern: "Fürchte dich nicht, du kleine Herde! Denn euer Vater hat beschlossen, euch das Reich zu geben."[15] "In der Welt seid ihr in Bedrängnis; aber habt Mut: Ich habe die Welt besiegt."[16]

---

[8] Vgl. Jes 43.
[9] Jes 49, 15 - 16.
[10] Jer 15, 19.
[11] Ps 91, 14-15.
[12] Vgl. Ps 37, 32f.
[13] Joh 3, 16.
[14] 1Joh 3, 1.
[15] Lk 12, 32.
[16] Joh 16, 33.

17. Nach der Lektüre von Texten der Heiligen Schrift sollte man dem Patienten davon berichten, ***dass schon vor ihm viele Menschen von gleichen oder ähnlichen Problemen befreit wurden***. Dies gibt dem Patienten die Sicherheit, dass er am richtigen Ort angelangt ist und dass er hier vertrauensvoll Hilfe suchen kann.

18. Es ist besonders wirksam, dem Patienten anhand einer Reihe von Beispielen zu veranschaulichen, wie ***Jesus den Kranken stets geholfen hat*** und dass er nicht einen von ihnen ohne Hilfe ließ und wie im Laufe der Kirchengeschichte die Heiligen dieselben Werke erfolgreich vollbracht haben. So sollte der Kranke daran erinnert werden, dass auch heute noch in der Kirche viele Wunder bewirkt werden, sei es von Einzelnen oder von Bewegungen.

Schon allein durch die Erläuterung der Gesetzmäßigkeiten der geistlichen Struktur und der Existenz des Menschen wird der Patient Erleichterung verspüren. Er wird zur Überzeugung gelangen, dass Jesus Christus den Menschen von der existentiellen Bedrängnis befreien kann. Bald wird er auch erkennen, dass er in Jesus den Sinn seines Lebens, aber auch den Sinn seines Leidens finden kann. Er wird in der Kraft der bedingungslosen Liebe Gottes spüren, wie seine Basiskrankheit geheilt wird, wie sich in ihm der Wunsch nach Rache, der Hass, die Widerstände gegen Gott und gegen das Verzeihen auflösen. Er wird verstehen, dass auch jene, die ihm Gewalt angetan haben, zu der Gruppe von Menschen gehören, die in einer Welt der Sünde und des Bösen leben, und dies wird ihm helfen, ihnen zu vergeben, was auch ihm selbst die Last des Schmerzes und des Leidens erleichtern wird. Er wird gleichzeitig einsehen, dass okkulte, esoterische und magische Praktiken den Menschen vom Sinn und von Gott entfernen, dass sie ihn zugleich geistlich schwächen oder sogar seine geistliche Struktur zerstören.

Vor allem für Abhängige ist diese kognitive, zeugnishafte Therapie wichtig und sollte deshalb bei ihnen sehr gründlich durchgeführt werden. Der Hinweis auf die Beziehungen zwischen geistlichen Krankheiten und symptomatischen Krankheiten auf psychosomatischer Ebene wird dem Patienten große Hoffnung geben, wieder ganz gesund zu werden, und es wird ihm bereits auf solche Weise die Therapie wie ein "Placebo" helfen. In diesem Fall ist das Placebo der Vertrauensvorschuss, den der Patient dem Therapeuten, seiner Vorgangsweise, der Arznei und der voraussichtlichen Gesundung entgegenbringt. Hierbei hilft die kognitive Therapie wahrlich am meisten.

Allerdings ist die kognitive Therapie lediglich der Anfang und keineswegs die ganze geistliche Therapie. Sie bereitet im Grunde die axiologische und theologisch-anthropologische Therapie vor. So hängt etwa der Erfolg der axiologischen Therapie wesentlich von der Überzeugungskraft der kognitiven Therapie ab.

DIE AXIOLOGISCHE THERAPIE

Auf die kognitive folgt die axiologische Therapie. Während der Patient der kognitiven Therapie passiv beiwohnt, verlangt ihm die axiologische Therapie eine aktive Entscheidung ab. In der kognitiven Therapie wurde gezeigt, wie die Sünden, die Lügen und die Laster des Menschen die Strukturen seines Gewissens, Intellekts und Charakters zerstören und wie die Entscheidung für die Werte, die Reue und die Wahrheit die Wunden an diesen seelischen Strukturen heilt. Nun aber sollte der Patient diesen Schritt zur Reue und zur Entscheidung, fortan nicht mehr zu lügen, sich in den Tugenden zu üben und um Tugendhaftigkeit zu beten, auch praktisch vollziehen.

1. Dazu muss sofort bemerkt werden, dass dieser Schritt ***von allen Patienten getan werden kann, mit***

Ausnahme von psychisch Kranken. Bei letzteren wird der Therapeut längere Zeit benötigen, er wird besondere Nachgiebigkeit und vielerlei unterstützende Maßnahmen anwenden müssen, bis auch sie diesen Schritt praktisch vollziehen können.

2. Die grundlegende Praktik der axiologischen Therapie ist die ***Metanoia oder Bekehrung***. Nachdem dem Patienten nun klar geworden ist, dass er durch seine Negativität, durch seine Bosheit oder die anderer Menschen krank geworden ist und dass er nur durch die Güte, durch eine positive Einstellung und durch das Vertrauen wieder gesund werden kann, folgt der wichtigste Schritt, der praktische Vollzug dieses Entschlusses. Die Bekehrung muss zuallererst in den Gedanken des Patienten erfolgen, dann kann sie auch in den Wünschen und im Willen vollzogen werden. Es ist sein innerer Entschluss, der der kognitiven Erkenntnis des Heilsweges nachfolgt. Danach muss man mit dem Patienten all seine Laster Revue passieren lassen, und bei jedem muss er den Entschluss fassen, es künftig nicht mehr zu begehen. Auch muss um jene Tugend oder jenes Ideal gebetet werden, die durch dieses Laster zerstört wurden.

In dieser Phase muss sich der Patient dessen bewusst sein, dass das Heilmittel gegen den Bösen und das Böse, gegen die Begierde und den Zustand der Sünde in der Welt in seiner Wendung zum Guten, zu den Tugenden, zur Reue und zur Vergebung liegt. Er muss sich von der Finsternis abwenden und an das Licht glauben. Er muss in sich die Entscheidung treffen, sich nicht mehr zurückzuwenden, die Sünden und Laster der Vergangenheit nicht mehr zu analysieren, sondern stattdessen nach vorne zu blicken, sich um ein tugendhaftes Leben, um positive Gedanken und Worte zu bemühen und zu versuchen, der Meister seiner eigenen Begierden, Anfechtungen und Misserfolge zu werden.

3. Es ist unbedingt notwendig, mit dem Patienten ***ganz konkret an alle geistlichen Krankheiten und Organe zu denken*** und angesichts jedes einzelnen von ihnen die Entscheidung gegen das Böse und für das Leben anzusprechen. So muss der Patient etwa bei der Erwähnung der Persönlichkeit die Entscheidung treffen, alle Sünden und das, was die persönliche Würde demütigt und zerstört, künftig abzulehnen. Angesichts der Struktur des Lebens sollte er sich gegen den Tod und für die Bewahrung der Gesundheit und des ewigen Lebens entscheiden. Angesichts des Gewissens, des Intellekts, des Charakters, der Religiosität und der Sexualität sollte er die Entscheidung für ein würdiges, wahrheitsliebendes, reines und treues Leben fällen sowie gegen all das, was diese Strukturen der geistlichen Dimension des Menschen zerstört. Angesichts existentieller Krankheiten sollte er sich für den Glauben entscheiden, dass die Existenz des Menschen nicht auf den Tod, sondern auf das Leben gerichtet ist, dass Christus ihn von der Krankheit zum Tode befreit hat und dass es möglich ist, über den Abgrund des Bösen und des Todes hinweg zum Leben zu gelangen. Angesichts der Basiskrankheiten sollte sich der Patient nach Gottes Liebe hin ausrichten, die ihn gewollt und beschützt hat vom Zeitpunkt seiner Empfängnis an. Angesichts erlittener Gewalt sowie verschiedener Leiden und Schmerzen der Seele sollte er sich gegen die Rachsucht und den Hass und für die Vergebung und die Reue entscheiden. Im Falle von Deviationen, Mediumpsychosen und Abhängigkeiten sollte er sich der Freiheit, den Tugenden, der Würde und dem Glauben an den einzigen und wahren Gott zuwenden.

Solche Entscheidungen schaffen Freiräume im Patienten, sie machen Platz für Gottes Barmherzigkeit, die ihn bis zur vollkommenen Heilung führen kann.

DIE ANTHROPOLOGISCHE THERAPIE

Wie schon erwähnt, stützt sich die theologisch-anthropologische Therapie vor allem auf die gnadenvollen Kräfte, die Jesus Christus uns durch seinen Tod und seine Auferstehung und durch das Ausgießen des Heiligen Geistes geschenkt hat. Indem Christus der Kirche diese Kräfte übergab, verlieh er ihr zugleich die Sendung, die ganze Welt zu retten und zu heilen. Wie der heilige Paulus sagt, ist dort, wo die Sünde herrscht, die Macht der Gnade Christi umso größer.[17] Diese Gnade äußert sich auf vielerlei Arten: Sie ist in Gottes Wohlwollen und in Seiner Liebe zur Welt verkörpert, in der Person des Heiligen Geistes, seinen Früchten und Gaben und in der Kraft, die uns Gott verleiht, damit wir über die Sünde und das Böse siegen können. Es handelt sich um die Gnade und die Kraft des Reiches Gottes. Diese Gnade kam durch Jesus in die Welt, sie zeigte sich in der besonderen Kraft, die von ihm ausging und die imstande war, Sünden zu vergeben, Tote auferstehen zu lassen, böse Geister auszutreiben, Kranke zu heilen und Sünder zu bekehren. Diese Kraft wurde zu Pfingsten durch die Herabkunft des Heiligen Geistes auch der Kirche zuteil. Sie bewirkte, dass die Apostel, vom Heiligen Geist erfüllt, begannen, dieselben Taten zu vollbringen wie Jesus Christus und die Kirche begründeten, um die Gnade Christi bis ans Ende der Welt und der Zeit zu verbreiten. Diese Kraft steht nun allen Angehörigen der Kirche, entsprechend ihrem Dienst, ihrem Streben nach Heiligkeit und der Größe ihres Glaubens zur Verfügung. Sie heiligt zuerst die Gläubigen und über diese die ganze Welt. Wenn der Hagiothera-

[17] Vgl. Röm 5, 15.

peut also für den Patienten betet, so empfängt alle Gnaden zuerst er, und durch ihn gelangen sie dann in den Patienten.

Besonders klar und beinahe offensichtlich entfalten die Gnaden ihre Wirkung in den Sakramenten der Kirche. Doch auch durch das innige Gebet gelangen sie zu den Gläubigen und über diese in die ganze Welt. Schließlich sei hervorgehoben, dass sie auch dem Wort Gottes - also der Heiligen Schrift und der Kirchentradition - innewohnen. Auf gewisse Weise tut die Kirche nichts anderes, als die Gnaden weiterzuleiten und der ganzen Welt zu vermitteln. Aber die Bedingung für die Wirksamkeit der Gnaden bei Gläubigen und Menschen, für die sie beten, ist die Metanoia oder Bekehrung. Denn durch die Metanoia beseitigt der Mensch alle Hindernisse und Blockaden, die das Wirken der Gnaden und des Heiligen Geistes behindern könnten. Deshalb bedeuten die Sünden Feindschaft gegen Gott, da sie die Seele des Menschen dem Wirken der Gnade Gottes verschließen. Doch Sünden werden nicht nur aus freiem Entschluss begangen, sondern auch weil der Mensch irregeleitet wird, weil Gewalt, Traumata und Deviationen in ihm Hass und Rachsucht oder aber Angst, Lügen und krankhafte Gewissensbisse entstehen lassen. Im Rahmen der Hagiotherapie befreit die axiologische Therapie den Menschen von all diesen Blockaden und öffnet ihn so den heilsamen Kräften Gottes.

Wir unterscheiden fünf Arten der Gnadentherapie auf dem Gebiet der theologisch-anthropologischen Therapie: Agapotherapie, Pististherapie, Eirenotherapie, Dynamistherapie und Pneumatotherapie. Die Agapotherapie vermittelt dem Patienten die Liebe Gottes, die Pisthe-rapie weckt das Vertrauen des Patienten zu Gott und seiner heilsamen Gnade, die Eirenotherapie lehrt den Patienten Vergebung, Reue und Versöhnung mit Gott, mit den Menschen und mit sich selbst. Die Dynamistherapie ist das Gebet um Befreiung durch die Kraft des Heiligen Geistes von der Abhängigkeit vom Bösen und von der Sünde, und die Pneumatotherapie ist das Gebet um die Gaben und Früchte des Heiligen Geistes, damit der Mensch seine Laster besiegen und seine Tugenden entwickeln kann.

Die Agapotherapie

"Agape" ist ein griechisches Wort und bedeutet "Gottes bedingungslose Liebe zum Menschen". Die Agapotherapie stützt sich zuallererst auf Texte der Heiligen Schrift, die von Gottes Zärtlichkeit, Treue, Liebe und Vergebung künden. Sie verwendet weiters das sog. Klassische Gebet um die Liebe Gottes sowie verschiedene andere Gebete, die das Vertrauen des Patienten in die Liebe Gottes festigen sollen. Das "Klassische Gebet" wird vom Hagiotherapeuten und vom Patienten gemeinsam laut oder halblaut gesprochen und soll dem Patienten die Erfahrung und das Bewusstsein vermitteln, dass Gottes Gegenwart und Wohlwollen ihn in jedem Augenblick seiner Vergangenheit begleitet haben, besonders aber in jedem Detail seines Aufenthalts im Mutterleib, im Moment der Geburt und während seines ersten Lebensjahres. Es ist ein spontanes Gebet, das der Hagiotherapeut den Umständen des Patienten angepasst formulieren kann.[18] Neben dem "Klassischen Gebet" können auch das "Zweite Klassische Gebet" und das "Rechtfertigungsgebet" gesprochen wer-

[18] Eine umfassende Darstellung dieses Gebetes findet sich modellhaft im Buch *Begegnung mit dem lebendigen Gott*, S. 210ff., in Kurzform auch im Büchlein *Heilung im Gebet*, wo sich noch weitere Gebete finden, durch die das Vertrauen in Gottes Güte, Liebe und Treue gefestigt werden kann.

eine andere Person beziehen. Weitere geeignete Gebete sind das "Tiefengebet", das "Fallschirmgebet", das Gebet "Auf dem Schoße Gottes" und das "Gebet um Gottes Gegenwart". Ebenso können im Rahmen der Agapotherapie verschiedene Zitate aus der Heiligen Schrift oder Bilder, die Gottes Liebe vermitteln, verwendet werden.

Die Pististherapie

"Pistis" ist ein griechisches Wort und bedeutet "Glaube" und "Vertrauen". In der geistlichen Therapie ist damit einerseits das Vertrauen gemeint, das der Mensch seinem Schöpfer und Erlöser entgegenbringt, andererseits aber auch das Vertrauen in den Menschen und die Wirklichkeit, wie Gott sie geschaffen hat. Die Pististherapie versucht durch Gebete und durch die meditative Aneignung von Texten der Heiligen Schrift das Vertrauen in Gottes Liebe, Treue und Wohlwollen zu stärken.

Der erste Schritt besteht darin, dem Patienten Folgendes nahe zu bringen: Gott, unser Schöpfer, wünscht sich eine Welt ohne Leiden, Sünde und Schmerz. Denn er hat die Welt erschaffen und gesagt, dass alles, wie er es geschaffen habe, gut sei. Doch das Misstrauen, das der Mensch Gott entgegenbringt, hat Leiden, Krankheit und Tod in die Welt gebracht. Gott aber wünscht das Leiden nicht, er sehnt sich danach, den Menschen von Schuld zu befreien und ihn zu einem gesunden und fröhlichen Geschöpf zu machen. Als Beweis dafür mag die Tatsache dienen, dass Gott seinen Sohn in die Welt geschickt hat, damit er die Frohbotschaft bringt und dadurch die Welt vom Bösen, von der Schuld, vom Leiden und vom Tod erlöst. Jesus hat alle Krankheiten geheilt, er hat alle Fehler der Menschen wieder gut gemacht und auf wundersame Weise gezeigt, dass er eine Welt ohne Leiden und Tod wünscht. Also beherrschen die Auferstehung und das

Leben die Welt. So kann der Hagiotherapeut dem Patienten die Augen öffnen, damit dieser auch wirklich glauben kann, dass Gott ihn heilen möchte, und so volles Vertrauen zu Gott gewinnt.

Danach kann man mit Texten arbeiten, die dem Patienten vorführen, dass "denjenigen, die glauben, alles möglich ist". Es ist besonders wichtig, den Patienten auf die von Jesus stammenden Sätze "Dein Glaube hat dich gerettet" und "Fürchte dich nicht, glaube" aufmerksam zu machen. So wird er von falschen Vorstellungen befreit, etwa, dass Gott ihn nicht heilen wolle, dass seine Gesundheit nicht Gottes Wille sei, dass Gott wolle, dass er sich opfern und leiden soll. All dies sind falsche Einstellungen, die dem Gottvertrauen hinderlich sind. Man kann dem Patienten auch Bilder vorlegen, die Jesus zeigen, wie er mit Kindern spielt oder wie er Kranke heilt, Bilder, die eine Mutter oder einen Vater zeigen, die ihr Kind im Arm halten oder auch solche, die die Schönheit der Natur darstellen und dem Patienten so Gottes Güte vor Augen führen.

Es ist besonders wichtig, in einer, auf den Patienten abgestimmten, Weise um das Geschenk des Glaubens, um Vertrauen, um die Befreiung von Angst und vor allem um die ruhige Fügung in Gottes Willen zu beten. Letztere kann besonders viel zur Gesundung beitragen. Die Therapie sollte den Patienten von Angst und Misstrauen befreien, aber sie sollte in ihm auch aufbauend wirken, sie sollte seinen Glauben, seine Hoffnung und sein Vertrauen in Gott und sein Wort stärken. Ebenso sollte die Therapie im Patienten den Glauben an das Wort Gottes festigen, sie sollte in ihm ein gleichsam kindliches Vertrauen in die Person Gottes, des Schöpfers, aufbauen. Tatsächlich wirkt jenes Gebet am stärksten, das sich an Gott als Person und Freund wendet.

Die Eirenotherapie

"Eirene" ist ein griechisches Wort und bezeichnet jene Versöhnung, zu der man durch Reue und Vergebung gelangt sowie durch verschiedene Verhandlungen, durch die die verletzte Gerechtigkeit wiederhergestellt wird. In der Eirenotherapie wird der Patient zur Versöhnung mit Gott und den Menschen, die ihn umgeben, geführt. Dies geschieht zuallererst durch die Lektüre der Heiligen Schrift, und zwar jener Stellen, die davon handeln, dass Gott mit den Menschen Frieden schließen will, dass er zur Versöhnung aufruft und dass der Dienst der Kirche ein Dienst der Versöhnung ist. Danach wird dem Patienten anhand von Texten der Heiligen Schrift erklärt, dass die Vergebung die Befreiung der Seele von der Last des Hasses ist und dass die Reue eine weitere Bedingung für seine Gesundung ist. Es ist wichtig, den Patienten davon zu überzeugen, dass er nichts verliert, wenn er vergibt oder bereut, sondern dass er im Gegenteil vom Bösen befreit wird, das ihm andere Menschen und seine Sünden zufügen.

Nach dieser Einführung können eine Reihe von Gebeten gesprochen werden, die dem Patienten Gottes Gnade zur Stärkung der Kräfte der Versöhnung, Vergebung und Reue vermitteln. Man kann dem Patienten zeigen, wie der Zöllner Vergebung erlangte, wie Jesus Petrus vergab und dem Verbrecher zu seiner Rechten. Dadurch wird das Vertrauen des Patienten, dass Gott auch ihm verzeihen wird, wachsen. Danach kann man Jesus Christus anrufen und ihn bitten, sich des Patienten anzunehmen, und man kann beten, Gott möge dem Patienten die Tugend der Barmherzigkeit verleihen. Der Patient muss verstehen lernen, dass die Sünde den Menschen versklavt und abhängig macht, während Gottes Gnade ihm die Freiheit schenkt. Das Gebet vermittelt diese Gnade.

Ein besonderer Weg der Versöhnung mit Gott und den Menschen ist das Sakrament der Buße. Der Patient sollte grundlegend über alle Teile dieses Sakraments unterrichtet werden und genügend Unterstützung erfahren, damit er es durch einen Diener der Kirche wie eine freudenvolle Begegnung mit Jesus Christus und der Kirche erleben kann.

Die Dynamistherapie

"Dynamis" ist ein griechisches Wort und bedeutet "Kraft", "Stärke", "Macht". Die Dynamistherapie wirkt durch Gebete, mit denen der Patient entschieden der Sünde und dem Bösen entgegentritt und dem Bösen und seinen Werken widersagt. Dazu gehören auch Widersagungsgebete, wie sie die Kirche verwendet, um den Menschen von den Kräften des Bösen, derer er sich selbst nicht entledigen kann, zu befreien. Heute führt die Kirche wieder eine erneuerte Form des Exorzismus durch, was allerdings nichts zu tun hat mit phantasiereichen Beschreibungen exorzistischer Séancen in Romanen oder in den Broschüren verschiedener esoterischer Gruppierungen. Der Exorzismus ist das Gebet der Kirche für jemanden, der schwach und von den Lastern abhängig geworden ist, damit die Kraft des Heiligen Geistes von seinem Leben wieder Besitz ergreifen und ihn würdig und frei für gute Taten machen kann.

In der Dynamistherapie wird dem Patienten zunächst anhand von Textstellen aus der Heiligen Schrift gezeigt, wie Jesus mit Leichtigkeit Menschen von bösen Geistern und Kräften befreite, welche die Menschen zwangen, sich zu versündigen und Böses zu tun. Danach wird der Patient darüber informiert, dass solche Gebete auch bei der Taufe von Kindern und Erwachsenen gesprochen werden und dass es in ihnen keine dramatischen Ereignisse gibt, sondern dass sie im Gegenteil Frieden bringen und in aller Ruhe vor sich gehen.

Wenn der Patient kraftlos, verängstigt und psychisch krank ist, dann sagt man ihm besser nichts über diese Therapie oder eben erst dann, wenn er gesund geworden ist.

Die Dynamistherapie kann ein Patient im Gebet auch selbst durchführen. Er kann sich nämlich immer wieder von neuem vorsagen, dass er sich von seinen Sünden lossagt, vom Bösen und allen bösen Taten, dass er einzig Jesus Christus als seinen Herrn und Richter, Herrscher und Retter anerkennt. Der Patient kann indirekt den bösen Kräften und Verlockungen verbieten, ihn zu verführen, etwa in der Art, wie es die Kongregation für die Glaubenslehre empfiehlt. Dazu reicht es, folgenden Satz zu sagen: "Jesus Christus, in deinem Namen soll jegliche böse Macht und jede Verlockung von mir weichen." Tatsächlich haben solche Worte eine große Kraft. Die Erfahrung hat gezeigt, dass sich viele Menschen nach so einem kraftvollen Gebet wirklich auf wundersame Weise vom Bösen und von seinen Anfechtungen befreit fühlten.

Die Pneumatotherapie

"Pneuma" ist ein griechisches Wort und bedeutet "Geist". Die Pneumatotherapie ist das Gebet um die Gaben und Früchte des Heiligen Geistes. Zu diesen Früchten zählen die Tugenden, also gewissermaßen die Widerstandskräfte gegen die Sünde und das Laster. In der Tat zerstören nämlich die Tugenden das Laster und machen so den geistlichen Organismus des Menschen gesund. Zu den Gaben des Heiligen Geistes zählen jene Kräfte, die das geistliche Leben des Menschen und die Weiterentwicklung seiner Tugenden fördern.

Am Beginn der Pneumatotherapie erfährt der Patient - zuerst anhand der Heiligen Schrift, dann aus der Kirchengeschichte - von den Gaben und Früchten des Heiligen Geistes. Dann lernt er, wie er beharrlich so lange um diese Gaben und Tugenden beten kann, bis er sie tatsächlich empfängt. Es hat sich erwiesen, dass Menschen, die über die Erfahrung des Heiligen Geistes und seiner Gaben verfügen, solchen, die diese Erfahrung ebenfalls erlangen möchten, durch ihr Gebet äußerst kraftvoll helfen können. Gut ist es auch, wenn der Hagiotherapeut sofort für den und mit dem Patienten betet, dass Gott ihn von Lastern und Abhängigkeiten befreien möge.

3. KAPITEL

DIE SPEZIFIZIERUNG DER GEISTLICHEN THERAPIE

Wie wir sehen, existiert die geistliche Therapie, und sie ist – wie die Erfahrung zeigt – bei der Bekämpfung geistlicher Krankheiten sehr wirkungsvoll.

Wir wollen nun unsere Ausführungen über die geistliche Ebene, die geistlichen Krankheiten und die geistlichen Arzneien zusammenfassen. Die geistlichen Arzneien können dem Patienten durch geistliche Überträger vermittelt werden, also etwa durch die Worte des Hagiotherapeuten, der belehrt, prüft, diagnostiziert, betet und das Wort Gottes übermittelt. Die geistliche Kraft, welche die Arznei für die geistlichen Krankheiten ist, kann aber auch durch das Schweigen, durch die Intuition und durch Wünsche und Sehnsüchte übertragen werden. Doch diese Kraft entfaltet ihre heilende Wirkung besonders dann, wenn der Therapeut die Bekehrung vollzieht, vollends aber, wenn diese Bekehrung auch im Patienten stattfindet. Die geistliche Kraft kann immer dann fließen, wenn Hagiotherapeut und Patient beginnen, positiv zu denken, zu sprechen und zu wünschen. Kehren sie dem Laster den Rücken und wenden sich stattdessen den Tugenden und Werten zu, dann beginnt die heilende Kraft des Geistes im Patienten zu wirken. Das bedeutet, dass der Hagiotherapeut vor allem dazu aufgerufen ist, selbst die Metanoia durchzuführen und im Einklang mit dem Wort Gottes, mit dem Gewissen, dem Charakter und dem Verstand, mit der Religiosität und dem Glauben zu leben. Von allerhöchster „pharmakologischer" Wirksamkeit ist die Therapie jedoch dann, wenn der Hagiotherapeut in einem Zustand der Liebe zu Gott und zum Patienten ist. Dann erwacht durch seine Liebe die Liebe im Patienten, und so kann schließlich auch die Liebe Gottes den Patienten durchströmen und ihn heilen. Mit anderen Worten, es ist ein wesentlicher Bestandteil der geistlichen Therapie, dass der Hagiotherapeut und der Patient mit ihrem Geist zu jenem Urzustand der Unschuld, des Vertrauens und der Liebe vordringen, den der Schöpfer seit Anbeginn seinen Geschöpfen gab, der aber danach durch die Erbsünde verletzt oder gar zerstört wurde und dessen Verwirklichung in dieser Welt durch die erlösende Kraft Jesu Christi jedoch wieder möglich geworden ist.

Zweifellos können über geistliche therapeutische Kräfte auch Menschen verfügen. Das bedeutet, dass in Situationen, in denen Menschen nicht Gott um Hilfe bitten, in denen sie sich Gottes Anwesenheit nicht bewusst sind oder wenn sie gar Atheisten sind, therapeutische Hilfe auch mit ausschließlich menschlichen Mitteln möglich ist, zumindest bis zu einem gewissen Grad. Wenn sich jemand nämlich dem Licht zuwendet, der Wahrheit, der Liebe und dem Vertrauen, so ist sein Geist bereits in der Lage, heilsam auf den Geist eines anderen Menschen einzuwirken. Gleichzeitig wendet sich so ein Mensch, der sich zu den Tugenden bekennt und seinem Gewissen gehorcht, Gott zu und verbindet sich sogar mit ihm. So wirkt Gott anonym auch durch jene Menschen, die ihn nie gesucht haben, ja, die ihn mit ihren Worten abgelehnt, in ihren Taten jedoch anerkannt haben.

Daraus schließen wir, dass Gott der absolute Geist ist, die uranfängliche und unerschöpfliche "Substanz" zur

Heilung aller geistlichen Krankheiten. Seit Anbeginn der Schöpfung des Menschen ist dieser göttliche Geist ein unzerstörbarer Teil des Menschen - durch das ureigenste Mitwirken Gottes bei der Empfängnis eines jeden von uns. Die Arznei jedoch, durch die diese göttliche "Substanz" dem geistlich Kranken verabreicht wird, ist im Grunde genommen der Mensch, konkreter noch, der Hagiotherapeut. Denn die Verbundenheit mit Gott reinigt und stärkt den Geist des Menschen und befähigt ihn umfassend dazu, Gottes heilsame Gnaden auf den Patienten zu übertragen. Die Worte, Gebete und Taten des Hagiotherapeuten sind die Überträger der Heilmittel seines Herzens.

Bisher war die Rede von Arzneien und geistlichen Therapien. Die Arzneien beinhalten göttliche Kraft, die Therapien jedoch verkörpern die Art und Weise, wie diese Kraft in den Patienten gelangt. So wie es in der Medizin Injektionen, Tabletten, Kapseln, Tropfen und verschiedene physikalische und andere Therapien gibt, so gibt es auch in der geistlichen Medizin unterschiedlichste Methoden, um dem Patienten die heilsame Gnade Gottes zu übermitteln. Was aber der Hagiotherapeut dem Patienten im gegebenen Moment verabreicht, auf welche Weise und in welcher Dosis er dies tut, hängt von der Diagnose ab. So gibt es unterschiedliche Therapien für existentielle und transzendentale Krankheiten, für Basiskrankheiten, organische oder symptomatische Krankheiten, für Laster, Abhängigkeiten, Deviationen, erlittene Gewalt, Leiden und die Mediumpsychose. Wir wollen nun zumindest in gestraffter Form auflisten, welche Therapien für welche geistlichen Krankheiten am besten geeignet sind.

1. Bei ***fundamentalen Erkrankungen*** sind fundamentale Therapien angezeigt. Die menschliche Existenz braucht die göttliche, um nicht vollends in den Abgrund

der Ohnmacht und des Bösen hinabzustürzen.[19] Deshalb ist es bei Patienten mit existentiellen Krankheiten notwendig, sie über die Lage der menschlichen Existenz, deren Unzerstörbarkeit und Transzendentalien zu unterrichten und ihnen dabei zu helfen, wie sie einen Weg aus der Unruhe, Sinnlosigkeit, Depression und Aggressivität finden können und zur Lebenswahrheit, zum Vertrauen in das Gute, zur Liebe, zum Schönen und zur Unendlichkeit des Lebens in Gott gelangen können. Denn sobald sich jemand für die Tugenden und Werte entschließt, hat er bereits festen Boden unter den Füßen gewonnen, und sein Leben ist außer Gefahr. Der Patient sollte auch darüber belehrt werden, wie er Freundschaft mit Gott halten und einen Bund mit ihm schließen kann, wie er ihm stets vertrauen und sicher sein kann, dass Gott ihm immer treu sein wird. Er sollte erfahren, dass der Sohn Gottes Mensch geworden und für uns gestorben ist und dass niemand in die Hölle kommt, der dies nicht wünscht. Gott ist die Liebe, und deshalb ist es möglich, die Abgründe der menschlichen Sehnsüchte mit Gottes Wahrheit, Schönheit und Leben zu füllen. Gott hat der Kirche das Vermächtnis hinterlassen, den Menschen die Rettung zu verkünden und sie über sein Leben zu belehren, und aus diesem Grund kann der Patient Vertrauen zum Hagiotherapeuten haben, da dieser Teil und Mitwirkender in dieser Kirche Jesu ist. Die Kirche ist der Leib Christi, und über den Hagiotherapeuten berührt und heilt den Patienten eigentlich Jesus selbst.

2. ***Basiskrankheiten*** produzieren Angst, Beklommenheit, Aggressivität und Unsicherheit. Ihr Ursprung ist ein Mangel an Liebe und Zärtlichkeit. Die Zärtlichkeit ist je-

[19] Vgl. M. Beck, *Seele und Krankheit,* S. 284.

doch der Nährboden, auf dem das menschliche Leben gedeihen kann. Fehlt diese Zärtlichkeit, so welkt und verkümmert das Leben. Deshalb ist für die Behandlung der Basiskrankheiten die Vermittlung von Zärtlichkeit und Vertrauen sehr wichtig. Gott ist die Zärtlichkeit selbst, sagt die Heilige Schrift. Jede Zärtlichkeit, die jemand einem Kind erweist, ist Zeichen, Abbild und Realität der göttlichen Zärtlichkeit. Deshalb heilt jedes Wort, jede Verhaltensweise, die Vertrauen ausstrahlt, jede Geste, die die Achtung des Hagiotherapeuten vor dem Patienten ausdrückt, die geistliche Basiserkrankung von Grund auf. Bei dieser Erkrankung empfehlen sich deshalb grundsätzlich alle möglichen geistlichen Arzneien der Agapotherapie. Auch sollten dem Patienten Texte aus der Heiligen Schrift gezeigt werden, die Gottes Zärtlichkeit für den Menschen veranschaulichen, Gottes Vergebung, Entgegenkommen und Bereitschaft, den Menschen in seiner Umarmung zu empfangen. Denn Gott erbarmt sich unserer Schmerzen, sagt die Heilige Schrift. Danach sollten verschiedene Gebete gesprochen werden, durch die der Patient Gottes Zärtlichkeit erleben kann, durch die er auch selbst um sie beten kann, in sie eingehen und selbst zärtlich werden kann. Sehr hilfreich sind dabei auch die geistlichen Arzneien der Pististherapie und schließlich der Pneumatotherapie.

3. Bei den verschiedenen *geistlichen organischen Krankheiten* sollten jene geistlichen Arzneien angewandt werden, die dem jeweiligen erkrankten geistlichen Organ am besten entsprechen.

Für die Heilung der Würde des Menschen und seiner individuellen *Persönlichkeit* empfiehlt es sich zunächst, dem Patienten anhand des Wortes Gottes zu zeigen, wie Gott jeden einzelnen Menschen gleichermaßen liebt und seine Person beschützt. Dann kann man durch das Gebet zeigen, dass Gott gekommen ist, um dem Menschen zu dienen, wie er sich danach sehnt, ihn auf seinen Schultern zu tragen, wie er nach ihm sucht, wie er sein Leben für ihn hingibt und wie er jede Beleidigung des Menschen rächt. Gott möchte, dass wir seine geliebte Familie sind, an seinem Tisch und Thron sitzen und in seiner Obhut sind. Gott ist unser Vater, und eben darin besteht die Würde des Menschen.

Wenn der Patient um sein Leben fürchtet, oder wenn sein ***Leben*** - vor allem das geistliche - bedroht ist, empfiehlt sich zur Behandlung das Wort Gottes sowie das Gebet, in dem das Leben in Gottes Hände gelegt wird, damit dieser es beschützen und behüten möge. Auf diese Weise kann sich der Patient wieder sicher und geborgen fühlen.

Zur Behandlung des erkrankten ***Gewissens*** sind verschiedene Arzneien der Eirenotherapie geeignet. Man sollte den Patienten daran erinnern, dass Gott seine Freude an der Vergebung hat, und dem Patienten im Gebet folgende Worte Jesu nahe bringen: "Mein Sohn, deine Sünden sind dir vergeben." "Noch heute wirst du mit mir im Paradies sein"; "Vergebt, dann wird der Vater auch euch vergeben." "Wer viel liebt, dem wird auch viel vergeben." Ebenso kann folgender Psalm verwendet werden: "Da bekannte ich dir meine Sünde und verbarg nicht länger meine Schuld vor dir. Ich sagte: Ich will dem Herrn meine Frevel bekennen. Und du hast mir die Schuld vergeben."[20] Im Gebet kann man den Patienten erleben lassen, wie ihm bereits durch die Taufe die Sünden vergeben worden sind, wie sie ihm auch in der Beichte vergeben werden, wie sein Gewissen und seine Seele durch

[20] Vgl Ps32

das Blut Jesu rein gewaschen werden und dass ihn niemand mehr der Umarmung Gottes entreißen kann.

Will man den ***Intellekt*** des Patienten heilen, so muss sich dieser für die Wahrheit, für die intellektuelle Redlichkeit, für positive Gedanken, für eine optimistische Ausdrucksweise und für helle Visionen entscheiden.

Zur Heilung des ***freien Willens*** sollten verschiedene Befreiungsgebete mit dem Patienten gesprochen werden, besonders aber eignen sich alle Arzneien der Dynamistherapie, um den Patienten von jeglicher Abhängigkeit vom Laster, vom Bösen und von Deviationen zu befreien und ihn für die Tugenden, die Werte, das Vertrauen und das Leben zu öffnen.

Zur Behandlung ***des Herzens, der Affekte und der Sehnsüchte*** eignet sich die von Jesus Christus stammende Vision, der zufolge wir uns Kinder Gottes nennen und es auch sind. Man muss dem Patienten helfen, sich von negativen Emotionen, Affekten, Erinnerungen und Phantasiebildern zu befreien und das Gedächtnis oder die Erinnerungen davon zu reinigen. Gott erfüllt all unsere Sehnsüchte und schenkt uns unaussprechliche Freude. Zur Heilung dieses wichtigen Organs werden weiters alle Arzneien der Agapo-, Pistis- und Eirenotherapie förderlich sein.

Um den ***Charakter*** des Menschen zu heilen, ist es vorerst notwendig, den Patienten über die Funktionen der geistlichen Struktur zu unterrichten und ihn zur Entscheidung für die Tugenden zu bewegen. Zweifellos werden dabei einzelne Arzneien der Dynamistherapie nützlich sein, um den Patienten von der Abhängigkeit von Lastern, von der geistlichen Trägheit und Willenlosigkeit zu befreien.

Die ***Religiosität*** wird am besten durch eine gute Beichte geheilt, durch die Belehrung, durch das Lesen der Heiligen Schrift, durch die Annahme der Sakramente, durch das gute Gebet und eine grundlegende Bekehrung. Es ist sehr wichtig, dass der Patient zuerst lernt, Ehrfurcht vor Gott zu empfinden, später sollte er Vertrauen zu ihm gewinnen und sich schließlich ganz der väterlichen Liebe Gottes hingeben.

Die ***kulturelle Kreativität*** eines Menschen kann geheilt werden, wenn man ihm hilft, sein Leben zu vertiefen und zu begreifen, dass seine Schmerzen und Leiden der Weg zu einer tieferen Dimension des Lebens sind. Betroffene brauchen Hilfe, um die geistliche Dimension der Schönheit entdecken zu können. Vor allem aber sollte ihnen gezeigt werden, wie jede Metanoia zur Verwandlung ihrer Kultur führt und zur Aktivierung ihres künstlerischen und kulturellen Schaffens und wie jedes Gebet das Erlebnis unaussprechlicher Inspiration und die Erfahrung der Intensität geistlicher Schönheit ermöglicht.

Die ***Sexualität*** hat eine geistliche, psychische und körperliche Komponente. Sie ist ein Ruf, ein Hilfeschrei nach dem Anderen und nach Gemeinschaft, sie ist ein Abbild von Gottes Dreieinigkeit, sie ist die Sehnsucht nach dem Vertrauen und der Liebe einer anderen Person, sie ist ein Aufruf um Erlaubnis, die Intimität und Zärtlichkeit eines anderen Wesens berühren zu dürfen, und sie ist Ausdruck der Kreativität des Menschen. Wegen dieser Fülle, die sie in sich vereinigt, ist sie, so scheint es, am schwersten verletzt. Deshalb werden die Belehrung, das Wort der Heiligen Schrift und das meditative Gebet starke Verbündete zur Erlangung von Reinheit, Freiheit und Unschuld sein. Besonders wichtig ist es, dem Patienten zu helfen, anderen zu verzeihen, aber auch sich selbst, seine Sünden zu bereuen und so die Sexualität lieb zu gewinnen und Herr zu werden über seine Triebe und Begierden. Besonders dringend benötigen die Therapie Opfer sexuellen Missbrauchs.

Um den *Glauben*, die *Hoffnung* und die *Liebe* zu heilen, sollte man die Arzneien der Agapo-, Pistis- und besonders der Pneumatotherapie anwenden.

Bei der Behandlung erkrankter geistlicher Organe helfen das Wort der Heiligen Schrift, die Schönheit der Natur, Gottes Zärtlichkeit, das gesprochene und das meditative Gebet, eine gute Beichte und die Erneuerung der übrigen Sakramente, besonders aber die Bekehrung, um das Gefühl der Gesundheit und Freiheit des geistlichen Organismus wiederherzustellen.

4. Bei der Behandlung *traumatischer Krankheiten* sollte man zunächst voller Verständnis für den Patienten sein, auch sollten die Arzneien der Agapo-, Pneumo- und Eirenotherapie zur Anwendung kommen. Der Patient braucht jemanden, um all seinen Ärger über das Böse, das ihm angetan wurde, loszuwerden, er braucht jemanden, der voll Mitgefühl ihm gegenüber ist und der innerlich für ihn betet, damit Gott ihn mit seiner Zärtlichkeit berührt. Es ist nicht gestattet, sich dem Jammern des Patienten zu widersetzen und von ihm zu verlangen, dass er tapfer sein möge und ihm etwa auch noch rational erklären zu wollen, dass alles nicht so schlimm sei. Im Gegenteil sollte dem Patienten voll Mitgefühl gesagt werden, dass er gesund werden wird, dass Gott mit ihm ist, dass die Wahrheit auf seiner Seite ist und dass es gelingen wird, vereint einen Ausweg aus den Schmerzen zu finden.

5. *Geistliche Leiden* sind verdichtete Schmerzen, sie sind die Summe aller geistlichen Wunden, und deshalb erfordert der Umgang mit solchen Patienten äußerste Feinfühligkeit sowie Takt, Diskretion und Geduld. Denn diese Qualen sind bereits zum Grundgefühl geworden, das im Patienten verwurzelt ist, und sie benötigen eine umfassende Therapie und eine langwierige Heilung, denn nur so kann das gesunde Gewebe der Seele des Patien-

ten erneuert werden. Zweifellos werden die beste Wirkung die mächtigen Gebete der Agapotherapie zeigen, jedoch auch jene Worte aus der Heiligen Schrift, die Vertrauen einflößen und dem Menschen Gottes Zärtlichkeit vermitteln. Dem Patienten sollte nach einer grundlegenden Agapotherapie eine gute Eirenotherapie angeboten werden, vor allem aber das Sakrament der Beichte, jedoch erst, wenn der Patient sich stark genug fühlt, um die Beichte nicht als Selbstanklage aufzufassen, sondern als Gottesgeschenk und starkes Heilmittel zur Gesundung. Die Dynamistherapie wird erst nach einer guten Beichte erfolgen können, dann jedoch kann sie den Patienten dabei unterstützen, sich von der Abhängigkeit vom Selbstmitleid zu befreien und von der Fixiertheit auf die eigenen Wunden und Leiden. Doch immer ist es wichtig, dem Patienten nach Eireno- und Dynamistherapie erneut die Arzneien der Agapotherapie zu spenden. Die Erfahrung hat gezeigt, dass die vollkommene Heilung schwerer geistlicher Leiden erst erfolgen kann, wenn der Patient Unterstützung bei der Annahme einiger Gaben des Heiligen Geistes erfährt.

6. Bei der Behandlung von ***Deviationen***, also im Falle eines Patienten, der sich zu falschen Praktiken, Gedanken und Überzeugungen verleiten ließ, benötigt der Hagiotherapeut von Anfang an Diskretion und Feinfühligkeit, um nicht sofort den Einstellungen des Patienten zu widersprechen, sondern vielmehr zuerst seine Argumente anzuhören. In dieser Zeit kann er leise für den Patienten beten. Danach muss dem Patienten erklärt werden, worin seine Schmerzen, Ängste und Probleme geistlicher Natur bestehen. Dann können ihm allmählich auch die Gesetzmäßigkeiten der geistlichen Dimension, die Heilsamkeit von Tugenden und Werten, die Anziehungskraft der Wahrheit und des reinen Herzens sowie die Einzigartigkeit Jesu Christi in der Geschichte der Menschheit

erläutert werden. All dies sollte ohne jegliche Anmaßung vorgebracht werden, damit dem Patienten genug Raum bleibt für seine Freiheit, Einsicht und eigenständige Entscheidung für die Gesundheit. Erst nach dieser Entscheidung kann mit unterschiedlichen Therapien begonnen werden, an deren Ende aber auf jeden Fall die Dynamistherapie stehen sollte. Doch die Seele wird nicht vollständig von Deviationen genesen können, wenn sie nicht unterstützt wird durch das Gebet um Tugend und um die Gaben des Heiligen Geistes.[21]

7. Die *Mediumpsychose* resultiert sozusagen aus dem direkten Kontakt mit bösen Kräften. Im Menschen und in seiner geistlichen Struktur entstehen dadurch Blockaden, "Kurzschlüsse" und Falschreaktionen. Die erste Therapie dafür ist das Gespräch mit dem Patienten sowie die rationale Erklärung der Funktionen des geistlichen Organismus. Der Patient muss verstehen, warum okkulte, magische und andere Praktiken für den Geist und die Psyche des Menschen gefährlich sind. Der Hagiotherapeut sollte während dessen innerlich für den Patienten beten, damit der Geist Gottes diesen anspornen möge zur Bekehrung, zur Erkenntnis der Wahrheit und zur Entscheidung für ein neues freies Leben. Danach müssen die vielen Wunden geheilt werden, die durch magische und spiritistische Praktiken entstanden sind. Agapo- und Pististherapie werden zu Beginn besonders wichtig sein, danach sollten die Eireno- und Dynamistherapie folgen und am Ende unbedingt die Pneumatotherapie.[22]

---

[21] Vgl. T. Ivančić, *Grundlagen der Hagiotherapie*, Grafocommerce, Salzburg, 1998; T. Ivančić, *Dem Menschen geistlich helfen*, Salzburg, 1999; T. Ivančić, *Heilung im Gebet*, Teovizija, Salzburg, 1996.

[22] Vgl. T. Ivančić, *Begegnung mit dem lebendigen Gott*, Salzburg, 1993.

8. *Abhängigkeit und Aggressivität* sind einerseits Früchte der Zurückweisung und Ungeliebtheit des Menschen und andererseits seine Einwilligung zur Zerstörung der Freiheit und der Tugenden. Der Abhängige ist voll von Lastern. Die Therapie der Abhängigkeit ist zuallererst das Evangelisationsseminar, in dem die Grundlagen der menschlichen Existenz, die Situation des Menschen in der Welt und die Befreiung, die Jesus Christus uns geschenkt hat, umfassend erklärt werden.[23] Nach einem solchen Seminar können alle Therapien gründlich durchgeführt werden.[24]

9. *Symptomatische* Krankheiten werden wie auch alle anderen geheilt, indem zunächst eruiert wird, welche geistliche Krankheit den gegebenen psychophysischen Symptomen zugrunde liegt, um dann die betroffene Krankheit konkret zu behandeln.

Die Wirkungsbereiche der einzelnen Therapien können auch nach einer anderen Einteilung geistlicher Krankheiten definiert werden. So ist eine Spezifizierung in Zusammenhang mit der Entstehungszeit der geistlichen Krankheit möglich. Im Gefolge dieser Einteilung sprechen wir von präkonzeptionellen, pränatalen und postnatalen Leiden.

Präkonzeptionelle Krankheiten sind ererbt, sie stellen eine genetische Schwäche des Organismus dar und erfordern eine spezielle Behandlung. Vorerst muss dem Patienten geholfen werden, seine Vorfahren zu verstehen, statt ihnen die Schuld an seinem Leiden zu geben. Danach sollte er versuchen, ihnen zu verzeihen, und für sie einzeln beten. Manchmal ist es gut, den Patienten daran

---

[23] Vgl. T. Ivančić, *Begegnung mit dem lebendigen Gott*, Salzburg, 1993.

[24] Vgl. T. Ivančić, *Aggressivität und Vertrauen*, Salzburg, 2001; T. Ivančić, *Wer ist der Mensch?*, Salzburg, 2001.

zu erinnern, dass die Wurzeln seiner Mühsal weit tiefer reichen, nämlich bis zu Adam selbst. Dann kann ihm gezeigt werden, wie wertvoll Jesu Opfer am Kreuz ist, da es uns mit allen unseren Vorfahren, bis hin zu Adam, versöhnt hat und wie es den Patienten von negativen Veranlagungen und ererbten Krankheitsneigungen befreit. Es ist gut, wenn sich der Patient darum bemüht, seine Vorfahren so zu lieben, wie er auch seinen eigenen Leib und sein eigenes Leben liebt, denn auf gewisse Weise sind sie in ihm und wollen durch ihn zu Hilfe und Rettung gelangen.[25]

Pränatale Krankheiten sind eigentlich Basiskrankheiten, und somit ist für sie die Agapo- und Pististherapie indiziert.

Postnatale Krankheiten sind all jene Leiden und Wunden, die dem Patienten nach der Geburt zugefügt wurden. Sie sollten gemäß der oben erarbeiteten Spezifizierung behandelt werden.

Krankheiten können weiters in *existentielle Krankheiten, Basiskrankheiten und aktuelle Krankheiten* geteilt werden. Zu den existentiellen Krankheiten zählen alle existentiellen und transzendentalen Krankheiten. Sie werden zuallererst durch das Evangelisationsseminar therapiert sowie durch all jene Maßnahmen, die dem Patienten das Vertrauen vermitteln, dass ihm niemand sein Leben wegnehmen kann.[26] Die Basiskrankheiten und die entsprechenden Therapien sind bereits hinlänglich erwähnt worden. Was die aktuellen Krankheiten betrifft, so zählen

---

[25] Vgl. T. Ivančić, *Grundlagen der Hagiotherapie*, Grafocommerce, Salzburg, 1998; T. Ivančić, *Dem Menschen geistlich helfen*, Salzburg, 1999; T. Ivančić, *Heilung im Gebet*, Salzburg, 1996.

[26] Vgl. T. Ivančić, *Begegnung mit dem lebendigen Gott*, Salzburg, 1993; T. Ivančić, *Wer ist der Mensch?*, Salzburg, 2001.

wir dazu all jene Wunden und geistlichen Leiden, die nach dem dritten Lebensjahr auftreten. Ihre Therapie hängt von der genauen Diagnose ab.[27]

Möglich ist auch eine Einteilung der geistlichen Krankheiten nach ihren Quellen. Dabei unterscheidet man Krankheiten, die *vom Menschen selbst* ausgehen, solche, die *von seinen Mitmenschen* ausgehen und schließlich Krankheiten, die *aus dem Zustand der Welt* resultieren. Das Böse, die Wunden und das Leiden können den Patienten aus eigener Schuld oder wegen seiner eigenen Unvorsichtigkeit und Schwäche erfassen. In diesem Fall eignen sich Therapien, die dem Patienten dabei helfen, sich selbst besser zu verstehen - dann wird er sich selbst auch verzeihen können. Noch wichtiger aber ist es, ihm zu helfen, sich selbst und sein Leben so zu lieben, wie Gott ihn liebt, und bereit zu sein, nichts unversucht zu lassen, um sich selbst zu helfen und sich eigenständig aus dem Leiden zu befreien. Danach sollte er davon überzeugt werden, dass Gott ihn nicht verurteilt, sondern dass er ihn retten, ihm vergeben und ihm seine Liebe zeigen will. Damit ihm aber Gott verzeihen kann, muss der Patient Gott all seine Sünden übergeben und seine Vergebung zulassen. Dies bedeutet, dass der Patient seine Schuld eingestehen muss, dass er bereuen und sich für die Metanoia und das Gebet um die Gaben Gottes entschließen muss, die ihm die Kraft für ein tugendhaftes Leben schenken.

Wenn *andere* Menschen Schuld am Leiden des Patienten haben, so soll dem Patienten vor Augen geführt

---

[27] Vgl. T. Ivančić, *Grundlagen der Hagiotherapie*, Grafocommerce, Salzburg 1998; T. Ivančić, *Dem Menschen geistlich helfen*, Salzburg 1999; T. Ivančić, *Heilung im Gebet*, Salzburg, 1996.

werden, dass die Vergebung die Bedingung für seine Gesundheit ist und auch den Weg dahin darstellt. Durch das Verzeihen gewinnt der Patient neue Kraft, sein Leben vertieft sich, und gleichzeitig gewinnt er neue Freunde und Helfer in jenen, die ihn verletzt haben. Darüber hinaus ist der Patient dann für die ganze Liebe Gottes geöffnet, die ihn durchströmen und von allen Seiten heilen kann. Grundsätzlich aber sind jene Therapien angezeigt, die auch im Fall der Aggressivität und Rachsucht notwendig sind.[28]

Der ***Zustand der Welt*** ist der Zustand der Sünde, der Krankheit, des Todes und des Kampfes. Deshalb ist die richtige Lebenseinstellung die Bereitschaft, den Kampf gegen das Dunkel und das Böse, gegen Krankheit und Tod aufzunehmen. Passivität und Selbstmitleid aber verschlimmern nur die Krankheiten des Menschen und vertiefen seinen Schmerz. Der Glaube an die Liebe, an Gottes Beistand, an die Wahrheit und die Gesundheit ist ein sicherer Weg zur Gesundung. Dieser Glaube bewirkt, dass dem Menschen Gott, seine Engel und alle Menschen, die guten Willens sind, zur Seite stehen. So kann er stolz darauf sein, ein Mensch zu sein. Der Patient braucht die Hilfe des Therapeuten, um weder anderen Menschen noch Gott die Schuld an seinem Zustand zu geben, sondern stattdessen den Kampf aufzunehmen, im Wissen, dass die Welt einer Arena gleicht, in der er der Sieger bleiben muss. Damit sich der Patient aber dazu entschließen kann, werden alle möglichen Gebete, wird die Lektüre der Heiligen Schrift und philosophischer Texte notwendig sein, vor allem aber das Gebet für und mit dem Patienten.

Denkbar ist auch eine Einteilung der Therapien nach den Ursachen der geistlichen Krankheiten. Zu diesen Ur-

---

[28] Vgl. T. Ivančić, *Aggressivität und Vertrauen,* Salzburg, 2001.

sachen zählen das Böse (der Böse), die Begierden und die Verletzungen. Der Patient muss lernen zu verstehen, dass der Mensch schwächer als *der Böse* ist und dass er deshalb Gottes Hilfe benötigt, welche ihm über das Wort Gottes, über Gebete, Sakramente und die Bekehrung zugänglich ist. Es ist wichtig, ihm zu helfen, sich für das Gute, die Wahrheit und die Gerechtigkeit als dauerhaften Grundzustand seines Lebens zu entscheiden. Er soll sich entschließen, dem Bösen niemals zu glauben, da das letzte Wort immer beim Leben, beim Guten, beim Licht und bei der Wahrheit ist. Er soll lernen, die Dynamisgebete selbst zu beten, sich vom Bösen und seinen Werken loszusagen und sich stattdessen für den Glauben an Gott und sein Reich zu deklarieren. Er soll weiters lernen, immer von neuem zu beten: "Jesus Christus, in deinem Namen möge die Kraft des Bösen von mir weichen." Er soll seinen Schutzengel bitten, ihn zu behüten, besonders aber den Erzengel Michael, dass er mit ihm gegen den Bösen kämpfen möge. Doch am allerwichtigsten ist die Erkenntnis des Patienten, dass Jesu Tod und Auferstehung und besonders auch die Kraft des Heiligen Geistes ein sicherer Weg zur Freiheit und Gesundheit sind. Er soll lernen, jeden Tag treu zu beten, die Heilige Schrift zu lesen, die Sakramente zu empfangen und sofort zu bereuen, wenn er gesündigt hat. Er soll um Tugenden und Werte beten, denn so wird er den Bösen immer besiegen und in seinem Geist frei von ihm sein.[29]

Die **Begierden** sind unkontrollierte Triebkräfte im Menschen, die so stark werden können, dass sie die Freiheit des Menschen schmälern und ihn vom Bösen abhän-

---

[29] Vgl. Eph 6, 10-20; diese Waffen für den geistlichen Krieg und den Sieg empfahl der hl. Paulus. Man kann diese Textstellen dem Patienten für den täglichen Gebrauch anempfehlen.

gig machen können. Sie verändern den Menschen, sie fesseln ihn an die psychophysische Dimension und ihre Vergnügungen und machen ihn so zu einem Sklaven des Lasters. Die Therapie gegen diesen geistlichen Krankheitserreger besteht in der Erkenntnis, dass des Menschen höchstes Gut die Freiheit ist und dass der Mensch selbst Herr über sein Leben sein muss. Dies und das gesunde Funktionieren der geistlichen Struktur ist dem Patienten ausführlich zu erklären, und er wird ein starkes Motiv haben, sich gegen das Laster und für das Gute zu entscheiden. So kann er sich tagtäglich in der Freiheit üben und um die Kräfte der Tugend beten. Durch die Lektüre von Texten der Heiligen Schrift und durch das Gebet kann der Patient lernen zu verstehen, dass die Entsagung einen sicheren Weg zur Freiheit und Lebensfreude darstellt. Wichtig jedoch ist, dass die Entsagung dieses Zieles wegen und nicht um ihrer selbst willen erfolgt. Denn es geht nicht um den Genuss am Leiden als solchem, sondern vielmehr um ein oft strapaziöses Training, das den Menschen jedoch zu Spitzenleistungen befähigt, das ihn zu einem geschickten Meister der Menschenwürde macht und das seine Kreativität aktiviert. Um entsagen zu können, ist es notwendig, den Blick der Seele über die momentane Entsagung und Anstrengung hinweg auf das Ziel zu richten und auf den Genuss, der am Ende winkt. Das gleicht einer Operation, die für einen Augenblick wehtut, hinter der aber das dauerhafte Erlebnis der Gesundheit steht. Abgesehen davon muss der Patient lernen, darum zu beten, Gott möge ihm ein Gefährte in seinem Kampf gegen die Begierde sein. Auch sollte er lernen, die Allerheiligenlitanei und die Namen-Jesu-Litanei zu beten, um erleben zu können, dass er in seinem Kampf gegen die Schwachheit nicht alleine ist. Er soll lernen, seinen Schutzengel und seinen Namensheiligen um Hilfe zu bitten. Doch besonders wichtig ist es, ihn davor zu warnen, den Mut zu verlieren, falls er auf seinem Weg erneut fallen sollte. Vielmehr soll er versuchen, sich immer wieder von neuem zu erheben, sich immer wieder seiner Freiheit gegenüber dem Bösen und dem Laster zu versichern und diese Freiheit zu festigen. Natürlich müssen mit ihm all jene Therapien durchgeführt werden, die die Wunden und Leiden heilen, welche ihm von den Begierden zugefügt wurden.

Verletzungen werden dem Menschen von allen Seiten - so auch von ihm selbst - zugefügt. Es sind verschiedene Misserfolge und Unglücksfälle, die den Menschen kleinmütig machen und ihn dazu bewegen, den Kampf aufzugeben. In solchen Fällen sind, in Abstimmung mit der Diagnose, alle Arten von Therapien angezeigt.

Hier scheinen noch einige Ausführungen darüber angebracht, wie man bei der ***Therapie von Atheisten** und **nichtchristlichen Gläubigen*** vorgehen kann. Alles, was im Rahmen des über die kognitiven und axiologischen Therapien Gesagten grundsätzlich auf alle Menschen, ohne Rücksicht auf ihre religiöse Überzeugung zutrifft, ist prinzipiell für die Therapie eines jeden Menschen anwendbar. Im Falle der theologisch-anthropologischen Therapien kann man mit einem jüdischen Gläubigen so sprechen und beten, wie es dem Alten Testament entspricht, wie es also auch in der Thora, in den Propheten und Psalmen geschrieben steht. Damit gibt es viele Therapieansätze auch für jüdische Gläubige. Anhänger muslimischer Religionen ehren die Bücher des Alten und des Neuen Testaments, die Quelle ihres Glaubens ist jedoch das Buch des Koran. Ihnen kann in der theologisch-anthropologischen Therapie von Gott erzählt werden, der barmherzig und gütig ist, der die Sünden vergibt und dem Menschen hilft. Man kann sie auch in ihren alltäglichen Gebeten anleiten. Der Hagiotherapeut kann sehr wohl erzählen, wie christliche und besonders katholische

Gläubige beten und wie sie das Wort der Heiligen Schrift verwenden, um dadurch jüdischen oder muslimischen Gläubigen ein Beispiel zu geben, wie sie im Rahmen ihres eigenen Glaubens ähnliche Schritte tun können.

Handelt es sich um *Christen* ***nichtkatholischen Bekenntnisses***, soll der Hagiotherapeut diskret sein und jene sakramentalen Therapien empfehlen, die auch Nichtkatholiken anerkennen. Alle übrigen Elemente der therapeutischen Praxis sind sowohl Katholiken als auch Nichtkatholiken - also allen Christen - vertraut, und das umfasst die Texte der Heiligen Schrift wie auch die Metanoia und die Gebete.

Atheisten können von all jenen Therapien profitieren, die auf allgemein menschlichen Gegebenheiten beruhen. Das bedeutet, dass der Hagiotherapeut in den existentiellen Therapien von der unzerstörbaren Existenz sprechen kann, in den Basistherapien von der Liebe des Vaters und der Mutter und von der Schönheit, die uns in der Natur begegnet. Er kann mit Atheisten auch die kognitive und axiologische Therapie in philosophischer und ethischer Weise durchführen, und er mag die theologisch-anthropologische Kraft aus der Fähigkeit des menschlichen Geistes und der Qualität zwischenmenschlicher Beziehungen schöpfen. Atheisten können zum tugendhaften Leben aufgerufen werden, zur Ehrlichkeit, Gerechtigkeit, Humanität und gleichzeitig zum Eingeständnis, dass sie schwach sind und dass sie deshalb bereuen und Mitmenschen um Verzeihung bitten sollten. Der Therapeut kann ihnen in überzeugender Weise helfen, andere Menschen zu verstehen und ihnen zu vergeben, aber auch dabei, wie sie gute Entscheidungen für ein ehrliches und maßvolles Leben treffen können, wie sie umfassend lernen können zu entsagen, um tüchtige, ethische Menschen zu werden. Ein Übriges mag für diese Patienten allein schon die Lebenshaltung des Hagiotherapeuten vollbringen sowie sein Vertrauen in Gott, den Schöpfer und Retter.

Es ist wesentlich, sich dessen bewusst zu sein, dass allen Menschen geistliche Hilfe zuteil werden kann, ohne dass gleichzeitig ihre Glaubensüberzeugungen und Weltauffassungen verletzt werden müssten.

4. KAPITEL

DER HAGIOTHERAPEUT

Die Hagiotherapie, die geistlichen Arzneien und der Patient ruhen allesamt in der Hand des Hagiotherapeuten.

DER HAGIOTHERAPEUT

Der Hagiotherapeut erklärt sich zur Behandlung des Patienten bereit, er führt sie durch, stellt die Diagnose, wählt die Arzneien und Therapien, trifft den Patienten und ist für die Resultate der Therapie verantwortlich. So sind also dem Hagiotherapeuten alle Elemente der Hagiotherapie auf Gedeih und Verderb überlassen. Letzten Endes hängt es von ihm ab, ob die Hagiotherapie einen guten oder einen schlechten Ruf genießen wird, ob die Patienten gerne in die Zentren für geistliche Hilfe kommen werden, ob eine korrekte Diagnose gestellt wird, ob passende geistliche Arzneien ausgewählt und dem Patienten auf eine optimale Weise verabreicht werden. Deshalb ist der Hagiotherapeut auch der wesentlichste Faktor in der Hagiotherapie.

Dreifache Ausbildung

Wie wir bereits betont haben, benötigt der Hagiotherapeut eine ***dreifache Ausbildung***: eine theologische, eine fachliche und eine geistliche. Doch wichtiger als diese Ausbildung ist die Persönlichkeit des Hagiotherapeuten.

Psychische Gesundheit

Der Hagiotherapeut muss zunächst ***psychisch und geistlich gesund*** sein. Er sollte sich durch ein tugendhaftes Leben und durch Diskretion in seiner Arbeit auszeichnen. Es ist wichtig, dass er sowohl in der Kirche als auch in der Gesellschaft angesehen ist. Ein psychisch labiler, neurotischer oder kranker Hagiotherapeut könnte diese verantwortungsvolle Aufgabe niemals erfüllen. Jemand, der ein lasterhaftes Leben führt, dessen Tugendhaftigkeit und geistliches Leben keine Fortschritte machen, wäre ein schlechter Hagiotherapeut. Erfreut er sich weder in der Kirche noch in der Gesellschaft eines guten Rufes, so wird niemand zu ihm Vertrauen fassen können. Aus Verantwortung den Patienten gegenüber sollte man deshalb bei der Berufung des Hagiotherapeuten berücksichtigen, was seine Umgebung, sein Seelsorger und die Menschen, die ihn näher kennen, über ihn denken.

Moralität und Korrektheit

Die Umgebung und die Nahestehenden können die Moralität des Hagiotherapeuten von außen beurteilen. Er darf keinesfalls mit der Kirche und ihren Gesetzen im Konflikt leben, seine Ehe muss kirchlich vollzogen worden und sein Familienleben unbestritten und tadellos sein. Es wird also von ihm erwartet, weder alkohol- noch drogenabhängig, weder magischen Praktiken, noch irgendeiner Sünde oder einem Laster verfallen zu sein. Der Hagiotherapeut sollte bereits an sich selbst die Arzneien und Heilmethoden der Hagiotherapie erfahren haben. Er sollte mit seinem Leben bezeugen, wie die geistlichen Arzneien wirken und auf welche Weise die geistliche Therapie am besten durchgeführt werden kann. Er sollte ein wirklich guter Kenner der Theologie sein, da er sonst kaum zu einem vertieften Zugang zu den geistlichen Arzneien finden wird. Er sollte gleichfalls ein Experte auf dem Gebiet der Hagiotherapie sein, vor allem aber sollte er über eine langjährige Erfahrung in seinem geistlichen Leben verfügen. Seine Erfolge werden umso größer sein, je nachhaltiger sich seine praktischen hagiotherapeutischen Erfahrungen auf ihn selbst ausgewirkt haben.

Berufung durch Gott

Der Hagiotherapeut muss sich die Frage stellen, ob er tatsächlich von Gott zu dieser Tätigkeit berufen ist. Diese Berufung ist dann offensichtlich, wenn er den inneren Drang und den starken Wunsch verspürt, geistlich Kranken zu helfen, aber mehr noch, wenn Vertreter der Kirche an ihm die Eignung für solch eine Tätigkeit feststellen. Das eine muss mit dem anderen einhergehen. Wenn jemand gerne Hagiotherapeut wäre, die Kirche ihn aber nicht als solchen akzeptiert, dann ist das ein Zeichen dafür, dass er zu diesem Amt nicht berufen ist. Er sollte diese Entscheidung hinnehmen und den Rat des heiligen Augustinus beherzigen: "Wenn du nicht berufen bist, so bete darum, es zu werden." Wenn jedoch die Kirche ihn zum Hagiotherapeuten machen will, er aber fühlt, dass er dazu nicht geeignet ist, so ist auch das ein Zeichen dafür, dass er die Berufung dazu nicht hat.

Erwählung

Mit dem Abschluss der dreifachen Ausbildung erwirbt der Kandidat keineswegs automatisch das Recht, *offiziell* die Hagiotherapie auszuüben. Er muss zeigen, dass er diese Arbeit gern macht und dass er bei seiner *privaten und experimentellen Tätigkeit* bereits einige Erfolge erzielt hat. Dann besteht die Möglichkeit, zu einer solchen

Tätigkeit zugelassen zu werden, vorausgesetzt, er besitzt die Fähigkeiten, die Gott den Berufenen schenkt.

Vermittlung

Der Hagiotherapeut steht zwischen den geistlichen Arzneien und der Krankheit des Patienten. Um die Krankheit sowie die benötigten Arzneien identifizieren zu können, braucht er eine freundschaftliche Beziehung zu Jesus Christus und eine tiefe Erfahrung im Gebet, im geistlichen Leben und in den Gaben des Heiligen Geistes. Vor allem aber muss er über die notwendige Ausgeglichenheit verfügen, um niemals seine Besonnenheit zu verlieren und in Angst und Panik zu geraten, sondern stets einen richtigen und vernünftigen Umgang mit dem Patienten finden zu können. Die geistlichen Arzneien sind göttliche Kräfte, die der Hagiotherapeut nicht einfach irgendeiner Gebrauchsanweisung oder einem Buch entnehmen kann. Sie erwachsen aus seinem Herzen, aus seinem Erleben und seinem Vertrauen in ihre Wirksamkeit. Der Patient ist für den Hagiotherapeuten kein Fremder, er ist ein Mensch, der als Kind Gottes durch seine Vermittlung die Anwesenheit und die Gnade Christi bei der Heilung seiner Leiden erfahren möchte. Gott und seine Gnade sind vom Therapeuten nicht getrennt, sondern sie sind in ihm. Diese Gnade wirkt nicht *ex opere operato* wie die Sakramente, sondern sie wirkt durch die Bereitschaft des Hagiotherapeuten. Jesus hat gesagt, dass jene, die von seinem Leib essen, in ihm bleiben und er in ihnen.[30]

---

[30] Vgl. Joh 6.

Ebenso hat er gesagt, dass er zu jenen, die sein Wort nicht nur hören, sondern es auch befolgen, kommen und in ihnen sein werde. Daraus schließen wir, dass Jesus durch den Hagiotherapeuten auf den Patienten einwirken kann. Damit das möglich ist, muss der Hagiotherapeut jedoch alle Blockaden und Widerstände gegen Gottes Gebote und Gnaden beseitigen. Es ist offensichtlich, dass die theoretische Einteilung der geistlichen Arzneien und die Therapie allein keine Früchte tragen können. Die Arzneien und die Therapie sind eine *Brücke*, sie sind das *Gefäß*, durch das die göttliche Wahrheit vom Hagiotherapeuten in den Patienten übergeht.

Demut

Damit der Hagiotherapeut offen für Gott und den Patienten sein kann, sollte er sich frei gemacht haben von sich selbst, von Egoismus und Selbstgefälligkeit, von Hochmut, Trotz und Starrköpfigkeit. Nur wenn der Therapeut demütig ist, ist er auch in der Lage, seine Schwächen und Sünden zuzugeben und auf diese Weise frei und offen für Gott und den Patienten zu werden. Der Hagiotherapeut sollte in sich die Liebe zu Gott und die tagtägliche Freundschaft mit ihm stets weiterentwickeln. Denn es genügt nicht, Gott nur während des Gebets und in Momenten der Andacht nahe zu sein, vielmehr sollte man seine Nähe auch in der täglichen Arbeit suchen. Weiters sollte der Therapeut gegen das Selbstmitleid und das seltsame Betragen des Patienten immun sein und dessen Grobheiten und Beleidigungen ignorieren. Der Patient ist ein Mensch in einer Ausnahmesituation, und deshalb ist es unangebracht, ihn nach seinen ungewöhnlichen Reaktionen und Gesten zu beurteilen.

Liebe zu den Patienten

Den Hagiotherapeuten sollten im Umgang mit dem Patienten stets Feinfühligkeit, Geduld, Wohlwollen und Verständnis begleiten. *Zuerst sollte der Therapeut immer den Kontakt zur Seele des Patienten herstellen*, er sollte daran glauben, dass jener ihn in seinem Innersten mag. Der Therapeut sollte durch seine Haltung dem Patienten indirekt signalisieren, dass dieser ihn in keiner Weise kränken könne. Hier sind die Worte Dostojewskijs zutreffend: "Bruder, was auch immer du tust, ich werde nie aufhören, dich zu lieben." Der Patient ist wie ein Kind, das die unendliche Geduld des Hagiotherapeuten braucht. Im Unterbewusstsein erwartet er, dass der Hagiotherapeut auf alle seine negativen Gesten positiv, liebevoll und verzeihend antwortet.

Wunsch nach Gesundheit

Dem Hagiotherapeuten muss vor allem bewusst sein, dass Gott unbedingt die Gesundheit des Patienten wünscht. Daran darf er niemals zweifeln. Denn Gott hat eine gute, und keine kranke Welt geschaffen, er hat seinen Sohn ausgesandt, damit er die Welt heilt und rettet. Daraus folgern wir, dass Gott niemals gegen die Heilung eines Patienten sein kann oder diese gar verhindern möchte. Aus diesem Glauben heraus muss der Hagiotherapeut fest und kompromisslos die Gesundheit des Patienten wünschen. Diese Überzeugung sollte aus all seinen Gesten und Worten förmlich hervorquellen. Der Therapeut ist nicht dazu da, dem Patienten zu sagen, dass er ihm nicht helfen könne oder dass Gott an seiner Gesundheit nicht interessiert sei. Die tiefe Überzeugung, Gottes Willen zu erfüllen, verleiht dem Hagiotherapeuten die innere Kraft zur wirksamen Unterstützung des Patienten. Diese Überzeugung sollte den Patienten anstecken, damit sich auch er ohne jeden Zweifel seine Gesundung vorstellen kann. Gott wartet auf die freie Entscheidung des Menschen für das Gute und für die Gesundheit. Wenn diese erfolgt, unterstützt er den Menschen bei der Verwirklichung dieses Entschlusses.

In der Kirche für die Kirche

Der Hagiotherapeut lebt nicht in Abgeschiedenheit von der Welt, sondern er ist in die Gemeinschaft der Kirche und der Hagiotherapeuten eingebunden. Er ist keine Privatperson. Er arbeitet im Namen der Kirche und im Namen jener, die ihn in der Kirche für diesen Dienst ausgebildet und bestimmt haben. Sie stehen hinter ihm, schützen ihn und sind bestrebt, ihm umfassend zu helfen. Andererseits erwarten sie von ihm, das Ansehen der Hagiotherapie und der Kirche zu fördern. Versündigt sich der Hagiotherapeut bewusst an diesem Ansehen, so unterliegt er den Sanktionen der Kirche, welche darin bestehen werden, dass er seine Fehler wieder gutmachen und glaubhaft versichern muss, in Zukunft das Ansehen und die Arbeit der Hagiotherapie nicht mehr zu schädigen.

Heilig sein

Aus alldem können wir schließen, dass der Hagiotherapeut tatsächlich auf gewisse Weise Gottes besondere Zuneigung genießt. Er hat die Ehre, dem geistlich Kranken das Mitleid und die Arzneien Gottes zu vermitteln. Er ist von Gott auserwählt und berufen. Gott möchte in ihm sein und durch ihn gebrochene Herzen heilen. Der Hagiotherapeut ist deshalb aufgerufen, ein heiliges Leben zu führen. Unter Heiligkeit verstehen wir hier zuallererst die

Ehrfurcht vor Gott, dem Patienten und dem eigenen Leben. Der Hagiotherapeut ist aufgefordert, sich durch ein Leben in Heiligkeit von der Profanität zu befreien, er soll auch den Patienten aus der Begierde und der Profanität, die vom Bösen stammt, zu Ehrfurcht und Heiligkeit führen.

Mandat der Kirche

Wir haben bereits erwähnt, dass der Hagiotherapeut den Auftrag der Kirche haben muss. Die Hagiotherapie ist eigentlich eine Tätigkeit der Kirche. Ebenso wenig wie die Caritas bloße Sozialarbeit ist, ist auch die Hagiotherapie bloß weltliche Medizin. Um den Auftrag der Kirche zu erhalten, muss der Hagiotherapeut beweisen, dass er sein Fach versteht, seine theologischen Studien erfolgreich absolviert und offensichtlich Fortschritte in der Erfahrung des Glaubens gemacht hat. Doch ganz besonders wichtig ist es, dass er in seinem Leben eine grundlegende geistliche Therapie absolviert und dass diese bei ihm gute Resultate gezeitigt hat. Denn die Erfahrung zeigt, dass Gott beim Patienten auf denselben Stellen heilend wirkt, wo er beim Hagiotherapeuten gewirkt hat. Wenn also Gott jemandem die Gabe der Prophetie verliehen hat, so kann die Prophetie von diesem Menschen aus auch auf andere wirken. Wenn Gott jemanden geheilt hat, so wird der Betreffende ebenfalls in der Lage sein zu heilen. Die Wirkung des Hagiotherapeuten entspringt der Wirkung der Hagiotherapie auf sein Leben. Dies ist auch deshalb wichtig, weil der Hagiotherapeut Zeuge sein muss, das heißt, dass er aus seiner Erfahrung heraus dem Patienten überzeugend helfen wird, sich den geistlichen Arzneien zu öffnen und gesund zu werden.

Gebet

Damit der Hagiotherapeut seine geistliche Mission gut ausüben kann, sollte er wenigstens eine Stunde meditativen Gebets am Tag halten. Dies sollte ein freundschaftliches Gespräch mit Gott sein und nicht nur die Lektüre der Heiligen Schrift oder ein formelhaftes Beten. Die Wirksamkeit all dessen, was im Hagiotherapeuten ist, also seines Wissens, seiner Erfahrung und Gnade, wird dann sichtbar werden, wenn Jesus Christus ständig spürbar gleichsam in seinem Inneren anwesend ist. Nach dieser Anwesenheit Jesu muss der Hagiotherapeut stets streben. Er muss seine ganze Arbeit in die Hände Jesu Christi legen. Die Anwesenheit Jesu Christi ist nichts Angelerntes, sie ist weder Suggestion noch eine Frucht der Phantasie, sie ist das Resultat eines immer stärkeren Glaubens, stetigen Gebets und der Erinnerung an die Zeugnisse großer Menschen und Heiliger der Kirchengeschichte. Von dieser Freundschaft mit Jesus Christus spricht auch der heilige Jean-Marie Vianney, sie gleicht dem Zusammenleben der Apostel mit Jesus Christus, das drei Jahre lang währte, aber mehr noch ähnelt sie jenen dreißig Jahren Zusammenlebens Marias mit Jesus in Nazareth.

Tägliche Selbsterziehung

Außer dem täglichen, streng disziplinierten Gebet sollte der Hagiotherapeut die Heilige Schrift und andere geistliche Schriften lesen und sich täglich in seinem Fach weiterbilden. Er sollte sich einmal im Monat der geistlichen Erneuerung oder der geistlichen Supervision unterziehen, sollte regelmäßig beichten und nach Möglichkeit jeden Tag die Eucharistie feiern. Ein professioneller Hagiotherapeut wird seinen Dienst ohne dieses Minimum an geistlichen Übungen, das die Kirche im Übrigen auch von ihren Priestern und Mönchen verlangt, kaum erfolgreich ausüben können.

Supervision

Der Hagiotherapeut sollte sich zumindest einmal im Jahr einer Supervision unterziehen, die ein Priester, der in der Hagiotherapie bewandert ist, durchführen kann. Der Hagiotherapeut bekommt dabei nämlich die Gelegenheit zu zeigen, ob er gut gearbeitet hat, er kann nachfragen, wenn er in gewissen Situationen unsicher ist, und erhält Anregungen, die sein geistliches Wachstum fördern. Außerdem ist er verpflichtet, in ein spezielles Buch die Initialen seiner Patienten und Angaben über sie einzutragen, soweit es die Diskretion den Patienten gegenüber erlaubt. Weiters sollten in dem Buch die Diagnose, die angewandten Therapien und deren Resultate vermerkt werden. Dieses Buch ist äußerst wichtig für die Durchführung der Supervision, da es Auskunft über die Arbeit des Therapeuten gibt und helfen kann, eventuelle Fehler zu korrigieren. Diese Pflicht betrifft nicht nur professionelle Hagiotherapeuten, sondern auch jene, die zur experimentellen Arbeit zugelassen sind. Sie bezieht sich jedoch nicht auf Menschen, die die Ausbildung zur Hagiotherapie nur deshalb absolvieren, um sich selbst oder einer nahe stehenden Person privat zu helfen.

Eine solche gründliche Kontrolle ist vor allem in Hinblick auf die Patienten notwendig. Sie soll ihnen helfen, dem Hagiotherapeuten zu vertrauen und daran zu glauben, dass sie auf dem Weg zur Heilung sind. Selbstverständlich wird vom Hagiotherapeuten erwartet, dass er seiner Umgebung Achtung entgegenbringt, dass er das Vertrauen seiner Kirche und Gemeinschaft genießt und dass die Patienten ihn mögen. Er sollte sich nicht als

Vertreter einer objektiven Profession fühlen, sondern vielmehr als Mensch, der die Menschen liebt, der sich freut, ihnen zu helfen, und der glücklich ist, sie aus dem Bösen ins Gute führen zu können, aus der Dunkelheit ins Licht, aus der Krankheit in die Gesundheit und aus dem Tod in das Leben. Zweifellos wird ein solcher Hagiotherapeut hohes Ansehen in der Gesellschaft genießen und in seinen Aufgaben den wahren Sinn seines Lebens entdecken.

Neue Therapien

Besonders anerkennenswert ist es, wenn ein Hagiotherapeut seine neuen Erfahrungen, sei es in der kognitiven, axiologischen oder der theologisch-anthropologischen Therapie, aufzeichnet, da er damit die geistliche Apotheke der Hagiotherapie wesentlich bereichert.

5. KAPITEL

DIE ARBEIT MIT DEN PATIENTEN

Die geistliche Gesundheit des Patienten ist das unmittelbare Ziel und der Zweck der Hagiotherapie. Sie ist der Maßstab für den Erfolg der Hagiotherapie und für die Leistung des Hagiotherapeuten. Sämtliche Ausführungen in dem vorliegenden Handbuch sind ausgerichtet auf die geistliche Gesundheit des Patienten.

Die Arbeit mit den Patienten kann auf verschiedene Arten abgewickelt werden. Sie kann als Gruppentherapie, als dreitägiges Seminar oder individuell organisiert werden. Grundsätzlich ist es möglich, Patienten entweder **privat** oder **offiziell** zu behandeln. Die private Behandlung wird in der eigenen Umgebung auf eigene Verantwortung durchgeführt. Für die offizielle Behandlung benötigt man die Genehmigung der Gemeinschaft „MiR", und sie verläuft unter der Aufsicht eines Experten.

Es ist möglich, sowohl **ehrenamtlich** als auch **hauptberuflich gegen Bezahlung** zu arbeiten. Auch kann die Arbeit mit den Patienten in verschiedenen Institutionen durchgeführt werden. Man kann in Gefängnissen individuell oder in Gruppen arbeiten. Man kann auch in Altersheimen Patienten mobil oder in einer eigenen Abteilung betreuen. Ebenso hat sich die Arbeit in Schulen, Studenten- und Schülerheimen als äußerst effektiv erwiesen. Ähnliches könnte auch in Kasernen, in der Psychiatrie und in Krankenhäusern vollbracht werden. Der Hagiotherapeut sollte seine Tätigkeit überall dort entfalten, wo die besonderen Zielgruppen der Hagiotherapie zu finden sind: Vertriebene, Auswanderer, Gefangene und überhaupt Menschen, die schwere physische oder geistliche Traumata erlitten haben.

Diese Arbeit kann sowohl in **kirchlichen** als auch in **staatlichen** Institutionen durchgeführt werden. Die Hagiotherapie kann im Rahmen der Caritas oder einer kirchlichen Beratungsstelle organisiert werden, aber auch in Klöstern, die auf solche Weise zu Zentren geistlicher Hilfe werden könnten. Die beste Lösung ist allerdings die Gründung von Zentren in verschiedenen Städten und Ländern, in denen dann systematische Arbeit, eventuell mit der Möglichkeit eines stationären Aufenthalts der Patienten, geleistet werden könnte.

Die Hagiotherapie kann auch in Form von Vorträgen und Seminaren durchgeführt werden. Die Erfahrung hat gezeigt, dass diese in hohem Maße geeignet sind, um Menschen über die geistliche Struktur, ihre Pathologie und Therapiemöglichkeiten zu informieren und sie im Umgang mit ihr zu beraten. Auf diese Weise kann man die systematische Prävention geistlicher Krankheiten in der Gesellschaft verankern. Außerdem können die Menschen lernen, sich im Fall von leichteren geistlichen Traumata selber zu helfen. Hier ist es sinnvoll, bestimmte Gesellschaftsschichten mit speziellen Bedürfnissen gezielt zu unterrichten, wie etwa Bauern, Arbeiter, Intellektuelle, Jugendliche, Ehepaare, Familien und ältere Menschen. Von Vorteil ist auch die gezielte Schulung bestimmter Berufsgruppen, wie etwa Professoren, Lehrer, Studenten, Schüler, Soldaten, Polizisten, Techniker und Wissenschaftler. Denn alleine schon die Kenntnis der geistlichen Struktur der menschlichen Seele öffnet den Menschen die Augen dafür, auf welch vielfältige Weise sie Einzelne, die Gesellschaft und den Staat ändern können.

HAGIOTHERAPEUT UND PATIENT

Der erste Schritt in der Hagiotherapie besteht darin, dass der Patient von der ersten Begegnung an Vertrauen zum Therapeuten fasst. Deshalb ist es nicht ohne Bedeutung, in welchem Ambiente diese Begegnung stattfindet.

Der Raum

Raum, Tisch und Stühle sollten so einfach wie möglich beschaffen sein, jedoch geschmackvoll und ohne allzu viele Bilder, Statuen oder was auch immer den Patienten irritieren könnte. Es gibt Patienten, die empfindlich auf alle möglichen Gegenstände im Zimmer reagieren - sei es ein Bild, einen Computer oder einen anderen Apparat. Deshalb ist es kontraindiziert, Patienten in überladenen Räumen zu empfangen. Zu welcher Konfession der Patient sich auch bekennt, welche Weltauffassung er auch immer haben mag, er sollte das Gefühl haben, willkommen zu sein, und sich nicht an verschiedenen Zeichen, Bildern oder Statuen stoßen, die ihm signalisieren, dass der Hagiotherapeut ihm fremd ist, dass er einseitige Überzeugungen und Lebensauffassungen hat, die seinen eigenen widersprechen. Ungünstige Umstände können den Patienten gleich bei der ersten Begegnung entmutigen.

Der Empfang des Patienten

Der Hagiotherapeut sollte gleich zu Anfang herausfinden, ob der Patient Platz nehmen möchte oder ob er sich nur beiläufig unterhalten will, ob er nur kurz etwas fragen oder lieber länger bleiben will, um seine geistlichen Bedürfnisse zu erörtern. Wenn der Patient in Begleitung anderer Personen erscheint, so sollte mit ihm besprochen werden, ob er wünscht, dass diese beim Gespräch anwesend sind oder ob sie lieber im Warteraum bleiben sollen. Schon eine erste Frage, etwa wie sich der Patient fühlt, ob ihm heiß oder kalt ist, verleiht dem Gespräch Unmittelbarkeit und gibt dem Patienten Vertrauen.

Nach den ersten einführenden Worten der Begrüßung und des Bekanntmachens kann man mit dem Gespräch darüber beginnen, warum der Patient zur Hagiotherapie gekommen ist. Dabei sollte der Therapeut dem Patienten zunächst die Möglichkeit geben, sich auszusprechen und die Gründe seines Kommens zu erklären. Erst dann kann der Therapeut den Patienten fragen, ob er wünscht, dass eine Diagnose erstellt und eine Therapie für seine Probleme skizziert wird.

Test und Diagnose

Handelt es sich um einen labilen, psychisch kranken oder stark traumatisierten Patienten, müssen die Testfragen kurz gehalten werden, ohne tiefer auf die unmittelbaren Ursachen des Traumas einzugehen oder es gar zu analysieren. Den übrigen Patienten können die Fragen eingehender gestellt werden. Es ist wichtig, dass der Therapeut bereits aus dem ersten Gespräch darauf schließen kann, in welche Richtung sich seine Fragen bewegen sollen. Den Patienten sollte weder bei der Diagnose noch in der Therapie so viel Freiraum gelassen werden, dass sie allzu ausschweifend von der Entstehung ihrer Leiden und Traumata sprechen, denn so könnten sie sich auf diese fixieren, womit eine Therapie unmöglich würde. Deshalb sollte der Hagiotherapeut die Patienten höflich darum bitten, die Testfragen entweder mit "ja" oder "nein" oder nur kurz zu beantworten, damit die Diagnose zügig erstellt und die Therapie schnell gefunden werden kann.

Nach der Beendigung des Tests wird der Hagiotherapeut bereits darauf schließen können, wo die Ursachen der Schwierigkeiten des Patienten liegen, und er wird auch schon eine Art provisorischer Diagnose erstellen und eine Therapie vorschlagen können. Eine definitive und detaillierte Diagnose jedoch sollte erst erstellt werden, wenn der Patient bereits gegangen ist, denn sie erfordert Ruhe und eine genaue Analyse aller verfügbaren Angaben.

Feststellung der Therapie

Man kann dem Patienten sofort eine einleitende Therapie vorschlagen. Sie kann so beschaffen sein, dass sie der Patient zu Hause alleine durchführen kann. Man kann ihm aber auch eine Gruppentherapie gemeinsam mit Patienten mit ähnlichen Erkrankungen anbieten. Handelt es sich um schwierigere Fälle, so wird man einen Konsultationsplan erstellen müssen.

Psychisch Kranke müssen, wenn es notwendig erscheint, an einen Psychiater oder Psychologen weiter verwiesen werden. Mit Patienten, die an schweren psychischen Erkrankungen leiden, sollten sich nur Hagiotherapeuten befassen, die eine medizinische oder psychologische Ausbildung haben oder die bereits über viel Erfahrung verfügen. Bei manchen schwierigen Fällen wird allerdings zuerst eine psychiatrische Behandlung notwendig sein, damit der Patient überhaupt in der Lage ist, sich einer Hagiotherapie zu unterziehen.

Der Patient sollte sich in voller Freiheit selbständig für oder gegen eine Therapie entscheiden können. Ebenso wichtig ist es, ihn zu fragen, ob er überhaupt gesund sein möchte. Wenn der Patient keine Therapie wünscht, so sollte sein Wille respektiert werden.

Durchführung der Therapie

Die Therapie kann auf unterschiedliche Arten vorgenommen werden. Man kann den Patienten zunächst über seinen Zustand und über die Gesetzmäßigkeiten der geistlichen Struktur informieren. Wenn er gläubig ist, kann man verschiedene Abschnitte aus der Heiligen Schrift zitieren, damit er Zuversicht für seine Heilung gewinnt. Man kann ihn zum Gebet anleiten, man kann auch für ihn oder mit ihm beten. Der Patient oder der Hagiotherapeut können spontane Gebete äußern oder Gott um Hilfe anrufen. Das Gebet kann meditativ sein, es kann aus einem Psalm bestehen oder aus Reflexionen über Worte der Heiligen Schrift. Wenn der Patient psychisch gesund ist, kann man zulassen, dass er sich in der Meditation auf Gottes Anwesenheit einlässt, dass er sich entschließt, seine falsche Lebensausrichtung zu ändern. Beten kann man laut, halblaut, leise oder nur im Herzen. Wenn der Patient bei einem bestimmten Gebet starke emotionale Reaktionen zeigt, sollte man es abbrechen und versuchen, diese geistliche Wunde behutsam zu heilen. Es ist wichtig, dass der Patient Vertrauen zur Hagiotherapie gewinnt und als klares Bild vor Augen hat, dass er gesund werden wird. Besonders wirkungsvoll ist auch das Gebet des Hagiotherapeuten für den Patienten. Prinzipiell ist zu beachten, dass all diese Maßnahmen sich in einer entspannten, ruhigen Atmosphäre ohne Druck und Eile ereignen sollten.

Liebe, und keine Empathie

Nach der ersten Konsultation kann die nächste vereinbart werden. Bei dieser werden die für die Diagnose spezifischen Therapien dann detaillierter ausgewählt. Dabei muss der Hagiotherapeut stets dessen gewahr sein, dass eine falsche Empathie und eine, wie auch immer geartete, Bindung an den Patienten die Therapie unmöglich machen können. Jesus Christus ist es, der befreit und heilt, und nicht der Hagiotherapeut. Empathie kann den Hagiotherapeuten in Bedrängnis bringen, sie signalisiert, dass er die von Jesus ausgehende therapeutische Wirkung auf sich bezieht, dass er glaubt, er, und nicht Jesus, sei der Ursprung der Therapie. Der Therapeut muss Liebe für den Patienten empfinden, aber keinesfalls falsches Mitleid.

Wahrung des Geheimnisses

Die während des Diagnoseprozesses gewonnenen Daten unterliegen einem strengen Berufsgeheimnis. Deshalb muss in dem Fall, wenn der Hagiotherapeut den Rat eines erfahreneren Kollegen zuzieht, darauf geachtet werden, dass die Identität des Patienten und seine Daten geheim bleiben, um diesen nicht zu kompromittieren. Der Hagiotherapeut ist wie der Priester gleichsam an ein Beichtgeheimnis gebunden.

Überprüfung der Therapie

Weiters ist immer wieder von neuem zu bewerten, ob die Therapie für den Patienten geeignet ist und Wirkung zeigt. Sobald der Verdacht besteht, dass die Therapie wirkungslos ist, muss sie durch die Beifügung neuer Elemente verändert oder gänzlich durch eine andere Therapie ersetzt werden. Wenn der Therapeut glaubt, dass der Patient bereits beträchtliche Fortschritte gemacht hat, dann kann er ihm zeigen, wie er den Weg bis zur Gesundung selbst zu Ende gehen kann. In diesem Fall sollte sich der Patient jedoch von Zeit zu Zeit melden, damit der Therapeut die Fortschritte auch weiterhin in seinen Unterlagen vermerken kann.

6. KAPITEL

KONTRAINDIKATIONEN

Kontraindikationen sind Zeichen oder Anlass dafür, dass bestimmte Maßnahmen oder Therapien nicht angewandt werden dürfen. Wir wollen hier eine Reihe von Situationen erläutern, die bei der Therapie von Patienten kontraindiziert sind. Wenn auch einige von ihnen bereits behandelt wurden, mag es nicht schaden, sie noch einmal anzuführen, da die Kenntnis dieser Kontraindikationen wichtig ist, um gegenläufige Effekte im Therapieprozess zu vermeiden.

Das Verständnis des Therapeuten für den Therapieprozess sowie für den Patienten und seine Probleme resultiert nicht nur aus seiner Ausbildung und Erfahrung, sondern vor allem aus einer Art innerer Erleuchtung, die im Gebet gewonnen wird. Das Gebet ist die höchste Aktivität des menschlichen Geistes, es ist die Begegnung mit Gott, dem Ursprung des menschlichen Geistes und des gesamten menschlichen Wesens, und deshalb erleuchtet es den Menschen und verleiht ihm eine Verständnisgabe, die auf natürlichem Wege nicht erreicht werden könnte. Obwohl das Sonnenlicht uns das Sehen ermöglicht, brauchen wir doch in der Nacht und in bestimmten Räumen ein anderes Licht, welches wir schaffen, indem wir die Glühbirne durch einen Schalter mit dem Stromkreis verbinden. Analog dazu sieht der Mensch im Licht seines Verstandes auf natürliche Art das, was ihm zugänglich ist. Jedoch in Fragen des menschlichen Geistes und der Pathologie der geistlichen Dimension benötigt er noch ein anderes, das Licht Gottes. Dieses breitet sich aus, wenn wir unseren Verstand durch das Gebet, das gleichsam als Schalter fungiert, mit Gottes Licht erhellen. Es ist wichtig, die Erfahrung zu machen, dass das Gebet keine sinnlose Pflicht oder lediglich fromme Übung ist. Das Gebet ist der natürlichste Zustand des menschlichen Geistes, es ist die notwendigste Voraussetzung für sein normales Funktionieren.

GEBET IM LAUFE DER THERAPIE

Für den Hagiotherapeuten ist das Gebet etwas Grundlegendes. Deshalb ist es indiziert, dass er vor seinem Dienst zumindest fünfzehn Minuten aktiv im Gebet verbringt - indem er für die nächsten Patienten betet, Gott für sie dankt und glauben lernt, dass sie ihn in ihrem tiefsten Inneren mögen. Ebenso ist es indiziert, dass er sich, nachdem ihn ein Patient verlassen hat, fünf Minuten Zeit nimmt, um für diesen konkreten Patienten zu beten. Auch sollte der Therapeut nach jedem Besuch durch Patienten darum beten, dass in ihm keine Verletzungen und Widerstände im Zusammenhang mit diesem Patienten zurückbleiben. Diese Gebete sind jedoch nicht als Teil jenes täglichen Gebets anzusehen, das der Hagiotherapeut morgens bei sich zu Hause für mindestens eine Stunde pflegen sollte.

GEBET AM BEGINN

Es ist also kontraindiziert, dass der Hagiotherapeut seine Arbeit beginnt und Patienten empfängt, ohne sich davor im Gebet von jeglichen Animositäten befreit und um die Erleuchtung des Geistes Gottes für die Arbeit mit seinen Patienten bemüht zu haben. Tatsächlich sind solche Unterlassungen äußerst schwer wiegend und sollten, wenn sie öfter vorkommen, Sanktionen gegen den Therapeuten nach sich ziehen - im Interesse der Hagiotherapie und des Patienten.

AUFNAHME DES PATIENTEN

Unterzieht sich der Therapeut selbst auch der Hagiotherapie, so kann ihm dies helfen, den Patienten ruhig, geduldig und verständnisvoll zu begegnen. Kontraindiziert ist es, die Patienten nachlässig, rücksichtslos, nervös und grob zu empfangen, welche Gründe auch immer dafür bestehen. Besonders kontraindiziert ist, mit dem Patienten Diskussionen zu beginnen oder gar zu streiten und ihm beweisen zu wollen, dass er Unrecht hat, oder ihn fühlen zu lassen, dass er zur falschen Zeit gekommen ist. Solche Vorkommnisse sind ein Zeichen dafür, dass der Hagiotherapeut noch nicht reif genug für sein Amt ist und dass früher oder später Sanktionen gegen ihn verhängt werden sollten.

ERFAHRUNG IN DER THERAPIE

Kontraindiziert ist weiters, dass der Hagiotherapeut eine Therapie durchführt, die er an sich selbst noch nicht erfahren hat. Denn die Therapie, Gottes Gnade, geht nicht am Therapeuten vorbei, sondern sie geht durch ihn durch. Dort, wo der Therapeut unfrei ist, hemmen verschiedene Blockaden die Übermittlung heilsamer Kräfte an den Patienten. In der Medizin kann ein Arzt sehr wohl krank sein und trotzdem eine wirksame Therapie verordnen, da die Therapie nicht er ist, sondern vielmehr die Arznei, die mit ihm nicht verbunden ist. In der Hagiotherapie ist ein solches Vorgehen unmöglich.

DER THERAPIERAUM

Wir haben bereits erwähnt, dass es kontraindiziert ist, mit Patienten in Räumlichkeiten zu arbeiten, in denen sich Gegenstände, Statuen, Bilder oder Geräte befinden, die im Patienten eine Aversion auslösen oder ihm Angst einflößen könnten. Die Räume sollten so einfach wie möglich und nur mit solchen Büchern und Dingen ausgestattet sein, die den Patienten auf positive Gedanken bringen und mit denen er Glaube, Gesundung und Friede assoziieren kann. Der Hagiotherapeut sollte außerdem seine Arbeitsräume jeden Tag beim Betreten segnen und beten, dass Gott in ihnen verweilen möge. Es ist bekannt, dass es Räume gibt, die etwas Negatives und Krankhaftes an sich haben, alleine deswegen, weil in ihnen Menschen geflucht und gesündigt haben oder weil dort okkulte und magische Rituale praktiziert wurden. So wie Gottes Segen gesegneten Gegenständen und dem Weihwasser anhaftet, wie sich also die geistliche Realität gewissermaßen mit der materiellen verbindet, so verbindet sich auch das Böse mit der Materie und verbreitet Krankheit, Missstimmung, Depressionen und Nervosität unter all jenen, die sich in solchen Räumen aufhalten.

DER TEST

Es wurde bereits angedeutet, dass die Durchführung eines langen und detaillierten Tests bei psychisch labilen Menschen, psychisch Kranken, aber auch bei psychisch Gesunden, die schwer traumatisiert und verletzt wurden, kontraindiziert ist. Bei solchen Patienten sind kurze und zielgerichtete Fragen angebracht, aus deren Antworten der Hagiotherapeut selbst weitere Schlüsse ziehen kann und somit detaillierte Fragen vermeidet. Auch sollten solche Patienten daran gehindert werden, das eine oder andere erlittene Trauma allzu umständlich zu beschreiben, der Hagiotherapeut sollte vielmehr schnell zu anderen Fragen überzugehen, damit der Patient sich nicht auf einzelne Wunden oder Schmerzen fixiert. Außerdem sollte der Blick des Patienten ständig auf die Genesung, auf die allmächtige Kraft und bedingungslose Liebe Gottes gerichtet werden.

MEDIUMPSYCHOSE

Besonders kontraindiziert ist es auch, während der Diagnoseerstellung zu lange über okkulte und ähnliche Praktiken zu sprechen oder dem Patienten Beispiele und Erfahrungen aus diesem Bereich aufzuzählen. Dies kann den Patienten nämlich beunruhigen und ihn darauf fixieren. Es genügt, diese Dinge bei traumatisierten oder psychisch kranken Personen kurz in Erfahrung zu bringen, aber auch bei stabilen Patienten darf man sich keineswegs zu lange mit solchen Berichten aufhalten.

NICHT SOFORT DIE DYNAMISTHERAPIE

Kontraindiziert ist weiters, Patienten mit einer schweren Erkrankung, ob psychischer oder geistlicher Natur, gleich zu Beginn der Therapie von der Dynamistherapie zu erzählen oder sie ihnen gar anzubieten. Denn der Patient könnte so den Eindruck gewinnen, dass sein Zustand ganz besonders schlimm oder dass er gar von übernatürlichen geistlichen Kräften besessen sei. Ganz allgemein sollte die Dynamistherapie bei allen Patienten erst am Ende durchgeführt werden, und auch nur dann, wenn alle Indizien klar für eine Anwendung sprechen. Davor sollte dem Patienten in jedem Fall erklärt werden, dass es sich um ein völlig normales Gebet handelt, um die ruhige und milde Wirkung der Gnade des Heiligen Geistes.

NICHT SOFORT DIE EIRENOTHERAPIE

Gleichermaßen kontraindiziert ist es, gleich zu Beginn mit dem Patienten die Eirenotherapie durchzuführen und von ihm zu verlangen, dass er vergeben, bereuen und beichten solle. Der Patient benötigt nämlich verschiedene "Arzneien" der Agapotherapie und der Pististherapie zur Vorbereitung auf die Eirenotherapie, damit er den Gang zur Beichte und die Bereitschaft zur Vergebung als freudenvolle Entdeckung und als Weg zu Friede und Freiheit verstehen kann. Der Patient wird Vergebung und Reue weder verstehen geschweige denn durchführen können, wenn nicht vorher durch andere Therapien seine Wunden, Traumata, Verletzungen und die Ungerechtigkeiten, die ihm angetan wurden, geheilt werden.

RÜCKSICHT AUF DIE SCHWÄCHE DES PATIENTEN

Kontraindiziert ist es auch, vom Patienten etwas zu verlangen, wozu er nicht fähig ist. Er kann sich nicht mit seinen Mitmenschen versöhnen, wenn seine Seele noch nicht von Verletzungen befreit wurde. Er kann ein von ihm begangenes Unrecht nicht gutmachen, wenn er noch immer geistlich krank ist. Er kann alleine keine Therapie durchführen, da er die Hilfe anderer benötigt. Er kann nicht alle Ausführungen des Therapeuten verstehen, da seine Seele noch vergiftet und sein Verstand blockiert ist. Er kann weder Kirche noch Gott annehmen, wenn seine Traumata vielleicht darin bestehen, dass er glaubt, sie wären Schuld an seiner Misere.

DEM PATIENTEN ZUHÖREN

Kontraindiziert ist abzulehnen, was der Patient von seinen Erlebnissen und seinem Unterbewusstsein berichtet. All das muss ernst genommen werden, denn erst die Therapie wird jene Quellen beseitigen, aus denen die negativen Bilder und Stimmen gespeist werden. Allerdings braucht man dem Patienten auch nicht den Wahrheitsgehalt seiner Ausführungen zu bestätigen, vielmehr sollte man seinen Erzählungen mit Achtung und Verständnis begegnen.

DISKRETION WAHREN

Kontraindiziert und strengstens untersagt ist es, andere Menschen in Dinge einzuweihen, die man während des Diagnoseprozesses von seinen Patienten vernommen hat. Überhaupt sind Zweifel an der Diskretion des Hagiotherapeuten nicht nur kontraindiziert, sondern sie sind auch mit Sanktionen verknüpft. Deshalb sollte darauf geachtet werden, dass alle Angaben, Diagnosen und Therapien diskret notiert und dass diese Aufzeichnungen vor fremder Neugier geschützt werden. Diese Angaben dürfen ausschließlich einem Priester während der Supervision mitgeteilt werden. Auch wenn der Hagiotherapeut einen erfahreneren Kollegen um Rat fragt, muss er dabei mit äußerster Behutsamkeit mit den Daten des Patienten umgehen.

KONTRAINDIKATIONEN MÜSSEN ALLE BEACHTEN

Die genannten Kontraindikationen beziehen sich nicht nur auf hauptberufliche und professionelle Hagiotherapeuten, sondern auch auf jene, die experimentell arbeiten und eine zeitlich beschränkte Zulassung dafür haben.

Sie beziehen sich aber auch auf Therapeuten, die privat, also nur für sich und ihre Nächsten, von den Erkenntnissen der Hagiotherapie profitieren. Kontraindikationen verbieten sich nicht um ihrer selbst willen, sie verbieten sich, weil sie Blockaden schaffen und somit die Therapie und eine gute Diagnose behindern.

HÖFLICHKEIT, EHRERBIETUNG UND FRIEDEN

Kontraindiziert sind alle Gedanken, Worte und Handlungen, die den Patienten verwirren könnten. Jegliches Anzeichen von Spott, Verhöhnung und Geringschätzung dessen, was der Patient erzählt, ist strengstens kontraindiziert. Kontraindiziert und verboten ist weiters, dass der Hagiotherapeut während der Therapie Nahrung zu sich nimmt oder etwas trinkt. Er muss ganz da sein für den Patienten und ihm voller Achtung begegnen. Jede Profanierung der Anwesenheit des Patienten und der Arbeit mit ihm, und sei es auch nur in kleinsten Andeutungen, lässt eine neue Krankheit in ihm entstehen, statt ihn zu Ehrfurcht und Heiligkeit zu führen. Es ist besonders untersagt, im Beisein des Patienten das Telefon eingeschaltet zu haben oder gar während der Therapie zu telefonieren. Ebenfalls kontraindiziert ist, dass jemand in Anwesenheit des Patienten an die Tür klopft oder dass der Therapeut überhaupt zulässt, dass die Therapie unterbrochen wird. Es sollte also darauf geachtet werden, dass der Raum, in dem die Therapie durchgeführt wird, ausreichend still und ruhig ist. Alle Türen sollten so schalldicht sein, dass man weder die Vorgänge in den Nebenräumen hören, noch aus dem Therapieraum etwas vernommen werden kann. Eine Grundbedingung für die Hagiotherapie, die überwiegend meditativ ausgerichtet ist, ist nämlich die Möglichkeit zur Sammlung, und diese wird durch Lärm und Stimmen aus dem Nebenraum gestört.

Besonders kontraindiziert und untersagt ist, dass der Hagiotherapeut in der Pause oder während einer Konsultation Daten seiner Patienten anderen Personen zugänglich macht. Der Hagiotherapeut sollte im Bewusstsein handeln, dass der Patient ein Kind Gottes ist, dass jede Verletzung des Patienten auch Gott schwer verletzt und dass deshalb jegliche Indiskretion dem Patienten gegenüber nicht nur kontraindiziert ist, sondern auch strengsten Sanktionen unterliegt.

FREIHEIT VON ABERGLAUBEN

Besonders kontraindiziert ist auch, dass Menschen, die sich mit Esoterik und Magie beschäftigten, die an okkulten Praktiken und spiritistischen Séancen mitgewirkt haben oder Mitglieder von New Age waren, zum Beruf des Hagiotherapeuten zugelassen werden. Sie müssen sich, oft jahrelang, von Überbleibseln verschiedener negativer Geister reinigen und befreien. Erst wenn sie einer umfassenden Prüfung standgehalten und bewiesen haben, dass sie frei für Gottes Gnade sind, können auch sie zu Hagiotherapeuten erwählt werden. Dies gilt besonders für Menschen, die Geisterstimmen hören und glauben, es handle sich dabei um die Stimme des Heiligen Geistes, und die auf dieser Grundlage versuchen, Diagnosen und Therapien zu erstellen. Tatsächlich bewirken solche Personen, dass ihr Patient mit dem Bösen infiziert wird, er gerät in einen Zwiespalt und damit in neue Krankheiten. Häufig werden solche Personen nach der Befreiung von den genannten Kräften auch eine psychiatrische, in jedem Fall aber eine hagiotherapeutische Behandlung benötigen. Mit anderen Worten, die Arbeit des Hagiotherapeuten darf sich nicht auf individuelle Erlebnisse stützen, wie eindrucksvoll diese auch sein mögen, sondern sie muss vielmehr auf vernünftigen und nüchternen Erwägungen sowie auf der Erfahrung und der pastoralen Besonnenheit der Kirche fußen.

MORALISCHES LEBEN

Kontraindiziert ist es, jemanden zum Hagiotherapeuten zu wählen, der keinen guten Ruf in seiner Umgebung, in Gesellschaft und Kirche genießt. Dies gilt besonders für Menschen, deren Unsittlichkeit, laxe Moral und Leichtfertigkeit bekannt sind. Jedes Anzeichen für ein unsittliches Leben ist ein Grund für Sanktionen, da der Betreffende niemals erfolgreich eine Hagiotherapie durchführen könnte.

TREUE ZUR KIRCHE

Es ist besonders gefährlich, wenn der Hagiotherapeut sich benimmt, als wäre die Therapie sein privates Eigentum und als wäre er das Kriterium ihres Erfolges. Gleichermaßen ist es kontraindiziert, dass jemand in der Hagiotherapie tätig ist und sich gleichzeitig von der Kirche distanziert. Die Hagiotherapie kann nur im Auftrag der Kirche erfolgreich praktiziert werden und in vollständiger Loyalität der Kirche und jenen Menschen gegenüber, die die Zulassung zu dieser Tätigkeit ausgesprochen haben. Wenn sich jemand widerrechtlich mit der Hagiotherapie öffentlich befassen sollte, so muss man sich von ihm offiziell distanzieren und etwaige Patienten vor der Gefahr und dem Betrug, die eine solche Praxis darstellt, warnen. Die Gnade Jesu Christi und die Kraft des Heiligen Geistes sind kein Privatbesitz, sondern kostbare Kleinode, die der ganzen Welt gehören. Jesus Christus übergab der Kirche die Gnade der Rettung und Erlösung, damit diese Gnade in der Kraft des Heiligen Geistes und unter dem Schutz und der Fürsorge der Kirche unversehrt zu allen Menschen bis ans Ende der Welt gelangen kann.

DEMUT

Kontraindiziert ist der Hochmut, der bei jenen entstehen kann, die glauben, eine ausreichende Ausbildung, reichlich geistliche Erfahrungen und beträchtliche Praxis im Umgang mit Patienten zu besitzen. Hochmut ist es auch, wenn jemand aus Unbescheidenheit die Supervision ablehnt und seine Arbeit nicht von Menschen überprüfen lassen will, die von der Kirche als Hüter, Richter und Fachleute für die hagiotherapeutische Arbeit eingesetzt wurden. Die Hagiotherapie ist nämlich eine Schöpfung Gottes, die der Kirche geschenkt wurde, damit diese sie allen Menschen zugänglich machen kann. Wenn nun Einzelne versuchen, andere Menschen zu manipulieren, so entzieht ihnen Gott die Gnade. Wenn sich ein Therapeut verblendet durch seinen Hochmut von der Kirche absondert, so bedeutet dies das Ende der Wirksamkeit seiner hagiotherapeutischen Arbeit. Den größten Schaden fügt so ein Mensch vor allem sich selber zu.

GELASSENHEIT UND GOTTVERTRAUEN

Kontraindiziert ist weiters zu große Ängstlichkeit in der Arbeit mit Patienten und die übertriebene Sorge um die Zukunft der Hagiotherapie. Die Hagiotherapie gehört der Kirche, sie wurde in ihr und von ihr geboren. Sie ist ein Geschenk Gottes, und Gott und die Kirche wachen über ihre Zukunft. Das private Lamentieren darüber, wie die Hagiotherapie besser bekannt gemacht werden könnte, ist fehl am Platz. Wenn wir tun, was uns jetzt aufgegeben und geboten ist, so wird Gott alle Tore und Wege für eine umfassende Entwicklung und Popularisierung der Hagiotherapie öffnen. Dies bedeutet, dass die Arbeit in der Hagiotherapie nicht mit jener in der Medizin und Psychiatrie oder mit einer beliebigen weltlichen Arbeit und ihren Satzungen gleichgesetzt werden kann. Die übertriebene Sorge des Menschen trennt ihn von Gott und versperrt den Weg für Inspiration und Hilfe. "Im ruhigen Vertrauen liegt eure Rettung", sagt die Heilige Schrift.

ANSEHEN UND WÜRDE DES HAGIOTHERAPEUTEN

Wir glauben, dass die Hagiotherapie ein kostbares Geschenk Gottes an die Kirche ist. Unsere Reaktion sollte also beständiger Dank dafür sein, dass Gott uns erwählt hat und dass wir durch diese Arbeit den Menschen in ihren Schmerzen, Leiden und Verirrungen helfen dürfen. Wenn wir die Schmerzen eines Menschen auch nur etwas lindern und seine Seele wenigstens ein Stückchen weiter bringen können, wenn wir wenigstens eine Träne trocknen und jemandem die Sicht auf das Licht und den Himmel wieder schenken können, aber auch wenn wir Menschen aus der Abhängigkeit und aus dem Dunkel der Depression befreien können, dann sind das so große Taten, dass es sich lohnt, unser ganzes Leben dafür hinzugeben. Es ist eine Ehre, Menschen im Unglück beistehen zu dürfen. Eine noch größere Ehre aber ist es, Gottes Gnade und Zärtlichkeit den Menschen mitteilen zu dürfen und unsere Geschwister so in die Anwesenheit Gottes empor zu heben, sie zu stützen und an der Hand zu führen, damit sie ihren Lebensweg finden. In diesem Zusammenhang sehen wir Kontraindikationen als gelegentliche Anfechtungen, für die aber der wahre Hagiotherapeut nur Verachtung übrig haben wird und denen er nicht erlauben wird, ihn an seinem vornehmen Dienst am Menschen zu hindern. Ich glaube, dass es dem Hagiotherapeuten eine Ehre ist, gegen den eigenen Hochmut und den Wunsch nach Popularität zu kämpfen, denn sie stehen der wahren Beförderung seines Lebens und seiner Arbeit im Wege.

Außerdem bin ich davon überzeugt, dass alle in der Hagiotherapie Tätigen ihre Erfahrungen gerne zusammentragen werden, um sie einer gemeinschaftlichen Analyse zugänglich zu machen. Denn diese erlaubt uns, die Wirksamkeit der Therapie für die Pathologie der geistlichen Seele zu verbessern. Wenn wir den Menschen geistlich beleben, wenn wir ihn von Traumata befreien, dann bewirken wir, dass Gottes Ruhm wächst, dass Gottes Name in aller Munde ist, dass unsere Gesellschaft ihn zu lieben beginnt und verlässliche Beweise dafür erhält, dass es ihn gibt und dass er tatsächlich unter uns wirkt, mehr noch, dass er stirbt und lebt - für den Menschen. "Gottes Ehre ist wahrlich der lebendige Mensch", sagt der heilige Irenäus. Deshalb ist die Hagiotherapie eine Herausforderung und Einladung an alle Berufenen, ihr ganzes Leben großherzig der umfassenden Erforschung und therapeutischen Tätigkeit auf diesem Gebiet zu widmen.

VI. TEIL

EINFÜHRUNG IN DIE PRAXIS

VORBEMERKUNG

Auf den folgenden Seiten finden sich praktische Beispiele und Vorlagen für die Erstellung der Diagnose und die Durchführung der geistlichen Therapie. Sie mögen im Stil etwas vom übrigen Buchtext abweichen, da es sich hier um Texte handelt, die ich in meinen Seminaren und im Unterricht an den Schulen für Evangelisierung und Hagiotherapie verwendet habe. Ihr Wert liegt darin, dass sie aus der Praxis stammen und daher lebendig, unmittelbar, leichter verständlich und einfach geschrieben sind. Sie illustrieren die systematisch aufgebauten vorangegangenen Kapitel, aber sie erweitern sie auch und erleichtern ihre Anwendung in der Praxis. Das, was bisher unverständlich geblieben ist, wird hier vielleicht klarer und so eventuell in der Praxis besser umsetzbar.

Am wichtigsten ist es aber, dass dieser Abschnitt eine Brücke von der theoretischen Darstellung zur praktischen Durchführung der Hagiotherapie sein will. Es kann sich mangels an Platz nicht um eine erschöpfende Darstellung handeln, und doch kann ersichtlich werden, wie Diagnose und Therapie ablaufen können.

1. KAPITEL

PRAKTISCHE DURCHFÜHRUNG DES ALLGEMEINEN TESTS

Im vierten Teil des Buches ist unter dem Titel "Der Prozess der systematischen Diagnose" und dem Untertitel "Test" beschrieben, wie ein Test abzulaufen hat. Hier wird nun konkret ausgeführt, was dort theoretisch erläutert wurde. Der Test ist auf Lebensabschnitte aufgeteilt: den präkonzeptuellen, den pränatalen, den postnatalen bis zum dritten, bis zum siebten Jahr, bis zur Pubertät und schließlich bis zum momentanen Lebenszeit des Patienten. Der Test ist konkret, aber nicht vollständig. Der Hagiotherapeut kann eine Reihe von Fragen hinzufügen, die er für erforderlich hält. Er wird die Fragen an den jeweiligen Patienten anpassen, andere Fragen dem Katholiken, andere dem Christen und wieder andere den Angehörigen einer anderen Religion bzw. dem Atheisten stellen. Er wird darauf achten, dem psychisch Sensibilisierten oder Kranken besonders feinfühlig Fragen zu stellen.

Die Erfahrung zeigt, dass nach mehrjähriger Arbeit mit den Patienten der Hagiotherapeut gut imstande ist, auswendig relevante Fragen zu stellen und schon dabei zu einer Diagnose zu kommen.

DER TEST

Man kann folgende Fragen stellen:

Was war ausschlaggebend, dass sich der Patient entschied, Hilfe bei der Hagiotherapie zu suchen? Was erwartet er sich von diesem Schritt? Hatte jemand von seinen Vorfahren ähnliche Probleme? Gab es unter den Vorfahren geistlich kranke Personen? Herrschte Hass zwischen den Familienmitgliedern oder gab es Streitigkeiten mit den Nachbarn? Gab es unter den Vorfahren Atheisten? Gab es unter ihnen Menschen mit psychischen Krankheiten? Haben die Vorfahren jemanden verflucht oder sind sie selbst verflucht worden? Haben sie sich an okkulten, magischen oder spiritistischen Praktiken beteiligt? Haben sich in der Familie mysteriöse Unglücksfälle, geheimnisvolle Todesfälle, Zwistigkeiten oder Gewalttaten ereignet? Gab es in der Familie Alkoholiker, Nikotin- und Drogenabhängige, Geldgierige, Lüstlinge oder Ehebrecher? Gab es schwere Konflikte in der Familie? Gab es Abtreibungen? Hat jemand in der Familie eine ähnliche Krankheit oder die gleichen Symptome wie der Patient?

Die pränatale Phase

Kennt der Patient seine Eltern? War er ein Wunschkind? Wenn die Eltern Christen sind: Sind sie kirchlich getraut? War der Patient ein eheliches oder ein uneheliches Kind? Welches Kind ist er in der Reihenfolge? Gab es vor ihm eine Abtreibung? Kam es zur Empfängnis auf natürliche Weise oder durch medizinische Hilfsmaßnahmen? Verlief die Schwangerschaft der Mutter schwierig? War die Mutter krank, war sie depressiv, gestresst, musste sie schwer arbeiten? War es eine Zeit des Krieges? Nahmen die Eltern das Kind gerne an? Waren sie überbeschäftigt oder arm?

Die postnatale Phase

Wie war die Geburt? Hat sie lange gedauert? War sie problematisch, war das Kind in der falschen Lage, war es eine Saugglocken- oder Zangengeburt, war die Nabelschnur um den Hals des Kindes gewickelt? Kam das Kind durch Kaiserschnitt zur Welt? War es eine Frühgeburt und musste das Kind eine Zeit lang im Brutkasten verbringen? War jemand bei seiner Geburt enttäuscht? Hatte das Kind irgendeine Missbildung?

War das Kind bei seinen Eltern? Lebten die Eltern getrennt? War ihnen das Kind wichtig? Hielten sie das Kind auf dem Arm, waren sie zärtlich zu ihm? Wurde es alleine gelassen, wurde mit ihm geschrieen, wurde es geschlagen oder verspottet? Wurde es mehr oder weniger als seine Geschwister geliebt? Wurde es zu sehr umsorgt? Erinnert sich der Patient an etwas Unangenehmes in dieser Zeit? Musste er als Kind einige Zeit im Krankenhaus verbringen? Wurde in der Familie geflucht? Gab es oft Streit? Wurde in der Familie gebetet? Redete man über Gott? War die Familie am Ort angesehen oder missachtet?

Vom dritten bis zum siebenten Lebensjahr

Wie war die Beziehung des Kindes zu seinen Eltern, Geschwistern, Verwandten, Nachbarn und Freunden? Wurde das Kind in seinem Zimmer allein gelassen? Wurde es misshandelt? War es in Lebensgefahr? Erlitt es einen Schock durch einen Menschen oder ein Tier? Hat das Kind ein Unglück miterlebt? Musste es schwer arbeiten? Musste es vielleicht operiert werden? Wurde es von den anderen Kindern ausgeschlossen? Waren die Eltern so arm, dass sich das Kind deswegen schämte?

Vom siebenten Lebensjahr bis zum Beginn der Pubertät

Wie war der Patient in der Schule? Haben Lehrer oder Mitschüler ihn als Kind misshandelt, ausgelacht, geächtet? Ging es ihm gut in der Schule, hasste er die Schule oder erinnert er sich gern daran? Was hat ihn an der Schule gestört?

Die Zeit ab der Pubertät

Verlief die Pubertät schwierig? Gab es Streit mit den Eltern? Vielleicht lief er/sie von zu Hause fort? Wie war das Erwachen der Sexualität, die Zeit der ersten Verliebtheit? Vielleicht erlebte der Patient Untreue, sexuellen Missbrauch, Schulstress, Schwierigkeiten beim Studium oder beim Berufseintritt, bei der Verehelichung, vielleicht hatte er Probleme mit seinen Kindern oder Verwandten? Vielleicht erlebte er eine schwere Krankheit oder eine Scheidung? Wurde er verlassen? Musste er einen Misserfolg hinnehmen? Muss er sich um etwas ganz besonders sorgen? Hat er vor etwas Angst? Was ist der Sinn seines Lebens, fühlt er sich frustriert, unzufrieden, verletzt, unglücklich? Hat er ein physisches Leiden? Glaubt er an Gott, betet er? Hat er den Eindruck, Gott bestrafe ihn? Schämt er sich wegen irgendetwas? Ist er von etwas abhängig? Ist er depressiv, hat er Selbstmordgedanken? Sieht er einen Ausweg aus seinen Problemen oder seiner Krankheit? Worüber beklagt er sich besonders?

Glaubt der Patient, dass ihm jemand Böses wünscht, ist jemand eifersüchtig auf ihn oder beneidet ihn jemand? Ist er Mitglied einer Sekte, ist er mit Menschen befreundet, die sich mit Magie beschäftigen? Wie ist sein Verhältnis zu seinen Eltern, zur Verwandtschaft, zum Ehegefährten, zu den Menschen in seiner Umgebung, am Arbeitsplatz und zu Menschen mit abweichender Weltanschauung? Wann begannen die Probleme, derentwegen er gekommen ist? Gab es damals ein besonderes Ereignis, einen Schock, ein Trauma? War er deswegen schon bei einem Arzt, Psychologen, Psychiater? Suchte er Hilfe bei alternativen Heilern? Ist er aus eigenem Antrieb gekommen? Ist er bereit, sich der Hagiotherapie zu unterziehen?

Am Ende des Tests sollte man an den Patienten die Frage richten, ob er gesund werden möchte. Es gibt nämlich Menschen, die sich unbewusst wünschen, krank zu bleiben. Sie haben Angst davor, gesund zu werden, weil sie glauben, sich dann unter den Gesunden nicht zurechtfinden zu können, keine Arbeit zu finden und von den anderen vernachlässigt zu werden. Dieser Entschluss des Patienten ist nicht nur sehr wichtig, er ist entscheidend.

Durch den Test werden wir uns ein Bild über den Zustand des Patienten machen können. Daraus können wir dann die Diagnose ableiten und feststellen, was behandelt werden muss: die Krankheit, ihre Ursachen, die Krankheitssymptome und die Reaktion des Patienten auf sie. Auf der Basis der Diagnose wird dann die Therapie festgelegt.

Die Diagnose stellt fest, welches Organ von der Krankheit befallen ist, wodurch die Krankheit hervorgerufen wurde, wie sie sich auswirkt, wann sie entstand und in welchem Stadium sie ist. So kann auch bestimmt werden, welche therapeutischen Schritte zielführend sind und wie ihre Reihenfolge ist.

2. KAPITEL

PRAKTISCHE DURCHFÜHRUNG DER THERAPIE

DREIFACHE THERAPIE

Erinnern wir uns daran, dass wir in der Hagiotherapie drei Arten von Therapien anwenden: die kognitive, die axiologische und die anthropologische.

1. Die kognitive Therapie

Die kognitive wenden wir so an, dass wir dem Patienten erklären, wie wichtig die geistliche Dimension für den Menschen ist und dass der Mensch erst durch sie zum Menschen wird. Daher sind die Krankheiten der geistlichen Seele spezifisch menschliche Krankheiten. Der Mensch leidet nämlich in erster Linie auf geistlicher, und erst dann auf psychischer und somatischer Ebene. Den Menschen schmerzt eine persönliche Kränkung, die Verletzung des Gewissens, die Korruption, die Gefährdung des ewigen Lebens, Abhängigkeit, ein schlechter Charakter, der Verlust der Seinsmitte, Verzweiflung, Sinnlosigkeit, Frustration, Atheismus, Schuld. Die geistliche Ebene können Menschen mit ihren Therapieversuchen nicht heilen, denn der Mensch hat seinen Geist von Gott bekommen (vgl. Gen 2,7). Gott schafft im Menschen im Augenblick der Geburt die geistliche Seele, seine Person und die geistlichen Strukturen. Die Hagiotherapie verbindet den Menschen mit seinem Ursprung, seinen Wurzeln, seinem Schöpfer. Das hagiotherapeutische Verfahren ist bei der Verbindung des Menschen mit Gott behilflich. Es reißt einerseits die Mauern zwischen dem Patienten und Gott ein, andererseits baut es Brücken zu ihm.

2. Die axiologische Therapie

Die axiologische Therapie führen wir so durch, dass wir dem Patienten die existentielle Struktur des Menschen - die Transzendentalien - erklären und aufzeigen, dass das Böse und die Krankheit ein Mangel an Gutem, an Wahrheit, Liebe und Einheit sind, und das bedeutet auch eine Verminderung der Existenz und des Lebens. Das Gewissen macht den Menschen auf diese Gefahr aufmerksam und sagt, was zu tun ist. Die Schuldgefühle machen deutlich, dass der Mensch sein Leben zerstört, wenn er Böses tut, unmoralisch lebt und sich nicht an ethische Prinzipien hält. Der Mensch wird geistlich krank, weil er entweder selber Böses getan hat oder weil ihn andere verletzt und ihm Böses zugefügt haben, wobei er das Böse angenommen hat, böse geworden ist und begonnen hat, seine Existenz zu untergraben. Eine Umkehr vom Bösen zum Guten, von der Lüge zur Wahrheit, vom Hass zur Liebe, von der Gespaltenheit zur Einheit stellt die geistliche Ordnung und die gesunde Funktion der geistlichen Seele und damit des ganzen Organismus wieder her. So kommt es zur Rehabilitation der angeschlagenen Existenz des Menschen. Laster zerstören die Gesundheit und das Leben, gute Eigenschaften und Tugenden stellen sie wieder her. Die Sünden und das Böse verursachen Leid und Krankheit, Reue und Umkehr befreien von ihnen.

3. Die anthropologische Therapie

Die theologisch-anthropologische Therapie hat fünf Modelle: Agape, Pistis, Eirene, Dynamis und Pneuma oder die Therapie der Liebe, des Vertrauens, der Versöhnung, der Befreiung und der Stärkung guter Eigenschaften und Tugenden. Diese fünf Therapien sollen nun konkret vorgestellt werden.

VIER THERAPIEFORMEN

Die erste Therapie wird konkret so durchgeführt, dass wir den Patienten belehren, wie er jedes der angebotenen Therapiemodelle gedanklich und meditativ in die Seele aufnimmt. Die zweite besteht darin, dass der Therapeut die einzelnen Elemente der Therapie vorführt und dem Patienten Zeit lässt, sie zu verstehen und aufzunehmen. Bei der dritten Therapie vollzieht der Therapeut die Therapie an sich selbst, aber der Patient lässt sich auch seinerseits auf das therapeutische Wirken ein. Bei der vierten betet der Therapeut leise, halblaut oder laut entsprechend dem Therapiemodell für den Patienten.

Die erste Form

Der Therapeut belehrt den Patienten: Geh mit Jesus im Geist vom Augenblick der Empfängnis durch die neun Monate, wo du im Mutterschoß warst, dann in die Zeit der Geburt, die frühe Kindheit und all die Zeiten bis jetzt. Bleibe mit Jesus, wo du den Eindruck hast, dass etwas Traumatisches in der Vergangenheit passiert ist. Im Schweigen kannst du das jetzt vollziehen.

Die zweite Form

Der Therapeut sagt zum Patienten: Im Geist mache dir bewusst, dass dich Gott gewünscht, gewollt und geschaffen hat, dass er dir im Augenblick der Empfängnis die geistliche Seele und Person gegeben hat. Schaue im Geist darauf: Du bist ein Wunschkind Gottes. - Jetzt betrachte, wie dich Gott durch die neun Monate begleitet hat. – Jetzt denke daran, dass er auch bei der Geburt bei dir war. Gott war in jedem Detail deiner Vergangenheit. – Die ganze Kindheit war er dir nahe, er liebte, beschützte und behütete dich. – Von der Kindheit an bis zum heutigen Tag war er bei dir, in jeder Krankheit und Gefahr; auch als man dich angegriffen hat, war er bei dir. – Er ist auch jetzt bei dir, und er wird bei dir bis zum Ende deines Lebens bleiben und mit dir durch den Tod gehen.

Die dritte Form

Der Therapeut betet, als würde es nur um ihn selber gehen: Jesus, danke, dass du mich geschaffen, mich, meine Seele, meine Persönlichkeit mir gegeben hast. Du warst bei mir, als ich im Schoß meiner Mutter geworden bin, als ich die neun Monate in ihr war, als ich die ersten Ängste durchlebte. Danke, dass du auch bei meiner Geburt in Liebe bei mir warst. Du warst in der frühen Kindheit bei mir und auch damals, als ich zur Schule ging. Du hast mich in der Pubertät begleitet, in meinem Berufsleben, in der Ehe, in Familie und Gesellschaft. Du weißt, warum ich krank wurde, und du kennst alle Wege zur Gesundheit. Du bist auch jetzt bei mir. Ich übergebe dir alle meine Sünden, Wunden, Ängste und Krankheiten. Ich bitte dich, berühre sie und mache mich gesund. Danke, dass ich für dich kostbar und wertvoll bin, dass du jetzt bei mir, an meiner Seite bist.

Die vierte Form

Der Therapeut betet für den Patienten: "Jesus, leg deine Hände auf die Wunden und Traumen des Patienten im Augenblick der Empfängnis. Jetzt schaue auf die Wunden und Ängste aus der Zeit der Schwangerschaft. Lege deine Hände auf ihn und befiehl den Ängsten, der Schuld, den Krankheiten zu weichen. Jesus, blicke auf die Geburt des Patienten, lege die Hand auf seine Traumen. Heile auch die Wunden aus der frühen Kindheit. Berühre die Schmerzen und unangenehmen Ereignisse aus der Schulzeit, der Pubertät, der Zeit der Eheschließung. Danke, dass du immer bei ihm (ihr) warst. Segne, ermutige, befreie ihn (sie) von Abhängigkeit, Ängsten, Bedrängnissen, Unfähigkeiten...

DIE GANZHEIT DER GEISTLICHEN THERAPIE

In den drei Arten der Therapie – der kognitiven, axiologischen und theologisch-anthropologischen – sind alle nötigen geistlichen Therapien enthalten.

Denken wir daran:

Die **kognitive** führt zur Erkenntnis der Seele, die von der Krankheit befallen ist, dann zur Erkenntnis der Diagnose und der nötigen Therapie.

Die **axiologische** bewegt den Patienten, sich vom Bösen ab- und dem Guten zuzuwenden. Damit heilt sie die Seele existentiell. Es kommt zu einer neuen Willensentscheidung des Patienten für das Gute.

Die **anthropologische** Therapie verbindet den Menschen ausdrücklich und unmittelbar mit dem Ursprung seines Lebens und ermöglicht so die Heilung.

Die *Agapotherapie* gibt die Grundbedingungen für die Gesundung an: die basische und die existentielle Sicherheit, das Vertrauen.

Die *Pististherapie* verbindet das basische Vertrauen und das Vertrauen ins Leben mit der Person des Schöpfers und schafft so eine Existenzmitte des Patienten, vertreibt die Ängste, den Hass, Abhängigkeit und Negativität.

Die *Eirenotherapie* versöhnt den Menschen mit sich selber, mit den Mitmenschen und mit dem Schöpfer. Sie heilt auch von falschen Schuldgefühlen und stärkt den Glauben an die Vergebung der Sünden.

Die *Dynamistherapie* befreit in der Kraft der Gebete der Kirche von Abhängigkeiten und schenkt neue Kraft und Stärke.

Die *Pneumatotherapie* ermöglicht und stärkt gute Eigenschaften und Tugenden, die Freiheit, den Gehorsam dem Gewissen gegenüber, den Charakter, die Kreativität und die religiöse Dimension. Sie befreit zur Aktivität.

Es ist bei der Diagnose wichtig abzuschätzen, welche Therapie angewendet werden soll, und diese dann wirksam einzusetzen.

3. KAPITEL

AGAPOTHERAPIE

Wir wollen uns nun mit einer Reihe von Therapien befassen, die im Übrigen in einigen meiner Bücher bereits erörtert wurden: *Heilung im Gebet, Für eine bessere Welt, Dem Menschen geistlich helfen, Aggressivität und Vertrauen, Abba, lieber Vater, Folge mir nach, Für Ermüdete, Wiederkehr der Hoffnung, Wer ist der Mensch*.

Das fundamentale Trauma aller Patienten ist der Mangel an Liebe. Es ist das Fehlen jener Grundlage, die der Mensch zum Leben braucht. Die Liebe sucht jemanden, der sich ihr hingibt, sie braucht diese Sicherheit, um alle "Tode" überwinden zu können. Jemandes Liebe anzunehmen bedeutet, *für jemanden wertvoll zu sein*, nicht aus einem bestimmten Grund, sondern einfach deswegen, weil ich existiere, weil ich ein unergründbares Wesen bin, ein Geschenk des Schöpfers an die Welt und an alle Menschen, weil ich der Welt bestimmte Gaben überbringe, einzigartige, die ihr niemand anderer schenken kann.

Der größte Wunsch des Menschen ist es, geliebt zu werden. Geliebt zu werden bedeutet, die Sicherheit zu haben, dass man leben wird. Die Menschen können eine Person annehmen und ihr das Leben geben, oder sie können sie ablehnen und ihr das Leben verweigern. Den Menschen für immer anzunehmen und ihn zu beschützen - das kann nur Gott. Darin liegt die Rettung des Menschen.

Wenn jemand befürchtet, abgelehnt zu werden, entsteht in ihm Angst. Dieses Trauma treibt ihn zur Flucht. Der Gedanke, dass er abgelehnt werden könnte, ist die größte Bedrohung für einen Menschen - es geht gewissermaßen um sein Leben, das man in ihm zerstören kann -, denn Ablehnung erzeugt das Gefühl, unnütz und überflüssig zu sein. Die Liebe jedoch bewahrt den Menschen davor, sich von der Welt ausgeschlossen zu fühlen.

Deshalb ist das Gebet, in dem mir bewusst wird, dass Gott bei mir war und mich immer geliebt hat, das wichtigste aller therapeutischen Gebete. Da Gott immer alle Menschen geliebt hat, hilft dieses Gebet einem jeden. Ein Beweis dafür, dass uns Gott liebt, ist die Tatsache, dass wir existieren. Wenn diese Liebe blockiert ist, erleben wir geistliche Traumata und werden von Grund auf krank. Wir bekommen spezifisch menschliche Krankheiten.

Die Menschen haben Sehnsucht nach Gott. Sie lehnen nur jenen Gott ab, der ihnen Unwahrheiten verkündet, aber den Gott, der sie liebt, weisen sie niemals ab. Gott scheint fern zu sein, und deshalb suchen die Menschen etwas, was ihnen näher ist. Die Menschen haben Angst davor, ungeliebt zu sein, da sie dann nicht leben könnten. Wenn sie aber hören: "Gott liebt dich" und "Du bist wertvoll für Gott", dann erfüllt sie das mit Kraft und Hoffnung für ihr Leben. In allem, was sie tun, suchen sie im Grunde Gott, da die Zärtlichkeit der einzige Nährboden ist, auf dem der Mensch gedeihen kann. Und Gott ist die Zärtlichkeit selbst, sagt die Heilige Schrift.

Manche denken aus Angst vor Gott oder weil sie ein falsches Bild von ihm haben: "Ich muss gut sein, damit mich Gott mag." Gottes Antwort darauf ist: "Eben deshalb, weil du nicht gut bist, bin ich in Jesus Christus Mensch geworden, damit du meine Liebe erkennst und gut wirst." Im Vaterunser sagen wir zuerst "Vater" und dann erst "Vergib uns!".

"Wenn Gott jemanden zur Heiligkeit führen will, lässt er manchmal zu, dass dieser sündigt, damit er nach Gott ruft und seine Nähe sucht", sagte Papst Johannes Paul I.. Jesus erwartet nicht, dass der Mensch gut ist, bevor er zu ihm kommt. Vielmehr bittet er ihn: "Hab Vertrauen zu mir, damit ich dir helfen und dich befreien kann."

Es kann niemanden geben, den Gott nicht lieben würde. Eine Sünde kann niemals der Grund dafür sein, dass Gott jemanden nicht lieben würde. Der Mensch kann Gott durch keinerlei Taten dazu bringen, ihn nicht mehr zu lieben. Gott ist unermesslich barmherzig und gut, er sehnt sich nach dem Menschen. Gott hat uns seinen Sohn in der Gestalt eines Menschen geschickt und sein Leben für uns hingegeben.

Damit eine Begegnung zwischen Gott und dem Patienten stattfinden kann, ist es gut, meditative Therapien zu anzuwenden. So soll sich der Patient etwa vorstellen, wie er auf dem Schoß des Vaters geborgen ist. Er kann sich Gott gegenüber spontan wie ein Kind verhalten. Er kann sich im Geist auf dem Schoß der Gottesmutter sehen, da Jesus sie auch uns zur Mutter gegeben hat. Aber auch Gott ist wie eine Mutter. Seine Liebe ist stärker als die einer Mutter. Gott sagt, nach dem Zeugnis des Propheten Jesaja: "Kann denn eine Frau ihr Kindlein vergessen, eine Mutter ihren leiblichen Sohn? Und selbst wenn sie ihn vergessen würde: ich vergesse dich nicht. Sieh her: Ich habe dich eingezeichnet in meine Hände."[10]

Auf diese Weise können Traumen geheilt werden, die ein Patient deshalb erlitten hatte, weil es ihm an der Liebe und Zärtlichkeit seiner Eltern mangelte. Der Hagiotherapeut muss aus der Diagnose erkennen, wer konkret dem Patienten Wunden zugefügt hat: sein Vater oder seine Mutter. Er muss dem Patienten helfen, die negativen Erfahrungen mit seinem Vater oder seiner Mutter zu überwinden, damit dieser sie nicht auf Gott, den Vater, und auf Maria, die Mutter, überträgt.

Das Bild eines vertrauenden Kindes kann dem Patienten vor Augen führen, was Zärtlichkeit bedeutet. Auf diese Weise entsteht in ihm selber Vertrauen. Es ist wichtig zu registrieren, bei welchem Bild der Patient positiv reagiert. So kann man ihm sagen: "Schau, das hat Gott für dich getan, damit du spürst, wie sehr er dich liebt!" Erst danach sprechen wir von Gott: "Gott liebt dich. Jesus ist gekommen, weil er dich liebt. Er hat deine Sünden schon ausgelöscht." Dann setzt man fort: "Jesus ist dein Bruder, dein Vater ist der Himmlische Vater, er ist auch der Vater von Jesus. Dieser dein Bruder hatte Sehnsucht nach dir, er hat dich gesucht, er ging lieber in den Tod, als ohne dich zum Vater zurückzukehren. Schau, seine Hände, seine Füße und sein Herz sind durchbohrt - sosehr hat er dich geliebt!"

Dann wird der Patient allmählich begreifen: "Jesus, so sehr hast du mich geliebt!" Und nach und nach wird auch in ihm die Liebe wachsen.

A) EXISTENTIELLE THERAPIE

Die existentielle Therapie wirkt durch fundamentale Einsichten in die menschliche Existenz.

1. Gott rettet

Wir verkünden dem Patienten:

- dass es jemanden gibt, der ihn liebt, der ihn heilen kann und ihn ins ewige Leben führen wird;
- dass er einen Geist hat, durch den er mit Gott kommunizieren kann;
- dass es Gebete gibt, die ihn vom Bösen und von der Schuld befreien können;
- dass er seine Sünden, seine Ohnmacht und existentielle Angst in Jesu Hände legen darf;

- dass er Jesus bitten kann, alle seine Wunden zu verbinden, ihm seine Hand aufzulegen und ihn zu beschützen;

- dass er hören kann, wie Jesus sagt: "Ich übernehme die Verantwortung für dich!"

- dass Jesus seine Seele wie das verlorene Schaf in seinen Armen trägt;

- dass Jesus alles wieder neu und gut macht;

- dass Gott gerade ihn gewollt hat, dass Gott ihn in seinem Herzen liebt (= sich in Gottes Herzen niederlassen);

- dass er Jesus alles sagen kann, was ihn quält;

- dass Jesus sein altes Gewand wegwirft und ihn in ein neues kleidet (= Gott liebt mich);

- dass ihn Jesus an seinen Tisch lädt (= Eucharistie);

- dass Gott das Fundament ist, auf dem man alle Schrecken und alle Tode überleben kann.

2. Gott ist immer da

Der Therapeut geht mit dem Patienten im Gebet durch dessen Leben von der Empfängnis an, und er zeigt ihm, dass Gott immer bei ihm war, ihn geliebt und beschützt hat. So ein Gebet verwurzelt den Menschen in Gott.

Wir wollen hier nur kurz auf die Durchführung dieses Gebetes eingehen, das essentiell für die Behandlung aller Traumata der Patienten ist:

"Jesus, du warst bei meiner Empfängnis anwesend, du hast mich gewollt, hast dich auf mich gefreut. Du warst mit mir im Mutterleib, hast mich geliebt. - Du warst bei mir während der Geburt - ich danke dir! Immer hast du mich getragen..."

Auf ähnliche Weise muss die gesamte Zeitspanne von der Empfängnis bis zum gegenwärtigen Augenblick erfasst werden. Bei diesem Gebet ist es wichtig, dass der

Patient allen verzeiht, vor allem seinen Eltern, wenn sie ihn nicht geliebt und nicht aus Liebe gezeugt haben; dem Patienten muss bewusst werden, dass Jesus seine Wunde sieht und seine Hand auf sie legt. Am wichtigsten ist es - und das muss dem Patienten gegenüber besonders betont werden -, dass Jesus bei ihm war, als seine Wunde entstand, dass er alles gemeinsam mit dem Patienten durchlitten hat und ihn beschützte. "Jesus war bei dir, deshalb ist dir bei der Geburt und in der Krankheit nichts grundlegend Böses zugestoßen, und du hast es überlebt. Deshalb konnte deine Mutter dich nicht verstoßen, weil Gott wollte, dass du lebst. Und auch wenn sie dich verstößt, findet Gott jemanden, der dich lieben wird." Dieses Gebet kann der Patient eventuell auch alleine bei sich zu Hause beten.

Dem Patienten muss die Tatsache bewusst gemacht werden, dass Gott nicht nur jeden Moment seines Lebens gut kennt, sondern dass er auch stärker als das Böse ist, da das Böse im Grunde machtlos ist. Es hat seinen Ursprung in der Freiheit der Geschöpfe: des Menschen und der Engel, die gegen Gott aufbegehrten. Die Hl. Schrift spricht an einigen Stellen davon, dass sich einige Engel gegen den Plan Gottes mit dem Menschen auflehnten, neidisch wurden und ihm Schaden zufügen wollten. (vgl. Gen 3, besonders 3,1-5 und Weish 2,24: "Durch den Neid des Teufels kam der Tod in die Welt." Oder Weish 1,13-14: "Denn Gott hat den Tod nicht gemacht, das Reich des Todes hat keine Macht auf der Erde.") Gott kann Engel und Menschen daran hindern, Böses zu tun, doch er gab ihnen die Freiheit und er will, dass sie sich ungezwungen für das Gute entscheiden. Für die Rettung des Menschen nahm er sogar den Kreuzestod auf sich. - Man muss dem Patienten helfen, Rettung zu suchen, denn Gott erwartet von ihm seine freie Entscheidung für die Gesundheit.

Der Patient soll wiederholen: "Jesus ist mein Herr!" Dadurch entschließt er sich für das Licht, für das Gute und für Gott, und er erkennt, dass Jesus in Wahrheit alles in seinen Händen hält.

3. Gott heilt

Dieses Gebet wird so durchgeführt, dass der Therapeut Jesus bittet, seine Hand auf alle Wunden des Patienten zu legen, die dieser im Laufe seines ganzen Lebens, beginnend mit der Empfängnis, erlitten hat. Man betet zum Beispiel: "Herr, lege deine Hand auf jene Wunden, die bei der Empfängnis, in der Schwangerschaft, während der Geburt ... entstanden sind."

4. Die Rechtfertigungstherapie

Bei dieser Therapie betet der Therapeut im Namen des Patienten und bittet Gott, Kränkungen, Benachteiligungen, Frevel und alle anderen Übel wieder gutzumachen und den Patienten so von Schuld zu befreien. Man betet zum Beispiel: "Herr, mach wieder gut, was ich an meiner Mutter verschuldet habe und was sie meinetwegen erlitten hat, rechtfertige mich bezüglich der Beleidigung des Dreifaltigen Gottes..."

Weiter geht man so vor, dass der Therapeut im Namen des Patienten und mit ihm darum betet, dass Jesus alles Böse, alle Benachteiligungen und Ungerechtigkeiten, die der Patient von anderen erlitten hat, ausgleicht. Man betet zum Beispiel: "Herr, rechtfertige meine Eltern, Geschwister, Freunde und alle übrigen Menschen im Hinblick darauf, was sie an mir verschuldet haben. Mach wieder gut an mir, was sie angerichtet haben."

5. Gott ist Liebe

Bei dieser Therapie wiederholt der Patient die offenbarte Wahrheit, dass Gott ihn bedingungslos liebt. So etwa: "Gott ist die Liebe!"

6. Alle lieben mich

Bei dieser Therapie lernt der Patient zu verstehen, dass es im tiefsten Inneren eines jeden Menschen Bereiche gibt, die voll Liebe zu ihm sind. An der Oberfläche scheint es gegenteilig zu sein, und in der Heiligen Schrift scheint sogar Gott zornig zu sein und zu strafen, statt zu verzeihen. Deshalb werden folgende Worte gesprochen: "In seinem tiefsten Inneren liebt mich Gott", "Im tiefsten Inneren liebt mich mein Vater, meine Mutter, meine Frau, mein Freund."

7. Ich bin ein Kind Gottes

Diese Therapie wird so angewandt, dass man den Patienten lehrt, sich selbst im Geiste als ein Kind zu sehen, das auf dem Schoß des himmlischen Vaters geborgen ist. Man kann auf ähnliche Weise auch beten, dass man im Geist seine Seele in den Armen Marias, der Mutter Jesu, sieht.

8. Gott ist hinter mir

Die Therapie besteht darin, dem Patienten bewusst zu machen, dass Gott ihn, gleichsam mit einem Fallschirm, auf diese Erde schweben ließ und dass er hinter ihm steht. Der Patient ist also von Gott gekommen, und dieser liebt und beschützt ihn und wünscht sich, dass er seine Individualität verwirklichen und seinen besonderen Auftrag in der Welt erfüllen möge.

9. Der Dreifaltige Gott

Dabei soll dem Patienten meditativ bewusst werden: "Gott ist überall gegenwärtig, wie die Luft umgibt er mich, ist vor mir, hinter mir, ist an meiner linken und an meiner rechten Seite und hält mich in seiner Hand. Gott ist in mir. Bei mir sind: der Vater, der Sohn und der Heilige Geist."

10. Gott ist für mich

Zitate aus der Heiligen Schrift, wie etwa "Ich habe dich beim Namen gerufen, du gehörst mir",[1] "Ich habe dich eingezeichnet in meine Hände",[2] "Bleibt in meiner Liebe"[3] werden dem Patienten vorgelesen, damit er sie wiederholt und sich merkt. So wird in ihm das Vertrauen wachsen, dass er geliebt wird, dass Gott ihn schützt und auf seiner Seite ist.

11. Ich bin nicht allein

"Der Vater ist hinter mir, der Sohn vor mir und der Heilige Geist in mir." Dieses Gebet zeigt besonders gute Wirkung bei der Therapie gegen Einsamkeit. Gleichzeitig ist es gut, den Patienten dazu zu ermuntern, einer anderen einsamen Person einen Brief zu schreiben. So kann er fühlen, dass er geliebt wird und liebt. "Es gibt immer jemanden, der auf dich wartet!"

12. Ich gehöre Gott

Die Liebe Gottes spricht durch verschiedene Bilder, etwa durch die Schönheit der Natur, die Gott geschaffen hat, oder durch Bilder von Kindern, die von Mutter oder Vater im Arm gehalten werden.

B) THERAPIE GEGEN ABHÄNGIGKEITEN

Untersuchungen haben gezeigt, dass die zärtliche Liebe einer Mutter ein sicherer Boden ist, auf dem man leben kann. Wenn jemandem diese Liebe von der Empfängnis bis etwa zum sechsten Lebensmonat vorenthalten wurde, ist er verloren - er ruft um Hilfe, er braucht jemanden, der ihn liebt. Findet sich niemand, so protestiert er oder er wird depressiv und schließlich selbstmordgefährdet.

Eine Mutter bedeutet für ihr Kind vor allem anderen Liebe und Zärtlichkeit. In der Liebe der Mutter erlebt ein Kind gleichzeitig die Liebe Gottes. Ein geliebtes Kind gewinnt innere Sicherheit für sein ganzes weiteres Leben. Deshalb ist es wichtig, Patienten, die in ihrer Kindheit an Liebesentzug gelitten haben, Liebe entgegenzubringen, damit sie in der Liebe eines Mitmenschen die Liebe Gottes erfahren können.

Man muss den Patienten an die Vision heranführen, dass Gott alles zu geben vermag, denn Gott ist die Fülle des Lebens, er ist die Erfüllung all unserer Wünsche. Wenn wir dem Patienten auf solche Weise eine neue Vision geben, dann wird er allmählich auf alles verzichten können und sogar durch das Leiden zu Gott finden. Doch zu Beginn muss der Mensch mit der Liebe, mit der Freude und mit Gott in Verbindung treten. Man muss ihn auf das Gute aufmerksam machen, das danach geschehen wird, damit er sieht: Die Bekehrung ist wie eine Operation, die schnell vorbei ist und nach der man gesund wird.

Die Erstursache der Sucht ist sicherlich der Mangel an Liebe. Alkohol, Drogen, Sex und Geld dienen dem Menschen eigentlich nur als Ersatz.

Bei einer Abhängigkeit wenden wir folgende Therapien an:

1. Das kürzere Verfahren

a) Evangelisierung und Verkündigung - auf Basis des urchristlichen Katechumenats;

b) Agapotherapie, das bedeutet, dem Menschen zu Vertrauen und Selbstvertrauen zu verhelfen;

c) Eirenotherapie: Beichte - Sünden bekennen, verzeihen und die Vergebung annehmen.

d) Befreiungsgebete: Gebete der Absage an das Böse aus dem Rituale "Die Feier der Eingliederung Erwachsener in die Kirche".

e) Die heilige Messe (wenn es sich um einen Katholiken handelt):

Der Patient kann zur heiligen Messe gehen und

- am Beginn der Messe seine Schuld bekennen;
- während der Opferung im Geist Jesus Christus seine Sucht auf den Altar legen;
- zur heiligen Kommunion gehen und beten, dass ihn Gott vom Laster befreien möge;
- am Schluss der heiligen Messe beten: "Jesus, ich danke dir dafür, dass du mich von diesem Laster befreit hast!"

2. Das Verfahren der zehn Schritte

2. 1. *Was ist dem Abhängigen passiert*

1. Er hat kein Urvertrauen, keinen Boden unter den Füßen;

2. Er ist ohne Liebe, ohne Transzendenz, ohne Sinn;

3. Er ist gefährdet, aggressiv und autoaggressiv;

4. Er ist allein, frustriert, leer;

5. Er hat nichts, wofür es sich lohnen würde zu leben;

6. Er leidet unter Furcht und Ängsten, wird zynisch;

7. Manchmal verfällt er auch der Droge, weil es ihm dadurch - wenn auch nur kurz - möglich wird, zu vergessen, zu genießen, die Angst zu verdrängen;

8. Er verliert seine Freiheit: Die Droge hat ihm viel versprochen, ihm etwas gegeben und schließlich alles genommen;

9. Seine Angehörigen sind seinetwegen beunruhigt, machen sich Sorgen, er steht im Mittelpunkt, und genau das brauchte er;

10. Jetzt genießt er es: Er hat jemanden, dem er ein Anliegen ist. Zugleich hat er Angst, weil ihn der Tod bedroht;

11. Jemand wird die Therapie akzeptieren, wenn er sich sicher sein kann, geliebt zu sein. Ein anderer wird ihr aus Angst zustimmen, alle werden sie bejahen aus dem existentiellen Wunsch nach Leben;

12. Es stellt sich die Frage nach der Therapie. Wenn man es bei der psychophysischen belässt – Arbeitstherapie, Psychotherapie -, bleibt man auf halbem Wege stehen, denn es handelt sich um eine geistliche Krankheit:

13. Die geistliche Therapie ist allmächtig, ursprünglich, personenzentriert, umfassend, der psychophysischen überlegen.

2. 2. *Wie kann man von Sucht heilen*

1. Den Süchtigen auf die geistliche Ebene heben, über die psychische Abhängigkeit und Kraftlosigkeit;

2. Man muss von ihm gesundes Sprechen verlangen, das das Gehirn verändert – physische Rehabilitation;

3. Dem Patienten zeigen, dass er aus der Liebe des Schöpfers hervorgegangen ist. So wird sein Urvertrauen und die Basissicherheit gestärkt;

4. Ihn belehren, dass Gott die Welt ständig erschafft, und darum war er auch zugegen,

- als die Traumen entstanden
- als sich die Sucht entwickelte;

5. Ihn in das Verständnis und die Praxis des Glaubens einführen. Ich glaube, bedeutet:

- Ich weiß, dass mich Gott liebt.
- Ich erwarte von ihm das Gute.
- Ich engagiere mich beim Heilungsprozess.

6. Dem Süchtigen sinnvolle Arbeit geben – Aktivität und Kreativität:

- Schreiben
- Projektieren
- Arbeiten
- Kreieren
- Initiieren.

Das Wesen des Geistes ist Kreativität und Freiheit.

7. Mit den Eltern versöhnen:

- Ich will vergeben.
- Ich bitte um Vergebung.

8. Jetzt ist die axiologische Therapie vonnöten: Umkehr und Entscheidung für die Freiheit

9. Damit die Freiheit erstarken kann, ist tägliches Gebet nötig;

10. Dieses Programm ins Gehirn "einschreiben", damit es ganzheitlich frei reagieren kann.

C) THERAPIE GEGEN EIFERSUCHT

Eifersucht ist die Angst vor dem Verlust einer geliebten Person. Sie zerstört die Liebe und erzeugt Einsamkeit, Bedrängnis und noch mehr Angst.

Zuerst wendet man die Agapotherapie an. Diese sollte das gesamte Wesen des Patienten so intensiv erfassen, dass er sich rundum geliebt, geborgen und akzeptiert fühlt. Dann muss man ihm durch Gebet und Wort so weit helfen, dass er sich von der Fixiertheit auf die geliebte Person lösen kann. Man sollte ihm Bilder zeigen, die ihn innerlich erfrischen, die sein Vertrauen aufbauen und ihn mitreißen. Man sollte bezeugen, dass es Menschen gibt, denen es gelungen ist, sich von der Eifersucht zu befreien, und man sollte ganz ausführlich beschreiben, auf welche Weise sie es geschafft haben. Man sollte den Patienten in Kontakt mit Menschen bringen, die ihn verstehen und die für ihn und mit ihm beten. Man sollte ihm Texte aus der Heiligen Schrift vorlesen, die bezeugen, dass Gott ihn niemals verlassen wird: Röm 8, Jes 43 und 49, Ps 23, 27, 34, 37, 42, Phil 1. Und dann sollte man mit dem Patienten um Freiheit und um Gottes Liebe beten und Gott für das neue Leben danken.

D) THERAPIE FÜR PSYCHISCH KRANKE

Der Patient soll die Diagnose eines Psychiaters vorweisen. Man muss ihm erklären, dass sich Krankheiten häufig in der Psyche auswirken, und dass deshalb die

Psyche zuerst durch Arzneien beruhigt werden muss, bevor man dem Patienten überhaupt geistlich helfen kann.

Für die Arbeit mit psychisch Kranken benötigt man viel Zeit und Geduld. Häufig steht der Patient unter dem Einfluss von Medikamenten und kann deshalb nicht richtig zuhören und sich öffnen. Man muss äußerst behutsam und langsam vorgehen und stets die Reaktionen des Patienten beachten.

Der Hagiotherapeut sollte für den Patienten und mit ihm beten, da dieser das nicht alleine tun kann. Man kann ihn aber auch darum bitten, Gebete zu wiederholen und Texte aus der Heiligen Schrift zu lesen, die sein Vertrauen fördern. Man sollte den Patienten ständig auf die Liebe und Güte Jesu hinweisen. Auch sollte man ihm die Hoffnung geben, dass es für Gott keine unheilbaren Krankheiten gibt.

Während der Therapie sollte man den Patienten nicht an seine Traumata erinnern, sondern einfach mit Jesus durch alle Phasen im Leben des Patienten gehen. Sollte der Patient zu weinen beginnen, bedeutet das, dass eines seiner Traumata berührt wurde. In diesem Fall sollte man, damit er aufhört zu weinen, seine Aufmerksamkeit auf etwas anderes lenken. Man sollte ihn an etwas Positives erinnern und ihm versichern, dass ihn Jesus liebt und während seines ganzen Lebens bei ihm war. So fixiert sich der Patient nicht auf seine Krankheit, sondern auf die Arznei und die Gesundheit.

E) THERAPIE FÜR HOMOSEXUELLE

Es wird viel über die Homosexualität diskutiert. Psychologen glauben, dass sie eine natürliche Erscheinung und unheilbar ist. Sie meinen, es gäbe einen hohen Prozentsatz an Homosexuellen und man solle ihnen erlauben, in lesbischen und homosexuellen Gemeinschaften, ähnlich der Ehe, zu leben.

Die Kirche stellt sich dem entschieden entgegen. Sie betrachtet Homosexualität als Deviation, als Krankheit, als etwas, das geheilt werden kann und soll. Wie sich gezeigt hat, ist die Homosexualität auf geistlicher Ebene heilbar, woraus zu schließen ist, dass sie eine geistliche Krankheit ist. Nur weil etwas mit psychiatrischen Methoden nicht verstanden und geheilt werden kann, sollte man es nicht gleich als unheilbar und natürlich bezeichnen oder es moralisch rechtfertigen.

Folgende Faktoren können für die Entstehung der Homosexualität auf geistlicher Ebene verantwortlich sein:

a) Inzest zwischen Vater und Sohn, Mutter und Tochter;

b) Hass oder Ekel eines Kindes vor dem andersgeschlechtlichen Elternteil;

c) Beziehungsschwierigkeiten der Eltern, die im Kind den Entschluss bestärken, es später anders zu machen. Diese Person glaubt dann, eine lesbische Freundin oder ein homosexueller Partner könnten ihm die Familie, die es einst vermisst hat, ersetzen.

d) Protest gegen die Eltern.

In jedem Fall aber ist im Patienten ein Trauma eingeschrieben, das nun wie ein von der Norm abweichender "Code" seine natürlichen Reaktionen verändert. Dieser "Code" muss nun "gelöscht" und durch einen neuen "ersetzt" werden, der den natürlichen wiederherstellt. Das bedeutet, dass man durch die Therapie äußerst kraftvoll auf den Patienten geistlich einwirken sollte, damit er jenen verzeihen kann, die ihm durch frühkindliche oder pränatale Traumata einen homosexuellen Code oder ein homosexuelles Programm "eingeschrieben" haben. Durch den Geist kann die psychophysische Dimension des Menschen neu programmiert werden. Durch unterschiedliche geistliche Therapien, vor allem durch die Agapo- und

Pististherapie, kann einem Menschen umfassend und effektiv geholfen werden, damit seine Natur nicht mehr von der anderer Menschen abweicht und damit er so von immer neuen Traumata befreit wird, die ihm seine Umgebung, noch mehr aber sein Gewissen und sein Charakter, bereiten.

Die Liebe und Geborgenheit, die solche Menschen suchen, können sie bei gleichgeschlechtlichen Partnern nicht finden, da Sex nicht mit Liebe gleichzusetzen ist. Das sollte man ihnen aber nicht auf diese Weise sagen, da man sonst an ihr Trauma rührt und sie aggressiv werden könnten.

Wie könnte sich also eine Therapie abspielen? Man kann dem Patienten Folgendes sagen:

1. "Gott liebt dich, er ist dein Schutz und deine Familie. Er schenkt dir die sanfte Zärtlichkeit der Blumen, der Tiere, der Kinder und deiner Seele. Lass dich von dieser Zärtlichkeit umhüllen!" Danach kann man mit ihm beten:

2. Das Rechtfertigungsgebet: Man erzählt dem Patienten, dass Jesus ihn von Schuld und Krankheit befreit, dass er sein Leben wieder in Ordnung bringen und das Unrecht, das ihm angetan wurde, wieder ausgleichen wird.

3. Danach betet man folgendermaßen: "In ihrem tiefsten Inneren lieben dich deine Eltern - trotz allem!"

4. Außerdem sollte man versuchen, das Verständnis des Patienten für seinen Vater und seine Mutter zu fördern, indem man ihm etwa vor Augen hält, dass sie krank waren. Der Patient soll Mitgefühl für sie haben und ihnen verzeihen.

5. Danach sollte man ihn, falls möglich, auf eine gute Beichte vorbereiten. Auch sollte man für den Patienten beten, dass ihn die Kraft und die Zärtlichkeit des Heiligen Geistes erfüllen möge. Denn die Erfahrung des Geistes heilt am nachhaltigsten. Das heißt, dass man für

den Patienten ein "kleines Evangelisationsseminar" abhalten sollte.[1]

F) THERAPIE GEGEN DIE AGGRESSIVITÄT

Im Umgang mit aggressiven Menschen muss der Therapeut bedenken, dass sich hinter ihrer Bosheit eine Seele versteckt, die nach Vertrauen und Liebe schreit. Diese benötigt sein Mitgefühl und Erbarmen. Deshalb sollte man den Patienten durch Liebe und Zärtlichkeit schützen und durch das Vertrauen, dass Gott stärker ist. Man sollte jedoch vermeiden, ihn zu bemitleiden oder ihn zu ermahnen, da ihn das nur noch wütender machen würde. Man sollte auch seine Aggressivität schweigend tolerieren. Der Therapeut muss sich dessen sicher sein, dass Gott stärker als das Böse im Patienten ist.

Menschen sind aggressiv, weil sie Liebe suchen oder weil sie sich dafür rächen wollen, dass nie jemand gut und zärtlich zu ihnen war. Aggressivität ist der Schrei nach Liebe, sie ist ein Zeichen dafür, dass es dem Menschen an Zuwendung mangelt. Dieser Mangel sollte als erstes behandelt werden. Danach kann man darum beten, der Geist Gottes möge in den Patienten einkehren, damit er den Geist der Bosheit vertreibe. Vielleicht ist es notwendig, ein Befreiungsgebet zu beten. Man sollte der aggressiven Person zeigen, dass man sie versteht. So wird der Patient Vertrauen zum Therapeuten fassen. Dieser muss fest daran glauben, dass ihn der Patient in seinem tiefsten Inneren mag, und er muss verstehen, dass der andere Hilfe braucht.

[1] Vgl. T. Ivančić, *Begegnung mit dem lebendigen Gott,* S. 211ff.

4. KAPITEL

PISTISTHERAPIE

Die Pististherapie (griech. *pistis* - Vertrauen, Glaube) hat die Aufgabe, das Vertrauen des Patienten zu Gott und den Menschen zu stärken oder überhaupt erst zu schaffen. Dies soll durch Belehrung, Verkündigung, Bild und Gebet erreicht werden. Die Pististherapie vermittelt Glauben. Dieser ist eine geistliche Realität, die in materielle und sinnlich wahrnehmbare Zeichen gegossen ist und die sich dieser Zeichen bedient; darum ist es gut, in die Therapie Bilder und Geschichten einzubauen und sich zu notieren, worauf der Patient am besten reagiert. Doch der Glaube an Gott ist in erster Linie Gnade, und darum muss man vor allem beten, dass im Patienten der Unglaube kuriert und der Glaube gestärkt werde. In diesem Zusammenhang sind die Sakramente von hoher Bedeutung und das Zeugnis der Kirche, der Heiligen und der Gläubigen, besonders des Therapeuten.

A) THERAPIE GEGEN DAS MISSTRAUEN

1. Man kann dem Patienten vorschlagen, zu wiederholen: "Ich glaube, dass mich Gott liebt."

2. Oder Jesus auf dem Kreuz zu betrachten und sich im Geiste gleichsam in seinen Wunden zu verstecken.

3. Man kann auch Zitate der Heiligen Schrift verwenden: "Sei ohne Furcht, glaube nur" "Dein Glaube hat dir

geholfen" und "Ich habe erkannt: Mir steht Gott zur Seite."

4. Besonders wirksam sind Beschreibungen, wie Jesus mit den Menschen umgegangen ist: mit Petrus, der Samariterin am Brunnen, dem rechten Verbrecher am Kreuz und mit Zachäus. Ihnen allen hat Jesus ihre Schuld und ihre Sünden vergeben.

5. Wirksam sind auch Bilder aus dem alltäglichen Leben, zum Beispiel von einem Kind, das vertrauensvoll neben dem Vater schwimmt, von einem Kind im Arm seiner Mutter, weiters Bilder aus der Natur, etwa Vögel, die über einen Abgrund hinweg fliegen.

6. Es ist wichtig, den Patienten zu lehren, sich mit Jesus zu "unterhalten", mit ihm einen "Spaziergang" zu machen und zu "hören", was ihm Jesus sagt.

7. Man muss dem Patienten die Augen der Seele öffnen: Kinder haben zu ihrer Lehrerin Vertrauen, Reisende im öffentlichen Verkehr zum Fahrer, die ganze Natur verlässt sich auf Gott.

B) THERAPIE GEGEN ZWÄNGE

Häufig klagen Patienten, dass sie unter dem Zwang stehen zu lästern und zu fluchen. Manche werden von schamlosen Gedanken gequält und von zwanghaften Worten, Wünschen und Bildern bedrängt. Sie können sich davon nicht befreien und sind der Meinung, der Satan oder ein Dämon setze ihnen so zu. Der Hagiotherapeut sollte ihnen nicht widersprechen, er sollte ihnen stattdessen aufmerksam zuhören und ihre Erzählungen nur ein wenig lenken.

Wie kann man dem Patienten helfen?

Man muss ihm erklären, dass zwanghafte Gedanken keine Sünde sind, denn wir können nicht für etwas verantwortlich sein, das nicht von uns ausgeht.

Man sollte ihn ermahnen, diese Gedanken nicht allzu ernst zu nehmen. Er soll vielmehr paradox sagen: "Danke, Vater, für diese dummen Gedanken!" Denn je mehr man gegen sie ankämpft, desto hartnäckiger sind sie. Die Ursache für zwanghafte Gedanken ist Angst, die von Gewissensbissen herrührt. Und diese Angst wächst nur noch weiter an, je mehr man sich ihr widersetzt. Wenn wir aber Gott für solche Gedanken "danken", dann werden sie verschwinden, da wir durch unseren Dank zeigen, dass wir uns vor ihnen nicht fürchten, sondern dass wir Gott vertrauen. Die beste Strategie gegen den Bösen ist, ihn nicht ernst zu nehmen. Diese Methode wird manche Patienten schockieren. Ihnen muss man erklären, dass man dabei Gott nicht für die sündhaften Gedanken dankt, sondern für seine Gegenwart und Barmherzigkeit, die stärker sind als diese Verführungen. Es handelt sich um eine "paradoxe Intention": Wir danken Gott für das Vertrauen, das er in uns setzt.

C) THERAPIE GEGEN ÄNGSTE

Ängste sind das Gegenteil von Vertrauen. Sie sind ein Zeichen dafür, dass der Glaube des Patienten gefährdet, verkümmert oder zerstört ist. Deshalb ist in erster Linie die Pististherapie angebracht. Da jedoch der Glaube durch die Liebe wächst, ist zu Beginn der Behandlung eine Agapotherapie indiziert. Nach der gründlichen Durchführung dieser beiden Therapien sollte man zu anderen Hilfstherapien übergehen.

Der Patient sollte denjenigen segnen, vor dem er Angst hat. Er sollte öfter wiederholen: "Jesus ist mein Herr, Jesus beschützt mich!"

Der Patient sollte sich selbst in den Wunden Jesu sehen, wie sie ihn beschützen und ihm die Sicherheit geben, dass ihm nichts zustoßen kann.

Er soll Jesus am Kreuz sehen und sich bewusst machen, dass dieser für ihn gestorben ist. Jesus tut alles für ihn und besiegt jede konkrete Furcht. Es ist gut, die Furcht in der heiligen Messe im Geist dem Herrn zu übergeben, damit sie dieser auslöscht.

Wenn den Patienten "dunkle" Ängste quälen, muss man herausfinden, ob diese vielleicht von okkulten Praktiken herrühren. Normalerweise entspringen Ängste dem Unterbewusstsein, sie wurden für gewöhnlich durch einen Schock verursacht, den der Patient in seiner Kindheit oder später im Leben erlitten hat. Sie rufen in ihm ein Gefühl der Bedrohung hervor. Deshalb ist es wichtig, zuallererst die Wunden der Kindheit durch die klassische Therapie zu heilen. Ganz grundsätzlich entspringen sie jedoch dem existentiellen Fundament des Menschen, da der Mensch begrenzt ist und sich durch die Sünden von Gott entfernt hat.

Die Grundtherapie muss folgende Elemente enthalten:

1. Jesus bitten, seine Hand auf dieses Trauma oder diese Angst zu legen;

2. sich bewusst machen, dass Jesus damals den Patienten begleitet hat, dass er von ihm wusste, ihn sah, beschützte, verteidigte und liebte. Vor allem aber muss das Vertrauen zu Jesus und seiner Allmacht gestärkt werden.

3. jenen vergeben, die dem Patienten einen Schock zugefügt haben;

Dann sollte man dem Patienten von Jesus erzählen, der allmächtig ist und deshalb auch über böse Kräfte und über Ängste gebieten kann.

Der Patient war als Kind schutzlos, und dadurch entstand in ihm panische Angst. Deshalb ist es gut, wenn er seine Seele im Geist auf dem Schoß der Gottesmutter oder des himmlischen Vaters geborgen sieht. Dies wird ihm das Gefühl vollkommener Sicherheit vermitteln.

Es empfehlen sich weiters folgende Gebete: "Der himmlische Vater umgibt dich, er ist der Boden, auf dem du stehst, er führt dich und beschützt dich." "Jesus sagt zu dir: 'Folge mir nach. Der Heilige Geist ist in dir!'" Der Patient sollte diese Formeln in der Meditation verinnerlichen.

Der Hagiotherapeut sollte auch Texte aus der Heiligen Schrift verwenden, die Vertrauen und Sicherheit vermitteln. Hier empfehlen sich besonders die Psalmen 23, 27, 34, 37, 42, 81, 85, 88 91, 103 und Jesaja 53. Der Patient soll diese Texte im Laufe des Tages lesen und mehrmals täglich diese Arznei zu sich nehmen.

Das langsame Hinführen des Patienten zur Erfahrung der Gegenwart Gottes vertreibt die Angst. Ähnliches bewirkt die "paradoxe Intention". So auch der Dank "für die Angst", da dies eine besonders effektive Anwendung der paradoxen Intention ist.

Es ist sehr wichtig, dem Patienten genügend Zeit zu geben, gesund zu werden. Eile und Oberflächlichkeit können auch in diesem Zusammenhang nur schaden. Wenn der Patient Angst hat zu versagen, dann sollte er sich bewusst machen, was für ihn im Leben wirklich zählt: Prüfungen, Gesundheit, Arbeit, Ehe. Dann muss man ihm erklären, dass es eine Methode gibt, all das zu erreichen, was er sich wünscht. Gut ist auch, ihm von Menschen zu erzählen, denen etwas fehlt und die trotzdem glücklich sind.

Wenn ein Patient zum Beispiel Angst davor hat, dass sein Ehepartner ihn verlässt, dann soll er lernen, es "anzunehmen", dass er alleine mit den Kindern zurückbleiben könnte. Die Liebe beginnt mit dem Verzicht, und so kann es geschehen, dass der Ehegefährte bleibt oder zurückkommt. Alles, was das Vertrauen in die Liebe Gottes festigt, befreit von Angst.

D) DIE VERMITTELNDE GEISTLICHE THERAPIE

Im *Zentrum für geistliche Hilfe* erscheinen häufig Mütter, die ihren Kindern helfen wollen. Es kommen auch Frauen, die wissen wollen, was sie für ihre alkoholabhängigen Ehemänner tun können, sowie Menschen, die einem kranken Kollegen helfen möchten. Wie soll man dabei verfahren?

1. Zuallererst helfen wir dem Menschen, der erschienen ist. Dann beten wir gemeinsam mit ihm für den, dem er helfen will. Wenn eine Mutter oder eine Frau voll Liebe zu ihrem Kind oder zu ihrem Ehemann ist, dann ist ihr Gebet sehr wirkungsvoll.

2. Wir zeigen der Person, wie sie für ihre Nächsten beten kann:

a) Zuerst sollte sie dem Betroffenen verzeihen, sie sollte ihn wie ein krankes Kind lieben und Gott für ihn danken;

b) Sie sollte ihm den Frieden Jesu wünschen, und dies auch des Öfteren wiederholen;

c) Sie sollte ein Rechtfertigungsgebet sprechen, etwa: "Gott, befreie mich von der Schuld meinem Sohn gegenüber, mach alles wieder gut, was ich ihm angetan habe!"

d) Sie sollte die betreffende Person segnen.

e) Sie sollte sich bewusst machen: "Jesus alleine ist der Herr meines Kindes oder meines Mannes!"

Ehepartner empfangen die Gnade jeweils durch den anderen, da sie miteinander durch das Sakrament der Ehe verbunden sind. Die Erfahrung hat gezeigt: Wenn eine Frau ihrem Mann verzeiht, wenn sie ihn liebt und Gott für ihn dankt, wenn sie sich wünscht, dass Gottes Wille an ihrem Mann offenbar wird, dann wird er sich bekehren, da Gottes Gnade durch die Frau in ihren Mann gelangen kann. Kinder empfangen diese Gnade noch viel wirkungsvoller, wenn ihre Eltern zuvor geistlich geheilt wurden.

E) THERAPIE FÜR MENSCHEN, DIE NICHT GESUND WERDEN WOLLEN

Manchmal wollen Menschen ihren Bekannten helfen, aber die Betroffenen lehnen diese Hilfe ab. Das Böse kann den Menschen so verblenden, dass er es vorzieht, zu zerstören, zu töten, zu schimpfen und zu fluchen. Ja, er ist sogar noch stolz darauf, so zu sein. Das ist aber ein Zeichen dafür, dass dieser Mensch eher wegen einer inneren Verletzung, als aus Bosheit, so reagiert. Mit solchen Menschen muss man ganz ruhig umgehen, vor allem muss man sie "von innen her" lieben.

Manchmal kann es einem vorkommen, dass auch das Gebet in solchen Fällen machtlos ist. Das ist aber eine Täuschung. Das Böse kann niemals stärker sein als das Gute oder als Gott. Gott verurteilt niemanden dazu, krank zu sein, für ihn gibt es kein unüberwindliches Hindernis und keine unheilbare Krankheit. Gott ist das Leben, er möchte allen das Leben in Fülle schenken.[9] Unsere Liebe ermöglicht es, dass sich der Patient in Freiheit der Gesundheit öffnet.

1. Zuallererst sollte man für solche Menschen danken, dann sollte man sie segnen und ihnen verzeihen, und man sollte Jesus bitten, sie in ihrem Innersten zu berühren.

2. Wichtig ist es auch, auf seinen eigenen Willen bezüglich dieses Menschen zu verzichten und stattdessen Gott zu bitten, sein Reich möge in diesem Menschen wahr werden.

3. Man soll sie hinter ihrer äußeren, vielleicht abstoßenden Maske lieb gewinnen.

F) ABGETRIEBENE KINDER RETTEN

Bei einer Abtreibung leiden nicht nur Eltern und Mitwirkende, sondern am meisten die getöteten Kinder selbst, da sie abgelehnt wurden und man ihnen das irdische Leben verweigert hat. Physisch kann man sie nicht mehr retten, man kann ihnen aber umfassend geistlich helfen. Dadurch hilft man auch allen Menschen, die an der Abtreibung beteiligt waren. Denn sie leiden am Post Abortion Syndrom (PAS). Man muss also sowohl dem getöteten Kind als auch den an der Abtreibung Mitwirkenden geistlich helfen.

Dazu sollte man wissen, dass man solche Kinder retten kann, auch wenn sie nicht getauft sind. Der heilige Paulus sagt, dass die Kinder christlicher Eltern als getauft gelten. "Der ungläubige Mann ist durch die Frau geheiligt, und die ungläubige Frau ist durch ihren gläubigen Mann geheiligt. Sonst wären eure Kinder unrein; sie sind aber heilig."[2] Das kann man auch auf die abortierten Kinder übertragen, wenn ihre Eltern sie nunmehr annehmen, lieben und den Wunsch haben, sie zu retten. Die Kirche hat anlässlich des Zweiten Vatikanischen Konzils die Glaubenswahrheit verkündet, dass alle Menschen - auf eine nur Gott bekannte Weise - Zugang zum Paschamysterium - also zur erlösenden Wirkung Christi - haben.[3] Die Kirche möchte außerdem, dass die Lebenden etwas für ihre Verstorbenen tun.

Damit die Eltern etwas für das getötete Kind tun können, müssen sie es lieb gewinnen und seine Seele bitten, ihnen ihre Schuld zu verzeihen. Vielleicht hilft es sogar, dem Kind einen Namen zu geben, damit es gleichsam

[2] Vgl. 1Kor 7, 14.

[3] Vgl. GS 22.

seinen Platz auch in dieser Welt bekommt. Unter diesem Namen kann auch eine heilige Messe für das Kind gelesen werden. Die Eltern und die Mitschuldigen sollen bereuen, beichten und Gott bitten, er möge sie heilen. So kann man auf geistlicher Ebene möglichst umfassend das Böse wieder gutmachen, das dem Kind angetan wurde.

Die ersten Christen ließen sich für ungetaufte Verstorbene taufen. "Wie kämen sonst einige dazu, sich für die Toten taufen zu lassen? Wenn Tote gar nicht auferweckt werden, warum lässt man sich dann taufen für sie?"[4] Später ordnete die Kirche an, eine heilige Messe für die Verstorbenen zu feiern. Sie möchte, dass wir für die Verstorbenen beten, und erlaubt es sogar, einen vollkommenen Ablass fürbittend für Verstorbene zu erwerben. Zweifellos ist das besonders auch für unschuldig umgekommene Kinder anzuwenden.

---

[4] Vgl. 1Kor 15, 29.

5. KAPITEL

EIRENOTHERAPIE

Die Eirenotherapie (griech. *eirene* - Versöhnung) hat die Aufgabe, dem Patienten zu helfen, seine Schuld zu bereuen, anderen zu verzeihen, um Vergebung zu bitten und schließlich zu glauben, dass auch ihm verziehen wird. Es handelt sich dabei um die Versöhnung des Patienten mit Gott, den Menschen und sich selbst.

A) THERAPIE DURCH BEREUEN UND VERGEBEN

Das Böse und die Schuld überwinden wir so, dass wir sie bereuen und dass wir anderen ihre Schuld vergeben. Auf diese Weise heilen wir das Gewissen und die ganze geistliche Struktur.

1. Zuerst muss der Patient erfahren, dass Jesus gekommen ist, um die Menschen zu retten; und dass es keine Sünde gibt, die er nicht vergeben könnte, wenn sie der Mensch bereut.

Damit die Reue und das Vertrauen in die Vergebung Gottes lebendig werden können, soll sich der Patient im Geiste vorstellen, wie Jesus seine Sünden nimmt und sie ins Meer seiner Barmherzigkeit wirft. Er soll sich vergegenwärtigen, dass seine Sünden durch das Blut Jesu Christi rein gewaschen werden und verschwinden. Er soll sich vorstellen, wie Jesus ihn "in ein neues Gewand kleidet". Er soll sich im Geist und in der Phantasie in die Person des Verbrechers zur Rechten Jesu hineinversetzen und hören, wie Jesus zu ihm sagt: "Hab keine Angst, heute noch wirst du mit mir im Paradies sein." Er soll sich verschiedene Szenen aus dem Neuen Testament bewusst machen, in denen Jesus verzeiht, etwa: dem verlorenen Sohn, Zachäus, Petrus, der Sünderin, der Ehebrecherin; dann die Szene "Jesus in der Gesellschaft der Sünder" und "die Einladung des Matthäus". Solche Bilder helfen, die Gesundungsprozesse auf der geistlichen Ebene zu verstehen.

2. Um dem Patienten zu helfen, anderen zu verzeihen, sollte man ihm erklären, was Verzeihen bedeutet: Man wird von der Wut und dem Hass der Person, der man verzeiht, erlöst.

- Der Patient sollte lernen, dass er den Entschluss fassen muss, zu verzeihen durch Worte wie: "Ja, ich werde verzeihen. Ich möchte frei sein, ich vergebe."

- Therapeut und Patient sollen gemeinsam um die Gnade der Vergebung beten. Der Patient soll im Geist zu jener Person gehen, die ihn verletzt hat, und zu ihr sagen: "Ich verstehe dich und möchte dir verzeihen. Gott möge dir gnädig sein." Jemand, der nicht verzeihen kann, soll sein Unvermögen vor Gott eingestehen und den anderen in dessen unverdorbener Tiefe betrachten. Das heißt, dass er verstehen soll, dass die Menschen auf psychophysischer Ebene hilflos und dem Bösen unterworfen sind - weshalb sie uns verletzen. Im Innersten seines Wesens aber will jeder Mensch gut sein. Der Patient soll an diese innerste Realität des Menschen, dem er verzeihen will, glauben und er wird allmählich vergeben können.

Diese Therapie hat ein zweifaches Ziel, und wirkt somit in zwei Richtungen:

- das Mitgefühl zum anderen wecken;

- für sich selbst Mitgefühl haben, denn auch mir wird verziehen. Jesus sagt: "Wenn ihr den Menschen ihre Verfehlungen vergebt, dann wird euer himmlischer Vater auch euch vergeben. Wenn ihr aber den Menschen nicht vergebt, dann wird euch euer Vater eure Verfehlungen auch nicht vergeben."[5]

3. Nach dieser Therapie folgt, wenn der Patient ein gläubiger Katholik ist, die Vorbereitung auf die heilige Beichte.

Versöhnung ist die Aussöhnung mit Gott und den Menschen. Sie ist zweifach: Einerseits wird um Vergebung gebetet, andererseits wird anderen vergeben. Die Versöhnungstherapie darf erst nach einer Agapotherapie erfolgen. Der Patient muss zuerst gründlich in die Liebe Gottes "eingesponnen" sein und in die Sicherheit, geliebt zu werden. Dann wird er leichter verzeihen können. Ebenso wenig darf er sofort zur Beichte geschickt werden, solange er darauf noch nicht umfassend vorbereitet ist.

Der Patient muss auf den Unterschied zwischen Verzeihen und Versöhnung hingewiesen werden. Das Verzeihen befreit vom Bösen des anderen, der Unrecht zugefügt hat, und öffnet gleichzeitig eine Tür der Gnade, dass er zum Guten umkehren kann. Die Versöhnung aber kann erst stattfinden, wenn der Beleidiger um Verzeihung gebeten hat und selber zur Aussöhnung bereit ist.

B) DIE RECHTFERTIGUNGSTHERAPIE

Wenn der Patient von einer Schuld, von Gewissensbissen, Unruhe, Angst oder Selbstmordgedanken gequält wird, so empfiehlt sich das sog. "Rechtfertigungsgebet". Das bedeutet zu beten, Gott möge den Schaden, den wir durch unsere Sünden gemacht haben, beseitigen und die Wunden, die wir verursacht haben, heilen. Wer jeman-

[8] Mt 6, 14 - 15.

dem eine geistliche Wunde zugefügt hat, kann den Verwundeten nicht aus eigener Kraft heilen und auf den richtigen Weg zurückführen. Dies kann nur Jesus vollbringen. Er ist der Einzige, der das Böse aufhalten kann, das Menschen anderen angetan haben. Das Rechtfertigungsgebet ist wichtig, da sich viele Menschen wegen ihres verfehlten Lebens oder wegen böser Taten, die sie begangen haben, quälen. Hier kann das Gebet bzw. die Gnade Gottes Abhilfe schaffen. Es ist gut, mit dem Patienten zu beten, damit dieser spürt, dass das Gebet ihn stärkt, beschützt und heilt. Jesu Gegenwart und Kraft heilt einerseits jenen, der sich schuldig fühlt, und gleicht andererseits den Schaden demjenigen aus, dem er zugefügt wurde. Dieses Gebet ist äußerst wichtig für Menschen, die Selbstmordgedanken hegen.

Es kann auf folgende Weise gebetet werden: "Jesus, rechtfertige mich bei meinen Eltern, mach an ihnen alles wieder gut: die Ängste der Mutter, die Beschwerden in der Schwangerschaft, die Schmerzen bei der Geburt, die durchwachten Nächte, die Sorgen und Mühen meinetwegen."

Durch diese Therapie wird das unterbewusste falsche Schuldgefühl beseitigt, das den Menschen oft seit dem Augenblick der Empfängnis quält, auch wenn er keine Schuld daran trägt, dass er seinen Eltern das Leben schwer gemacht hat. "Jesus, vergilt meinen Eltern alles, heile alle Verletzungen, die ich ihnen zugefügt habe. Rechtfertige mich bei meinen Geschwistern, Lehrern..." Der Patient muss realisieren, dass von nun an keine Schuld mehr auf ihm lastet. Jesus hat alles wieder gut gemacht; der Patient ist frei von Schuld - so, als hätte er niemals jemandem etwas Böses zugefügt. Jesus macht alles wieder gut, niemand kann ihm mehr etwas vorwerfen. Gott haftet für ihn.

Die Rechtfertigungstherapie hat also zwei Ziele:

- Jesus, mach mich frei von Schuld an meinen Eltern, Geschwistern, Freunden! Das bedeutet: Jesus, mach den Schaden wieder gut, heile die Wunden, die ich ihnen zugefügt habe. Und danach:

- Jesus, rechtfertige meine Eltern, Geschwister und Freunde mir gegenüber. Das bedeutet: Jesus, mach den Schaden wieder gut und heile die Wunden, die sie mir zugefügt haben.

C) THERAPIE ZUR BESEITIGUNG FALSCHER SCHULDGEFÜHLE

Reue und Vergebung sind eine Therapie für Wunden, die durch persönliche Sünden entstanden sind. Es ist wichtig, dem Patienten zuerst von der *Liebe* zu erzählen, die Gott für den Menschen hegt. Zuerst muss man dem Patienten durch das Gebet zeigen: "Gott hat dich gewollt, er hat dich durch deine Eltern vom Himmel auf diese Erde geschickt. Gott steht hinter dir, mit geöffneten Armen, wie eine Mutter, er ist immer bei dir. Er wird dein Herz berühren, damit du erspürst, dass du sein Kind bist und dass er zärtlicher ist als die zärtlichste Mutter."

Man muss in ihm also Vertrauen wecken. Danach muss man dem Patienten erklären: "Gott will alle Hindernisse in dir beseitigen und alles auf sich laden, was du alleine nicht tragen kannst. Das sind deine Sünden und dein Hass gegen jene, die dich abgelehnt haben. Kannst du das Jesus übergeben?" Danach kann man zum Reuegebet übergehen, zum Bekenntnis der Sünden und zur Vergebung.

Es gibt verschiedene Arten, seine Reue zu äußern, z. B.:

- Es tut mir Leid, Jesus!
- Jesus, ich bereue!

- Lieber Gott, verzeih mir!
- Mein Gott, ich wollte, das wäre nicht geschehen!
- Niemals wieder, mein Gott, das verspreche ich!
- Gott, ich möchte wieder dein Freund sein!
- Lieber Gott, ich glaube, dass du Freude an der Vergebung hast!
- Gott, befreie mich von den Verunreinigungen des Bösen!
- Gott, ich möchte in deiner Mentalität leben, in der Mentalität deines Geistes!

Es ist wichtig, auch das zu bereuen, was man den Mitmenschen und sich selber an Bösem angetan hat.

Der Patient muss lernen, dass ihn die Sünde zerstört, wenn er sich aber Jesus überlässt, wird er frei und heil. So kann der Patient seine Sünden Gott übergeben und dann anderen verzeihen. Wenn er praktizierender Katholik ist, sollte er nach einer gründlichen Vorbereitung auf die Beichte verwiesen werden. Wenn er ein Katholik ist, der sich von der Kirche entfernt hat, sollte man ihm erklären, dass es in der Kirche das Sakrament der Beichte gibt, in dem Gott durch die Kirche die Sünden vergibt. Gott vergibt, aber auch die Menschen vergeben, da der Priester die Absolution im Namen Gottes und auch der Menschen erteilt.

Wenn der Patient Katholik ist, aber nicht beichten möchte, sollte ihm so weit geholfen werden, dass er zumindest seine Sünden erkennt. Wir weisen den Patienten darauf hin, dass die Sünde ihn selbst zerstört, dass sie die Transzendentalien des Seins vernichtet und dass sie seine Existenz beschneidet. Jeder negative Gedanke und jedes negative Wort zerstört auch das Gehirn. Der Patient muss darüber informiert werden, dass die Sünde auch psychische und physische Krankheiten hervorrufen kann. Wenn wir ihm erklären, dass die Sünde zuallererst ihm selbst schadet, ihn von Gott und den Menschen trennt, dass sie ihn quält und unglücklich und krank macht, dann wird er seine Sünden leichter bekennen können.

Danach ist es wichtig, zu erklären, wie man anderen vergeben kann: Die eigene Schuld beseitigen wir auf zweierlei Arten: Indem wir die eigenen Sünden bekennen und indem wir all jenen vergeben, die sich an uns versündigt haben. Wenn ich den anderen vergebe, werde ich von Hass und Rachsucht befreit. Wenn ich meine Sünden bekenne, werde ich von der Last der Schuld und von der Angst befreit. Doch muss man auch noch die falschen Schuldgefühle heilen, die geistliche Wunden verursachen.

Nachdem der Patient seine Sünden gebeichtet und sie bereut hat, ist es notwendig, dass er - wenn er gläubig ist - sein Verhältnis zur Kirche in Ordnung bringt und sich auch mit seinem Ehepartner und anderen Mitmenschen versöhnt.

Danach sollte der Patient zumindest einen Monat lang jeden Tag um die Erlangung jener Tugenden beten, die er vorher abgewiesen hat: Wenn er hochmütig war, soll er um Demut beten, und wenn er untreu war, soll er um Treue und Liebe zu seinem Ehepartner beten. Auch ist es sehr wichtig, um die Kraft des Heiligen Geistes zu beten, damit der Patient in der Erlangung der Tugenden fortschreiten kann. Andernfalls kann es keine dauerhafte Genesung geben, da der Patient zwar von der Schuld, nicht aber von dem Trauma befreit ist, das die Schuld hinterlassen hat, und somit falsche Schuldgefühle sein Herz belasten.

Es kommt also vor, dass den Patienten auch nach Reue und Beichte eine Schuld drückt. Deshalb benötigt er die Hilfe des Therapeuten, um an die Vergebung Gottes wirklich glauben zu können. Zuerst soll ihm bewusst werden, dass Jesus jede Sünde auf sich genommen hat. Er soll darauf vertrauen, dass die Wunden Jesu ein Beweis dafür sind, dass seine Sünde bereits vergeben ist. Er soll sich "im Geist" in einer der Wunden Jesu "bergen" und sollte sich dies in seiner Seele auch bildhaft vorstellen.

Danach soll der Patient so lange das "Ich glaube an die Vergebung der Sünden" aus dem Apostolischen Glaubensbekenntnis wiederholen, bis er eine Besserung verspürt.

Man kann dem Patienten auch anhand verschiedener Worte aus der Heiligen Schrift veranschaulichen, dass es unnötig ist, vor Gewissensbissen Angst zu haben, wenn wir bereuen und die Entscheidung treffen, die Menschen zu lieben. "Meine Kinder, wir wollen nicht mit Wort und Zunge lieben, sondern in Tat und Wahrheit. Daran werden wir erkennen, dass wir aus der Wahrheit sind, und werden unser Herz in seiner Gegenwart beruhigen. Denn wenn das Herz uns auch verurteilt - Gott ist größer als unser Herz, und er weiß alles."[6]

Bei Gewissensbissen und anderen geistlichen Krankheiten hilft insbesondere auch ein "Rezept" des heiligen Jakobus: "Darum bekennt einander eure Sünden und betet füreinander, damit ihr geheilt werdet."[7] Man sollte auch darum beten, dass der Patient von den Wunden jener Sünden genesen möge, die ihm in der Beichte vergeben wurden.

Die Befreiung von Gewissensbissen und Schuldgefühlen kann längere Zeit in Anspruch nehmen. Deshalb müssen diese Gebete oft wiederholt werden. Häufig "verarbeiten" wir Dinge verstandesmäßig äußerst schnell. Die Seele aber braucht Zeit, um das, was wir mit dem Verstand aufgenommen haben, auch ihrerseits aufzunehmen. Wenn unsere Freundschaft mit Jesus immer stärker wird, können neue, positive Gefühle die negativen in uns besiegen.

---

[6] 1Joh 3:18-20

[7] Jak 5, 16

D) THERAPIE GEGEN DEPRESSION UND SELBSTMITLEID

Selbstmitleid stellt häufig ein großes Hemmnis für die geistliche Gesundheit dar.

Zunächst ist die Agapo-, dann die Pististherapie indiziert. Beide helfen dem Patienten, den Sinn seines Lebens zu entdecken. Geliebt zu sein und das auch glauben zu können, bedeutet, Sinn zu erfahren, Einsamkeit und Frustration zu überwinden. Wenn ein Patient Gott als seinen Ursprung und sein Ziel entdeckt, wird er fast automatisch von Depression frei. Darum ist es notwendig, mit dem Patienten durch alle Meditationen zu gehen, die ihm die Zärtlichkeit und das Erbarmen Gottes vor Augen führen, dass es Gott genießt zu vergeben, weiters durch jene, wo er neue Hoffnung findet. Wenn der Patient Liebe Gottes und Vertrauen zu den Mitmenschen getankt hat, kann man auch die Eirenotherapie anwenden.

Wenn wir den Patienten dahin bringen, sein Selbstmitleid zu bereuen, dann wird er auch begreifen können, worin seine Krankheit besteht und wodurch sie geheilt werden kann. Hier muss man jedoch sehr rücksichtsvoll vorgehen. Sehr oft möchten sich Patienten absolut nicht vom Selbstmitleid befreien. Sie haben Angst davor, gesund zu werden, da die Krankheit für sie gewissermaßen einen Schutz vor der Konfrontation mit dem Leben darstellt. Oder sie glauben einfach nicht daran, dass es für sie möglich ist, gesund zu werden. Oder das Selbstmitleid kommt ihnen sehr gelegen als Ersatz für die Liebe ihrer Mitmenschen.

Man muss dem Patienten vor Augen führen, dass auch andere leiden. Dabei sollte man aber jeglichen Vorwurf vermeiden, um ihn nicht noch tiefer in Apathie, Resignation und Depression zu stürzen. Wenn man ihm vorhält, dass sein Selbstmitleid Sünde sei, dann kann ihn das so sehr verletzen, dass sich seine Krankheit noch weiter verschlimmert. Nur starke Liebe kann das Selbstmitleid überwinden.

Bei der Behandlung depressiver Menschen sollte man voller Liebe, Geduld und Verständnis vorgehen. Man sollte versuchen, sich auf sie einzustellen und wahrzunehmen, worauf sie positiv reagieren.

Wenn der Hagiotherapeut den Patienten dazu bringen kann, etwas Positives zu sagen, dann ist bereits ein Fortschritt erzielt. Man kann dann versuchen, im Namen des Patienten zu bekennen: "Herr, verzeih mir mein Selbstmitleid! Verzeih, dass ich glaube, dass du schwächer bist als meine Not! Verzeih, dass ich glaube, dass du mich davon nicht befreien kannst!"

- "Verzeih mir, Gott, dass ich depressiv und bedrückt bin; dass ich den Willen nicht aufbringen kann, mich wieder aufzurichten; dass ich mich an das Negative gebunden habe; dass ich nicht glaube, dass ich mich von all dem befreien kann und dass es einen Ausweg aus dieser Finsternis geben kann..." Oder:

- "Ich lasse zu, Herr, dass du mich befreist."

- "Ich danke dir, Herr, dass es möglich ist, gesund zu werden."

Wenn man den Patienten Schritt für Schritt so weit gebracht hat, dass er seine Sünden bekennt und um Vergebung betet, soll man ihm helfen zu beten: "Jesus, ich bitte dich, lösche das Selbstmitleid in mir aus, ich möchte wirklich frei sein!" Der Patient soll dieses Gebet wiederholen. So kann ihm der Hagiotherapeut allmählich den Zugang zum Licht eröffnen.

Der folgende Schritt besteht darin, dass der Patient Jesus dafür dankt, dass er ihn befreit. Man sollte auch darum beten, dass der Heilige Geist die Freiräume, die sich im Patienten eröffnet haben, mit seiner Freude, mit Vertrauen, Liebe und Geduld ausfüllen möge.

Man erzählt dem Patienten von der Liebe Gottes, der viel zärtlicher ist, als es eine Mutter je sein kann.

Wichtig ist es auch, mit der Familie des Patienten Kontakt aufzunehmen und ihr zu helfen, den Patienten verstehen und lieben zu lernen. Der Patient sollte auch dann weiter behandelt werden, wenn die Symptome bereits abgeklungen sind, damit sein Geist stark werden kann und er nicht Gefahr läuft, allzu schnell einen Rückfall zu erleiden.

Depressive Menschen haben häufig Selbstmordgedanken. Damit sie wirklich gesund werden können, müssen sie sich bewusst für die Gesundheit entscheiden. Folgendes sollte man ihnen sagen: "Der Selbstmord stellt keine Lösung dar. Im Gegenteil, es wird Ihnen dadurch noch schlechter ergehen." Man sollte an ihre Liebe zur Familie appellieren: "Wenn Sie sich umbringen würden, wäre das auch eine große Schande für Ihre Familie. Denken Sie doch nur: Ihre Kinder, die engere Familie und die ganze Verwandtschaft - sie alle stünden dann im Ruf, aus der Familie eines Selbstmörders zu kommen!" Die Erfahrung hat gezeigt, dass Menschen, die Selbstmordgedanken hatten, sich dann aber von ihnen befreien und für das Leben entschließen konnten, auch wenn sie leiden mussten, dadurch tatsächlich neue Kraft für ihr Leben und für ihre Arbeit gewonnen haben. Die Agapotherapie ist dabei am wichtigsten und erfolgreichsten.

E) THERAPIE GEGEN DIE RACHSUCHT

Rache bedeutet, genauso böse zu sein wie derjenige, der uns Böses zugefügt hat. Es ist eine Sünde, Böses mit Bösem zu vergelten, denn so verletzen wir uns selber und ermöglichen es dem Übeltäter, uns geistlich zu besiegen und zu vernichten. Wenn wir uns nämlich dem Bösen unterwerfen, trennen wir uns von Gott und den Menschen. Es zerstört unser Gehirn und die Seele und nimmt uns Wesentliches von unserer Existenz. Da unser Gemüt aber durch die Sünde verletzt ist, beantwortet ganz automatisch Böses mit Bösem. Um das zu verhindern, sollte man sich schützen. Wie?

1) Die eigenen Sünden bereuen und sich von ihnen lossagen; auf Gott schauen, der uns liebt und begleitet.

2) Den anderen verzeihen. Wenn wir verzeihen, verhindern wir, dass die Bosheit in uns übergeht. Lassen wir die Bosheit desjenigen, der uns verletzt, in uns eindringen, dann zerstört sie uns. Auch wenn wir die Bosheit anderer nicht wahrnehmen oder wenn wir fest im Gebet sind, kann die fremde Bosheit nicht in uns übergehen. Wenn uns zum Beispiel jemand kritisiert hat, und wir davon nichts gehört haben, bleiben wir ruhig – die Kritik hat uns nicht beschwert. Oder wenn wir aus dem Gebet viel Kraft schöpfen, können wir die Kritik auch hören, aber wir lachen darüber – sie hat uns ebenfalls nicht berührt. Wenn wir jedoch schwach und deshalb empfindlich sind, dann hören wir die Kritik und spüren ihren Stachel. Das bedeutet, dass sie in uns übergegangen ist. Man könnte deshalb sagen, dass die Bosheit in uns quasi ein Nest baut und dass sie uns geistlich krank macht, so dass wir auf Verletzungen mit Bösem reagieren. So sind wir nicht nur verletzt, sondern auch noch böse geworden. Deshalb sollte man:

3) Sich bewusst machen: *Jesus ist der Herr!* Das bedeutet, dass man mit der Kraft Jesu erfüllt wird und dass man weiß: Er ist der einzige und größte, er ist der Allmächtige! Dann spüren wir, dass uns die Bosheiten der anderen nicht schaden können, weil Jesus das letzte Wort hat.

4) Das Leiden annehmen, um zu Jesus zu gelangen. Es macht uns stark, wenn wir das Leiden akzeptieren.

Wer sein Kreuz auf sich nimmt, ist ein Jünger Jesu. Wenn wir im Leiden zu ihm finden, dann haben wir gesiegt. Dann sehen wir, dass Jesus bereits in unserem Leiden zugegen war, und mit ihm können wir es überwinden. Das Leiden lässt uns "auferstehen", wir erleben eine Katharsis, eine Verwandlung, und werden Zeugen, wie der Geist den Körper und die Emotionen überwindet.

Bevor der Hagiotherapeut einen Patienten jedoch zu Reue, Bekehrung und Vergebung anleitet, sollte er ihm Liebe vermitteln und ihn an die Erfahrung der Liebe Gottes heranführen. Ohne die Liebe kann man gegen die Sünde nichts ausrichten, da der Mensch sonst zu schwach ist. Jede Beleidigung und Sünde, die wir verursacht haben, macht uns empfindlich und schwach. Wir sind schließlich nicht mehr in der Lage, gegen die Sünde anzukämpfen. Die Liebe jedoch macht uns stark.

Die Belehrung und das Gebet als Verbindung mit Gott tragen dazu bei, dass sich der Patient ändern und beginnen kann, Böses mit Gutem zu vergelten. Dann wird er wirklich geistlich gesund.

F) THERAPIE FÜR GESCHIEDENE UND WIEDERVERHEIRATETE

Durch die kirchliche Trauung wird die Ehe ein Sakrament und somit unauflösbar. Ist ein Patient geschieden, dann kann ihn der Hagiotherapeut an das bischöfliche Diözesangericht verweisen und dort mit ihm herausfinden, ob es eventuell Gründe gibt, die dafür sprechen, dass die kirchliche Trauung ungültig ist. Man muss solchen Menschen aber auch durch eine geistliche Therapie helfen, damit sie sich aus ihrem Zwiespalt befreien können. Die Kirche kann von der Wahrheit nicht ablassen. Solche Menschen benötigen jedoch Verständnis. Den Patienten darf man nicht beunruhigen, sondern man sollte ihn zu Jesus und seiner Liebe führen. Ist der Patient Gott gegenüber offen, so werden schon die ersten Gebete wirken. So können wir viele "Tore" öffnen, durch die Gott eintreten kann. Dann wird Gott das Beste vollbringen, und dann wird sich auch alles Übrige auf eine richtige und gute Weise von selbst ergeben.

Dabei gibt es nach dem Kirchenrecht mehrere Möglichkeiten. Man muss unter den vielen Formen der Eheschließung unterscheiden. Es kann sich um atheistische Ehen handeln oder um solche Angehöriger verschiedener Religionen, Ehen von Nichtkatholiken und Mischehen. Wesentlich ist es, ihnen allen zu helfen, an die Liebe zu glauben, die Gott zu ihnen hat. Man muss mit der Agapotherapie helfen, die Wunden zu heilen, derentwegen es zur Trennung gekommen ist, und dann durch die kognitive Therapie helfen, den richtigen moralischen Weg zu finden. Die Sache der Hagiotherapie ist es, die Geschiedenen und Wiederverheirateten zu heilen, die Sache der Kirchenpastoral, ihnen durch Beratung und Richtungsweisung zu helfen.

Immer gibt es eine Lösung, denn Gott ist der Vater des Erbarmens und des Trostes.

6. KAPITEL

DYNAMISTHERAPIE

Die Dynamistherapie (griech. *dynamis* - Macht, Kraft, Stärke) soll den Patienten von Abhängigkeiten befreien. Das geht so, dass man dem Patienten auf kognitivem Weg zeigt, dass die Umkehr und die Entscheidung für das Gute und Wahre, für Liebe und Schönheit unausweichlich ist. Wenn sich der Patient für die Transzendentalien entscheidet, dann stärkt er seine Existenz, fördert die Gesundheit seines Gewissens und Charakters und heilt das Gehirn. Damit diese Entscheidung für Ethik und Moral Wirkung zeigt, ist die Hilfe des Hl. Geistes vonnöten. Der Geist des Menschen stammt von Gott. So kann ihn dieser auch heilen. Das Wesen des Geistes ist Freiheit. Die Freiheit des Schöpfers macht das Geschöpf frei. Darum betet man in der Kirche gegen alle Arten von Abhängigkeit, auch gegen die Abhängigkeit von Sünde und Laster so genannte Befreiungsgebete.

Die Kirche kennt bei der Taufe Gebete der Absage an das Böse. Diese sind Teil des Rituales "Die Feier der Eingliederung Erwachsener in die Kirche", insbesondere Nr. 113, 114, 115, 373 (1, 2, 3). Bevor man jedoch damit arbeitet, sollte man den Patienten darin unterrichten, wie er sich durch das Gebet selbst helfen kann. Er soll sprechen: "Jesus ist mein Herr" oder "Jesus, befreie mich von allen schlechten Einflüssen."

In Gebeten, mit denen man das Böse abwehrt, sollte man sich diesem jedoch nicht direkt entgegenstellen. Vielmehr sollte man Jesus bitten, das zu tun: "Jesus, vertreibe den Geist der Unruhe von mir!"

Die Gebete der Absage an das Böse aus dem Rituale dürfen nur von Priestern und Diakonen gesprochen werden, in Ausnahmefällen auch von jenen, die katechisieren oder Katechumenen unterrichten. Sie können privat auch von Therapeuten in der geistlichen Hilfe verwendet werden, wobei diese jedoch die Erlaubnis eines Priesters dafür benötigen, denn die Absage an das Böse sollte nicht als privates Gebet, sondern als Gebet der Kirche wirken.

Das Gebet der Absage an das Böse darf keinesfalls am Anfang der Therapie gesprochen werden, sondern erst nach grundlegender Unterweisung des Patienten. Aber auch dann muss es äußerst behutsam angewandt werden, damit der Patient nicht etwa den Eindruck gewinnt, besessen oder unheilbar krank zu sein. Deshalb sollten vorher alle anderen Therapien versucht werden, da diese in der Regel ausreichen, die Abhängigkeiten zu beseitigen. Es gibt schwere Wunden, die einen Patienten dazu bringen, sich wie ein Besessener zu benehmen. Am häufigsten liegt der scheinbaren Besessenheit der Hass des Patienten gegen Mitmenschen zugrunde, die ihn zurückgewiesen haben. Diese Wunde schmerzt innerlich und ruft Hass hervor. Wenn sie aber geheilt wird, dann hört der Hass auf, und der Patient wird zunehmend geistlich gesünder.

A) THERAPIE DURCH VERZICHT

Auf etwas zu verzichten bedeutet, sich von einer falschen Lebenshaltung loszulösen und sich für die Authentizität und die Sinnhaftigkeit des Lebens zu befreien.

Der Mensch fürchtet sich vor dem Verzichten, so wie er sich vor einer Operation fürchtet. Das, was von außen wie ein Kreuz aussieht, bringt in Wahrheit Heilung und Auferstehung. Der Patient kann Folgendes sagen:

- Ich verzichte auf meine Abhängigkeit von ...;

- ich verzichte auf die Abhängigkeit von der Meinung anderer;

- ich verzichte auf die Versklavung durch Geld, Arbeit, Drogen, Alkohol, Zigaretten, Menschen, Ideologien und anderes.

Verzichten muss man auf alles, was negativ und böse ist. Oft soll man aber auch auf materielle Güter verzichten, um beim Moralischen bleiben zu können. Die obersten Güter sind moralischer Natur, weil durch sie der Mensch unzerstörbar und ewig, human und gesund ist. Nie darf er wegen eines materiellen Guts das moralische Gut aufgeben oder zerstören. Geistlich gesund ist man, wenn einem der moralische Wert höher steht als alle anderen Werte. Durch Verzicht bleibe ich bei den Moralgütern und damit bei geistlicher Gesundheit.

B) THERAPIE DURCH BEFREIUNGSGEBETE

Das Gebet der Absage an das Böse ist das offizielle Gebet, das bei der Taufe von Kindern oder Erwachsenen gebetet wird. Es zielt auf die Befreiung von Lastern und von jeder Form von Versklavung an das Böse.

Das Befreiungsgebet wird angewandt bei:

- okkulten Einflüssen,
- der Bindung an eine bestimmte Sünde,
- Sucht,
- Krankheiten, die auch Ärzten nicht bekannt sind,
- allem, was den Patienten gefangen nimmt.

Das Gebet kann vom Hagiotherapeuten durchgeführt werden, wenn er dafür die "Delegation" durch einen Geistlichen besitzt. Ist man mit einem schweren Fall okkulter Praxis konfrontiert - etwa wenn der Patient Mitglied einer satanischen Sekte war, sich dem Bösen verschrieben hat oder über lange Zeit hinweg in okkulte Praktiken involviert war - dann muss der betroffene Patient gründlich auf das Gebet der Absage an das Böse vorbereitet werden. Erst dann spricht ein Geistlicher oder ein Diakon dieses Gebet.

Die Gebete der Absage an das Böse finden sich im Rituale "Die Feier der Eingliederung Erwachsener in die Kirche". Sie sollten bei psychisch kranken Menschen nur leise gebetet werden; bei Menschen, die psychisch gesund sind, kann man sie auch laut aus dem Rituale beten.

C) THERAPIE FÜR MENSCHEN, DIE AN IDEOLOGIEN GEBUNDEN SIND

Wer einer Sekte angehört, ist in Wahrheit auf der Suche nach Gott. Häufig sind es Menschen, die gutgläubig sind oder bereits eine geistliche Erfahrung gemacht haben, und darum einer Sekte beitreten. Solche müssen langsam zum Nachdenken gebracht werden. Meist sind sie ja schon auf dem Weg, sie suchen, und deshalb sind sie auch bei einer Sekte gelandet. Es ist wichtig, einem solchen Patienten zu zeigen, dass alle Antworten, die er dort vorfindet, ungenügend sind, dass sie vielleicht gut klingen, dass sie aber im Grunde nur Menschenwerk sind, das ihn nicht weiterbringen und nicht zu Gott führen kann. Das Nirwana alleine reicht nicht aus. Meditationen bedeuten noch nicht, dass man auch wirklich beim lebendigen Gott angekommen ist.

Heute entstehen immer mehr Religionen ohne Gott, in denen der Kult im Vordergrund steht, und nicht Gott (z. B. auch die New Age-Bewegung). Okkulte Praktiken verändern das Bewusstsein des Menschen, und Sektenanhänger wünschen sich das auch. Sie gewinnen dadurch bestimmte Erfahrungen und meinen, das wäre es, wonach sie suchten - nämlich Gott. Statt Frieden zu finden, sind sie in neue Finsternis und in neue Unrast geraten - sie sind noch kränker geworden, und ihr Zustand ist kläglicher denn je, denn sie sind an esoterische Erfahrungen und negative geistliche Mächte in der Welt gebunden. Es ist wichtig, dem Betroffenen zu zeigen, dass es etwas gibt, das ihn in die Freiheit führen kann. Sai Baba und Gurus sind nur Menschen. Jesus aber ist Gott.

Doch alle Belehrungen werden nichts bringen, wenn wir nicht beginnen, mit dem Patienten und für ihn kontemplativ zu beten und Befreiungsgebete zu beten.

Das gleiche gilt auch für ideologische Verführung und Versklavung: Faschismus, Kommunismus, Nationalismus sind Ideologien, die zum Hass, zu Krieg, Rassismus, Klassenkampf führen und nicht zu Verständnis und Zusammenarbeit untere den Menschen. Den ideologisch Verführten muss man also durch die kognitive Therapie zur Wahrheit führen und dann mit Gebet zur Entscheidung, Umkehr und Freiheit von der Ideologie und für die Wahrheit.

D) THERAPIE FÜR JEMANDEN, DER DURCH ATHEISMUS GEBUNDEN IST

Der Atheist glaubt, dass es Gott nicht gibt. Es kann sein, dass er zu dieser Überzeugung gelangt ist, weil ihn eine Religion enttäuscht hat oder weil er von jemandem in der Kirche verletzt wurde. Manchmal sind es auch leidvolle Erfahrungen, die ihn zu seiner Ansicht gebracht haben. - Wie soll man nun so einem Menschen helfen? Man kann ihn dazu bringen, seinem Gewissen zu gehorchen, wodurch er ja in Berührung mit dem Allmächtigen kommen wird. Wichtig ist weiters Folgendes:

1) Den Patienten für die Stimme seines Gewissens, aus dem ein höheres Ethos spricht, empfänglich machen; ihn auf die Tugenden aufmerksam machen, die ihren

Ursprung im Gewissen haben. Das Gewissen ist die Stimme des Seins und der Transzendentalien;

2) dem Patienten den Unterschied zwischen Licht und Finsternis, Menschlichkeit und Unmenschlichkeit, Gut und Böse,... zeigen;

3) den Patienten dazu bewegen, sich vom Bösen und von der Ungerechtigkeit loszusagen und zu entschließen, Tugenden und Werte, das Gewissen und die Humanität hoch zu achten. Ihm helfen, sich von Abhängigkeiten zu befreien und die geistlichen Werten den materiellen vorzuziehen;

4) Wenn ihn jemand verletzt hat:

- ihn daran erinnern, dass wir alle einander verletzen;
- ihm helfen, seine Mitmenschen zu verstehen;
- in ihm Mitleid für die Person wecken, die ihn beleidigt hat;
- ihm zeigen, wie er sich über die Situation erheben kann, damit er über ihr steht;
- ihm sagen, dass die Beleidigung ihm zwar wehtut, dass er aber durch den Akt der Vergebung von den Schmerzen befreit wird.

5) Man kann dem Atheisten die Heilung auch auf andere Arten vermitteln, etwa durch Weisheiten, Sprichwörter und Aphorismen, welche ihn mit Gottes Weisheit verbinden. Genauso aber kann auch der Hagiotherapeut selbst die Arznei sein, soweit er ein Vermittler der geistlichen Gnade ist.

6) Man muss dem Atheisten erklären:

- wie die Konflikte in ihm entstanden sind,
- auf welche Weise ihn seine Abhängigkeiten zerstören;
- dass das Leid, das jemand bewusst akzeptiert, ihn groß macht, da es ihn dazu antreibt, zu kämpfen und sich anzustrengen. Dies sollte man ihm anhand von Praxisbeispielen und Zeugnissen veranschaulichen.

Man muss dem Patienten Gelegenheit geben, die geistliche Gesundheit aus seinem eigenen moralischen Urteilsvermögen und aus seinem eigenen Glauben an das Gute, die Humanität und die Liebe zu schöpfen.

7) Deshalb ist es gut, die Schönheit, Wahrheit und Liebe in allem, was uns umgibt, zu entdecken, dem Patienten mitzuteilen und ihn damit zu erfüllen. Das sind grundlegende Qualitäten des Seins, und wer nach ihnen lebt, ist unzerstörbar und ewig. Das Gedächtnis des Patienten ist voll von negativen Inhalten, und deshalb sollte es durch gute und schöne Gedanken gereinigt werden. Den negativen Ideen sollen positive Gedanken und Bilder entgegengesetzt werden, die das Negative allmählich verdrängen und so den Menschen befreien. Es ist wichtig, das Gute in Erinnerung zu behalten, das Negative aber zu vergessen.

8) Man sollte den Patienten erklären, dass die Kraft des Bösen Dunkelheit ist, das Gute aber Licht. Er soll nun in seiner Phantasie sehen, wie das Licht die Dunkelheit verdrängt. So kann er sich in seinen Gefühlen und in der Phantasie dem Positiven zuwenden und damit jene Bereiche "verschließen", die bisher offen für das Böse waren. Das Grundproblem einer großen Anzahl von Menschen ist, dass sie an negative Gedanken gebunden sind. Deshalb sollte es sich der Patient zur Gewohnheit machen, nicht über negative Dinge zu reden, sondern gesund zu denken und zu sprechen.

9) Es ist gut und empfehlenswert, dass der Patient an etwas Schönes denkt, dass er sich etwa vorstellt, wie er seine Ehe wieder in Ordnung bringt, wie er sein Haus oder seinen Arbeitsplatz verschönern könnte oder wie er sich neu einkleiden wird. Auf jeden Fall sollte es etwas sein, das ihm Freude macht - ob er nun arbeitet oder etwas liest. Er soll vor sich die Sonne sehen, Blumen, Felder, Wiesen, das Meer; er soll an etwas denken, das

ihm gefällt und das er gerne macht. Manche spielen gerne auf einem Instrument, manche mögen Fußball, andere wiederum kochen gerne. Jeder Patient soll etwas für sich finden, das ihn freut. Dann soll er sich in Gedanken dabei zusehen, wie er es tut.

Ebenso empfehlenswert ist es, in Gedanken Bilder aus der Natur zu sehen, Bilder von Kindern und Tieren. So werden dem Patienten schließlich die Phantasie und Bilder helfen, sich dem Glauben an das Gute noch mehr zu öffnen.

10) Damit sich der Patient leichter gegen das Böse und für das Gute und die Gesundheit entscheiden kann, muss man ihm erklären, in welchem Zusammenhang die Krankheit mit dem Bösen steht, das der Mensch begeht. Wenn er begreift, wie verhängnisvoll sich böse Taten auf ihn selbst auswirken, dann wird er auf diese leichter verzichten können. Denn der Mensch ist frei, und mit der Entscheidung für das Negative tut er Böses und wird davon auch selbst böse und geistlich krank.

11) Man soll dem Patienten erklären, dass der Hass tötet, dass die Verleumdung einen Menschen böse machen kann und dass die Wollust und der Ehebruch nicht den Genuss bringen, den sie versprechen, sondern belasten. Man kann dem Patienten sagen, dass die Sünden die Gesetzmäßigkeiten des Lebens zerstören, während die Tugenden Leben spendend wirken. Die Gesetzmäßigkeiten des Geistes und des Glaubens sind objektiv und gelten für alle Menschen.

Bekehrung ist gleichbedeutend mit Genesung, denn in der geistlichen Therapie wird großer Wert darauf gelegt, dass der Patient sich vom Misstrauen abwendet und dem Vertrauen zuwendet, dass er dem Bösen eine Absage erteilt und das Gute willkommen heißt. Das gilt auch für Atheisten, die sich mit der Entscheidung für das Gute ja unbewusst auch für jenen, der gut ist - also für Gott -, entscheiden.[8] Bei fast allen Krankheiten kann dem Patienten in dem Maße geholfen werden, in dem er sich gegen das Böse und für das Gute entscheidet.

Der Hagiotherapeut unterstützt den Patienten dabei, die Stimme seines Gewissens wieder zu erkennen und sich klar dafür zu entschließen, Gutes zu tun. Wenn der Patient das wirklich tut, dann öffnet er sich Gott, und dieser kann ihn heilen. Jeder kann unterscheiden, was gut ist und was böse. Wenn ein Atheist sich gegen den Hass und gegen die Verleumdung entschließt, und wenn er das, was er falsch gemacht hat, bereut, dann kehrt in ihn bereits die Gnade ein und macht ihn gesünder.

---

[8] Das gilt besonders für die diversen Religionen. Denn jede Religion verlangt, man solle das Gute tun und das Böse meiden. Wenn sich der Patient für diese Richtlinie entscheidet, kommt er, ohne dass Jesus überhaupt erwähnt wird, dennoch mit ihm in Verbindung. Die katholische Lehre besagt ja, dass jede Religion in sich einen Funken Wahrheit - und das heißt *Leben* - enthält. So gelangt die Gnade Jesu Christi zu allen; sie verstehen, was gut bzw. böse ist, was das Leben fördert und was es zerstört. So können auch die Angehörigen diverser Religionen an der Gnade Christi teilhaben. Die Moraltheologie unterscheidet das allgemeine Prinzip, dass nämlich das Gewissen eines jeden klar besagt, man müsse das Gute tun und das Böse meiden, von der konkreten Situation, in der der Mensch deutlich zu untersuchen hat, was gut und was böse ist.

[22] Den Christen muß man sagen: Wenn ich jemandem vergebe, übergebe ich ihn in die Hände Gottes. Ich kann mir ohnedies nicht ganz zu meinem Recht verhelfen. Wenn ich den anderen auch töten würde, würde ich mich dann besser fühlen? So bekomme ich nicht, was mir der andere genommen hat. Ich lade im Gegenteil noch eine größere Schuld auf mich. Wenn ich aber vergebe, ist der andere Gott überantwortet, und er wird mir den Schaden gutmachen müssen, weil ja Gott für Gerechtigkeit sorgt.

7. KAPITEL

PNEUMATOTHERAPIE

Nach Agapo-, Pistis-, Eireno- und Dynamistherapie muss darum gebetet werden, der Heilige Geist möge sich in der Seele des Patienten und dort, wo sich Traumata ereignet haben, niederlassen. Der Mensch wurde nämlich erst zum Menschen, als Gott in seine psychophysische Ebene seinen Lebensatem einblies. Wenn diese geistliche Dimension geschwächt ist, wird man zur Beute des Bösen, abhängig von Menschen und materiellen Dingen. Wird hingegen die geistliche Dimension stärker, wird man frei für das Gute, Humane, Gesunde, Wissenschaftliche und Kulturelle. Wie ein Künstler inspiriert sein muss, um ein Kunstwerk zu vollbringen, so muss jeder Mensch vom Heiligen Geist inspiriert sein, um human, ethisch und moralisch sein zu können. Der Geist Gottes ist für den Menschen wesentlich, ohne ihn kann er nicht gesund sein, einen Sinn im Leben und eine Perspektive haben. Das göttliche Modul im Hirn ist ein Zeichen für das göttliche Wirken. Im Zentrum des Menschen ist der Geist Gottes, sonst ist der Mensch krank, da er keine Grundausrichtung und keinen Sinn im Leben hat.

Gute Eigenschaften kann man durch Training erwerben. So kann man sich zum Beispiel in Geduld und Großherzigkeit üben. Tugenden bekommt man jedoch durch Kommunikation mit Gott, durch Gebet.

Man kann etwa so beten: "Jesus, möge dein Geist in die Räume meiner Seele eingehen und möge sich deine

Kraft, dein Friede, deine Güte, deine Liebe, dein Vertrauen, deine Geduld ... darin niederlassen!"

Während bei existentiellen Krankheiten der geistlichen Seele das Fundament des menschlichen Wesens therapiert werden muss - durch Evangelisierung oder Offenbarung der Grundwahrheiten und des Sinns des Lebens - stützt sich die Behandlung der Basistraumata im Wesentlichen auf die vier Grundtherapien Agapo-, Pistis-, Eireno- und Dynamistherapie. Zweifellos wird das Evangelisationsseminar auch bei Basistraumata grundlegend helfen können. Seine Hauptanwendungsgebiete sind jedoch existentielle Traumen und fundamentale Therapien. Daneben zeigt es äußerst starke Wirkung auch bei aktuellen Traumata, sodass das Evangelisationsseminar mit seinen vier Teilen, "Vorkatechumenat, Katechumenat, Läuterung und Erleuchtung, Mystagogie", eine Grundtherapie auf dem Gebiet der Hagiotherapie darstellt. Eine umfassende Beschreibung des Evangelisationsseminars findet sich in meinem Buch "*Begegnung mit dem lebendigen Gott*". Dieses Seminarmodell ist in erster Linie für Katholiken gedacht, aber es kann bei entsprechender Anpassung auch bei Nichtkatholiken, Nichtchristen und Atheisten Anwendung finden. Das Evangelisationsseminar oder Katechumenat führt zur Erfahrung des Hl. Geistes, das heißt, dass man sich dabei am schnellsten und am leichtesten der Wirkung des Hl. Geistes öffnet und so die Tugend und Kraft Gottes erhält, die die Sünden und Laster, die Abhängigkeiten und die Ohnmacht überwinden werden. Das bekommt man besonders in der so genannten Mystagogie, die ein Teil des urchristlichen Katechumenats ist und der Erfahrung der empfangenen Sakramente Gebete und Gnaden dient.

SCHLUSSFOLGERUNG

Es gibt Genesungen, die dauerhaft sind. Bei manchen bleibt es nicht, wenn die Betreffenden nicht beginnen, intensives geistliches Leben zu führen. Also hängen manche Heilungen von einem disziplinierten geistlichen Leben ab. Man kann ja auch den Hunger nicht heilen, sondern man muss sich davon befreien, indem man jeden Tag isst. So ist es auch mit einigen geistlichen Heilungen. Es gibt auch Infektionen, wie z. B. die Grippe, die man sich stets neu zuziehen kann. Dabei handelt es sich nicht um einen Rückfall, sondern um eine neue Erkrankung. Jemand kann etwa von seiner Sucht vollständig befreit sein, wenn er jedoch wieder beginnt, sich in der alten Weise zu benehmen, dann kann es geschehen, dass er der Sucht wieder verfällt.

Man muss in diesem Fall wieder mit dem Patienten arbeiten, man muss insbesondere seine Gesundheit stärken und ihm helfen, ein regelmäßiges geistliches Leben zu führen.

8. KAPITEL

DER HAGIOTHERAPEUT BEI DER ARBEIT MIT DEN PATIENTEN

VOR DER ARBEIT MIT DEN PATIENTEN

Ein "Sinnesorgan" für die geistliche Seele erlangt der Therapeut durch eine Glaubenserfahrung, durch die innere Verbundenheit mit Gott. Die Voraussetzung dafür ist ein beständiges, treues und diszipliniertes geistliches Leben und eine tiefe Glaubenserfahrung, die stetig wachsen muss. Doch unmittelbar vor der Arbeit mit den Patienten sollte der Therapeut Folgendes tun:

1) Sich die Anwesenheit Gottes bewusst machen;

2) Die Sünden bekennen und bereuen, auch die etwaige Voreingenommenheit gegen gewisse Patienten oder Kollegen. Vor der Arbeit mit dem Patienten muss man also z.B. beten: "Jesus, verzeih mir, dass mir dieser Mensch so unsympathisch ist, dass ich ihn nicht hinter seiner Maske sehe! Verzeih mir, dass ich mich davor fürchte, mit ihm zu sprechen! Verzeih mir, dass ich nicht weiß, was ich jetzt tun soll! Verzeih mir, dass ich ihn ablehne!" So öffnet sich der Patient, und die Gnade fließt in ihn.

3) Dem Patienten vergeben, ihn annehmen, wie er ist. Dann kann die Kraft Gottes durch ihn zum Patienten strömen. Die Liebe und die Freiheit, die der Therapeut dem Patienten schenkt, machen diesen empfänglicher für die Gnade.

4) Sich von seinen eigenen Interessen und Absichten bezüglich des Patienten lossagen; das erreichen wollen, was Gott vorsieht, da das der sicherste Weg zur Genesung ist.

5) Beten, dass Jesus den Patienten rechtfertigen und seine Sünden wieder gutmachen möge. Der Therapeut kann etwa so beten: "Jesus Christus, beseitige alle Hindernisse, damit die Gnade Gottes durch mich zum Patienten gelangen kann."

6) Den Patienten hinter seiner Maske sehen. Die Maske des Patienten - sein Gesicht und sein Verhalten - verbirgt den wirklichen Menschen, das Wesen, das von Gott geschaffen wurde; diesem Wesen in mitfühlender Liebe zugetan sein; man kann beten: "Jesus, du hast dein Leben für diesen Menschen hingegeben, also werde ich zumindest meine Arbeit und Mühe, mein Gebet und meine Zeit für ihn hingeben."

7) Tiefengebet: "In seinem tiefsten Inneren mag mich der Patient."

8) Gott für den Patienten danken und dafür, dass man ihm helfen darf.

Je mehr sich der Hagiotherapeut dem Vertrauen auf Gott öffnet, desto durchlässiger wird er für die Gnade, und desto motivierter wird er in seiner Arbeit sein. Durch den Hagiotherapeuten gelangt dann die Liebe Jesu zum Patienten. Der Hagiotherapeut selbst ist keine Quelle heilsamer Kräfte, sondern es ist Jesus, der im Heiligen Geist durch den Therapeuten zum Patienten gelangt.

Der Unterschied zwischen einem Hagiotherapeuten und einem Mediziner ist, dass der Mediziner durch Medikamente heilt, während der Hagiotherapeut selbst Teil der Therapie ist, nämlich:

1) Durch den Hagiotherapeuten erlebt der Patient die Akzeptanz seiner Person und kann so die Zurückweisung, die er in seiner Kindheit erlebt hat, überwinden.

2) Durch den Hagiotherapeuten erfährt der Patient Mitgefühl und Liebe, er bekommt neue Hoffnung und beginnt zu glauben, dass es eine Rettung für ihn gibt.

3) Der Hagiotherapeut verkörpert die Transparenz Gottes.

4) Er ist ein Vertreter der Kirche.

5) Der Hagiotherapeut zeigt dem Patienten, dass ihn auch die Menschen annehmen.

6) Der Hagiotherapeut ist für den Patienten ein Zeuge der Kirche und der Heiligen Schrift. Das stärkt das Vertrauen des Patienten in die Heilung der geistlichen Seele.

7) Der Hagiotherapeut bezeugt dem Patienten

- dass ihn Gott nicht verurteilt,
- dass ihn die Menschen nicht verurteilen,
- dass er gesund werden kann,
- dass er in seiner Krankheit nicht verlassen ist,
- dass es Gott gibt,
- dass es das Erbarmen gibt,
- dass er gerettet wird,
- dass er für Gott und den Hagiotherapeuten wichtig ist, dass er einen Sinn im Leben hat.

DIE ARBEIT MIT DEN PATIENTEN

Die Ankunft des Patienten beim Hagiotherapeuten ist der Beginn des Heilungsprozesses. Dem Hagiotherapeuten muss bewusst sein, dass der Patient jemand ist, mit dem sich Jesus identifiziert hat: "Amen, ich sage euch: Was ihr für einen meiner geringsten Brüder getan habt, das habt ihr mir getan."[9] Der Patient ist ein Leidender, er

[9] Vgl. Mt 25, 40.

ist bedürftig, aber er ist Gottes Liebling. Ähnlich wie in der Erzählung Jesu vom barmherzigen Samariter ist auch der Patient "unter die Räuber geraten", die ihn verwundet und halb tot liegen gelassen haben. Jesus ist jener Samariter, der sich geistlich "den Patienten auf die Schultern geladen" und ihn dem Hagiotherapeuten übergeben hat, damit dieser sich um ihn kümmert.

Der Patient muss mit Liebe aufgenommen werden. Das, was er erzählt, ist für ihn lebenswichtig. Man muss mit ihm Geduld haben und darf auf keinen Fall nervös werden. Wird man ungeduldig, ist es besser, den Patienten für den nächsten Tag einzuladen oder dafür zu sorgen, dass man von jemandem vertreten wird.

Man sollte dem Patienten eine kurze Einführung in die Hagiotherapie geben. Vielleicht glaubt er, es handle sich um eine alternative Heilmethode. Dann muss man ihm klar sagen, dass die Hagiotherapie weder eine alternative, noch eine medizinische oder psychiatrische Disziplin ist. Der Hagiotherapeut muss dem Patienten zu verstehen geben, dass es zuallererst notwendig ist festzustellen, worin das Problem besteht und um welche Krankheit oder Wunde es sich handelt.

Im Rahmen des Tests versucht man durch *gezielte Fragen* alles in Erfahrung zu bringen, was man für die Erstellung der Diagnose wissen muss. Man muss dem Patienten erklären, dass seine Angaben vom Hagiotherapeuten als Berufsgeheimnis behandelt werden und dass niemand davon erfahren wird.

Man muss den Patienten über den Grund seines Kommens befragen. Normalerweise wird er dann über die Symptome sprechen und fragen, ob ihm durch die geistliche Therapie geholfen werden kann.

Zu Beginn sollte man den Patienten ungehindert sprechen lassen, wobei man ihn jedoch dazu anhalten sollte, nicht zu weitschweifig zu erzählen und sich auf die wichtigsten Dinge zu beschränken. Gar nicht zulassen darf man, dass er sich zu lange bei negativen Dingen aufhält und sein Unterbewusstsein analysiert, da er dann noch tiefer in Selbstmitleid verstrickt werden könnte. Der Patient glaubt vielleicht, dass ihn das Erzählen erleichtert, in Wahrheit aber verhindert es die Genesung. Es ist in der geistlichen Therapie kontraindiziert, dass ein Patient nur um des Erzählens willen erzählt.

Man sollte dem Patienten liebevoll zuhören, ohne ihn jedoch zu bemitleiden. Wir sollten ihm keinen billigen Trost spenden.

Wenn Patienten zu weinen beginnen, muss man ihnen sagen, dass sie auf Jesus schauen sollen und auf die Gesundheit, zu der er sie führen wird. Das muss man sehr oft wiederholen, bis sie aufhören, das Negative zu sehen. Man muss die Patienten aus ihrem Selbstmitleid heraus und auf den Weg zur Gesundheit führen.

Man sollte dem Patienten von den positiven Erfahrungen, die andere Patienten mit der Hagiotherapie gemacht haben, erzählen, damit diese Zeugnisse ihn aufmuntern und seinen Glauben vermehren.

Danach sollte man eine Diagnose erstellen. Hier ist wieder absolute Diskretion angebracht. Es handelt sich um überaus intime Sachverhalte, denn der Test und die Diagnose legen die Seele des Patienten bloß. Der Hagiotherapeut benötigt viel Takt bei dieser Arbeit.

Sollte eine ganze Familie zur Therapie erschienen sein, wird der Test mit jedem Familienmitglied einzeln durchgeführt. Was die Einzelnen dabei erzählen, muss ein Geheimnis bleiben. Deshalb müssen Hagiotherapeuten so verfahren, dass sie die Intimsphäre ihrer Patienten wahren. Sie müssen Raum schaffen für die Begegnung zwischen Gott und Mensch und eine Atmosphäre der Intimität, in der jeder sensibel ist. Nur wenn es unumgänglich notwendig ist, kann man mit einem Geistlichen über etwaige Probleme sprechen, aber auch hier soll so viel wie möglich geheim gehalten werden.

Nach der ersten Therapiephase sollte man die Reaktion des Patienten bewerten. Es ist sehr wichtig zu beobachten, wie der Patient auf die einzelnen Therapien reagiert. Die geistlichen "Tabletten" werden stufenweise verabreicht, und der Patient sollte in jeder Phase nach seinem Befinden befragt werden. Gibt es eine negative Reaktion, sollte die betreffende Therapie abgesetzt werden. Bei psychisch Kranken ist besondere Vorsicht geboten.

NACH DER ARBEIT MIT DEN PATIENTEN

Der Hagiotherapeut sollte sich nach der Arbeit mit den Patienten durch eine geistliche Selbsttherapie von dem Vorangegangenen frei machen. Er sollte Gott danken und ihm alles, was ihn belastet, übergeben. Er sollte seine Last Jesus übergeben, statt sie selbst zu tragen, denn sie ist zu schwer für ihn.

Nach der Begegnung mit den Patienten soll sich der Therapeut im Gebet zurückziehen, er soll in Ruhe die Probleme, die im Laufe der Arbeit entstanden sind, vor Gott ausbreiten, er soll um Vergebung bitten, wenn er gesündigt hat, wenn er oberflächlich, nervös oder unengagiert war, wenn er nicht auf Gott vertraut hat und den Patienten nicht gemocht hat. Anschließend sollte er Jesus jeden einzelnen Patienten übergeben und ihn bitten, sie zu behüten und zu führen.

Danach soll er sich von unangenehmen Erlebnissen mit den Patienten, von seinen Ängsten, seiner Bedrängnis, von der Überbewertung seines Erfolgs und von Hochmut befreien. Ein Hagiotherapeut sollte sich durch Nüchternheit, Reife und professionelles Selbstbewusstsein auszeichnen. Vor allem aber benötigt er Demut, um seine eigenen Schwächen, Traumata und Unzulänglichkeiten zu erkennen und an sich zu arbeiten, zu beten und zu bereuen. Er sollte regelmäßig die Sakramente empfangen, treu im Gebet sein und diszipliniert in der Askese, er sollte sein Wissen ständig vervollkommnen und im Geist und in den Geistesgaben wachsen, ebenso in seiner Kenntnis der Heiligen Schrift und in seiner Ergebenheit Jesus als Person gegenüber sowie der Kirche und der Gemeinschaft gegenüber, in deren Auftrag er arbeitet. Unter den Hagiotherapeuten sollte eine Atmosphäre des Vertrauens, der gegenseitigen Unterstützung, des Verständnisses und der Gemeinschaft in Leben und Gebet herrschen.

9. KAPITEL

ABSCHLIEẞENDER RÜCKBLICK AUF DEN THERAPEUTISCHEN PROZESS

Betrachten wir kurz, was im hagiotherapeutischen Prozess beim Patienten vor sich geht.

1. Die Person ist verletzt und krank. Die Krankheit ist das Leiden und der Schmerz der gesamten Person, und nicht nur eines ihrer Teile oder eines Organs. Deshalb muss immer der Patient behandelt werden, und nicht nur eines seiner Organe. Denn es ist der Mensch, der verletzt, angegriffen und krank ist.

2. Die Ursache führt uns zur Krankheit. Man muss die Ursache entdecken und durch geistliche Hilfe beseitigen. Ursachen einer geistlichen Krankheit können das Böse, die Begierde oder eine Verwundung sein. Man sollte die Hauptursache und den unmittelbaren Anlass einer Krankheit feststellen und sie ausmerzen, damit der Patient gesund werden kann.

3. Symptome sind Anzeichen der geistlichen Krankheit, derentwegen der Patient Hilfe sucht. Sie können als Krankheiten auf somatischer oder psychischer Ebene auftreten. Damit jemand vollkommen gesund werden kann, müssen auch die Symptome geheilt werden. Der geistliche Patient erlebt sie als Schuld, Sucht, Leiden oder Schmerz.

4. Die Krankheit wird aufgrund der Symptome und der Ursache festgestellt. Man stellt ferner fest, um welche

Art von Krankheit es sich handelt, sei es um eine existentielle Krankheit, eine Basiskrankheit oder eine aktuelle Krankheit. Außerdem findet man heraus, welches geistliche "Organ" befallen wurde und in welchem Stadium sich die Krankheit befindet.

5. Reaktionen: Die Menschen können auf die Krankheit und ihre Symptome unterschiedlich reagieren, so etwa durch Wut, Jammern, Rückzug in die eigene Person, Aggression oder Autoaggression. Auch die Reaktionen der Patienten müssen kuriert werden.

6. Außerdem werden Narben und Erinnerungen an die Krankheit zurückbleiben. Geistliche Traumata sind komplex und vielschichtig. Auch wenn alles geheilt wurde, bleibt eine Narbe zurück, die an die Krankheit oder an die Wunde erinnert. Diese Narbe kann schmerzen, so wie es auch eine Operationswunde nach beträchtlicher Zeit noch tun kann. Schlägt die Stimmung des Patienten um, ist es möglich, dass er wieder einen Schmerz verspürt, obwohl Wunde und Krankheit längst verschwunden sind. Die Tatsache nämlich, dass es die Krankheit gegeben hat, besteht ja weiter, und sie ist in das Gedächtnis des Patienten eingeschrieben. Diese Erinnerung kann unter gewissen Lebensumständen so mächtig über den Patienten kommen, dass sich die Wunde wie bei einem Rückfall wieder öffnet. Deshalb ist es wesentlich, den Geist des Patienten kontinuierlich zu stärken. Wichtig ist aber auch, das Gedächtnis von den Erinnerungen an die Wunde und an die Schmerzen der Seele zu befreien, damit diese nicht zu Auslösern von Rückfällen werden können.

Man muss sich dessen bewusst sein, dass die geistliche Krankheit tiefer reicht als es physische und psychische Krankheiten tun. Verübt jemand eine Todsünde, entfernt er sich von Gott. Er verliert dadurch den "Boden unter seinen Füßen", und es nisten sich Sinnlosigkeit und existentieller Schmerz in seinem Wesen ein. Deshalb muss man mit einem viel größeren Verantwortungsbewusstsein an geistliche Krankheiten herangehen und solchen Patienten helfen. Der Mensch kann weder durch eine körperliche noch durch eine psychische Krankheit zerstört werden. Wegen einer geistlichen Krankheit kann er aber untergehen, da er zum Unmenschen wird, da er sich und seine Seele und seine Zukunft verliert. Deshalb ist es so wichtig, dass es eine Rettung gibt. Es ist aber auch wichtig, dass es die Möglichkeit gibt, den Menschen von solchen Schmerzen zu befreien. Die Hagiotherapie ist wie ein Licht, das die Menschen bestärkt, nicht an die Dunkelheit der Hoffnungslosigkeit zu glauben. Gott existiert - und das ist unser Glück. Er hat seinen Sohn ausgeschickt, damit er uns rettet und heilt - das ist unsere Gewissheit. Die Rettung ist stärker als der Abgrund, die Finsternis und das Böse. Das Gute wird siegen. Die geistliche Gesundheit wird stärker.

10. KAPITEL

BEISPIELE AUS DER PRAXIS

Die nunmehr fünfzehnjährige Arbeit mit Patienten im *Zentrum für geistliche Hilfe* in Zagreb und in anderen Städten Kroatiens und an verschiedenen Orten im europäischen Ausland bestätigen die theoretischen Prinzipien dieses Kompendiums. Die Ergebnisse der Arbeit werden nämlich gesammelt und bewertet, was teilweise noch andauert. Um wenigstens einen kleinen Einblick in die Arbeit mit den Patienten mit geistlichen Traumen und moralischen Leiden zu geben, geben wir einige Beispiele aus der Praxis, die Dr. M. Marinović, Zentrum für geistliche Hilfe, notiert hat.

ANGST

Frau, 26 Jahre, kinderlos, praktizierende Christin, suchte Hilfe im Zagreber *Zentrum für geistliche Hilfe*, weil sie sich vor Fahrten mit einem Lift und vor öffentlichem Auftreten fürchtete. Außerdem vertrug sie das Schaukeln nicht, sondern bekam einen Brechreiz und kalten Schweiß.

Um zur Ursache ihrer Schwierigkeiten vorzudringen, stellten wir ihr einige Fragen. Sie erzählte, sie sei das erste Kind ihrer Eltern, ein Wunschkind. Im sechsten Monat der Schwangerschaft gab es in ihrer Stadt ein Erdbeben und die Mutter erschrak dabei so sehr, dass sie bis zum Ende der Schwangerschaft Beruhigungstabletten nehmen musste. Die Geburt war etwas verfrüht, und so mussste das Kind eine Zeit lang im Inkubator bleiben. Sie wuchs bei ihrer Mutter auf, der Vater ging zur Arbeit. Auf ihren um vier Jahre jüngeren Bruder war sie sehr eifersüchtig. In der Schule war sie ruhig und in sich gekehrt, eine gute Schülerin. Auf dem Ringelspiel zu fahren und zu schaukeln lehnte sie immer kategorisch ab. Deswegen wurde sie von den Kindern verspottet, desgleichen auch auf der Maturareise, wo sie als einzige nicht auf einen Aussichtsturm gestiegen war. Sie hat einen großen Bekanntenkreis, aber keine Freunde, da sie introvertiert ist und sich nur schwer mitteilen kann. Sie kann sich für keinen Werber entscheiden, und so bleibt sie allein. Von ihren Vorfahren ist ihr nichts Außergewöhnliches bekannt. Mit Okkultismus kam sie nicht in Berührung.

Für die Erstellung der Diagnose war die Angst der Mutter während der Schwangerschaft von Bedeutung und die Trennung von ihren Eltern im Inkubator, wo sie subjektiv einen Mangel an Liebe erfahren hat. In der Kindheit verhält sie sich unauffällig und brav, um nicht neuerdings "abgelehnt" zu werden. Als Folge ihres subjektiven Empfindens von Mangel an Liebe wird sie eifersüchtig und zieht sich zurück, wird unsicher und ängstlich. Die geistlichen Strukturen Leben, Herz, Liebe und Vertrauen sind verletzt. Und so lautet die geistliche Diagnose für diese Patientin: Leid, verursacht durch Beleidigungen in pränataler und postnataler Zeit.

Zunächst war die kognitive Therapie wichtig (die Katechese über die Existenz, über Jesus Christus und über das Gebet). Dann wurden Gebete gebetet, in denen die Patientin nachträglich Liebe und Stärkung ihres Vertrauens erfahren sollte (Agapo- und Pististherapie). Als besonders hilfreich erwies sich die Meditation "Ich glaube an die Liebe Gottes, mein Leben ist in seiner Hand". Dann lernte die Patientin den Kindern, von denen sie verspottet worden war, zu vergeben (Eirenotherapie). Am

Ende kam noch die Pneumatotherapie (um Erfüllung mit dem Geist der Liebe, des Vertrauens, des Friedens, des Mutes).

Die Therapie war auf sieben Wochen aufgeteilt mit jeweils einer halbstündigen Begegnung. Die Patientin wandte täglich die gelernte Therapie an sich selber an.

Erste Resultate zeigten sich bereits nach der dritten Begegnung. Die Ängste nahmen schrittweise ab, um schließlich ganz zu verschwinden. Die Beziehung der Patientin zu ihren Eltern erhielt eine neue Qualität. Sie vergab den Kindern, die sie verspottet hatten, und bekam Selbstvertrauen. Es gelang ihr, Freundschaft zu schließen und eine Beziehung zu einem jungen Mann aufzubauen.

EHESCHEIDUNG

Ein dreißigjähriger Mann kam ins *Zentrum* wegen seiner Eheprobleme. Er ist sechs Jahre verheiratet. Unstimmigkeiten hatte es eigentlich von Beginn des gemeinsamen Lebens an gegeben. Seine Frau entschied sich schließlich, ihn zu verlassen und ihre beiden Kinder mitzunehmen. Die Ehe war auch kirchlich geschlossen worden, die Kinder sind getauft, aber weder er noch seine Gattin sind praktizierende Gläubige. Während sie zu den Feiertagen in die Kirche geht, ist er davon überzeugt, "man könne ein Christ sein, auch ohne in die Kirche zu gehen".

Bei der Befragung stellte sich heraus, dass er ein Einzelkind ist. Über die Zeit der Schwangerschaft weiß er nichts zu berichten. Er lebte mit seinen Eltern und einer Tante im Haus, das sein Vater nach dem frühen Tod seiner Eltern geerbt hatte. Zu Hause gab es Streit. Von der Tante bekam er x-mal zu hören: "Sei brav, dann werden Mutti und Papa nicht streiten." Als er fünf Jahre alt war, ließen sich die Eltern scheiden, und er zog mit seiner Mutter aus. Den Vater bekam er selten zu sehen. Er fürchtete sich immer davor, ihm zu begegnen, da sich die Eltern dabei gegenseitig Vorwürfe machten. Er ging zur Schule, "weil man das muss". Er achtete aber darauf, nicht zurückzubleiben. Die Pubertät war stürmisch. Er begann auszugehen. Es kam zum Streit mit der Mutter, und er fühlte sich schuldig für das, was er getan, aber auch für das, was er nicht getan hatte. Er hatte den Eindruck, die ganze Welt habe sich gegen ihn verschworen, und oft dachte er bei sich, es wäre besser, wenn es ihn nicht gäbe. Da er nun einmal lebte, suchte er Situationen, wo er besonders herausgefordert wurde. Er liebte das Fahren mit schnellen Motorrädern und das Fallschirmspringen. Er beruhigte sich erst, als er seine künftige Frau kennen lernte. Er nahm eine Arbeit an, heiratete und bald kamen Kinder. Die Verpflichtung als Ehemann und Vater begann ihn zu drücken, und so blieb er immer mehr von zu Hause weg. Er war ins *Zentrum* gekommen, weil er ein geordnetes Familienleben führen will, aber nicht weiß, wie er es schaffen kann.

Für die Diagnose wichtig war die Tatsache, dass sich seine Eltern scheiden ließen und dass er, innerlich zerrissen, einen Mangel an Liebe erfahren hat. Auf Grund der Schuldgefühle (es handelt sich um unechte Schuld) begann er sich in der Pubertät autodestruktiv zu verhalten. Liebe, die er in seiner Familie nicht erfahren hatte (Sie will gelernt sein), konnte er also auch nicht weitergeben. Unter den geistlichen Strukturen war die Liebe verletzt, das Gewissen und die Ich-Du-Beziehung. Die Diagnose war komplex.

Der Patient wurde als erstes zu einem Seminar geschickt, und danach erfuhr er im Gebet die Liebe Gottes, der ihn gewollt hat, für den er kostbar ist, der mit ihm einen Plan hat. Auch andere Formen der Agapotherapie wurden mit ihm angewendet. Erst nachdem sein Vertrauen in den himmlischen Vater gewachsen war (Pististherapie), konnte man ans Vergeben denken (Eirenotherapie) und alle geistlichen Medikamente gegen Gewissensbisse "verabreichen". Die Therapie fand ihren Abschluss mit Gebeten um Tugenden, die ihm fehlten, und mit der Belehrung, wie er für Frau und Kinder beten sollte.

Er kam 12 Wochen hindurch jeweils für eine halbe Stunde ins *Zentrum*. Weil seine Gattin sah, wie er sich veränderte, kam sie zu ihm zurück. Sie begannen gemeinsam zu beten und regelmäßig in die Messe zu gehen. Er erlebt die Liebe vollkommen neu, und erst nach der Therapie verstand er, was eine Familie und was seine Rolle in ihr ist. Er verzieh seinen Eltern und der Tante und bekam einen Posten, wo er neue Aufstiegsmöglichkeiten hat.

GEWISSENSBISSE WEGEN ABTREIBUNG

Ein Frau, 37, verheiratet, berufstätig, kinderlos, katholisch, aber den Glauben nicht praktizierend (sie war schon acht Jahre nicht bei der Beichte), kam ins *Zentrum*, weil sie schon sieben Jahre unter Niedergeschlagenheit litt. Sie war schon bei einem Psychiater gewesen und nahm Medikamente. Doch wenn der Psychiater die Dosis verringerte, kehrten die Symptome zurück.

Auf der Suche nach der Ursache ihrer Bedrückung stellte sich heraus, dass ihr Leben fast ideal verlaufen war: Sie ist das einzige, höchst ersehnte Kind. Schwangerschaft und Geburt waren in Ordnung. Die Eltern beschäftigten sich viel mit ihr. Sie konnte schon vor dem Schulalter lesen, schreiben und rechnen. Sie war die beste Schülerin ihrer Schule. Sie erhielt den erwünschten Studienplatz, und gleich nach Studienabschluss bekam sie eine Anstellung. Sie heiratete einen Mann, den sie sehr liebte, und lebt in einer glücklichen Ehe. Doch vor acht Jahren, auf dem Weg in den Urlaub, wurde sie zusammen mit ihrem Mann in einen Verkehrsunfall verwickelt. Sie flogen von der Straße. Beide hatten mehrfache Knochenbrüche und sonstige Verwundungen. Bei der medizinischen Behandlung war es notwendig, Röntgenaufnahmen zu machen. Sie gab an, möglicherweise schwanger zu sein, und tatsächlich war der anschließende Test positiv. Da sie noch öfters geröntgt werden musste, verlangten die Ärzte wegen der hohen Dosis an Strahlung und möglicher Schädigung des Kindes einen Schwangerschaftsabbruch, der dann auch durchgeführt wurde. Dann meldete sich ihr Gewissen, und sie fühlte sich immer mehr bedrückt. Die Niedergeschlagenheit wurde auch deshalb verstärkt, weil sie später keine Kinder mehr bekam.

Es war klar, dass die Abtreibung und das mangelnde Mutterglück die Gewissensbisse und die Depression hervorriefen. Die geistlichen Strukturen, die am meisten gelitten hatten, waren das Gewissen und das Herz. Die geistliche Krankheit war durch postnatale Schuld und Leid verursacht.

Die Therapie begann wegen ihrer langen Abwesenheit von der Kirche mit einem Minievangelisationsseminar. Dann ging es weiter mit Gebeten um die Erfahrung der Liebe (Agapotherapie), wo ihr immer mehr bewusst wurde, dass sie von Gott trotzdem geliebt ist. Durch die Pististherapie wurde das Vertrauen in die Liebe Gottes gestärkt. Durch die Eirenotherapie wurde sie zum Entschluss geführt, zu vergeben und zur Beichte zu gehen. Sie wurde darüber informiert, wie sie das ungeborene Kind lieben lernen und für die Ewigkeit retten könne. In der Pneumatotherapie beteten wir um die Erfüllung mit dem Geist des Friedens, des Vertrauens und der Freude.

Acht therapeutische Begegnungen, die hl. Beichte und die Liebe zum Ungeborenen nahmen ihr die Gewissensbisse und damit auch ihre Bedrückung. Sie vergab allen, die ihr zur Abtreibung geraten hatten, aber auch sich selbst, weil sie zugestimmt hatte. Fünf Monate nach Ende der Therapie kam sie zusammen mit ihrem Gatten ins *Zentrum*, um uns an der Freude teilhaben zu lassen, dass sie ein Kind erwarteten.

ABHÄNGIGKEIT

Die Eltern des 20-jährigen von Alkohol und Marihuana abhängigen Burschen kamen Hilfe suchend ins *Zentrum*. Ihr Sohn war schon monatelang nicht mehr nüchtern gewesen und lehnte jede Therapie ab mit der Begründung, man könne ihm nicht mehr helfen.

Von den Eltern wurde die Lebensgeschichte des jungen Mannes erfragt, und es wurde klar, dass sein Urgroßvater um Geld gespielt hatte und dass sein Großvater ein starker Raucher war. Er war knapp vor der Eheschließung gezeugt worden, sie hatten bis zur Ehe niemandem vom Kind erzählt. Die Schwangerschaft verlief ordnungsgemäß, die Geburt dauerte etwas länger wegen der Querlage des Kindes. Mit dreieinhalb Jahren beim Spiel mit Nachbarskindern ereignete sich ein Unfall. Er lag sieben Monate im Spital und hatte mehrere operative Eingriffe. Als er aus dem Spital zurückkam, kannte er seine Hausbewohner nicht mehr, und erst beim Spiel mit dem geliebten Hund begann er sich an frühere Ereignisse zu erinnern. In der Schule war er zurückgezogen, lernte schwer, aber er bemühte sich, seine Eltern nicht zu enttäuschen. Mit dem Eintritt in die Pubertät wurde er verbal aggressiv, später auch physisch. Er hörte mit der Schule auf und arbeitete nur zeitweise. Die Eltern erkannten, dass er trank und zu rauchen begonnen hatte.

Der Fragebogen zeigte also, dass es in der Familie eine ererbte Abhängigkeit gibt, dass der Patient viele Traumen erlebt hatte, beginnend mit der Empfängnis über die schwere Geburt bis hin zum schweren Unfall. In der Kindheit war er brav, aus Angst, er könnte von seinen Eltern wieder getrennt werden. In der Pubertät "bestraft" er die, von denen er verlassen worden war. - Von den geistlichen Strukturen waren die Freiheit, das Leben, das Herz, die Liebe, das Vertrauen und das Gewissen verletzt. Die geistliche Diagnose lautete: Abhängigkeit, Leid und Schuld, entstanden präkonzeptual, pränatal und postnatal. Zuerst mussten die Eltern darüber belehrt werden, wie sie für den Sohn beten sollten. So sollte die Intensität der geistlichen Erkrankung verringert und der Sohn aus seiner geistlichen Lethargie gerissen werden, damit er selbst Hilfe suchen konnte.

Nach vier Wochen intensiven Betens seiner Eltern ereignete es sich tatsächlich, dass der Sohn ins *Zentrum* kam. Zuerst hielten wir ihm ein Miniseminar (am besten reagierte er auf die Katechesen über die Existenz und über Jesus Christus). Danach gingen wir zu den Gebeten über. Er entschied sich, allen Abhängigkeiten zu widersagen. Dann konnte man darangehen, die geistlichen Traumen seines Lebens zu heilen. Daraufhin wurde er für die Beichte vorbereitet, zu der er ging, und es wurde sein Gewissen geheilt. In diesem Teil der Therapie erwies sich die Rechtfertigungstherapie am wirksamsten. Bei der hl. Messe, über die er ebenfalls belehrt worden war, wurde die ererbte Neigung zur Abhängigkeit "durchtrennt". Während der gesamten Therapie wurde er belehrt, wie man mit Jesus reden könne, was er in der Folge recht gut umsetzte.

Ins *Zentrum* kam er zwei Wochen hindurch täglich. Die Therapie dauerte dreißig bis sechzig Minuten. Er bekam "Hausaufgaben", d.h. er sollte den leichteren Teil der jeweiligen Therapie zu Hause fortsetzen. Je weiter die Therapie fortschritt, umso freier wurde er. Von Tag zu Tag wuchs in ihm das Bewusstsein, kostbar zu sein, und dass Jesus allen Schaden wieder gut machen wird. Er hatte ein neues Bewusstsein seiner Würde. Durch die Beichte wurde ihm die Last seiner Schuld abgenommen, durch die hl. Messe die Neigung zur Abhängigkeit. Er wurde ganz frei. Nach zwei Jahren meldeten die Eltern brieflich: Der junge Mann griff nie mehr nach Marihuana, und zum Alkohol verhält er sich wie jeder gesunde Mensch. Er hat Arbeit gefunden und besucht eine Abendschule. Er geht regelmäßig in die Kirche, betet, wie er es im Zentrum gelernt hat, und sagt, er wolle von allem lassen, nur nicht vom Freund, der ihn aus der Fallgrube gezogen hat.

MEDIUMPSYCHOSE

Eine fünfundvierzigjährige Frau aus einem kleinen Dorf meldete sich per Telefon im *Zentrum* an und erwähnte dabei, man habe ihr gesagt, sie sei besessen.

Als Kind empfing sie die Sakramente der Initiation, aber sie war nur standesamtlich getraut. Sie ging nicht mehr in die Kirche, doch die Nachbarin hatte sie vor einiger Zeit überredet, zu einer Wallfahrt nach Medjugorje mit zu fahren. Als sie dort die Kirche betrat, verspürte sie zuerst eine Schwäche, danach warf sie sich auf den Boden und begann unkontrollierte Laute von sich zu geben. Den jungen Mann, der sich ihr mit einem Kreuz näherte, kratzte sie und stieß ihn weg. Als sie ein Priester mit Weihwasser besprengte, bekam sie einen Krampf und schrie, dass es sie brenne. Vier Männer trugen sie aus der Kirche und brachten sie ins Hotel, wo sie sich beruhigte. Der Kirche blieb sie nun fern. Sie erhielt nun den Rat, sie möge sich an das *Zentrum* wenden.

Die üblichen Fragen wurden ihr im Stiegenhaus gestellt, weil sie sich nach den Erfahrungen in Medjugorje nicht getraute, in unsere Räumlichkeiten zu kommen. Wir erfuhren, dass sie nach zwei Brüdern das dritte Kind eines nicht verheirateten Paares ist. Als sie sechs Monate alt war, verließ die Mutter die Familie. Die Nachbarn halfen dem Vater bei der Hausarbeit und der Sorge um die Kinder. Da die Mutter nicht zurückkam, nahm der Vater eine Haushaltshilfe, die er bald danach heiratete. Aus dieser Beziehung kam ein weiteres Kind. Die Stiefmutter misshandelte ihre Stiefkinder, und wenn sie sich beim Vater beschwerten, bezeichnete sie sie als Lügner. Sie würden durch solches Benehmen einen schlechten Einfluss auf ihr eigenes Kind haben, und es sei besser, sie in ein Heim zu geben, was dann tatsächlich geschah. Einer ihrer Brüder floh aus dem Heim, beging einen Einbruch und kam in ein Erziehungsheim für minderjährige Delinquenten. Sie wurde im Heim von älteren Kindern gequält. Unterstützung bekam sie erst in der Mittelschule von einem Mädchen, das sich mit Spiritismus befasste. Oft riefen sie zur Unterhaltung die Geister an, versuchten ihr Schicksal aus Karten, aus Kaffeesud und aus der Hand herauszulesen. Sie gingen auch zu Frauen, die ihnen Tarotkarten und das Horoskop legten. Mit 17 begann sie mit dem späteren Gatten auszugehen, und vor der Heirat ging sie zu einer Hexe um ein Amulett für eine glückliche Ehe. Sie war auch einige Male bei einem Bioenergetiker. Von Kindheit an hatte sie schwere Träume und seit der Pubertät auch Alpdrücken. Seit einigen Monaten fürchtete sie sich, allein zu Hause zu bleiben, weil sie Versuchungen hatte, sich selbst Verletzungen zuzufügen. Darum riet ihr eben die Nachbarin, nach Medjugorje zu pilgern.

Es war klar, dass pränatale (außereheliches Kind) und postnatale Traumata (das Leid in der Kindheit) und die

Beschäftigung mit Okkultem eine Mediumpsychose verursacht hatten. Wir ordneten ihren Zustand als schwere geistliche Krankheit ein.

In der Therapie machten wir sie darauf aufmerksam, dass sie getauft ist und dass es sich um geistliche Wunden handelt, die ihre Sensibilität verstärkt haben. Bei diesem einführenden Gespräch entwickelte sie Mitgefühl für alle, die sie beleidigt hatten. Danach rieten wir ihr, sich von den okkulten Praktiken zu distanzieren. Am nächsten Tag betrat sie die Räumlichkeiten des Zentrums, in denen ein Evangelisationsseminar abgehalten wurde, wo sie interessiert zuhörte und oft sagte: "Wenn ich das doch früher gehört hätte!" Die Therapie setzten wir durch Gespräche fort und beteten zugleich still für sie. Von Tag zu Tag konnte sie mehr Gebete "aushalten". Sie nahm Gott-Vater und Maria als ihre Eltern an. Dann glich die Agapotherapie die mangelnde Liebe aus und die Pististherapie stärkte ihr Vertrauen. Wir rieten ihr, während des Tages öfter zu wiederholen: "Jesus ist mein Herr!" (Dynamistherapie). Langsam bereiteten wir sie zur hl. Beichte vor. Nach vier Wochen täglicher Begegnungen war sie zu diesem Schritt bereit. Sie machte eine Lebensbeichte. Die weitere Therapie zielte auf die Befähigung, dass sie ihren leiblichen Eltern und allen, die sie in ihrem Leben verletzt hatten, vergeben kann (Eirenotherapie). Sie erhielt Erklärungen über die hl. Messe und ließ von da an keine Sonntagsmesse mehr aus. In der Pneumatotherapie baten wir den Hl. Geist um Tugenden.

Die ganze Therapie dauerte etwas länger als zwei Monate. Im ersten Monat kam sie täglich, danach drei Mal wöchentlich. Sie verzieh ihren Eltern, der Stiefmutter und den Bewohners des Kinderheimes. Sie hat keine schweren Träume mehr, noch kam sie je auf die Idee, sich selber Wunden zuzufügen. Sie betet regelmäßig, geht zur Beichte und zur hl. Messe. Zusammen mit ihrem Partner meldete sie sich zur Vorbereitung auf das Ehesakrament an.

POSTTRAUMATISCHES STRESSSYNDROM (PTSS)

Ein 27-jähriger Mann, angestellt, Single, praktizierender Gläubiger, kreischt schon ein Jahr lang während des Schlafs und erwacht ganz verschwitzt, wodurch er entkräftet und wenig leistungsfähig wird. Während seines Urlaubs kam er ins *Zentrum*. Danach wollte er in den Krankenstand gehen.

Aus dem Fragebogen wurde ersichtlich, dass er eine um vier Jahre ältere Schwester hat. Die Schwangerschaft war problemlos, die Geburt aber voller Komplikationen: Die Nabelschnur war um seinen Hals gewickelt. Als Folge davon war seine Halsmuskulatur gelähmt, und es wurde eine Physiotherapie gemacht. Zuerst wurde in der Badewanne mit ihm geübt, danach in einem Bassin, so dass er früher schwimmen als gehen lernte. In seiner Familie gab man viel auf Wassersport, und auch er war davon fasziniert. Er ordnete alles dem Sport unter, auch das Studium, und errang viele Medaillen. Bei einem internationalen Wettkampf wurde er Augenzeuge, wie ein Mitbewerber verunglückte. Das traf ihn so, dass er sich vom Sport verabschiedete. Er schloss sein Studium ab und nahm einen Posten an. Vor zweieinhalb Jahren wechselte er die Firma und machte bald Karriere. Er ist mit seiner Arbeit zufrieden, lebt aber in ständigem Stress.

Die Stresssituation auf dem Arbeitsplatz begünstigte den Ausbruch dessen, was er lange zu verdrängen versucht hatte. Bei einem tragischen Unfall auf dem Sportterrain wiederholte sich die Situation während seiner Geburt, die sein Geist registriert hatte. Sein Leben war vom

Ersticken bedroht, und weil dieses geistliche Trauma nicht geheilt worden war, reagierte er mit fluchtartigem Rückzug aus dem Sport. Von den geistlichen Strukturen waren am meisten das Leben und das Vertrauen betroffen. Die geistliche Krankheit war prä- und postnatal entstanden. Sie äußerte sich durch Leid, das durch Beleidigungen verursacht war.

Der junge Mann konnte wegen seines Urlaubs täglich oder jeden zweiten Tag kommen. Die Therapie dauerte zweieinhalb Wochen und bestand aus Katechesen (über das Gebet, über Glaube/Vertrauen), am meisten aber aus Gebeten der Liebe (Agapotherapie), von denen das Gebet, dass Jesus immer bei ihm war, einige Male wiederholt wurde (Pististherapie). Alle Symptome, derentwegen er gekommen war, blieben aus, und er musste auch nicht in den Krankenstand. Während der Nacht musste er nicht mehr schreien. Nach einiger Zeit kehrte er zum Sport zurück, diesmal als Trainer für die Junioren.

POSTABORTIVES SYNDROM

Eine Mutter brachte ihre 15-jährige Tochter ins *Zentrum*, die folgende Probleme hatte: Sie kann sich beim Lernen kaum konzentrieren, hat kein Selbstwertgefühl, wohl aber Ängste und Alpträume. Sie ist unselbständig und oftmals sehr bedrückt. Sie wird von Schuldgefühlen geplagt und attackiert ihre jüngeren Schwestern, wodurch es immer zu Streit kommt.

Die genannten Symptome sprachen für eine gesonderte Sitzung mit der Mutter. Dabei stellte sich heraus, dass diese Tochter ihr erstes Kind war, dass sie davor aber zwei Mal abgetrieben hatte. Sie hat das gebeichtet, war sich aber nicht sicher, ob es auch vergeben ist.

Wir erklärten ihr, dass ihr Gott alles, was sie bereut

und gebeichtet hat, vergeben hat, aber dass bei ihr, wie auch sonst nach jeder Sünde, Wunden geblieben seien, die man heilen müsse. Darum kam zunächst die Mutter zur Therapie. Alles wies darauf hin, dass es um Leid und Schuld aus postnataler Periode und um eine geistliche Krankheit ging. Nach der Diagnose ging es weiter zur Agapo- und Pististherapie. Der Schwerpunkt war aber die Eirenotherapie. Die Gewissensbisse wurden geheilt, sie wurde darüber unterrichtet, wie sie die ungeborenen Kinder lieben kann.

Fast zur gleichen Zeit, aber getrennt arbeiteten wir mit der Tochter. Durch die kognitive und die Agapotherapie lernte sie an die bedingungslose Liebe Gottes zu glauben. Durch die Agapotherapie in allen Ausformungen nahm sie so viel Liebe auf, dass auch ihr Vertrauen wuchs. Darum waren bei der Pististherapie nur gewisse Segmente nötig.

Die Tochter war sechs Wochen hindurch täglich 45 Minuten im Zentrum.

Auch in diesem Fall zeigte es sich, dass sich eine Abtreibung nicht nur auf die Frau, sondern auch auf die danach geborenen Kinder auswirkt. Am Ende der Therapie konnte die Mutter glauben, dass ihr vergeben ist. Ihre Liebe zu den Kindern gab ihr die Sicherheit, dass es ihnen gut geht und dass sie ihnen in der Ewigkeit glücklich begegnen wird. Die Tochter hat keine Ängste und Alpträume mehr. Sie fühlt sich nicht schuldig und macht auch ihren Schwestern keine Vorhaltungen mehr. Sie ist sich ihres Wertes bewusst, lernt leichter, was sich auch in besseren Noten in der Schule auswirkt.

SEXUELLE VERIRRUNGEN

Ein 25-jähriger Mann kam ins *Zentrum*, um sich hinsichtlich seines Arbeitskollegen beraten zu lassen. Diesem gefallen die Mädchen, aber er habe aber auch homosexuelle Neigungen, die er jedoch verheimlichen möchte.

Ich wollte den Fragebogen für seinen Kollegen ausfüllen, wo ich erfuhr, dass er zwei ältere Schwestern, einen älteren und einen jüngeren Bruder habe, dass er selber ein gewünschtes Kind sei, da auch die Eltern aus einer kinderreichen Familie stammten. Dann stockte der Befragte und sagte: "Verzeihen Sie!", denn er verstand, dass ich verstanden hatte, es handle sich um ihn selber. Doch er hatte Vertrauen gewonnen und setzte fort. Die Schwangerschaft und die Geburt waren in Ordnung. Nur der Vater war berufstätig, so konnte sich die Mutter ganz der Erziehung ihrer Kinder widmen. Von Kindheit an sang er schön, und so wurde er in einen Kinderchor aufgenommen. In der Schule lernte er gut, darum konnte er mit dem Singen fortfahren. Als er zehn Jahre alt war, ging er auf Tourneen, und in einem Hotel verwickelte ihn ein junger Mann in sexuelle Handlungen. Er erzählte niemandem, was dort geschehen war, sondern lebte zurückgezogen und dachte oft an den jungen Mann. Der Turnunterricht war ihm am liebsten, und er ging auch in ein Fitnesscenter. Sich selbst redete er ein, es ginge ihm um die Stärkung seiner Muskulatur. Er wollte es sich nicht eingestehen, dass er sehnlich auf das gemeinsame Duschen wartete. Er entschloss sich, im *Zentrum* Hilfe zu suchen, weil er fürchtete, jemand könnte von seiner Neigung erfahren. Kollegen erzählen von ihren Abenteuern mit Mädchen, und sie beginnen ihn schon zu hänseln, weil er dabei immer schweigt. Er sagt, er würde gern mit einem Mädchen ausgehen, aber er wisse nicht, wie es weitergehen soll. Mit okkulten Praktiken kam er nicht in Berührung. Er sagte, er sei getauft, gehe aber nicht in die Kirche.

Der Hauptpunkt der Diagnose war der sexuelle Vorfall in der Kindheit, und so lautete sie: eine Deviation, verursacht durch ein Trauma und durch Begehren in postnataler Zeit.

Die Therapie begannen wir mit der kognitiven und der Agapotherapie. Danach kam die Meditation "Gott hat mich gewollt und geplant. Er wollte, dass ich ein Mann bin, er braucht mich und ist immer bei mir". Das waren Gebete, die das Herz des jungen Mannes berührten. Wir setzten mit der Heilung der Wunden fort, vor allem jener, die er im zehnten Lebensjahr erhalten hatte. Dann wurden sein Vertrauen bestärkt und die Gewissensbisse geheilt. Er nahm seine Geschlechtlichkeit als Geschenk an und konnte für sich danken. Danach wurde er über die hl. Beichte und Messe belehrt. Nach der Lebensbeichte ging er regelmäßig zur Kirche und zur Kommunion. Er empfand Mitleid mit dem jungen Mann, der ihn verführt hatte, und verzieh ihm. Er verzieh auch den Arbeitskollegen, die seinen Intimbereich nicht ehrten.

Ins Zentrum kam er drei Monate hindurch einmal wöchentlich für eine halbe Stunde. Es gab keine Deviation mehr. Nach fünf Monaten meldete es sich telefonisch. Er hat eine Freundin, die ebenfalls gläubig ist.

ANOREXIE

Auf Anruf des Hausarztes besuchten wir ein 12-jähriges Mädchen, das schon zwei Jahre mit Anorexie kämpft und schon drei Monate nicht außer Haus war.

Es stellte sich heraus, dass sie aus einer Intellektuellenfamilie stammt, ein Einzelkind ist, auf die Welt kam, nachdem die Eltern ihr Diplom, Arbeit, Karriere und ein Haus erworben hatten. Schwangerschaft und Geburt waren in Ordnung - die Mutter war noch zwei Tage vor dem Termin auf einer Dienstreise. Die Muttermilch war zu schwach und nicht ausreichend, so wurde das Mädchen von Anfang an künstlich ernährt, was der Mutter schon einen Monat nach der Geburt den Wiedereinstieg ins Berufsleben ermöglichte. Die Tochter wurde von Frauen gehütet, die durch Inserat angeworben worden waren. Später kam sie in den Kindergarten. Schon mit vier Jahren sprach sie eine Fremdsprache, ging schwimmen und nahm Ballettstunden. Mit dem Schuleintritt kam sie zusätzlich noch in eine Musikschule. Die Eltern waren viel auf Reisen und brachten ihr teure Spielsachen und exklusive Kleidung. Sie wurde von den Mitschülern beneidet, sie kamen gerne zu ihren "schmissigen" Geburtstagspartys. Sie hasste die Montage. Während nämlich die anderen Kinder von Ausflügen mit ihren Eltern erzählten, verbrachte sie das Wochenende mit Computerspielen, da die "Eltern immer etwas gelesen oder geschrieben haben, und es darum im Haus immer ruhig sein musste". Am Beginn der Pubertät bekam sie Pusteln im Gesicht. In einer Jugendzeitschrift las sie, das käme von zu fetter Nahrung. Da sie auch beim Ballett das eine oder andere Kilo abnehmen wollte, hörte sie mit dem Essen von allem auf, was ihr fettreich zu sein schien. Die Eltern bemerkten, dass sie weniger aß, sie drängten sie, es zu ändern, und gaben ihr auch zusätzliche Vitamine. Sie aß von nun an alles, aber danach mühte sie sich, es wieder zu erbrechen. So nahm sie stark ab. Obwohl sie nicht meinte, unterernährt zu sein, ging sie nicht mehr aus dem Haus, wegen der Leute, die sich nach ihr umsahen, und wegen der Menschen, die sagten, sie sei dürr.

Der Hausarzt organisierte es, dass sie im Spital eine Infusion bekam. Aber die Ursache ihrer Anorexie war im geistlichen Bereich. Die Eltern hatten für sie nicht entsprechend Zeit, was sie mit teurem Spielzeug zu ersetzen trachteten. Das Kind fühlte sich dennoch nicht angenommen und von den vielfachen Aktivitäten überlastet. Die Schuldgefühle wegen der "Störung des familiären Rhythmus" gipfelten in der Pubertät. Das Mädchen kann sich selbst und auch seine Lebensart nicht annehmen und erlebt die Anorexie als eine Form von Selbstmord. Die Diagnose lautet: Leid, verursacht durch pränatale und postnatale Traumen, durch Mangel an Zärtlichkeit und Liebe.

Die Anfangstherapie verdeutlichte ihr, dass sie kostbar ist, einmalig, dass Jemand existiert, der ihr das Leben geschenkt hat und sie bedingungslos liebt. Dann wiederholten wir bei einigen Treffen die Meditation "Auf dem Schoß Gott des Vaters und der Muttergottes", wodurch sie von Liebe und Zärtlichkeit erfüllt wurde (Agapotherapie). Danach zeigte sie größeres Interesse an der Therapie. Durch entsprechende Texte der Hl. Schrift wuchs ihr Vertrauen (Pististherapie). Dann ging es weiter zum Wichtigsten: der Selbstannahme. Erst als sie jedes Teilchen an sich angenommen und zu lieben begonnen hatte, hörte sie auf zu erbrechen und begann normal zu essen. Da sie getauft war, empfahlen wir ihr die Krankensalbung, wo sie gerne zustimmte. In der Eirenotherapie sagte sie sich von aller Erwartung an die Eltern und Vorstellung von den Eltern los. Sie akzeptierte sie, wie sie sind, und verzieh ihnen. Durch die Pneumatotherapie wurden die "eingestürzten" Tugenden wieder aufgebaut.

Zwei Mal wurde die Therapie mit ihr im Krankenhaus gemacht, wo sie Infusionen bekam. Danach stimmte sie zu, ins *Zentrum* zu kommen, jeden zweiten Tag eine halbe Stunde. Die ganze Therapie dauerte zwei Monate. Das Mädchen nahm an Gewicht zu und begann auch regelmäßig in die Kirche zu gehen. Sie wollte die Sakramente, die sie im siebten Lebensjahr empfangen hatte, nun praktisch leben. Das Gespräch mit den Eltern, die im Laufe der Therapie ins *Zentrum* geladen waren, beschleunigte ihren Entschluss, einen Teil der Arbeiten aufzugeben, durch die sie sich schon ziemlich erschöpft fühlten. Sie sprachen sich auch mit der Tochter ab, von welcher Aktivität sie lassen wolle. Schließlich lebten sie wie eine echte Familie. Die Interkommunikation gewann an Niveau, sie machten gemeinsame Spaziergänge und Ausflüge und gewannen an Freude.

MISSTRAUEN GEGENÜBER GOTT

Weil er Gott nicht vertrauen und weil er die Autorität von Männern nicht ertragen könne, kam ein 32-jähriger Mann ins *Zentrum*. Er sagte, er sei gläubig, aber er bete nur zur Mutter Gottes.

Bei der Befragung gab er an, er sei der Zweitgeborene. Die Schwangerschaft und Geburt seien gut verlaufen. Weil beide Elternteile arbeiteten, ging er - noch nicht drei Jahre alt - in den Kindergarten. Dort weinte er jeden Morgen, wenn ihn der Vater verließ. Dieser versprach ihm, er werde ihn gleich holen, doch er arbeitete sehr lange und kam fast immer als letzter, um ihn heim zu bringen. Am Beginn der fünften Klasse versprach ihm der Vater ein Fahrrad, wenn er brav lerne, und so strengte er sich sehr an und war der beste Schüler in der Klasse. Als er mit dem Zeugnis heim kam, sagte der Vater, er habe bloß gescherzt, um die Möglichkeiten des Sohnes zu testen. In der dritten Klasse des Gymnasiums sollte er an einem Wettbewerb teilnehmen, dann aber wurde ihm en Mitschüler mit schlechterer Qualifikation vorgezogen. Nach der Matura wollte er Mathematik studieren. Weil er sich vor der Aufnahmsprüfung fürchtete, betete er um einen guten Ausgang. Ein Priester sagte ihm, Gott werde ihm sicher helfen. Er schaffte es nicht auf Anhieb und hörte darum auf, in die Kirche zu gehen. Beim zweiten Versuch gelang es, er beendete das Studium erfolgreich und nahm eine Anstellung an. Er liebt seinen Beruf und ist froh, eine Chefin zu haben, denn er weiß nicht, wie er einen Mann in dieser Position ertragen würde. Da er heiraten will und die Verlobte eine kirchliche Heirat wünscht, wollte er das Problem lösen, bevor er zur offiziellen Vorbereitung auf das Ehesakrament geht.

Es war klar, dass bei unserem Patienten das verletzte Vertrauen von den ständigen Täuschungen hervorgerufen war. Die Diagnose lautet also: geistliche Krankheit, Leid, verursacht durch Enttäuschungen.

Die Therapie begannen wir mit einem Evangelisationsseminar, aber so als hätten wir einen gänzlichen Atheisten vor uns. Später bei der Agapotherapie wandten wir uns an Maria als Mittlerin zu Jesus und zum himmlischen Vater. So wurden die Wunden aus der Kindheit beim Patienten geheilt. Durch Bilder aus der Hl. Schrift, des rechten Schächers, des verlorenen Sohnes bestärkten wir sein Vertrauen. Wir baten ihn, er möge an jemanden denken, dem er gut vertraut, und unmittelbar danach möge er an Gott denken. Als wir uns sicher waren, dass das Vertrauen aufgebaut war, gingen wir zur Eirenotherapie über. Der Patient musste allmählich bewegt werden, sich zum Vergeben zu entscheiden. Durch Gottes Gnade verzieh er sich selber, anderen Menschen und auch Gott. Dann ging er nach einer Vorbereitung zur Beichte. Er wurde auch über die hl. Messe belehrt, wo er während der Opferung seine Ohnmacht mit auf den Altar legte. Es war auch nötig, einen Priester zu bitten, über dem Patienten ein Befreiungsgebet zu beten, wegen seines Unglaubens und Zweifelns. Wir empfahlen ihm, täglich ein paar Mal das Glaubensbekenntnis zu beten.

Wir wendeten wieder die Agapotherapie an, aber dieses Mal gingen wir durch die Therapie zusammen mit Jesus. Bei der Meditation "Auf dem Schoß Gott des Vaters" standen ihm Freudentränen in den Augen. Er war geheilt. In der spezifischen Therapie beteten wir noch um entsprechende Tugenden.

Er war zwei Monate hindurch ins *Zentrum* gekommen, zwei Mal wöchentlich für eine halbe Stunde. Später ging er mit seiner Braut zur Ehevorbereitung. Bald musste er seinen Arbeitsplatz wechseln, wo er einen Chef hatte, was ihn jetzt aber nicht störte.

SYMPTOMATISCHE PHYSISCHE KRANKHEIT

Nachdem sie wegen Kopfschmerzen den ersten Besuch immer wieder verschieben hatte müssen, kam eine 48-jährige Frau, verheiratet, gläubig, Mutter zweier Kinder ins *Zentrum*. Sie kam eben wegen starker Kopfschmerzen, an denen sie schon 20 Jahre leidet. Es handelt sich um Migräne, die sich ein bis zwei Mal wöchentlich meldet. Der Schmerz erfasst immer eine Hälfte des Kopfes, und dann stört sie das Licht, der Lärm, und es wird ihr übel. Die Medizintherapie hatte nicht geholfen. Wenn die Schmerzen unerträglich werden, wendet sie sich an den Notarzt, wo sie eine Injektion bekommt. Natürlich leiden unter dieser Situation auch ihr Mann und die Kinder.

Sie wurde als zweites Kind geboren, fünf Jahre nach dem Bruder, und war ein Wunschkind. Der Bruder war auf sie sehr eifersüchtig, er schlug sie, machte ihr das Spielzeug kaputt - einmal warf er sogar ihre Lieblingspuppe ins Feuer. Als sie in die Schule kam, wurde die Situation um nichts besser. Der Bruder versteckte ihr die Hefte, und sie musste sie mit Schokolade und Eis "freikaufen". Sie wagte es nicht, ihren Eltern etwas zu sagen, da sie der Bruder mit Schlägen bedrohte. In die Mittelschule ging sie in die Nachbarstadt, um nur ja von daheim weg zu kommen. Sie kam kaum nach Hause, was ihr half, die Bosheiten des Bruders zu vergessen. Sie heiratete sofort nach der Mittelschule, und nach der Geburt ihrer Kinder ging sie ganz in der Familie auf. Mit 27 Jahren erfuhr sie, dass der Bruder die Eltern überredet hatte, all ihr Vermögen ihm zu überschreiben. Das erlebte sie als grobe Ungerechtigkeit. Die verdrängten Bilder aus der Vergangenheit stiegen von neuem in ihr auf, und sie beschloss, ihren Bruder nie mehr zu sehen. Es begannen die Kopfschmerzen, derentwegen sie zahlreiche klinische Untersuchungen und Auslandsaufenthalte auf sich nahm, aber es gab keine zufrieden stellenden Resultate.

Wir erklärten ihr die enge Verknüpfung von Körper, Psyche und Geist und die so genannte Somatisation. Wir wiesen darauf hin, dass die Ursache ihrer Migräne auf dem geistlichen Sektor liegen könnte. Wir zeigten, dass es keine private Sünde gibt und dass die fremde Sünde in uns die eigene Sünde provozieren kann. Nichtvergebung und Hass könnten zu einer Reihe von Krankheiten auf psychischem und physischem Gebiet des Menschen führen.

Sie entschied sich für die Therapie, zu der sie zunächst täglich kam, danach zwei Mal wöchentlich, insgesamt vier Monate lang. Von Beginn an versuchten wir, Mitleid für den Bruder zu erregen, der bis zu ihrer Geburt im Zentrum der Aufmerksamkeit gestanden war und sie als Eindringling empfand. Kognitiv überzeugten wir sie, dass Gott sie dieser Welt schenken wollte, besonders ihrer Familie, dass sie ein Recht auf das Leben hat und dass Gott einen Plan mit ihrer Krankheit verfolgt. Indem sie sich allmählich von ihren Vorstellungen löste und den Willen Gottes annahm, entschied sie sich dazu, ihrem Bruder zu vergeben. Danach ging sie zu einer Lebensbeichte, und die Kopfschmerzen verschwanden im Nu.

Seither sind mehr als sieben Jahre vergangen. In den ersten fünf Jahren wurden die Resultate der Therapie von uns überprüft. Die Patientin hatte Kopfschmerzen, wenn sie eine Grippe hatte oder sich verkühlt hatte, aber sie hatte keine Migräne mehr. Sie hat ihrem Bruder vergeben und ist frei von ihm. Ihre erste Begegnung nach vier Jahren war problemlos. Die Situation in der Familie änderte sich ebenfalls, denn die Familie hat eine heitere und zum Scherzen bereite Gattin und Mutter.

DIE ARBEIT MIT EINEM ATHEISTEN

Ein Mann, 62, kam ins *Zentrum*, "um auch das noch auszuprobieren", denn "seine Enttäuschungen seien endlos". Er sagt, vielleicht sei es ein Fehler zu kommen, er sei nämlich nicht gläubig und sein Standpunkt "unterscheide sich radikal vom kirchlichen". Schon im Anfangsgespräch gaben wir ihm zu verstehen, dass das *Zentrum* für Menschen aller Weltanschauungen offen stehe und dass wir seine Überzeugung ehren.

Der Fragebogen zeigte, dass er aus einer armen Familie stammt, als drittes und jüngstes Kind. Sein Vater war in den Krieg gezogen, und die Mutter war mit den Kindern nach Nordafrika geflohen, wo sie in Baracken lebten, unter schweren Bedingungen, doch sie konnten dort zur Schule gehen. Vom Vater wussten sie bis zum Ende des Krieges nichts, bis sie in die Heimat zurückkehrten. Er hatte den Offiziersrang erworben und war zwei Mal verletzt worden. Nach der Befreiung bekam er beim Heer eine Anstellung. Er selbst wurde atheistisch erzogen, war dann in einer Jugendgruppe, und später als Mitglied in der kommunistischen Partei aktiv. Er erhielt ein Stipendium und konnte so studieren. Nach dem Abschluss erhielt er sofort eine Anstellung. Er meint, sein ganzes Leben anständig gelebt, Gutes getan und jedem, dem er konnte, geholfen zu haben. Zu einer solchen Lebensweise hielt er auch seine Kinder an. Er hatte zwei Kinder mit einer Frau, von der er sich getrennt hatte, als die Kinder "auf eigenen Füßen standen". Die postkommunistische Zeit änderte nichts an seiner Überzeugung. Darum wurde er von ehemaligen Freunden verlassen, auch die Kinder und die andere Verwandtschaft meldeten sich nicht, und so blieb er ganz allein. Die Einsamkeit und die Enttäuschung wuchsen noch mit dem Eintritt in die Pension.

Traumen und geistliches Leid aus postnataler Zeit hatten starkes Leid und Schuld verursacht.

Die Therapie begannen wir mit der Erklärung der drei Bereiche des Menschen und ihrer Verbindung untereinander. Dann sprachen wir zu ihm von der Liebe als der Grundbedingung gedeihlichen menschlichen Lebens. In der Folge beteten wir mit ihm das "atheistische Gebet" und versicherten ihm, dass das Gute immer bei ihm war und dass ihn Liebe umgebe. Zur nächsten Therapie kam er bloß deshalb, um sich von weiteren Besuchen abzumelden, worauf er zur Antwort erhielt, dass seine Freiheit respektiert werde und dass im *Zentrum* weiterhin für ihn gebetet werde. Er ging, aber nach zwei Tagen machte er sich einen neuen Termin aus. Er kam, als wäre nichts geschehen. Die Therapie wurde also fortgesetzt und die Wunden aus der Kindheit geheilt. Dann wurde er angeleitet, sich von seinen Vorstellungen über die Menschen zu lösen und sie als solche anzunehmen, wie sie sind. Das half ihm, ihnen zu vergeben und sich zu beruhigen.

Er verzieh seiner Frau, den Kindern und Arbeitskollegen, und seine Enttäuschung legte sich. Er wurde frohen Mutes und begann von Zukunftsplänen zu erzählen. Er wollte viel spazieren gehen und Pilze suchen. Er meinte, er sei ein richtiger Optimist geworden und dass er sicher die Verbindung zu Frau und Kindern finden werde. Und dann fragte er auf einmal: "Was ist das für eine Kraft, in der ihr arbeitet? Woher habt ihr so viel Frieden? Warum habt ihr mich nicht aufgegeben, als ich mich selber aufgab?" Wir erzählten ihm darauf, wie Jesus aus Nazareth unser eigenes Leben verwandelt hat. Er "verschlang" jedes unserer Worte. Am Ende sagte er, er wolle diesen Jesus besser kennen lernen. Darauf verwiesen wir ihn auf den Priester, aus dessen Pfarrei er stammte.

Bei einer zufälligen Begegnung in der Stadt erzählte er, er gehe zu einem Kurs bei seinem Pfarrer und wolle die Sakramente empfangen.

BIBLIOGRAPHIE

A. ABKÜRZUNGEN

GS – *Gaudium et spes, Die pastorale Konstitution über die Kirche in der Welt von heute,* in: K. Rahner, H. Vorgrimmler, *Kleines Konzilskompendium*, Herder, Freiburg i.Br., 1986.

KKK – *Katechismus der Katholischen Kirche*, München, Veritas 1993, Nr. 1458.

RBT – *Rječnik biblijske teologije,* KS, Zagreb, 1988.

RH – Johannes Paul II., *Redemptor hominis,* Sekr. d. Dt. Bischofskonf., 1997.

SD – Johannes Paul II., *Salvifici doloris*, Sekr. d. Dt. Bischofskonf., 1985.

EN – Paul VI., *Evangelii nuntiandi* Pastoralamt der Diözese Linz.

FEEK – *Die Feier der Eingliederung Erwachsener in die Kirche,* Benziger Einsiedeln-Köln, Herder Freiburg-Wien,1975

B. UNTERLAGEN DER KIRCHE

Bibel, Katholisches Bibelwerk, Stuttgart, 1997

Katechismus der Katholischen Kirche (KKK), Veritas, 1993

K. Rahner, H. Vorgrimmler, *Kleines Konzilskompendium*, Herder, Freiburg i.Br., 1986

Rječnik biblijske teologije, KS, 1988
Johannes Paul II., *Salvifici doloris*, Sekr. d. Dt. Bischofskonf., 1985
Johannes Paul II., *Redemptor hominis*, Sekretariat d. Dt. Bischofskonf., 1980
Paul VI., *Evangelii nuntiandi*, Sekr. d. Dt. Bischofskonf., 1979
Johannes Paul II., *Dives in misericordia*, Sekr. d. Dt. Bischofskonf., 1981
Johannes Paul II., *Menschliche Sexualität: Wahrheit und Bedeutung*, Sekr. d. Dt. Bischofskonf., 1997
Johannes Paul II., *Christifideles laici*, Sekr. d. Dt. Bischofskonf., 1990
Johannes Paul II., *Fides et ratio*, Sekr. d. Dt. Bischofskonf., 1999
Glaubenskongregation, *Persona humana*. Sekr. d. Dt. Bischofskonf., 1976
Päpstlicher Laienrat, *Die Aufgabe des Priesters in Laiengruppierungen*, Sekr. d. Dt. Bischofskonf., 1990
Sekretariat für die Nichtchristen, *Die Haltung der Kirche gegenüber den Anhängern anderer Religionen*, L' Osservatore Romano, Wochenausgabe in Deutscher Sprache, 24. August 1984

C. DEUTSCHSPRACHIGE BÜCHER VON T. IVANČIĆ:

Abba. Lieber Vater, Grafocommerce, Salzburg, 1998

Begegnung mit dem lebendigen Gott, Christliche Grunderfahrung, Grafocommerce, Salzburg, 1993

Für eine bessere Welt, Grafocommerce, Salzburg, 1994

Folge mir nach. Kreuzweg, Grafocommerce, Salzburg, 1995

Wiederkehr der Hoffnung, Grafocommerce, Salzburg, 1996

So sollt ihr beten, Grafocommerce, Salzburg, 1995

Hagiotherapie, Grafocommerce, Salzburg, 1995

Grundlagen der Hagiotherapie, Grafocommerce, Salzburg, 1998

Für Ermüdete, Grafocommerce, Salzburg, 1993

Wer ist der Mensch? Grafocommerce, Salzburg, 2001

Aggressivität und Vertrauen, Grafocommerce, Salzburg, 2001

Dem Menschen geistlich helfen, Grafocommerce, Salzburg, 1999

Therapie des Geistes, Grafocommerce, Salzburg, 1997

Heilungsgebete, (gesammelt von Hans Jürgen Lung, nach den Seminaren von Prof. Tomislav Ivančić), Grafocommerce, Salzburg,1993

Heilung im Gebet, (Heilungsgebete bearb. v. Andrea v. Rechberg).

D. ANDERE AUTOREN

Amen, Dr. Daniel, CHANGE YOUR BRAIN, CHANGE YOUR LIFE, Three Rivers Press, New York 1998

Amen, Dr. Daniel, HEALING THE HARDWARE OF THE SOUL, The Free Press, New York 2002

Amorth, Gabriele, EIN EXORZIST ERZÄHLT, Christiana, 4. Aufl. 2001

Arambašić, L., Vizek – Vidović, V., Anić, N., POSTTRAUMATSKI STRESNI POREMEĆAJ, *Priručnik za psihoterapeuta pri susretu s ratnim traumama,* Ministarstvo obrane RH, Zagreb, 1993

Aristotel, DE ANIMA I, 2, 404a, 28, 405a, 9

Augustin, A., DE LIBERO ARBITRIO, Nuova Biblioteca Agostiniana, Roma, Zagreb, 1976

Augustin, A., CONFESSIONS, Oxford University Press, 1991

Backus, W., Chapian, M., BEFREIENDE WAHRHEIT. PRAXIS KOGNITIVER SEELSORGE. Projektion J., Wiesbaden, 1980

Bajsić, V., POJAM DUHA U FILOZOFIJI, u: *BS 1-2* (1989).

Baumgartner, I., HEILENDE SEELSORGE IN LEBENSKRISEN, 1. Aufl. Düsseldorf: Patmos-Verl., 1992

Baumgartner, I., PASTORALPSYCHOLOGIE, Patmos, Düsseldorf, 1990

Beck, M., SEELE UND KRANKHEIT. PSYCHOSOMATISCHE MEDIZIN UND THEOLOGISCHE ANTHROPOLOGIE, Schöningh, Paderborn, 2001

Beck, M., DER KREBS UND DIE SEELE. GEN-GEIST-GEHIRN-GOTT, Schöningh, Paderborn, 2004

Beinert, W., HEILENDER GLAUBE, Topos Taschenbücher, 1990

Berdjajev, Nikolaj, SPIRIT AND REALITY, Paris, 1937

Biser, E., Kniper, P. C., Rotter, H., THEOLOGIE UND PSYCHOLOGIE IM DIALOG ÜBER DIE ANGST, Bonifatius Verlag, Paderborn, 1997

Biser, E., KANN GLAUBE HEILEN? ZUR FRAGE NACH SINN UND WESEN EINER THERAPEUTISCHEN THEOLOGIE, in: *Der Deutsche Apotheker,* 1993

Blackburn, Bill, WAS SIE ÜBER SELBSTMORD WISSEN SOLTEN, Blaukreuz Verlag, Wuppertal, 1990

Bloch, E., DAS PRINZIP HOFFNUNG I, Frankfurt, 1959

Bobgan, Martin and Deidre, PSYCHOTHERAPIE ODER BIBLISCHE SEELSORGE, Christliche Literatur-Verbreitung, Bielefeld, 1991

Bochenski, J. M., WAYS TO PHILOSOPHICAL THINKING, Herder 2000

Bosmans, P., JA ZUM LEBEN, Herder, Freiburg, 2002

Böckle, F., MENSCHENWÜRDIG LEBEN, Zürich, 1979

Braunsteiner, G., "THERAPIE DES GEISTES". DER ANSATZ DER HAGIOTHERAPIE - ein Beispiel therapeutischer Theologie? Unipress, Bd 140, Münster 2004

Bujas-Petković, Z., AUTISTIČNI POREMEĆAJ, ŠK, Zagreb, 1995

Burger, H., FILOZOFSKA ANTROPOLOGIJA, Naprijed, Zagreb, 1993

Carothers, Merlin R., ERNEUERT EUER DENKEN, Verlag Johannes Fix, Plüderhausen, 1985

Champlin, J., HEALING IN THE CATHOLIC CHURCH, Our Sunday Visitor/nc, Huntington, Indiana, 1985.

Colles, R., MORALISCHE INTELLIGENZ, München, 1998.

Coreth, E., GRUNDRISS DER METAPHYSIK, Tyrolia-Verl., 1994.

Coreth, E., WAS IST DER MENSCH, Tyrolia, 1986.

Dieterich, M., HEIL UND HEILUNG: HOFFNUNG FÜR DIE SEELE, Hänssler, Neuhausen, Stuttgart, 1992

Dieterich, M., PSYCHOTHERAPIE – SEELSORGE – BIBLISCH – THERAPEUTISCHE SEELSORGE, Hänssler, Stuttgart, 1987

Domek, J., SEGEN – QUELLE HEILENDER KRAFT, Vier-Türme-Verlag, Münsterschwarzach, 1988

Emmons, R., A., SPRIRTUALITY AND INTELLIGENCE: PROBLEMS AND PROSPECTS, in: The International Journal for the Psychology of Religion, 10 (1), 57-64

Falconer, A. D., Liechty, J., RECONCILING MEMORIES, The Columba press Dublin, 1998

Faricy, Robert, PREGHIERA E GUARIGIONE INTERIORE, Editrice Ancora Milano, 1979

Fauvelle, A., LES DIX COMMANDEMENTS, Vie Spirituelle et amitie Tournai, 1987

Frankl, E. Viktor, ÄRZTLICHE SEELSORGE, Franz Deuticke, Wien, 1982

Frankl, E. Viktor, DER UNBEWUßTE GOTT, Kösel-Verlag, München, 1974

Frankl, E. Viktor, EIN PSYCHOLOGE ERLEBT DAS KZ, Wien 1946

v. Gagern, F., GLÜCKLICHE EHE, Josef Knecht Verlag, Frankfurt a/M., 1961

v. Gagern, F., HARMONIE VON SEELE UND LEIB, Josef Knecht Verlag, Frankfurt a/M, 1962

Gitt, Werner, FASZINATION MENSCH, Christliche Literatur-Verbreitung Bielefeld, 1996

Goleman, Daniel, EMOTIONAL INTELLIGENCE, Bantam Books, New York 1995

Gordan, P., LEID, SCHULD, VERSÖHNUNG, Styria, 1990

Groebner, E., IM ZWIEGESPRACH. BEZIEHUNG ZWISCHEN MUTTER UND KIND VOR UND BEI DER GEBURT, Verein Aktion Leben, Wien, 1990

Grupa autora, SMISAO ŽIVLJENJA I POJAVA SAMOUBOJSTVA, Ministarstvo obrane Republike Hrvatske, 1993

Grün, A., FASTEN: BETEN MIT LEIB UND SEELE, Vier-Türme-Verlag, Münsterschwarzach, 1984

Grün, A., EINREDEN, Vier-Türme, Münsterschwarzach, 2001

Grün, A., TRÄUME AUF DEM GEISTLICHEN WEG Vier-Türme, 2001

Haeffner, G., PHILOSOPHISCHE ANTHROPOLOGIE Kohlhammer W., 1989

Häring, B., DAS GESETZ CHRISTI, Wewel 1954

Häring, B., HERZ JESU UND DAS HEIL DER WELT, EOS Verlag _Erzabtei St. Ottilien 1983

Häring, B., VOM GLAUBEN, DER GESUND MACHT, Herder, 1984

Heidegger, M., ÜBER DEN HUMANISMUS, Frankfurt, 1949

Heidegger, M., WAS IST METHAPHYSIK, Frankfurt, 1975

Herman, N., DIE WAHRE FREUDE, Die Arche, Zürich, 1969

Hildegard von Bingen, DER MENSCH IN DER VERANTWORTUNG, Otto Müller V., 1972

Jampolsky, Gerald G., LIEBEN HEISST, DIE ANGST ZU VERLIEREN, Goldmann Ratgeber, 2002

Jaspers, K., DER PHILOSPOHISCHE GLAUBE, Frankfurt, 1958

Johannes Paul II., FIDES ET RATIO, KS, Zagreb, 1998

Johannes Paul II., SALVIFICI DOLORIS, KS, Zagreb, 1984

Jores, Arthur, DER MENSCH UND SEINE KRANKHEIT, Ernst Klett Verlag, Stuttgart 1956

Jung, Carl Gustav, VON RELIGION UND CHRISTENTUM, Walter-Verlag AG, Olten, 1987

Jung, C., GESAMMELTE WERKE, Olten 1971

Jung, C., BRIEFE, Olten 1972

Jung, C., GRUNDWERK, Olten 1984-85.

Kals, H., KONTAKT MIT VERSTORBENEN, Herder-Bücherei, Freiburg, 1987

Kierkegaard, S., GESAMMELTE WERKE, 1963

Klose, A., UNTERNEHMERETHIK, HEUTE GEFRAGT? Veritas-Verlag-Linz, Austria, 1988

Kreppold, G., DIE BIBEL ALS HEILUNGSBUCH, Vier-Türme-Verlag, Münsterschwarzach, 1985

Kübler-Ross, E., INTERVIEWS MIT STERBENDEN, Knaur TB 08, 1999

Küng, Hans, GOTT UND DAS LEID, Benziger Verlag 1968

Küng, Hans, DOES GOD EXIST? *An Answer For Today,* GardenCity, N.Y., Doubleday, 1980

LaHaye, Tim, AUSWEGG AUS DEPRESSIONEN, Schulte und Gerth, Asslar, 1985

Längle, A., SINNVOLL LEBEN. ANGEWANDTE EXISTENZANALYSE, Niederösterreichisches Pressehaus, 1988

Lee, Ronald, CLERGY AND CLIENTS: THE PRACTICE OF PASTORAL PSYCHOTHERAPY, The Seabury Press, New York, 1980

Lenné, Dr.med. Raphael, DAS URPHÄNOMEN ANGST, Paul List Verlag KG, München, 1975

Linn, Matthew and Dennis, HEALING LIFE'S HURTS: HEALING MEMORIES THROUGH FIVE STAGES OF FORGIVENESS, Paulist Press, New York, 1979

Lukas, Elisabeth, AUCH DEIN LEIDEN HAT SINN, Herder, Freiburg, 1981

Lukas, Elisabeth, LEHRBUCH DER LOGOTHERAPIE, Profil, München-Wien, 1998

Lukas, E., SEHNSUCHT NACH SINN, LOGOTHERAPEUTISCHE ANTWORTEN AUF EXISTENTIELLE FRAGEN, Profil, 1997

MacNutt, Francis, HEALING, Ave Maria Press, Notre Dame, Indiana, 1974

MacNutt, F., THE POWER TO HEAL, Ave Maria Press, Notre Dame, Indiana, 1977

Mairhofer, L., DIE HAGIOTHERAPIE. PASTORALTHEOLOGISCHE UND PASTORALPSYCHOLOGISCHE ÜBERLEGUNGEN ZUR THERAPEUTISCHEN SEELSORGE AM BEISPIEL DER HAGIOTHERAPIE NACH PROF. DR. TOMISLAV IVANČIĆ. *Magisterarbeit an der Kaththeologischen Fakultät der Karl-Franzens-Üniversität,* Graz, 2004

Mamić, J., RAZVOJ SUVREMENE DUHOVNOSTI, KS, Zagreb 2003

Marsch, M., *Heilen.* BIBLISCHE GRUNDLAGEN DES HEILUNGSAUFTRAGS DER KIRCHE, Otto Müller Verlag, Salzburg, 1984

Mateljan, A., ZDRAVA BOLEST I BOLESNO ZDRAVLJE, TEMELJI KRŠĆANSKOG POIMANJA ZDRAVLJA I BOLESTI, u: *Glasnik HKDL-a 3* (2001.)

McAll, Kenneth, FAMILIENSCHULD UND HEILUNG, Otto Müller Verlag, Salzburg, 1986

McBrien, Richard P., CATHOLICISM, Harper Collins Publishers, New York 1994

Meves, Christa, AUS VORGESCHICHTEN LERNEN, Herder, Freiburg, 1985

Meves, Christa, KLEINES ABC FÜR SEELENHELFER, Herder, Freiburg, 1985

Meves, Christa, UNSER LEBEN MUSS ANDERS WERDEN, Herder, Freiburg, 1982

Moody, Raymond A.Jr, THE LIGHT BEYOND, Bantam Books, New York 1988

Mühlen, H., NEU MIT GOTT, Herder, Freiburg-Basel-Wien, 1992

Müller, J., GOTT IST ANDERS, Betulius Verlag, Stuttgart, 1993

Müller, J., UND HEILT ALLE DEINE GEBRECHEN. PSYCHOTHERAPIE IN CHRISTLICHER SICHT, J.F. Steinkopf Verlag, Stuttgart, 1989

Nikolić, S., MENTALNI POREMEĆAJI U DJECE I OMLADINE 2, ŠK, Zagreb, 1990

Nikolić, S., MENTALNI POREMEĆAJI U DJECE I OMLADINE 3, *Terapija i rehabilitacija, Mediko-psiho-pedagoški pristup zaštiti mentalnog zdravlja djeteta i adolescenta i sociolegalna prevencija*, ŠK, Zagreb, 1992

Ornisch, D., DIE REVOLUTIONÄRE THERAPIE: HEILEN MIT LIEBE; SCHWERE KRANKHEITEN OHNE MEDIKAMENTE ÜBERWINDEN, Mosaik, München, 1999

Pannenberg, W., METAPHYSIK UND GOTTESGEDANKE, Van denhoeck & Ruprecht in Gottingen, 1998

Pascal, B., PENSEES

Peale, N. V., THE POWER OF POSITIVE THINKING, New York : Fawcett Columbine, 1996

Peale, Norman Vincent, THE AMAZING RESULTS OF POSITIVE THINKING, Fireside, 2003

Peale, N. V., Blanton, S., PSYCHOLOGIE UND RELIGIÖSES ERLEBNIS, Emil Oesch v., Thaewil - Zürich, (O. J.)

Peck, M.S., DER WUNDERBARE WEG-EINE PSYCHOLOGIE DER LIEBE UND DES SPIRITUELLEN WAXHSTUMS, Goldmann, 1999

Peck, M.S., A NEW PSYDHOLOGY OF LOVE, TRADITIONAL VALUES AND SPIRITUAL GROWTH, Touchstone, 1988

Peters, Tiemo Rainer, TOD WIRD NICHT MEHR SEIN, Benziger Verlag 1978

Pfeifer, S., BODRITI SLABE, Steppress, Zagreb, 1996

Pfeifer, S., DIE SCHWACHEN TRAGEN, Brunnen, 4. Aufl., 2002

Pfeifer, S., GESUNDHEIT UM JEDEN PREIS? ALTERNATIVE MEDIZIN UND CHRISTLICHER GLAUBE, Brunnen Verlag, Basel und Gießen, 1987

Plessner. H., DIE STUFEN DES ORGANISCHEN UND DER MENSCH. *Einleitung in die philosophische Anthropologie*, Berlin und Leipzig 1928

Pozaić, V., POGLED NA DOSTOJANSTVO LJUDSKE OSOBE U MEDICINI, u: *Glasnik HKLD-a 3* (2001.)

Quweneel, W., J., HERZ UND SEELE. GIBT ES EINE CHRISTLICHE PSYCHOLOGIE?, Christliche Verlagsgesellschaft, Dilenburg 1991

Ratzinger J., WAHRHEIT, WERTE, MACHT. PRÜFSTEINE DER PLURALISTISCHEN GESELLSCHAFT, Herder, 1995

Ratzinger J., AUF CHRISTUS SCHAUEN, Herder, Freiburg-Basel-Wien, 1998

Rey, K.G., AUS ANGST KANN HOFFNUNG WERDEN, Herder, Freiburg, 1988

Rey, K.G., LICHT DER HOFFNUNG IM DUNKEL DER ANGST, NZN Verlag, Zürich, 1990

Ringel, E., DAS LEBEN WEGWERFEN? : REFLEXIONEN ÜBER DEN SELBSTMORD, Herder Verlag GmbH; Auflage: 3. Aufl. 1986

Risch, H., GOTT TRÖSTET, Brockhaus Verlag, Wuppertal, 1989.

Sandford, John L. and R. Loren, DIE ERNEUERUNG DER GEDANKEN, Verlag Gottfried Bernard, Solingen, 1993

Sartre, J. P., L'EXISTENTIALISME EST UN HUMANISME, Paris, 1946

Satura, V., RELIGION UND SEELISCHE GESUNDHEIT, Veritas-Verlag, Linz-Wien

Scheler, M., DIE STELLUNG DES MENSCHEN IM KOSMOS, 1928

Scheler, M., GESAMELTE WERKE

Schlaghech, M., THEOLOGIE UND PSYCHOLOGIE IM DIALOG ÜBER DIE ANGST, Bonifatius V., Paderborn 1997

Schmidinger, HAT THEOLOGIE ZUKUNFT. EIN PLÄDOYER FÜR IHRE NOTWENDIGKEIT, Topos 2000

Sellin, Birger, ICH WILL KEIN INMICH MEHR SEIN, Kipenheuer & Witsch, Köln 1993

Shlemon, B., HEALING PRAYER, Notre Dame, Indiana 1986

Simonton, D. Carl, GETTING WELL AGAIN, J. P. Tarcher edition 1978

Simonton, C.D., WIEDER GESUND WERDEN, AKTIVIERUNG DER SELBSTHEILUNGSKRÄFTE FÜR KREBSPATIENTEN, Rowohlt, TB, 09/2002

Sinnetar, M., SPIRITUAL INTELLIGENCE, New York, 2000

Skledar, N., ČOVJEKOV OPSTANAK. UVOD U ANTROPOLOGIJU, Hrvatsko filozofsko društvo, Zagreb, 1996

Spaemann, R., LA PERLE PRECIEUSE ET LE NIHILISME BANAL, in: *Catholica 33* (1992.)

Staehelin, B., DER PSYCHOSOMATISCHE CHRISTUS, Schaffhausen, 1982

Stiftung "Ja zum Leben", MYRIAM, WARUM WEINST DU, DIE LEIDEN DER FRAUEN NACH DER ABTREIBUNG, Uznach, 1996

Strehlow W., Hertzka G., HILDEGARDINA MEDICINA, Benja, Rijeka, 1996

Strehlow W., Hertzka G., HL. HILDEGARD, RHEUMA GANZHEITLICH BEHANDELN, Pattloch, 1994

Stroeken, H., PSYCHOTHERAPIE UND DER SINN DES LEBENS, Vandenhoeck und Ruprecht, Goettingen, 1998

Szentmartoni, M., PSICHOLOGIA VITAE SPIRITUALIS, FTDI, Zagreb, 1997

Tournier, Paul, APPRENDRE À VIEILLIR, Delachaux & Niestlé S.A. Neuchtâtel, 1971

Tournier, Paul, POUR SE MIEUX COMPRENDRE ENTRE EPOUX, Ed. Labor et Fides, Genève, 1970

Tournier, Paul, VIVRE À L'ÉCOUTE, Editions de Caux, Le Mont-Sur Lansanne, 1984

Trobisch, Walter, DIE LIEBE IST EIN GEFUHL DAS MAN LERNEN MUSS, Wuppertal 1992

Trstenjak, A., ČOVJEK U TJESKOBI, Đakovo - Zagreb, 1986

Tyrrell, Bernard J., CHRISTOTHERAPY, The Seabury Press, New York, 1975

Vanier, J., HEILENDE GEMEINSCHAFT, Otto Müller Verlag, Salzburg

Volf, M., EXCLUSION AND EMBRACE. A THEOLOGICAL EXPLORATION OF IDENTITY, Otherness, and Reconciliation Nashville: Abingdon, 1996

Vučković, A., BOLESNIK IZMEĐU MEDICINSKO-TEHNIČKOG ZNANJA I VJERNIČKOG OSMIŠLJENJA BOLESTI, u: *Glasnik HKDL-a 3* (2001.)

Wagner H. - Kruse T., HEIL UND HEILUNG, ANNÄHERUNGEN ZWISCHEN ARZT UND PRIESTER, Parzeller GmbH&Co KG, Verlag 1990

Warren, R., THE PURPOSE-DRIVEN LIFE: WHAT ON EARTH AM I HERE FOR?, Zondervan, Grand Rapids, Michigan, 2002

Wilson Schaef, Anne, DIE FLUCHT VOR DER NÄHE, WARUM LIEBE, DIE SÜCHTIG MACHT, KEINE LIEBE IST, Hoffmann und Campe, Hamburg, 1990

Wojtyla, K., OSOBNA STRUKTURA SAMOODREĐENJA, OŽ 1 (1979.) 5-13

Wunderli, J. Haber–Streiff, B., HOFFNUNG LIEGT IN JEDEM LEID, SELBSTFINDUNG DURCH LEBENSKRISEN, Herderbücherei, Freiburg, 1987

Zohar D., J. Marschal, SQ. SPIRITUAL INTELLIGENCE, THE ULTIMATE INTELLIGENCE, Bloomsbury, 2000

Zsifkovits, V., POLITIKA BEZ MORALA?, Školska knjiga, Zagreb 1996

Zsok, O., LOGOTHERAPIE UND GLAUBENSFRAGEN, Edition Logotherapie Profil, München, Wien, 1999

NAMENSVERZEICHNIS

ÜBER DEN AUTOR

TOMISLAV IVANČIĆ wurde 1938 in Davor (Kroatien) geboren. Nach philosophischen und theologischen Studien in Zagreb wurde er 1966 zum Priester geweiht. Danach erwarb er an der päpstlichen Universität in Rom das Magisterium in Philosophie und das Doktorat in Theologie. Im Jahr 1971 wurde er Professor an der Katholisch-theologischen Universität Zagreb. Dort leitet er den Lehrstuhl für Fundamentaltheologie. Sein Name findet sich in den Redaktionen zahlreicher in- und ausländischer theologischer Zeitschriften. Seit 1983 ist er Kanonikus am Zagreber Domkapitel.

Der Bereich seiner wissenschaftlichen Tätigkeit umfasst die Philosophie, die Theologie und die Literatur. Er untersucht die Beziehung zwischen Philosophie und Theologie, Glaube und Wissenschaft, Atheismus und Religiosität, Offenbarung und Glauben, Christentum und Religionen, das Phänomen der Sekten und Fragen der theologischen Epistemologie. Sein besonderer Interessensbereich ist die Untersuchung der existentiell-geistlichen Dimension des Menschen, wo er eine Möglichkeit zeitgemäßer Evangelisation und der Entfaltung der geistlichen Medizin ortet, die neben der somatischen und psychischen Medizin für die ganzheitliche Heilung des Menschen, besonders seiner geistlichen Krankheiten und Abhängigkeiten von enormer Bedeutung ist. Zu diesem Zweck entwickelte er die Methode der *Hagiotherapie* und gründete 1990 das Zentrum für geistliche Hilfe in Zagreb, dessen Vorstand er ist.

Seit 1971 war er auch Studentenseelsorger in Zagreb. Er regte eine Gebetsinitiative innerhalb der Kirche Kroatiens an, begründete die Gemeinschaft *Wort und Gebet (MiR)* und leitete zahlreiche nationale und internationale Seminare für die geistliche Erneuerung und Evangelisation der Gesellschaft. Seit 1990 schult er im In- und Ausland Mitarbeiter für die Hagiotherapie und Evangelisation. Viele seiner Artikel und Bücher wurden auch in andere Sprachen übersetzt.

Von 1998 bis 2001 war er Dekan der Katholisch-theologischen Fakultät in Zagreb. Im Juni 2001 wurde er zum Rektor der Zagreber Universitäten gewählt.

20,90